Strategisches Hotel-Management
herausgegeben von Christoph Nussbaumer

Christoph Nussbaumer

Power Pricing in der Hotellerie

Wie Sie mit Preis-Strategie
Ihren Gewinn steigern

Verlag W. Kohlhammer

Danksagung

Danke an alle, die mich ein Stück des Weges begleitet und so mit dazu beigetragen haben, dass dieses Buch entstand. Insbesondere bedanke ich mich bei all jenen Hoteliers, die uns das Vertrauen geschenkt und den Mut aufgebracht haben neue Wege mit uns zu gehen.

Dieses Werk einschließlich aller seiner Teile ist urheberrechtlich geschützt. Jede Verwendung außerhalb der engen Grenzen des Urheberrechts ist ohne Zustimmung des Verlags unzulässig und strafbar. Das gilt insbesondere für Vervielfältigungen, Übersetzungen, Mikroverfilmungen und für die Einspeicherung und Verarbeitung in elektronischen Systemen.

1. Auflage 2022

Alle Rechte vorbehalten
© W. Kohlhammer GmbH, Stuttgart
Gesamtherstellung: W. Kohlhammer GmbH, Stuttgart

Print:
ISBN 978-3-17-041620-8

E-Book-Formate:
pdf: ISBN 978-3-17-041621-5
epub: ISBN 978-3-17-041622-2

Für den Inhalt abgedruckter oder verlinkter Websites ist ausschließlich der jeweilige Betreiber verantwortlich. Die W. Kohlhammer GmbH hat keinen Einfluss auf die verknüpften Seiten und übernimmt hierfür keinerlei Haftung.

Vorwort

»In jedem Markt gibt es zwei Narren. Der eine hat zu hohe, der andere zu niedrige Preise.« (russisches Sprichwort)

Der Preis ist ein Thema, über das in der Hotellerie selten mit großer Begeisterung gesprochen wird. Man ist sich nie sicher, ob der Preis, den man für Hotelleistungen verlangt, zu hoch oder zu niedrig ist. Und die Entscheidung für einen bestimmten Preis ist in der Regel eine hochemotionale, die vor allem in Familienbetrieben mitunter zu heftigen Auseinandersetzungen führen kann. Wenn eine Person allein für die Festsetzung der Preise verantwortlich ist, dann lastet eine riesengroße Verantwortung auf deren Schultern. Werden die Preise im Team festgelegt, dann dominiert normalerweise der Chef oder die Chefin, der oder die entweder mutig die Preise anpasst oder sich ängstlich an den bestehenden Preisen vom letzten Jahr klammert, oder sich an den Preisen der Wettbewerber orientiert. Insgesamt ist die Preisfestsetzung in der Hotellerie mit sehr viel Bauchgefühl verbunden.

In unseren Diskussionen mit Hotelinhabern, Hoteldirektoren und Führungskräften hören wir ständig, die Preisfindung bereite viel Kopfzerbrechen und werde immer komplizierter. Die Unsicherheit bei der jährlichen Überarbeitung der Preisliste ist groß, man will keine Fehler machen und klammert sich an das bisher bewährte Procedere, das seit Jahren mehr oder weniger funktioniert und passt die Preise eher zu vorsichtig an, indem die Preise pro Personen-Nächtigung um ein paar Euro erhöht werden. Man will vor allem die Stammgäste nicht erschrecken, die seit vielen Jahren regelmäßig kommen. Und wenn der Wettbewerb nur geringe oder gar keine Preisanpassungen vornimmt, dann traut man sich nicht einmal die Teuerung durch die Inflation weiterzugeben.

In einem Gespräch mit einer Hoteldirektorin fragte ich wie sie die Preise für die kommende Saison anzupassen gedenke. Sie erwiderte, dass sie die Preise nicht verändern werde, denn sie seien »eh schon teuer« und »am oberen Plafond«. Das permanente Gefühl, zu hohe Preise zu haben, ist in der Hotellerie weit verbreitet. Die meisten Hoteliers geben zwar zu, bei den Preisen »noch etwas Spielraum nach oben« zu haben, trauen sich dann aber nicht, diesen Spielraum zu nutzen. Das ist schade, denn der Preis ist der mit großem Abstand stärkste Gewinnhebel.

Meistens schwingt die Angst mit, durch zu hohe Preise die Auslastung zu ruinieren oder eben die Stammgäste zu vergraulen. Die Hotellerie ist eine Branche, die vor allem auslastungsorientiert denkt und handelt. Eine möglichst hohe Auslastung ist aus Sicht vieler Hoteliers das wichtigste Ziel überhaupt. Ist der Parkplatz vor dem Hotel voll, dann geht es dem Hotel gut, so ist zumindest die durchgängige Meinung, nicht nur bei Hoteliers.

Selten finden wir Unternehmer und Unternehmerinnen, die selbstbewusst und mutig ihre Preise festlegen und durchsetzen. Die von ihnen geführten Unternehmen sind meistens solche, die eine gute bis sehr gute Performance erzielen, d. h. sie haben eine Umsatzrendite vor Steuern von weit über zehn Prozent. Sie sind auch diejenigen, die ihre Preise regelmäßig hinterfragen und die Inflation in ihren Preisen abbilden und weitergeben.

Immer mehr Hoteliers beginnen das Phänomen des Preises zu hinterfragen und zu überlegen, wie die Preis-Politik in ihrem Unternehmen verbessert werden kann. Das Wissen um den Preis hat sich in den letzten Jahren erheblich erweitert und vertieft. Nicht nur die Ökonomie, sondern auch die Psychologie, die Entscheidungstheorie, die Neurowissenschaften, die Marketingwissenschaften, die Marktforschung und auch das Strategische Management haben sich in den letzten Jahren enorm weiterentwickelt. Neue Technologien und Instrumente haben dazu geführt, das hochkomplexe Phänomen des Preises zu durchleuchten und Strategien zu finden, die in der Praxis funktionieren.

Warum habe ich dieses Buch geschrieben, und wie komme ich dazu? Ich befasse mich seit dem Jahr 2003 mit der strategischen Beratung von Hotelbetrieben. Zu den Kunden meines Beratungsunternehmens zählen vor allem Unternehmen aus der Privathotellerie im deutschsprachigen Alpenraum. Die Umsätze dieser Betriebe liegen zwischen weniger als einer Million bis weit über 25 Millionen Euro. Vor 2003 zählten mittelständische und große Unternehmen aus der Industrie zu unseren Beratungskunden. Die Faszination der Hotelbranche hat uns darin bestärkt, die Hotellerie als Fokusmarkt zu sehen und die eigene strategische Entscheidung zu treffen, unsere Energie der Hotellerie zu widmen. Seither haben wir hunderte Strategie-Konzepte für Hotelbetriebe erarbeitet und durch die mit unseren Hotelkunden erzielten Erfolge eine ganze Reihe von Auszeichnungen und Preise gewonnen.

Ein Schwerpunkt unserer Beratungsarbeit ist die Entwicklung und Umsetzung von Preis-Strategien für Hotelbetriebe. Dass der Preis eine große Rolle für die betriebswirtschaftliche Performance spielt, wissen wir aus den Strategie-Simulationen, die wir für Hotelbetriebe bei der Entwicklung von Unternehmens-Strategien rechnen. Diese Simulationsrechnungen ermöglichen eine exakte quantitative Bewertung strategischer Alternativen. Sie erlauben hochkomplexe Investitionsentscheidungen abzubilden und deren Auswirkungen auf die Gewinn- und Verlustrechnung, die Planbilanz, den Cashflow- und den Finanzplan für die nächsten Jahre darzustellen. Sie sind eine unschätzbar große Hilfe, um die richtigen Entscheidungen zu treffen. Der strategische Durchschnittspreis je Nächtigung ist diejenige (magische) Zahl, die den stärksten Stellhebel bei der Erzielung von Gewinnen und Cashflows darstellt.

Bis 2014 haben wir die Preisfindung und Preisdurchsetzung eher als Aufgabe des Marketings gesehen. Im Marketing ist die Preis-Politik eine von vier Marketing-Mix-Elementen (Leistung, Kommunikation, Vertrieb und Preis). Doch wie funktioniert das Marketing in einem Hotel? Ist das Marketing der richtige Bereich, um Preise festzulegen? Soll die Preis-Politik wirklich dem Rezeptionisten oder der Marketingleiterin allein überantwortet werden?

Je mehr wir uns mit dem Preis befasst haben, desto klarer kamen wir zu folgender Erkenntnis: Die Preis-Politik darf nicht einfach wegdelegiert werden, sondern zählt zu den wichtigsten Aufgaben des Top-Managements eines Hotels. Aus dieser Erkenntnis und umfangreichem Literaturstudium haben wir das Beratungsmodul Preis-Strategie entwickelt, das wir seit 2014 in über hundert Projekten in der Hotellerie einsetzen konnten. Parallel dazu haben wir eine ganze Reihe von Power-Pricing-Seminaren und -Foren für Hoteliers durchgeführt und viele Vorträge gehalten. Die gewonnenen Erkenntnisse möchte ich in diesem Buch weitergeben.

Für wen habe ich dieses Buch geschrieben und welches Ziel verfolge ich damit? Dieses Buch ist für Hoteliers, Hoteldirektoren, Marketingleiter und Rezeptionisten und all jene Menschen geschrieben, die sich professionell mit dem Thema Preisfindung und Preisdurchsetzung in der Hotellerie befassen. Ziel ist das Phänomen des Preises für Hotelbetriebe systematisch zu erfassen und Wege aufzuzeigen, um den optimalen Preis zu finden und durchzusetzen. Ich möchte das Bewusstsein stärken, dass der Preis der mit Abstand stärkste Gewinnhebel ist und entsprechend sorgfältig eingesetzt werden sollte. Vor allem möchte ich die Angst vor Veränderungen der Preis-Politik nehmen.

Es war mir ein großes Anliegen, gewonnene Erkenntnisse und Fachwissen in einer leicht lesbaren Form bereit zu stellen. Daher habe ich mir die Freiheit genommen, mal weibliche und mal männliche Formen zu verwenden. Ich hoffe damit allen Ansprüchen – vor allem dem der guten Lesbarkeit – gerecht geworden zu sein.

Inhaltsverzeichnis

Vorwort		5
1	**Preise in der Hotellerie**	**13**
	1.1 Gewinn und Preis	13
	1.2 Den Stammgästen etwas Gutes tun	18
	1.3 Preise finden	25
	1.4 Preise durchsetzen	28
2	**Die Macht des Preises**	**30**
	2.1 Einflussfaktoren des Gewinns	31
	2.1.1 Menge	32
	2.1.2 Kosten	33
	2.1.3 Preis	33
	2.2 Gewinntreiber Preis	34
	2.3 Fazit	42
3	**Der Preis-Kosmos**	**43**
	3.1 Die Herkunft des Preises	43
	3.2 Ökonomie	47
	3.3 Marketing	58
	3.3.1 Preisbestimmung für neue Produkte	62
	3.3.2 Preisbestimmung für das Produktprogramm	63
	3.3.3 Preisänderung für Produkte	64
	3.3.4 Preisdifferenzierung	64
	3.3.5 Gestaltung des Rabatt- und Bonussystems	65
	3.3.6 Durchsetzung der Preise	67
	3.4 Strategie	68
	3.5 Strategisches Hotel-Management	71
	3.5.1 Elemente des Strategischen Hotel-Managements	73
	3.5.1.1 Leitbild	74
	3.5.1.2 Kultur	75
	3.5.1.3 Strategie	76
	3.5.1.4 Struktur	77
	3.5.2 Strategie-Prozess des Strategischen Hotel-Managements	77

		3.5.2.1	Ausgangssituation	78
		3.5.2.2	Strategie-Entwicklung	79
		3.5.2.3	Strategie-Implementierung	84
		3.5.2.4	Strategische Steuerung	84
	3.5.3	Fazit		87
3.6	Entscheidungstheorie			87
3.7	Preispsychologie			93
	3.7.1	Preis-Wahrnehmung		95
	3.7.2	Aufnahme von Preisinformationen		97
	3.7.3	Bewertung von Preisinformationen		99
	3.7.4	Speicherung von Preisinformationen		99
	3.7.5	Preisverhalten		100
	3.7.6	Preisbegründung		102
3.8	Neuropricing			103
	3.8.1	Die vier Systeme des Gehirns, die an Entscheidungen beteiligt sind		104
	3.8.2	So funktioniert Neuropricing		107
	3.8.3	Das Gehirn und sein Umgang mit Preisen		108

4 Das Spielfeld 114
- 4.1 Markt 119
- 4.2 Hotel 124
- 4.3 Kunden 128
- 4.4 Wettbewerb 132

5 Power Pricing 135
- 5.1 Psychologische Effekte 136
  - 5.1.1 Anker-Effekt 138
  - 5.1.2 Bandwagon-Effekt 140
  - 5.1.3 Framing-Effekt 142
  - 5.1.4 Geldwertillusion 143
  - 5.1.5 Kontrasteffekt 144
  - 5.1.6 Weitere psychologische Effekte 147
- 5.2 Strukturelle Effekte 174
  - 5.2.1 Leistungen 174
  - 5.2.2 Preisbasis 175
  - 5.2.3 Preisdifferenzierung 176
    - 5.2.3.1 Zimmer-Kategorien 177
    - 5.2.3.2 Zielgruppen 181
    - 5.2.3.3 Zeit 182
    - 5.2.3.4 Nutzung 193
    - 5.2.3.5 Umsatz, Menge 193
    - 5.2.3.6 Absatzraum 193
    - 5.2.3.7 Sonderformen 194

	5.2.4	Konditionen	195
5.3	Strategische Effekte		197
	5.3.1	Kundennutzen	198
	5.3.2	Preis-Positionierung	199
	5.3.3	Nutzenkommunikation	201
	5.3.4	Zimmerrenovierung	202
	5.3.5	Kapazitätsveränderung	203
	5.3.6	Veränderung des allgemeinen Kundennutzens	204
	5.3.7	Inflation	207

6 Preis-Strategie-Prozess ... 213

- 6.1 Ausgangssituation ... 216
  - 6.1.1 Hotel ... 216
  - 6.1.2 Kunden ... 219
  - 6.1.3 Wettbewerb ... 221
  - 6.1.4 Markt ... 224
- 6.2 Preis-Positionierung ... 226
  - 6.2.1 Preis-Leitbild ... 226
  - 6.2.2 Preis-Strategie ... 227
    - 6.2.2.1 Strategische Effekte ... 227
    - 6.2.2.2 Strukturelle Effekte ... 231
    - 6.2.2.3 Psychologische Effekte ... 234
- 6.3 Preis-Szenariorechnung ... 236
- 6.4 Preis-Strategie umsetzen ... 238
- 6.5 Preis-Strategie steuern ... 243
  - 6.5.1 Durchführungskontrolle ... 243
  - 6.5.2 Prämissenkontrolle ... 244
  - 6.5.3 Strategische Überwachung ... 244

Literatur ... 247

Stichwortverzeichnis ... 257

1 Preise in der Hotellerie

1.1 Gewinn und Preis

»It is not necessary to do extraordinary things to get extraordinary results.« (Warren Buffett)

In diesem Buch geht es um Preise und Gewinne in der Hotellerie. Der Preis ist der mit großem Abstand stärkste Gewinntreiber. Diese Erkenntnis gilt nicht nur für die Hotellerie, sondern für alle Branchen, die Leistungen erbringen und verkaufen.

Die Hotellerie ist im Vergleich zu anderen Branchen durch einige Besonderheiten geprägt, die sie so spannend macht. Es gibt kaum eine Branche mit einem so intensiven Kundenkontakt wie die Hotellerie. Einerseits ist die Aufenthaltsdauer – verglichen mit anderen Branchen – sehr hoch, andererseits ist die emotionale Bindung zwischen den Kunden und dem Hotel mit den dort arbeitenden Menschen deutlich ausgeprägter als in anderen Branchen. Der Kunde steht im wahrsten Sinne des Wortes im Mittelpunkt. Um die Kunden zu begeistern ist allerdings viel Kapital und Aufwand erforderlich. Durch die Immobilie und die gesamte Infrastruktur eines Hotels ist der Kapitaleinsatz im Verhältnis zum Umsatz enorm. Gleichzeitig ist auch die Verschuldung der Hotellerie mit einer durchschnittlichen Fremdkapitalquote von 75,28 Prozent sehr hoch.[1] Ebenfalls sehr hoch ist der Personalaufwand. Inklusive dem kalkulatorischen Unternehmerlohn liegen die durchschnittlichen Personalkosten in der Hotellerie derzeit bei 37,2 Prozent.

Wie ist die tatsächliche Gewinnsituation in der Hotellerie? Da die KMU-Forschung Austria eine hervorragende Datenbasis für Hotelbetriebe zur Verfügung stellt, richten wir unseren Blick auf die österreichische Hotellerie. Die Zahlen aus Deutschland, der Schweiz und Italien sind in etwa vergleichbar. Die durchschnittliche Gewinnsituation von Hotelbetrieben ist bescheiden, wenngleich sie in den letzten Jahren deutlich gestiegen ist (▶ Abb. 1).

Während 25 Prozent der österreichischen Top-Hotels (oberes Quartil, ca. 721 Betriebe) im Durchschnitt Umsatzrenditen von über 21,35 Prozent (Ergebnis vor Steuern im Verhältnis zur Betriebsleistung) erzielen, befindet sich der Durchschnitt der Niedrigperformer (unteres Quartil, ca. 721 Betriebe) mit einem Ergebnis vor Steuern von minus 9,55 Prozent im tiefroten Bereich. Der Durchschnitt al-

---

1 Vgl. Bilanzbranchenbild Hotels 2021, S. 3.

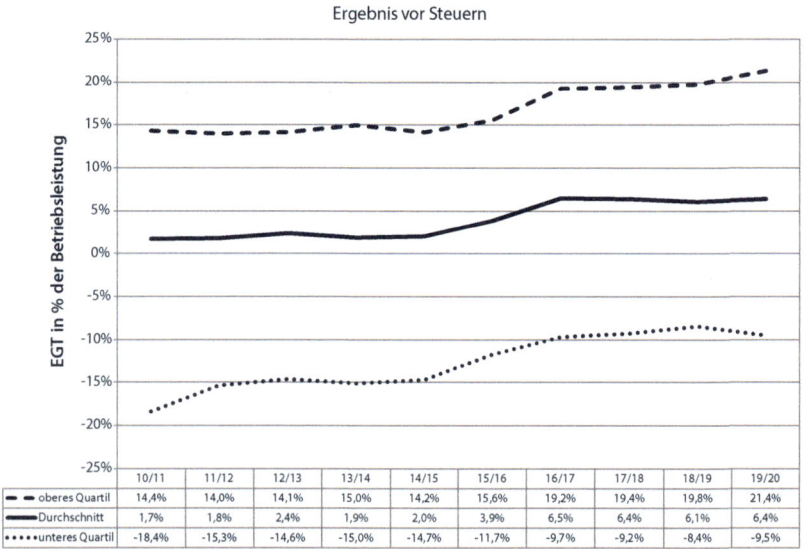

Abb. 1: Entwicklung Ergebnis vor Steuern[2]

ler analysierten 2.885 Hotelbetriebe erzielte im Jahr 2019/2020 ein Ergebnis vor Steuern von 6,42 Prozent.[3]

Die Entwicklung der Ergebnis-vor-Steuern-Performance der letzten zehn Jahre scheint auf den ersten Blick positiv zu sein, zumindest scheint sie sich in die richtige Richtung zu bewegen. Das durchschnittliche Ergebnis vor Steuern aller analysierten österreichischen Hotelbetriebe verbesserte sich von 1,74 Prozent im Jahr 2010/2011 auf 6,42 Prozent im Jahr 2019/2020, das sind satte 4,68 Prozent der Betriebsleistung mehr.

Die Niedrigperformer verbesserten ihr Ergebnis vor Steuern von minus 15,33 Prozent im Jahr 2011/2012 auf immerhin minus 9,50 Prozent im Jahr 2019/2020, was eine Verbesserung von 5,83 Prozent bedeutet. Trotz dieser extremen Verbesserung bleiben sie dennoch im tiefroten Bereich. Die generelle Verbesserung des durchschnittlichen Ergebnisses vor Steuern aller Hotelbetriebe ist sehr erfreulich. Allerdings ist dieses positive Ergebnis nicht auf eine bessere Performance bei den Kosten oder auf eine bessere Preisdurchsetzung zurückzuführen, sondern hat fast ausschließlich Ursachen externer Art.

Die Belastung durch hohe Zinsen katapultierte die sehr kapitalintensive Hotellerie im Jahr 2008/2009 auf einen Rekordwert mit einem negativen Finanzergebnis von durchschnittlich minus 9,4 Prozent der Betriebsleistung.[4] Die Niedrigperformer (unteres Quartil) hatten im Jahr 2011/2012 im Durchschnitt ein negatives Fi-

---

2 Vgl. Bilanzbranchenbilder Hotels 2010 bis 2021.
3 Vgl. Bilanzbranchenbild Hotels, Wien 2021, S. 4.
4 Vgl. Bilanzbranchenbilder Hotels (inkl. Motels) 2011, S. 25.

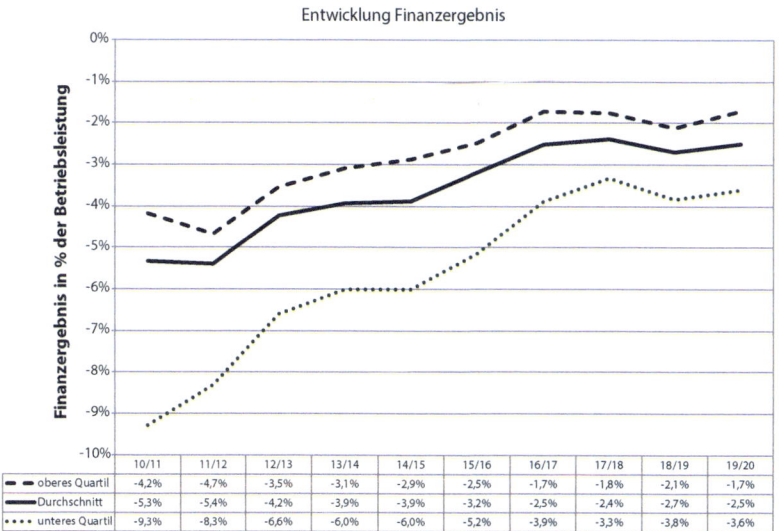

Abb. 2: Entwicklung Finanzergebnis[5]

nanzergebnis von minus 8,31 Prozent. Durch die Niedrigzinspolitik der Europäischen Zentralbank (EZB) genießt nicht nur die Hotellerie derzeit historisch niedrige Zinssätze. Angesichts des chronisch hohen Anteils an Fremdkapital von 75,28 Prozent tickt hier eine Zeitbombe, vor allem für Betriebe mit einer hohen Verschuldung, denn niemand kann versichern, dass die Zinssituation so bleiben wird.

Die Verbesserung des Ergebnisses vor Steuern in den letzten Jahren speist sich daher hauptsächlich aus den niedrigen Zinsen, nicht aus einer Performanceverbesserung durch höhere Preise oder sinkende Aufwendungen. Betrachtet man das Finanzergebnis des oberen Quartils, also der Top-Performer der österreichischen Hotellerie, dann sticht der Wert von minus 1,71 Prozent im Jahr 2019/2020 hervor, ein im Vergleich zu den anderen Aufwandsarten sehr niedriger Wert. Im Vergleich zum Hochzinsjahr 2008/2009 mit einem Wert von 7,63 Prozent ist das ein Unterschied von 5,92 Prozent. So lässt sich auch die rege Investitionstätigkeit der gut performenden Hotelbetriebe erklären. Die Zinsen sind niedrig, die Gäste sind bereit, höhere Preise für eine gute Infrastruktur zu bezahlen und die Banken geben bei entsprechender Bonität gerne Kredite.

Betrachten wir in der Abbildung 3 den Verlauf der Hauptaufwandsarten Material, Personal und sonstige betriebliche Aufwendungen sowie den Gross Operating Profit (GOP = Betriebsleistung – Materialaufwand – Personalaufwand – sonstige betriebliche Aufwendungen), eine der wichtigsten Kennzahlen der Hotellerie,

---

5 Vgl. Bilanzbranchenbilder Hotels 2010 bis 2021.

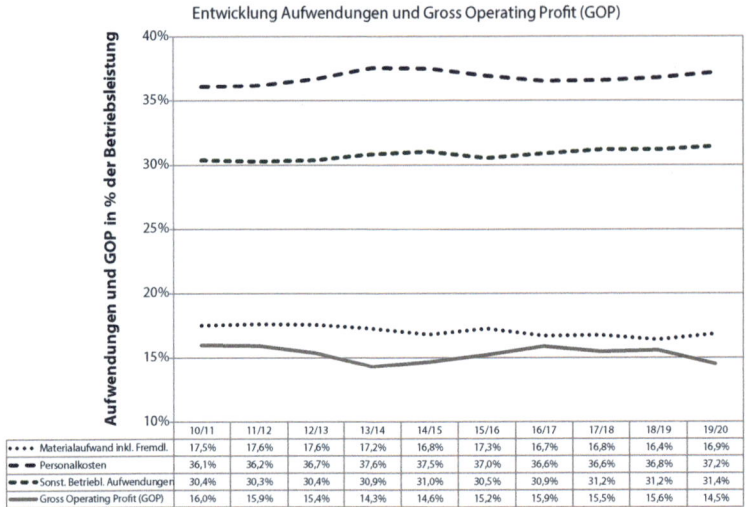

Abb. 3: Entwicklung Aufwendungen und GOP[6]

dann fällt auf, dass sich der GOP aller analysierten Hotelbetriebe in den letzten Jahren tendenziell verschlechtert hat und heute im Durchschnitt bei knapp 15 Prozent liegt. Das ist alarmierend, zumal der GOP die Abschreibungen und die Zinsen abzudecken hat und erst der Rest den Gewinn darstellt.

Die österreichische Hotellerie hat im Durchschnitt Abschreibungen (inklusive geringwertige Wirtschaftsgüter) von 9,96 Prozent und ein Finanzergebnis von minus 2,50 Prozent der Betriebsleistung. Soll das Ergebnis vor Steuern über zehn Prozent der Betriebsleistung sein, dann muss der GOP mindestens 22,47 Prozent betragen. Der durchschnittliche GOP aller analysierten Hotelbetriebe in Österreich beträgt derzeit[7] 14,52 Prozent, er liegt damit um 3,55 Prozent niedriger als der GOP im Nach-Krisenjahr 2008/2009. Es scheint, als ob die niedrigen Zinsen dazu verführt haben, die GOP-Performance zu vernachlässigen. Wir können als Fazit daher festhalten, dass die Hotellerie unter einem chronisch niedrigen GOP leidet, der sich aufgrund des für die Hotellerie positiven Zinsumfeldes weiter verschlechtert hat.

Bei strategischen Beratungsprojekten legen wir großen Wert auf einen starken GOP, der in der Regel 25 Prozent übersteigen sollte. Manche unserer Hotelkunden haben einen nachhaltigen GOP von über 35 Prozent. Solche Betriebe zählen zu den Top-Unternehmen und sind in der Lage auch größere Investitionen aus dem Cashflow zu finanzieren und gleichzeitig eine Top-Bonität auszuweisen. Wenn Investitionen getätigt werden, geht der Unternehmer oder die Unternehmerin ein

---

6   Vgl. Bilanzbranchenbilder Hotels 2010 bis 2021.
7   Daten entsprechend den Bilanzstichtagen zwischen 01.07.2019 und 30.06.2020. Vgl. Bilanzbranchenbild Hotels, Wien 2021.

Risiko ein, das durch einen angemessenen Gewinn abgedeckt werden sollte. Daher empfehlen wir die Umsetzung einer strategischen Investition erst dann, wenn der Plan-GOP in den Folgejahren 25 Prozent oder höher ist. Die Erkenntnis wird in einer gemeinsam durchgeführten quantitativen Simulation der Unternehmensrealität bei alternativen strategischen Stoßrichtungen gewonnen. Erst wenn bei konservativen und plausiblen Annahmen entsprechende Plan-GOP realistisch erzielt werden können, empfehlen wir die Strategie umzusetzen. Um den GOP zu verbessern haben wir zwei Möglichkeiten, a) die Aufwendungen zu verringern und b) die Umsätze zu erhöhen.

Der Materialaufwand hat sich in den letzten Jahren auf einem eher niedrigen Wert von knapp über 16 Prozent eingependelt, während sich die sonstigen betrieblichen Aufwendungen auf 31,43 Prozent erhöht haben. Auffallend sind auch die hohen Personalkosten (Personalaufwand zuzüglich kalkulatorischer Unternehmerlohn) von 37,2 Prozent der Betriebsleistung. Die Verschiebungen in den Kostenpositionen der Hotellerie ist unter anderem der stark gestiegenen Qualität geschuldet, die den Kunden geboten wird, wie der hohen Servicequalität und einer kapitalintensiven Infrastruktur (Zimmerausstattung, allgemeine Infrastruktur, Wellnessbereich etc.).

Gleichzeitig ist der chronische Personalmangel in der Hotellerie durch eine weiter steigende Nachfrage nach qualitativ hochwertigem Personal ein Kostentreiber, der mit hoher Wahrscheinlichkeit noch weiter steigen wird. Die drei Hauptaufwandsarten Material, Personal und sonstige betriebliche Aufwendungen sollten im Rahmen der Budgetierung und des Controllings gesteuert werden. Diese wichtige Managementaufgabe wollen wir hier ausblenden. Für uns ist der Umsatz von Interesse, vor allem der Umsatz, der durch den Preis beeinflusst werden kann.

Die Hotellerie hat sich in den letzten Jahren erfreulich weiterentwickelt, viel investiert, sich den gesetzlichen Rahmenbedingungen angepasst und die Serviceanstrengungen erhöht, was auch an den deutlich gestiegenen Personalaufwendungen abgelesen werden kann. Der Gast fühlt sich wohl und schätzt die Gastfreundschaft. Auch die Anzahl der Übernachtungen ist gestiegen, das Geschäftsmodell Hotellerie scheint erfolgreich zu sein. Doch was hat der Hotelier davon? Hat die Unternehmerin deswegen mehr Gewinn?

Wie wir gesehen haben, ist zwar das Ergebnis vor Steuern gestiegen, aber dieser Effekt ist vor allem den niedrigen Zinsen zu verdanken. Wie lange diese Zins-Konstellation gehalten werden kann, steht in den Sternen. Eher dramatisch ist die Entwicklung des GOP, der heute mit 14,52 Prozent der Betriebsleistung viel zu niedrig ist. Warum ist das so? Sind wir schlechte Controller, oder sind wir nicht selbstbewusst genug die richtigen Preise zu finden und durchzusetzen? Meine Hypothese ist, dass die Hotellerie ein riesiges Preispotenzial hat und es an der Zeit ist dieses zu nutzen und auszuschöpfen.

1.2   Den Stammgästen etwas Gutes tun

Ein Stammgast ist eine Person, die ein Hotel häufig besucht. Hotels leben von Stammgästen, insbesondere die Ferienhotellerie ist ohne Stammgäste kaum vorstellbar. Fast alle Hoteliers sind stolz auf einen hohen Stammgastanteil. Genaue Messdaten haben die wenigsten Betriebe, zumal die Definition, was ein Stammgast ist, in der Regel völlig beliebig ist. Für manche ist ein Gast dann ein Stammgast, wenn er oder sie schon einmal da war. Andere grenzen schon etwas schärfer ab. Für sie ist jemand erst dann ein Stammgast, wenn er oder sie mindestens drei Mal in den letzten fünf Jahren Gast war.

Stammgäste werden geliebt, zumindest die meisten. Auf einige Stammgäste könnte man zwar verzichten, aber sie kommen doch immer wieder, obwohl sie sich beim letzten Aufenthalt beschwert haben. Was gibt es Schöneres für eine Hoteliersfamilie, wenn die Stammgäste den Urlaub genossen haben, die Rechnung anstandslos bezahlen und gleich den nächsten Urlaub buchen? Diese Vision ist nachvollziehbar wünschenswert, vielleicht auch deshalb, weil der Stammgast Dr. Schmidt mit seiner Frau schon seit 25 Jahren regelmäßig kommt, seit vier Jahren sogar zweimal pro Jahr und mit dem Seniorchef ausgedehnte Wanderungen unternimmt. Die Kinder kommen seit einigen Jahren nicht mehr mit, doch beim letzten Mal war die Tochter mit ihrem Verlobten dabei. Solche Gäste will man halten und unternimmt alles, um sie glücklich zu machen.

Die persönliche Beziehung zu den Gästen ist eine herausragende Stärke von Familienbetrieben, vor allem in der Ferienhotellerie. In unseren Marktforschungsprojekten stellt das familiengeführte Hotel immer wieder eine gewichtige Gästeerwartung dar. Neue Gäste sind unberechenbar und schwer zu finden. Einen Stammgast zu verlieren, weckt Verlustaversionen[8]. Den Stammgast zu halten ist daher oberstes Gebot. Diese Stammgastfixierung ist verständlich, auf der anderen Seite aber nicht unproblematisch. Wenn wir alles tun, um den Stammgästen zu gefallen, dann verhindern wir auch Neuerungen. Der Stammgast ist deshalb im Hotel, weil es ihm so gefällt wie es ist und weil das Preis-Leistungsverhältnis aus seiner Sicht passt, sonst würde er ja nicht kommen.

Ein Hotel, welches sich voll auf die Stammgäste fokussiert, läuft Gefahr mit den Stammgästen alt zu werden und für neue Gäste zu wenig attraktiv zu sein. Ein sehr hoher Stammgastanteil führt zu hohen Auslastungen mit Stammgästen und zu weniger neuen Gästen, da für neue Gäste vielleicht gar keine Zimmer mehr zur Verfügung stehen. Nach einigen Jahren – spätestens bei der Übergabe des Betriebes – stellt man plötzlich fest, dass die Altersstatistik nicht wirklich Freude bereitet, wenn z. B. der Anteil der Gäste über 60 Jahre zu 70 Prozent der Übernachtungen beitragen. Auch aus diesem Grund ist es sinnvoll, eine gute Durchmischung von Stammgästen und neuen, vor allem auch jungen Gästen, anzustreben.

---

8   Der Nobelpreisträger Daniel Kahneman hat in seinem Buch dargelegt, wie schwer es für Menschen ist, Veränderungen zum Schlechteren zu akzeptieren. Er spricht in diesem Zusammenhang von Verlustaversion. Vgl. Kahnemann 2012, S. 348.

Es mag nun paradox anmuten, wenn ich die Hypothese aufstelle, dass es gar nicht so gut ist, in den Top-Zeiten ausschließlich Stammgäste zu verwöhnen. Wie oft wollte ein neuer Gast über Weihnachten buchen, und wie oft haben Sie ihm absagen müssen, da die Stammgäste alle Zimmer schon reserviert haben? Geben Sie auch neuen Gästen die Chance zu Top-Zeiten zu kommen, damit Sie neue Stammgäste gewinnen. Achten Sie auf eine gute Gästedurchmischung, auch hinsichtlich der Altersstruktur, die zur Positionierung Ihres Hotelbetriebes passt. Diese Strategie hat einen weiteren Vorteil. Sie signalisieren Ihren Gästen die Knappheit Ihres Angebotes zu bestimmten Zeiten. Nun werden Sie vielleicht einwenden, dass Sie das ohnehin tun. Was soll man machen, wenn die Stammgäste so früh buchen und neuen Gästen die Zimmer wegbuchen? Vielleicht liegt es am zu günstigen Preis, an den zu günstigen Bedingungen für Stammgäste, die manchmal sensationelle Rabatte und Sonderkonditionen haben, die schon vor 20 Jahren von den Seniorchefs gewährt worden sind.

Andererseits sind Stammgäste auch ursächlich für den betriebswirtschaftlichen Erfolg. Ein Gast, der mit seiner Familie viele Jahre seinen Urlaub im Hotel verbringt, leistet einen beachtlichen Umsatzbeitrag. Vielleicht zählen auch bekannte Persönlichkeiten zu den Stammgästen, die quasi zur Marke des Hotels gehören und auf die man auf gar keinen Fall verzichten möchte.[9] Mit diesem Wissen ist die Beurteilung des Preis-Leistungsverhältnisses aus Sicht des Stammgastes elementar. Auch die Meinung der Stammgäste zu Servicequalität und Preisen hat ein großes Gewicht. Stammgäste sind daher Meinungsschwergewichte, von denen man lieber keine Kritik ernten möchte, schon gar nicht wegen einer vielleicht etwas zu kecken Preisanpassung. Lieber die Preis-Latte etwas niedriger halten, damit nur keine Kritik aufkommt.

Die Angst vor der Stammgastkritik wegen zu hoher Preise ist allgegenwärtig und torpediert nicht nur die Preisfindung, sondern auch die Preisdurchsetzung. Man mag die Stammgäste und möchte ihnen etwas Gutes tun, und sei es einfach denselben Preis für den Urlaub im nächsten Jahr, obwohl die Inflation eine Preisanpassung um drei Prozent erfordert, damit die Marge zumindest gleichbleibt. In einem solchen Moment rächt sich auch die meistens viel zu späte Beschäftigung mit den Preisen für die nächste Saison. Der Gast möchte für das nächste Jahr seinen Urlaub buchen, aber der Hotelier hat die Preise noch nicht festgelegt.

Neben der jährlichen Preisanpassung, die aufgrund der Inflation für jeden Hotelbetrieb überlebenswichtig ist, sind Investitionen in das Unternehmen wesentliche strategische Effekte, die einen starken Einfluss auf die Preis-Politik haben sollten. Dieses Thema wird in den folgenden Kapiteln behandelt. Hotelbetriebe sind generell sehr investitionsgetrieben. Um den sich immer wieder ändernden Gästewünschen anzupassen, sind Hotels gezwungen, Investitionen durchzuführen, um wettbewerbsfähig zu bleiben und am Markt bestehen zu können. Manche Investitionen sind Grundvoraussetzung, damit der Betrieb überhaupt funktionieren kann, oder sogar gesetzlich vorgeschrieben. Solche Investitionen können nicht

---

9 Vgl. hierzu Matteoli 2003.

einmal in den Preisen abgebildet werden, sie sind selbstverständlich und grundlegend, um die bestehenden Preise überhaupt zu halten.

Anders hingegen ist es bei Investitionen, die den Gästenutzen direkt betreffen. Eine umfassende Zimmerrenovierung erhöht den Nutzen der Gäste erheblich, je nachdem wie intensiv die Renovierung durchgeführt wird. Auch eine Erweiterung oder Erneuerung des Wellness- oder Restaurantbereiches führt zu einem höheren Gästenutzen[10]. Je nach Strategie und Positionierung Ihres Betriebes gibt es eine Vielzahl von Möglichkeiten Ihren Gästen einen höheren Nutzen zu bieten. Gästenutzen sind nicht nur durch infrastrukturelle Maßnahmen zu erhöhen, sondern können auch durch Serviceverbesserungen gesteigert werden. Die strategischen Effekte der Preis-Strategie zählen zu den stärksten Einflussfaktoren und sollten daher sehr sorgfältig analysiert und berechnet werden. Um die richtigen Preise zu finden, nutzen wir quantitative Simulationen. Im Kapitel 6.3 (Preis-Szenariorechnung) wird näher auf dieses Thema eingegangen.

Einige Hotelbetriebe bilden strategische Investitionen mutig in den Preisen ab. Was uns manchmal überrascht sind Bauchentscheidungen, die mehr oder weniger ohne rationales Denken getroffen werden. Preisentscheidungen aufgrund von Investitionen primär mit dem Bauch zu tätigen ist hochgradig riskant. Ist man sich relativ sicher, den richtigen Preis gefunden zu haben oder stochert man im Nebel der möglichen Preisbereitschaft der Gäste hinterher? Die Gefahr, einen zu niedrigen Preis anzusetzen, ist hoch, sehr hoch sogar. Zugegeben, es gibt auch das Risiko eines zu hoch angesetzten Preises. In unserer Beratungspraxis ist dieses Phänomen jedoch äußerst selten anzutreffen.

»Den Stammgästen etwas Gutes tun« ist in den meisten Hotelbetrieben Teil der DNA, ein wirkmächtiges Element der Unternehmenskultur, das über Generationen weitergegeben wird. Investitionen in den Gästenutzen sind daher erregende Momente eines jeden Hoteliers. Man stellt sich die freudigen Gesichter der Stammgäste vor, wenn sie die neuen Zimmer betreten oder wenn sie den neuen Infinity-Pool und den Panorama-Ruhebereich sehen.

Die Schattenseite ist der Mehrpreis, den man für Investitionen verlangen sollte bzw. verlangen muss. Investitionen sind nicht umsonst. Die aufgenommenen Darlehen müssen zurückgezahlt werden, ebenso die Zinsen und eventuell höhere Kosten, die auch aufgrund der Personalsituation jährlich steigen. Welchen Preis sollen wir verlangen? Welcher Preis ist für die Stammgäste akzeptabel? Und genau an diesem Punkt tritt das Meinungsschwergewicht Stammgast in Aktion. Man stellt sich ein paar Stammgäste bildlich vor, wie sie auf die neuen Preise reagieren werden. Herr Meier hat doch immer gesagt, dass er keinen Infinity-Pool braucht. Auch Frau Müller hat gesagt, dass ihr Lieblingszimmer in Ordnung ist. Was sollen wir tun, wenn die Stammgäste die neuen Preise gar nicht großartig finden? Die

---

10 Wir sprechen in diesem Zusammenhang vom Kunden-Nutzen-Profil. Jeder Hotelbetrieb sollte Klarheit darüber haben welchen Nutzen er seinen Gästen anbieten möchte und wie dieser Nutzen im Vergleich zu den Kernwettbewerbern ausgeprägt ist. Aus der Positionierung können auch die richtigen Preise abgeleitet werden.

manchmal zu starke Stammgastfixierung führt mitunter zu sonderbaren Preis-Entscheidungen.

Ein Hotelier investierte einen hohen Millionenbetrag in die Attraktivierung seines Wellnessbereiches. Anstatt die Preise angemessen anzupassen, verzichtete der Hotelier darauf, mit dem Argument, den Stammgästen etwas Gutes tun zu wollen und gleichzeitig die Auslastung zu steigern. Er wolle später – in den Folgejahren – den Preis etwas stärker anziehen. Die von uns empfohlene Preisanpassung wollte er nicht akzeptieren. Er meinte, dass seine Stammgäste über eine solche Preiserhöhung verärgert sein würden. Jeder Unternehmer hat freie Wahl in seinen Entscheidungen. Man muss die Preise nicht erhöhen. Vielleicht steigt die Auslastung tatsächlich so massiv an, dass sich die Strategie der unveränderten Preise rechnet. Im obigen Fall argumentierte der Hotelier weiter, er habe dies bei Investitionen immer so gemacht und sei damit gut gefahren. Nun hatte der Betrieb eine relativ gute Bilanz, doch im Jahr darauf konnte man die Konsequenz der Entscheidung klar an den roten Zahlen ablesen. Dieses Beispiel ist kein Einzelfall. Wir erleben immer wieder Anhänger solcher Glaubenssätze. Meiner Meinung nach ist ein Verzicht auf Preisanpassungen bei veränderten Gästenutzen eine Fehlentscheidung. Wir empfehlen einen erhöhten Gästenutzen grundsätzlich in den Preisen abzubilden und zwar ab dem Zeitpunkt, ab dem die Gäste den Mehrnutzen genießen können.

Der obige Fall ist ein gutes Beispiel, wie problematisch eine zu starke Stammgastfixierung sein kann. Wir wollen uns daher etwas detaillierter mit dem Beispiel befassen. Folgende Fragen werfen sich auf:

- Warum hat der Hotelier in die Attraktivierung seiner Wellnessanlage investiert?
- Wie reagieren Stammgäste, neue Gäste oder verlorene Stammgäste auf die Investition?
- Wie reagieren Gäste bei angepassten und nicht angepassten Preisen?
- Welche Auswirkungen haben Leistungssteigerungen auf die Auslastung?
- Welche Auswirkungen haben Preiserhöhungen auf einen erhöhten Gästenutzen?
- Welche betriebswirtschaftlichen Auswirkungen haben diese Entscheidungen?

Die Investition eines hohen Millionenbetrages in die Attraktivierung eines Wellnessbereiches kann mehrere Gründe haben. Im obigen Fall war der bestehende Wellnessbereich in die Jahre gekommen und passte nicht mehr zur 4-Sterne-S-Kategorie. Auch die Wettbewerber hatten in den letzten Jahren aufgerüstet und einige Stammgäste hatten die attraktiveren Angebote der Wettbewerber angenommen. Die in den früheren Jahren sehr positiven Gästebewertungen haben hinsichtlich des Wellnessangebotes spürbar nachgelassen. Die Preise wurden jährlich vorsichtig angepasst, aber die betriebswirtschaftliche Performance stagnierte. Die Umsatzrendite war zwar noch im Mittelfeld der Branche, aber spürbar niedriger als in früheren Jahren. Der Grund der Investition war nachvollziehbar. Die Wettbewerbsposition und damit die betriebswirtschaftliche Performance sollten verbessert werden.

Stammgäste sind mit dem bestehenden Angebot in der Regel zufrieden, sonst wären sie keine Stammgäste. Im Laufe der Zeit können sich Gästeerwartungen verändern, vielleicht weil die Einkommenssituation sich verbessert hat oder weil die Konsumpräferenzen andere Schwerpunkte bekommen. Vor allem aber die Investitionen der Wettbewerber animieren die Gäste auch einmal andere Hotels zu buchen. Die Kinder gehen nicht mehr mit in den Urlaub oder ein neuer Partner oder eine neue Partnerin ist an der Seite des Stammgastes. Oft sind auch gesundheitliche oder auch andere Gründe ausschlaggebend für eine Buchungsentscheidung. Größere Neuerungen im Lieblingshotel bedeuten für Stammgäste regelmäßig eine Neubewertung. Wollen die Stammgäste diese Veränderung? Und wenn ja, sind sie bereit, den höheren Preis zu bezahlen? Oder nehmen sie die Veränderung zum Anlass, einmal ein anderes Hotel oder eine andere Region zu besuchen?

Neue Gäste, dazu können wir auch verlorene Stammgäste zählen, bewerten das neue Angebot aus einer etwas anderen Sicht. Für diese Gäste ist das Hotel ein Angebot unter mehreren Hotelbetrieben. Sie vergleichen das Angebot, den Preis, die Bewertungen in den Portalen, und wenn sie jemanden kennen, der schon Gast im Hotel war, folgen sie den Empfehlungen von Freunden und Bekannten. Für diese Personen ist das Preis-Leistungsverhältnis stärker ausschlaggebend als für den Stammgast. Der Stammgast kennt das Hotel, den Nutzen, den er im Hotel genießen kann und er erinnert sich an die Zufriedenheit, die er beim letzten Besuch hatte. Die Stammgäste erinnern sich ungefähr an den Preis, den sie beim letzten Urlaub bezahlt haben und wägen den Mehr-Betrag ab, den sie durch den Mehr-Nutzen zu bezahlen haben.

Die Investition kann also dazu führen, dass Stammgäste verloren und neue Gäste gewonnen werden. Interessant ist die regelmäßige Überschätzung des möglichen Verlustes der Stammgäste und die Unterschätzung des möglichen Gewinns neuer Gäste. Meines Erachtens hat dieses Phänomen mit der bereits erwähnten Verlustaversion zu tun, der Angst, etwas zu verlieren. Neue Gäste kann man sich schwer vorstellen, da sie eben noch nicht bekannt sind. Man kann sich kein neues Gesicht vorstellen und daher denkt man mehr an bekannte Gesichter, eben an die Stammgäste, die nicht mehr kommen könnten. Wenn Investitionen gut getroffen werden, kann sich auch ein sehr erfreuliches Phänomen entwickeln, dass sowohl die Stammgäste als auch neue Gäste von der Investition begeistert sind und die Auslastung trotz höheren Preisen steigt. Gästebegeisterung ist das Ziel der strategischen Positionierung. Daher ist es so wichtig, Investitionen strategisch zu durchdenken, zu entscheiden und die Gästebedürfnisse voll zu treffen.

Wenn nun Investitionen durchgeführt und die Preise nicht angepasst werden, was passiert dann in den Köpfen der Gäste? Wie reagieren die Stammgäste? Einige werden vielleicht denken, die Erneuerung der Wellnessanlage wäre gar nicht notwendig gewesen. Da sich die Preise in diesem Fall nicht oder nur wenig verändert haben, ist das für diese Gäste gerne willkommen. Groß kann die Investition auch nicht gewesen sein, denn sonst hätte der Hotelier die Preise anheben müssen, mag vielleicht der eine oder andere Gast denken. Stammgäste könnten aber auch darüber nachdenken, ob die früheren Preise zu hoch waren. Wenn sie bei einem deutlich höheren Nutzen einen bestimmten Preis bezahlen und beim letzten Urlaub fast denselben Preis bezahlt haben, dann könnte sich diese Frage stellen. Stammgäste hingegen, für die die Investitionen sehr willkommen sind, würden wahrscheinlich ohne Schmerzen einen höheren Preis bezahlen. Das bedeutet, wir verzichten auf die Preisbereitschaft eines Teils unserer Gäste und somit auf Umsatz und Cashflow, den wir zur Rückzahlung der Kredite nutzen könnten. Wohlgemerkt, wenn ein Gast für einen Nutzen gerne den verlangten Preis bezahlt, dann ist jeder Preis, der darunter liegt, ein verlorener Umsatz. »Das Gesetz der Wirtschaft verbietet es, für wenig Geld viel Wert zu erhalten.«[11]

Neue Gäste reagieren wahrscheinlich etwas anders, indem sie stärker das Preis-Leistungsverhältnis betrachten. Und nun kommt eine wesentliche Erkenntnis ins Spiel, nämlich der Preis als Qualitätsindikator. Die Rolle des Preises als Qualitätsindikator ist seit über sechzig Jahren Gegenstand der wissenschaftlichen Forschung[12] und vielfach empirisch beobachtet worden.[13] Je nach Preisniveau wird auch dem Angebot ein entsprechendes Qualitätsniveau unterstellt. Die Wirkung der Qualitätsindikation des Preises geht weit über die Wahrnehmungsebene hinaus bis hin zu echten Placebo Effekten. »Nach dem Konsum eines Power Drinks zum Preis von 2,89 $ gaben Sportler signifikant bessere Trainingsergebnisse an als die Trainierenden an, die denselben Drink zu einem Preis von 0,89 $ erhalten hatten.«[14] Wenn der Hotelier nun einen zu niedrigen Preis ansetzt, könnte der Gast zu einer Entscheidung kommen, die völlig konträr zu den Absichten des Hoteliers steht. Der Hotelier will seine Leistung möglichst attraktiv anbieten, indem er für eine hohe Leistung einen niedrigen Preis verlangt, um sein Preis-Leistungsverhältnis zu erhöhen. Diese Strategie kann einen Schuss ins Knie bedeuten, wenn der angepriesene Nutzen aufgrund des falschen Preises vom Gast falsch eingeschätzt wird. Auch hier zeigt sich, wie wichtig der richtige Preis ist.

Ein falsch angesetzter Preis hat zwar einen vermeintlichen Vorteil einige Stammgäste nicht zu verärgern oder nicht zu verlieren. Der Nachteil hingegen ist viel gravierender. Einerseits verzichten wir auf die Preisbereitschaft von Stammgästen, die bereit sind, aufgrund eines höheren Nutzens höhere Preise zu bezahlen, und andererseits verwirren wir neue Gäste mit einem zu niedrigen Preis. Sie können aufgrund des zu niedrigen Preises den Nutzen, den sie genießen könnten, nicht richtig einschätzen. Sie werden vielleicht wegen des zu niedrigen Preises nicht buchen, da ihre Qualitätserwartung für ihren Urlaub höher ist. Insgesamt verlieren wir mit einem zu niedrig angesetzten Preis Umsatz und auch neue Gäste.

Ein weiteres Problemfeld ist die Ansprache falscher Zielgruppen mit niedrigen Preisen, den sogenannten Schnäppchenjägern. Meine Empfehlung ist, den richtigen Preis anzusetzen und auf die Stammgäste zu verzichten, die den höheren

---

11 Simon 2015, S. 24.
12 Vgl. Husemann-Kopetzky 2018, S. 94.
13 Vgl. Simon, Fassnacht 2016, S. 166.
14 Simon 2015, S. 88.

Preis nicht zahlen wollen. Damit schaffen wir Kapazitäten für neue Gäste, die besser zu unserem Angebot passen. Zugleich verbessert sich die strategische Stimmigkeit der Zielgruppe, was für das Wohlbefinden der Gäste ein nicht zu unterschätzender Faktor ist.

Die Auswirkungen von Leistungssteigerungen auf die Auslastung ist mit professioneller Marktforschung annähernd zu bestimmen. Im Rahmen von strategischen Marktforschungs-Projekten[15] können wir von den Gästen eine Meinung zu bestimmten Veränderungen gewinnen, die für die Zukunft geplant werden. Interessant ist die Erkenntnis aus über 30 Marktforschungs-Projekten in der Hotellerie, dass Stammgäste in der Regel diejenigen Gäste sind, die einer Veränderung am kritischsten gegenüberstehen. Bei einem 4-Sterne-S-Hotelbetrieb stellten wir bestehenden und potenziellen Gästen die Frage, welchen Mehrpreis sie zu bezahlen bereit wären für die Nutzung eines neuen Infinity-Pools. 44 Prozent der Stammgäste[16] wären nicht bereit, einen einzigen Euro als Mehrwert zu leisten, während 56 Prozent der Stammgäste mehr bezahlen würden, nämlich zwischen einem und über 20 Euro pro Nächtigung. Bei potenziellen Gästen, die noch nie im Hotel genächtigt haben, wären hingegen 79 Prozent bereit, einen höheren Preis zu bezahlen. 33 Prozent würden 10 Euro und immerhin 17 Prozent würden sogar 20 Euro oder mehr bezahlen.[17]

Diese Erkenntnis konnten wir auch aus anderen Marktforschungs-Projekten gewinnen. Bei Investitionen, die zu höheren Preisen führen, müssen wir davon ausgehen, dass wir Stammgäste verlieren, während mit hoher Wahrscheinlichkeit neue Gäste gewonnen werden. Investitionen werden im Rahmen von Strategie-Projekten analysiert, konzipiert, simuliert, bewertet und entschieden. Investitionen sollten zu höheren durchgesetzten Preisen führen. Die Simulationsrechnung basiert überwiegend auf konstanten Auslastungen. Wenn die Nutzenveränderungen und die Kommunikation sehr gut gelungen und die Gäste begeistert sind, können wir auch bei deutlich gestiegenen Preisen Auslastungssteigerungen feststellen.

Die betriebswirtschaftlichen Auswirkungen von Maßnahmen für die Stammgäste sollten detailliert hinterfragt werden. Tun Sie alles, um Ihre Stammgäste zu begeistern. Geben Sie ihnen Aufmerksamkeit, tun Sie ihnen Gutes und verwöhnen Sie sie. Aber machen Sie sich keine Illusionen bei einer größeren Veränderung Ihres Leistungsangebotes. Sie werden Gäste verlieren und andere Gäste dafür gewin-

---

15 Die Strategische Kunden-Analyse für Hotelbetriebe ist ein professionelles Marktforschungsinstrument, das wir in Kooperation mit einem Marktforschungsunternehmen durchführen. Basierend auf einer Online-Befragung mit ca. 1.000 beantworteten Fragebögen je Hotel generiert die Strategische Kunden-Analyse ein umfassendes Verständnis der Marke aus der Gästeperspektive.
16 Stammgäste waren bei dieser Befragung jene Gäste, die den größten Umsatzanteil geleistet haben.
17 Das Marktforschungs-Projekt für ein 4-Sterne-S-Hotel in Deutschland wurde zwischen Juli und August 2017 durchgeführt; Anzahl ausgefüllter Fragebögen: 727; durchschnittliche Teilnahmezeit: 16:42 min.

nen. Lassen Sie die Gäste ziehen, die Ihren Weg nicht mehr mitgehen wollen und versuchen Sie nicht, diese Gäste durch Preiszugeständnisse zu halten.

Die beiden zentralen Elemente der Preis-Strategie sind die Preisfindung und die Preisdurchsetzung. Bei der Preisfindung geht es darum den richtigen Preis zu finden. Die Frage lautet, welcher Preis für die Hotelleistung optimal passt. Dieser Entscheidung kommt die allergrößte Bedeutung bei. Davon hängt ab, ob sich das Geschäftsmodell rentiert, ob Gäste angesprochen werden, ob die Gäste die Preise als fair, als zu niedrig oder als zu hoch erachten. Dieser wesentlichen Frage widmen wir uns im Kapitel 4 (Das Spielfeld).

Die Preisdurchsetzung befasst sich mit der Kommunikation, der Vermarktung und des Verkaufs der Leistung mit den festgelegten Preisen. Hierbei sind vor allem Marketing- und Verkaufsfähigkeiten gefragt. Binden Sie diejenigen Mitarbeiter schon bei der Preisfindung ein, die auch bei der Preisdurchsetzung Verantwortung tragen. Wir haben mit interdisziplinären Teams bei der Erarbeitung von Preis-Strategien sehr gute Erfahrungen gemacht.

1.3 Preise finden

Haben Sie sich schon einmal gefragt wie Ihre Preise, die Sie als Hotelier für Ihre Leistungen von den Gästen verlangen, zustande gekommen sind? Warum haben Sie die heutigen Preise und nicht andere? Wie ist die Historie Ihrer Preis-Politik? Woran orientieren Sie sich, wenn Sie die Preise anpassen, am Wettbewerb, am Bauchgefühl, an den Reaktionen eines Gastes bei der letzten Beschwerde? Warum haben Ihre Zimmerkategorien ausgerechnet die Namen, und passen die Zimmernamen zu Ihrer Positionierung? Passen die Preisunterschiede Ihrer Zimmerkategorien, oder ist Ihre Preisspanne suboptimal? Haben wir die Inflation jedes Jahr berücksichtigt, oder hatten wir auch Jahre, in denen wir keine Preisanpassungen vorgenommen haben? Und wenn die Preise jährlich angepasst worden sind, um wieviel wurden sie angepasst? Um ein paar Euro, um einen Prozentsatz des Vorjahrespreises?

Neue Hotelbetriebe haben den Vorteil, ihre Preise Zero Based[18] gestalten zu können. Die Preise haben keine Historie, alles ist neu und die Gäste lernen ein völlig neues Angebot kennen. Der Nachteil bei neuen Hotels ist auf keine Preishistorie Bezug nehmen zu können. Die Festsetzung des richtigen Preises ist bei neuen Hotels mit einem größeren Risiko verbunden, aber auch mit einer großen Chance. Im optimalen Fall wird die Preis-Strategie vor dem Bau oder Umbau erarbeitet, damit Einfluss auf die Gestaltung der Zimmer aus Preis-Sicht genommen werden kann. Leider werden Hotelneubauten zu wenig im Vorfeld preisstrategisch hinterfragt.

---

18 Zero Based ist eine Planungsmethode, bei der von Grund auf neu geplant wird.

In der Regel plant der Architekt und präsentiert das Ergebnis. Wenige Hoteliers schauen auf die ausgewogene Gestaltung der Kategorien. Das ist bedauerlich, zumal ein Input durch die Preis-Strategie einen erheblichen Vorteil schaffen kann. Denken Sie z. B. an die Gestaltung einer optimalen Preisspanne. Das ist der Unterschied zwischen dem preiswertesten Zimmerangebot in der günstigsten Saison und dem teuersten Zimmerangebot in der teuersten Saison. Diese Festlegung ist Teil der Positionierung und beeinflusst das Verhalten Ihrer Zielgruppen. Sie wollen ein Angebot schaffen, welches exakt zu Ihrer Zielgruppe passt. Die Zimmer sollen nicht zu teuer, aber auch nicht zu billig sein. Zusätzlich benötigen Sie eventuell mehrere Kategorien, damit Sie unterschiedliche Gästebedürfnisse erfüllen können. Macht es vielleicht Sinn, eine Top-Suite anzubieten und dafür zwei kleinere Zimmer zu opfern?

Die Ausgestaltung der Zimmergrößen sollte nicht nur dem Architekten überlassen werden. Wie wir noch sehen werden, kommen bei Entscheidungen zu Kategorien und vor allem zu den Abständen der Kategorien zueinander strategische, strukturelle und psychologische Effekte ins Spiel, und ich kann Ihnen versichern, dass diese Effekte eine große Rolle spielen werden bei der Performance Ihres Hotelbetriebes. Wir werden im Kapitel 5 die psychologischen Effekte der Preis-Strategie behandeln und vor allem die Psychologie sollte in der Optimierung der Zimmergrößen eine Rolle spielen.

Jedes bestehende Hotel hat eine Preishistorie, und die meisten Hotelbetriebe haben ihre Preishistorie noch nie richtig analysiert und hinterfragt und schon gar nicht strategisch optimiert. Nach einem Power-Pricing-Vortrag kam ein Hotelier mit rotem Kopf auf mich zu und sagte, er habe über meine Frage nach seiner Preishistorie nachgedacht und habe jetzt die Antwort gefunden. Seine Preise stammen von seinem Vater, der ihm das Hotel vor 35 Jahren übergeben hatte. Er habe die Preise zwar immer wieder angepasst, also die Inflation mehr oder weniger berücksichtigt, aber die Kategorien, die Namen, die Preisspannen, die Rabatte, die Kinderpreise etc. und viele weitere Aspekte seiner Preis-Politik nie hinterfragt und auch nie grundlegend geändert. Zwar habe er nach Investitionen die Preise angepasst, aber nie den tatsächlichen Gästenutzen hinterfragt. Es falle ihm wie Schuppen von den Augen und er müsse gestehen, viele Preis-Potenziale nicht genutzt zu haben.

Er war gerade dabei das Unternehmen an seine Tochter zu übergeben, und gleichzeitig planten sie eine erhebliche Investition in Verbesserungen und in eine Kapazitätserweiterung. In der Folge erarbeiteten wir gemeinsam mit ihm und seiner Tochter die Unternehmens-Strategie und danach die Preis-Strategie. Dieser Input hatte erhebliche Auswirkungen auf die neuen Preise. Wir überzeugten die Hoteliersfamilie auch die Zimmerkategorien zu optimieren und statt zwei Standardzimmer eine Suite zu bauen. Diese Maßnahme war für eine optimale Preisspanne sehr wichtig, worauf wir im Kapitel 5 (Power Pricing) im Detail zu sprechen kommen. Ein Jahr nach der Investition bestätigte der Hotelier, dass die Entscheidung eine Top-Suite zu bauen und dafür auf zwei kleine Zimmer zu verzichten, richtig gewesen sei. Er hätte sogar zwei Top-Suiten bauen sollen. Durch die Top-Suite hatte der Hotelier mehrere Vorteile lukriert. In den Folgekapiteln werden wir uns mit diesem Phänomen noch näher befassen. Das Finden der richtigen Preise ist eine fortlaufende Aufgabe, eine Arbeit am Unternehmen und somit von strategischer Relevanz. Die Brisanz der andauernden Beschäftigung mit den Preisen möchte ich anhand eines fiktiven Beispiels erläutern.

Nehmen wir an, ein Hotelier übernimmt im ersten Fallbeispiel das Hotel von seinen Eltern im Jahr 2020 mit einem Nettoumsatz von einer Million Euro und erhöht die Preise aufgrund der Inflation im Durchschnitt jedes Jahr um zwei Prozent. Die Kapazitäten bleiben konstant, ebenso die Anzahl Nächtigungen pro Jahr. Sein Umsatz im Jahre 2049 beträgt 1,77 Millionen Euro, der kumulierte Nettoumsatz nach 30 Jahren beläuft sich auf 40,6 Millionen Euro. Im zweiten Fallbeispiel übernimmt der Hotelier dasselbe Hotel, erhöht ebenfalls die Preise aufgrund der Inflation um zwei Prozent und lässt die Kapazitäten und die Anzahl Nächtigungen konstant. Nun beschäftigt sich der Hotelier im zweiten Fallbeispiel gleich zu Beginn mit seiner Preis-Strategie, optimiert jährlich seine Preise und erzielt dadurch zusätzlich zur zweiprozentigen Teuerung jedes Jahr einen um 0,6 Prozent höheren Durchschnittspreis. Alternativ könnte auch jedes zweite Jahr eine Optimierung um 1,2 Prozent erfolgen, mit dem annähernd gleichen Effekt.

Der Unterschied der beiden Fallbeispiele ist gravierend. Der Nettoumsatz beträgt im zweiten Fall 2,1 Millionen Euro im Jahre 2049, der kumulierte Nettoumsatz nach 30 Jahren beträgt mit Preis-Strategie 44,6 Millionen Euro. Der Unterschied der beiden Fallbeispiele beim Nettoumsatz beläuft sich auf über vier Millionen Euro. Ein höherer Umsatz bei gleichen Kosten kommt eins zu eins im Ergebnis an. Der kumulierte Gewinn nach 30 Jahren ist um über vier Millionen Euro höher. Bei einem EGT (Ergebnis der gewöhnlichen Geschäftstätigkeit) von zehn Prozent vom Umsatz wäre der kumulierte Gewinn im ersten Fallbeispiel über vier Millionen Euro, im zweiten Fallbeispiel beläuft sich der kumulierte Gewinn auf über acht Millionen Euro, das entspricht einem Unterschied von 100 Prozent. Das heißt, die Beschäftigung mit der Preis-Strategie würde in diesem Fallbeispiel den kumulierten Gesamtgewinn in 30 Jahren verdoppeln. Hätten Sie das gedacht? Wir haben bei diesem Beispiel bewusst keine strategischen Verbesserungen im Gästenutzen angenommen.

Und welche Preise sollten bei einem Hotel gewählt werden, das ganz neu auf den Markt kommt? Manche Hoteliers tendieren dazu, hohe Einführungsrabatte zu gewähren, damit das neue Produkt gleich gut ausgelastet ist, sich herumspricht und Marktanteile und Kunden gewonnen werden. Dieser Gedanke ist nachvollziehbar, jedoch nicht unproblematisch. Durch rabattierte Preise entfällt der Preis als Qualitätsindikator, zumindest in der Anfangsphase. Da das Produkt neu und unbekannt ist, haben die potenziellen Kunden keinen internen Referenzpreis und konnen nicht beurteilen, ob ein verlangter Preis angemessen ist. Durch den niedrigen Einführungspreis ist die Qualitätsanmutung niedriger, als wenn der optimale Preis verlangt wird. Das günstige Angebot kann dazu führen, dass Schnäppchenjäger zuschlagen und die Kapazitäten blockieren, die eigentlich für die anvisierten Zielgruppen gedacht sind. Im schlimmsten Fall verhindert eine Niedrigpreis-

Einführungsstrategie das neue Produkt den Wunschkunden vorzustellen, da die Kapazitäten von Kunden genutzt werden, die nur aufgrund des attraktiven Schnäppchenpreises gebucht haben. Diese Kunden werden später – dann zu regulären Preisen – nicht buchen, da der Preis außerhalb ihres Budgets liegt. Bei der Vermarktung eines neuen Produktes sollte eher mit Knappheit argumentiert werden. Knappheit suggeriert eine hohe Qualität und steigert die Zahlungsbereitschaft.[19]

In der Praxis konnten wir durch Preis-Strategien schon Steigerungen des Nettoumsatzes um 15 Prozent nach einem Jahr realisieren, und das ohne Investitionen. Mit der Preis-Strategie sollte man sich jedes Jahr befassen, es zahlt sich aus. Mit diesem einfachen Beispiel möchte ich die Bedeutung des richtigen Preises unterstreichen. Es ist nie zu früh, sich mit seiner Preis-Strategie zu befassen, aber Sie können viel Geld verlieren, wenn Sie sich zu viel Zeit lassen.

1.4 Preise durchsetzen

Die Preisdurchsetzung umfasst alle Maßnahmen, die ein Verkäufer oder eine Verkäuferin einsetzt, um den festgesetzten Preis auch tatsächlich zu erzielen. Nun hängt der Erfolg der Preisdurchsetzung im hohen Maße davon ab, wie stark Ihre Marke und vor allem Ihr Selbstbewusstsein ist. Luxusprodukte setzen ihre Preise in der Regel leichter durch als Billigprodukte, die manchmal nur mit Schleuderpreisen verkauft werden können. Je weniger dominant die Marktposition ist, desto entscheidender ist das Verhalten der Führungskräfte. In einem Hotel ist die Rolle des Chefs oder der Chefin bei der Preisdurchsetzung fundamental. Er oder sie entscheidet wie die Preis-Kultur in einem Hotel ist.

Einmal einen Rabatt gewährt, bleibt dieser in der Regel bis ans Ende aller Tage. Und Rabatte sind wie die Pest, sie sind ansteckend, ruinieren Ihr Ergebnis, sprechen sich herum und verteilen sich überall. Rabatte haben die Angewohnheit zu mäandern und sickern in alle Ritzen der Preis-Politik. Wenn die Familie Dr. Schmidt fünf Prozent Sonderrabatt bekommt, dann kann man doch einer anderen Familie diesen Rabatt nicht vorenthalten, schon gar nicht, wenn diese Familien miteinander befreundet sind. Wir wollen doch fair sein. Die Fähigkeit Preise durchzusetzen, hängt viel mit dem eigenen Selbstbewusstsein zusammen, mit der Sicherheit, die einem innewohnt, die richtigen Preise zu verlangen. Die erste Voraussetzung ist daher, die richtigen Preise zu verlangen und diese selbstbewusst durchzusetzen. Wenn das Selbstbewusstsein fehlt, dann spüren das die Gäste. Sie werden immer wieder fragen, ob beim Preis noch was zu machen ist, und hat sich einmal eine Rabattkultur eingeschlichen, ist sie kaum noch loszuwerden.

Bei einem Strategieprojekt konfrontierten wir die Hoteliers mit den verheerenden Ergebnissen der Preisanalyse ihres Hotelbetriebes. Die tatsächlich durchge-

---

19 Vgl. Husemann-Kopetzky 2018, S. 129.

setzten Nettopreise waren viel zu niedrig und führten zu einem tiefroten Ergebnis. Im Vergleich zu Wettbewerbsbetrieben lagen ihre Preise um einen zweistelligen Prozentbetrag darunter. Nun weiß man nie, wie gut die Wettbewerber ihre Preise tatsächlich durchsetzen, wie viel Rabatte sie geben. Doch der Vergleich mit Benchmark-Kennzahlen anderer Betriebe war eindeutig. Darauf angesprochen reagierte die Unternehmerin sehr emotional. Sie habe immer ein schlechtes Gewissen, den Gästen gegenüber und knicke immer ein, wenn ein Gast Nachlässe fordert. Manchmal geben sie von sich aus Rabatte oder Upgrades, einfach um ihre Ruhe zu haben. Wie sich herausstellte hatte sie ein schlechtes Gewissen, da das Haupthaus in die Jahre gekommen war, obwohl das Hotel einen neuen Anbau hatte. Den schon niedrig angesetzten Preis ruinierte sie zusätzlich durch unnötige Rabatte. Die Preisanalyse war schmerzlich, doch die Ursache der schlechten Performance wurde gefunden.

Gemeinsam mit ihrem Sohn, der den Betrieb in den Folgejahren übernehmen sollte, konnten wir ohne Investitionen sukzessive eine erstaunliche Performanceverbesserung erreichen. Allein durch preisstrategische Maßnahmen konnte der strategische Durchschnittspreis (Netto-Pensionserlös pro Übernachtung) innerhalb von vier Jahren um über 20 Prozent erhöht werden. Die Performanceverbesserung führte zu erfreulichen Ergebnissen, die die Grundlage für Investitionen bildeten. Aufgrund der verbesserten betriebswirtschaftlichen Performance finanzierte die Hausbank die dringend notwendigen Investitionen.

Um die Preise gut durchzusetzen, benötigt man die Sicherheit, dass die Preise die richtigen sind. Die intensive Beschäftigung mit den Preisen führt zu einer hohen Sicherheit und zu Selbstbewusstsein, die Preise auch verlangen und durchsetzen zu können. Ich gebe zu, das liest sich leicht. In der Realität lauern die Herausforderungen an jeder Ecke und das tagtäglich. Der nette Stammgast, dem die Seniorchefin des Hauses seit vielen Jahren Rabatt gewährt, will sich bei einer gemeinsamen Wanderung versichern, dass er die immer schon gewährten Vorteile auch diesmal bekommt. Diese Preis-Kultur nervt und sollte sofort abgestellt werden. Eine in der Praxis bewährte Taktik ist, die Preishoheit an eine Person zu delegieren, die für die betriebswirtschaftliche Performance und für die Preise verantwortlich ist. Das kann ein Hoteldirektor sein oder die Tochter, die den Betrieb übernommen hat. Mit einem sympathischen Hinweis der Seniorchefin, dass die Preise nicht mehr in ihrer Verantwortung liegen, kann man die »Unkultur der Rabattitis« schnell und für immer loswerden.

2   Die Macht des Preises

»Price is what you pay; value is what you get.« (Warren Buffett)

Bei Vorträgen zu Power Pricing und Preis-Strategien für Hotelbetriebe stelle ich zu Beginn des Vortrages oft eine Frage, um den Teilnehmern ein Gefühl für die Brisanz von Preisentscheidungen zu vermitteln. Da wir für die österreichische Hotellerie über recht gute Zahlen verfügen, stellte ich folgende Frage: »Um wie viel Prozent würde sich das Ergebnis der gewöhnlichen Geschäftstätigkeit vor Steuern (EGT) verändern, wenn sich der Durchschnittspreis aller bilanzierenden Hotelbetriebe in Österreich um zwei Prozent netto erhöhen würde – bei gleichen Kosten und gleicher Auslastung?« Bitte lesen Sie jetzt nicht weiter, sondern überlegen Sie wie Ihre Antwort lautet. Schreiben Sie die Zahl auf: »*Das EGT aller Hotelbetriebe würde sich im Durchschnitt um _ Prozent erhöhen.*«

Die Reaktion auf die präsentierten Ergebnisse war regelmäßig ein großes Staunen. Auch zahlenaffine Hoteliers konnten kaum glauben, was sie da sahen. Offensichtlich hatte sich noch niemand mit den Hebelwirkungen von Preisen auf den Gewinn befasst. Wenn man sich eine Gewinn- und Verlustrechnung eines Hotelbetriebes anschaut, so ist logisch, dass eine Veränderung des Umsatzes bei konstanten Kosten eins zu eins im Ergebnis landet. Das bedeutet, ein Nettoumsatz von hunderttausend Euro mehr ergibt ein Mehr-Ergebnis um denselben Betrag. Die Antwort auf die Frage lautete: *Das EGT würde sich um über 50 Prozent erhöhen!*

Nochmals, wir erhöhen den Durchschnittspreis um zwei Prozent und der Gewinn erhöht sich deshalb um über 50 Prozent. Ist das nicht absurd? Nein, die Antwort war richtig. Das durchschnittliche EGT aller Hotelbetriebe lag im Jahr 2017 bei 3,86 Prozent der Betriebsleistung. Da bei konstanten Aufwendungen höhere Umsätze eins zu eins im Ergebnis landen, erhöht sich das EGT von 3,86 auf 5,86 Prozent, was eine Steigerung um exakt 51,81 Prozent entspricht. Im Jahre 2016 stellte ich dieselbe Frage. Die damalige Antwort war noch dramatischer. Das durchschnittliche EGT aller Hotelbetriebe war damals 1,85 Prozent. Wenn die Preise damals um zwei Prozent angehoben worden wären hätte sich das EGT aller Hotelbetriebe im Durchschnitt um 108 Prozent erhöht! Der Hebeleffekt führt zu immer höheren Ergebnissen, je niedriger die durchschnittliche EGT-Performance ist.

2.1 Einflussfaktoren des Gewinns

Wir befassen uns in der Beratungspraxis für Hotelbetriebe vor allem mit strategischen Fragestellungen, mit der Bewertung von strategischen Alternativen und mit quantitativen Simulationen. Dabei werden Gewinn- und Verlustrechnung, Preise, Auslastungen, Planbilanz, Cashflow- und Finanzplanung und auch die Planung des Unternehmenswertes simuliert und bewertet. Meistens werden dadurch neue Sichtweisen entwickelt, an die man vorher nicht gedacht hat. Zugegeben, die Zusammenhänge sind sehr komplex. Aber gerade deswegen sind die Simulationen eine große Hilfe bei der Suche nach der besten Strategie.

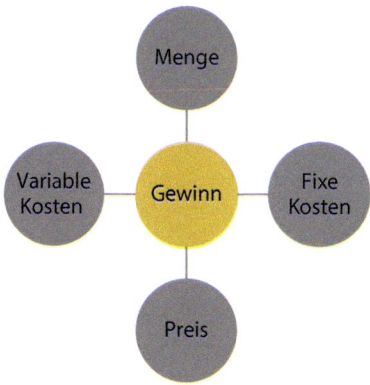

Abb. 4: Einflussfaktoren des Gewinns

Was passiert, wenn sich Prämissen ändern, wenn die zur Verfügung stehenden Stellschrauben gedreht werden? Um die Macht des Preises näher kennen zu lernen, blicken wir auf diejenigen Stellschrauben, die den Gewinn eines Unternehmens beeinflussen. In der Abbildung 4 sehen Sie die Einflussfaktoren des Gewinns. Diese Darstellung gilt grundsätzlich für alle wirtschaftlich agierenden Unternehmen, unabhängig von der Branche. Nun ist jeder Hotelbetrieb ein Unikat, das sich von anderen mehr oder weniger unterscheidet. Doch bei quantitativen Simulationen ähneln sich die meisten Betriebe dennoch, zumindest bei den Hebelwirkungen gewisser Stellschrauben. Wir wollen im folgenden Kapitel einige Simulationen durchführen und besprechen, um die Einflussfaktoren des Gewinns näher kennen zu lernen. Wo kann der Hotelier ansetzen, um seinen GOP und damit auch seinen Gewinn zu steigern?

2.1.1 Menge

Die Menge in der Abbildung 4 entspricht in der Hotellerie der Anzahl der Übernachtungen, die ein Hotel in einer Zeitperiode erzielt.[20] Man spricht auch von Auslastung, wobei zu unterscheiden ist zwischen der Ganzjahresauslastung und der Auslastung im Verhältnis zu den Offenhaltungstagen. Eine weitere Unterscheidung ist die Bettenauslastung oder die Zimmerauslastung. Die Bettenauslastung ergibt sich als Quotient der Zahl der Übernachtungen im Verhältnis zur Übernachtungskapazität in Betten[21].

Wenn ein Hotelier sagt, er hatte im vergangenen Jahr eine Auslastung von 70 Prozent, dann stellt sich die Frage, auf welcher Basis diese Kennzahl steht. Hatte der Betrieb das ganze Jahr geöffnet, oder nur in den Saisonen? Meint er die Betten- oder die Zimmerauslastung? Unabhängig davon spielt die Auslastung eine wichtige Rolle in der Hotellerie. Ich behaupte sogar, dass die Hotellerie in der Regel auslastungsorientiert ist, ja geradezu auslastungsfixiert und der Erfolg vor allem daran gemessen wird, wie hoch die Auslastung ist. Hat ein Betrieb eine hohe Auslastung, dann ist er erfolgreich. Wenn das Hotel eine geringe Auslastung hat, dann hat das Hotel ein Problem, so ist zumindest die gängige Meinung. Die Bettenauslastung unserer Kunden auf die Offenhaltungstage liegt zwischen 50 und 90 Prozent. Doch der Erfolg, gemessen am Gewinn, kann durchaus auch mit einer niedrigen Auslastung über dem Branchendurchschnitt sein. Zugegeben, wenn in einem Hotel »sehr wenig los« ist, macht das einen fraglichen Eindruck auf die Gäste.

Die Stellschraube »Menge« kann mit marketing- und absatzpolitischen Maßnahmen beeinflusst werden. Vor allem strategische Effekte spielen eine große Rolle auf die Anzahl Nächtigungen bzw. auf die Auslastung. Wird die Attraktivität eines Hotels erhöht, steigt in der Regel auch die Auslastung, je nachdem wie mit den Preisen umgegangen wird. Ist die Veränderung der Attraktivität aus Sicht der Gäste ein Volltreffer und werden die Preise richtig gesetzt, steigen nicht nur die Preise, sondern parallel dazu auch die Auslastung. Aber wie wichtig ist die Auslastung wirklich? Bei einem Seminar in der Schweiz stellte ich die Frage an die Teilnehmer und Teilnehmerinnen, was wohl wichtiger sei, die Auslastung oder der Preis? Die Antwort war mit überwältigender Mehrheit: »Die Auslastung«. Sogar bei Gesprächen mit Bankbetreuern kommen sinkende Auslastungen nicht gut an, unabhängig davon wie sich das Ergebnis entwickelt hat. Bei Beratungsprojekten werde ich immer wieder gefragt, was denn wichtiger sei, die Auslastung oder der durchgesetzte Preis? Wir wollen diese Frage im nächsten Kapitel vertiefend behandeln und beantworten.

---

20 Für den Vergleich blenden wir alle anderen Erlöse der Einfachheit halber aus.
21 Vgl. Hänssler 2004, S. 305.

2.1.2 Kosten

Die Kosten sind ebenso Einflussfaktoren, welche sich auf den Gewinn auswirken. Speziell in der Hotellerie ist der hohe Fixkostenanteil, das sind jene Kosten, die immer anfallen, egal wie viele Gäste im Hotel nächtigen, eine Herausforderung. Dazu zählen Personalkosten, Mieten und Pachten, Grundsteuern, Versicherungen, Instandhaltungen, Abschreibungen und Fremdkapitalzinsen. Je nach Betrieb liegen die fixen Kosten bei 70 bis 90 Prozent aller Kosten[22].

Die variablen Kosten hingegen sind übernachtungsabhängige Kosten. Sobald ein Gast im Haus ist, fallen folgende Kosten zusätzlich an: Strom, Energie, Heizung, Wasserverbrauch, Reinigungsmittel, Wäschekosten, Teile des Betriebs- und Verwaltungsaufwandes, Wareneinsatz für das Frühstück.[23] Die Stellschrauben fixe und variable Kosten können durch Planung, Budgetierung und einem konsequenten Controlling gesteuert werden. Generell werden Kostensenkungen in der Hotellerie ungern getätigt, zumal stets das Argument der Gästezufriedenheit ins Feld gebracht wird. Natürlich ist die Gästezufriedenheit ein wesentlicher Erfolgsfaktor. Das bedeutet jedoch nicht, dass die Kosten nicht hinterfragt werden dürfen. Im Gegenteil, ich bin der Auffassung, dass stringentes Kostenmanagement in Form eines professionellen Controllings eine Grundvoraussetzung für ein erfolgreiches Hotelmanagement ist.

2.1.3 Preis

Wir kommen nun zum Preis, den der Gast für Leistungen des Hotels zu zahlen hat. Wie wird der Preis definiert? Für Hermann Simon, einem der weltweit führenden Berater für Preismanagement, ist der Preis die Zahl der Geldeinheiten, die ein Käufer für eine Mengeneinheit des Produktes oder der Dienstleistung entrichten muss.[24] Die Besonderheit des Preises ist der Multiplikatoreffekt. Preis mal Menge ergibt den Umsatz. Werden die fixen und variablen Kosten vom Umsatz abgezogen haben wir den Gewinn. Da die Kosten in einem Hotel eher unflexibel sind und nur schwer verändert werden können, ist der Preis ein Instrument, das sich durch schnelle Einsetzbarkeit auszeichnet.[25] Wie wir gleich sehen werden, ist der Preis ein Stellhebel, der besonders stark wirkt. Die hohe Komplexität und Vieldimensionalität von Preisen deuten auf große Chancen hin, aber auch auf viele Gelegenheiten, das Falsche zu tun, sei es als Kunde oder als Anbieter. Es gibt nach Simon nur einen richtigen Preis, aber viele falsche Preise.[26]

---

22 Vgl. Henschel et al. 2013, S. 44.
23 Vgl. Hänssler 2004, S. 341.
24 Vgl. Simon, Fassnacht 2009, S. 6.
25 Vgl. Simon 2020, S. 144.
26 Vgl. Simon 2015, S. 20.

2.2 Gewinntreiber Preis

Wir wollen nun die Erfolgsfaktoren des Gewinns unter die Lupe nehmen und verschiedene Simulationen eines fiktiven Hotelbetriebes durchführen. In der Realität können wir die Erkenntnisse aus diesen Simulationen aus vielen Beratungsprojekten bestätigen.

Unser Beispielhotel hat im Vergleichsjahr 10.000 Nächtigungen zu einem durchschnittlichen Netto-Preis von 120 Euro erzielt. Der Umsatz beträgt 1.200.000 Euro. Die fixen Kosten haben wir mit 800.000 Euro angenommen, die variablen Kosten mit 35 Euro pro Bettennächtigung. Bei Gesamtkosten von 1.150.000 Euro (800.000 Euro + 10.000 x 35 Euro) ergibt sich ein Gewinn vor Steuern in Höhe von 50.000 Euro. Dieser Gewinn entspricht einer Umsatzrendite von 4,2 Prozent, eine Performance, die leicht unter dem Branchendurchschnitt von 6,4 Prozent[27] liegt.

Wenn wir die Stellschraube Kosten bewegen und die fixen Kosten um zehn Prozent senken, dann würde sich der Gewinn von 50.000 Euro auf 130.000 Euro um 160 Prozent erhöhen, was einer überdurchschnittlichen Performance entspricht (▶ Abb. 5). Ob eine Fixkostensenkung um zehn Prozent realistisch ist, spielt bei dieser Betrachtung keine Rolle, wesentlich ist die Erkenntnis, dass der Gewinn mit dieser Stellschraube massiv gesteigert werden könnte.

Simulation Verbesserung um 10%	Basis	Fixkosten
Fixkosten	800 T€	**720 T€**
Variable Kosten pro Nächtigung	35 €	35 €
Nächtigungen	10.000	10.000
Preis	120 €	120 €
Umsatz	1.200 T€	1.200 T€
Kosten	1.150 T€	1.070 T€
Gewinn	50 T€	130 T€
Gewinn in % vom Umsatz	4,2 %	10,8 %
Erhöht den Gewinn um …	Basis	160 %

Abb. 5: Simulation Verbesserung um zehn Prozent durch Fixkostensenkung

Ein Senken der variablen Kosten um zehn Prozent von 35 Euro auf 31,50 Euro scheint wenig zu sein (▶ Abb. 6). 3,50 Euro pro Bettennächtigungen einzusparen würde eine Gewinnsteigerung um 70 Prozent bringen, eine beachtliche Steige-

---

27 KMU Forschung Austria; Bilanzbranchenbild der österreichischen Hotellerie 2019/20.

rung. Die Umsatzrendite würde sich allein durch diese Maßnahme über den Branchendurchschnitt heben.

Simulation Verbesserung um 10%	Basis	Variable Kosten
Fixkosten	800 T€	800 T€
Variable Kosten pro Nächtigung	35 €	**31,5 €**
Nächtigungen	10.000	10.000
Preis	120 €	120 €
Umsatz	1.200 T€	1.200 T€
Kosten	1.150 T€	1.115 T€
Gewinn	50 T€	85 T€
Gewinn in % vom Umsatz	4,2 %	7,1 %
Erhöht den Gewinn um …	Basis	70 %

Abb. 6 Simulation Verbesserung um zehn Prozent durch Senkung der variablen Kosten

Simulation Verbesserung um 10 %	Basis	Nächtigungen
Fixkosten	800 T€	800 T€
Variable Kosten pro Nächtigung	35 €	35 €
Nächtigungen	10.000	**11.000**
Preis	120 €	120 €
Umsatz	1.200 T€	1.320 T€
Kosten	1.150 T€	1.185 T€
Gewinn	50 T€	135 T€
Gewinn in % vom Umsatz	4,2 %	10,2 %
Erhöht den Gewinn um …	Basis	170 %

Abb. 7: Simulation Verbesserung um zehn Prozent durch Erhöhen der Anzahl Nächtigungen

Die Veränderung der Menge hätte ähnliche Gewinneffekte wie die einer Fixkostensenkung. Wir erhöhen die Anzahl der Übernachtungen von 10.000 auf 11.000 Nächte. Der Gewinn würde sogar um 170 Prozent steigen (▶ Abb. 7). Nun kann man bei diesem Beispiel einwenden, dass eine Steigerung der Anzahl Nächtigungen nur durch einen höheren Marketing- und Vertriebsaufwand möglich ist oder nur durch Preissenkungen. Das mag sein, ist jedoch bei dieser Betrachtung irrelevant. Fakt ist, dass die Erhöhung der Menge diese Gewinnsteigerung möglich macht.

Simulation Verbesserung um 10 %	Basis	Preis
Fixkosten	800 T€	800 T€
Variable Kosten pro Nächtigung	35 €	35 €
Nächtigungen	10.000	10.000
Preis	120 €	**132 €**
Umsatz	1.200 T€	1.320 T€
Kosten	1.150 T€	1.150 T€
Gewinn	50 T€	170 T€
Gewinn in % vom Umsatz	4,2 %	12,9 %
Erhöht den Gewinn um …	Basis	240 %

Abb. 8: Simulation Verbesserung um zehn Prozent durch Erhöhen des Preises

Was passiert, wenn wir den Preis um zehn Prozent erhöhen und alle anderen Faktoren konstant halten? In der Abbildung 8 erkennen wir, dass der Gewinn um 240 Prozent steigen würde. Die Umsatzrendite wäre mit 12,9 Prozent im Spitzenfeld der Hotellerie. Als Fazit kann festgehalten werden, dass der Preis bei Verbesserungen im Vergleich zu den anderen Einflussfaktoren des Gewinns (fixe und variable Kosten, Anzahl Nächtigungen) der mit großem Abstand stärkste Gewinnhebel ist.

Und was passiert, wenn wir, ausgehend von den Basiskennzahlen unseres Hotelbetriebes, eine Verschlechterung von fünf Prozent simulieren? Kleine Veränderungen laufen manchmal unter der Wahrnehmungsschwelle, das bedeutet, man merkt es kaum, wenn sich die Dinge verschlechtern. Daher ist ein konsequentes Controlling in jedem Fall auch bei kleineren Hotelbetrieben zu empfehlen. Sehen wir uns deshalb an, was mit dem Gewinn passiert, wenn sich eine fünfprozentige Verschlechterung einschleicht.

Simulation Verschlechterung um 5 %	Basis	Fixkosten
Fixkosten	800 T€	**840 T€**
Variable Kosten pro Nächtigung	35 €	35 €
Nächtigungen	10.000	10.000
Preis	120 €	120 €

2.2 Gewinntreiber Preis

Umsatz	1.200 T€	1.200 T€
Kosten	1.150 T€	1.190 T€
Gewinn	50 T€	10 T€
Gewinn in % vom Umsatz	4,2 %	0,8 %
Verringert den Gewinn um …	Basis	80%

Abb. 9: Simulation Verschlechterung um fünf Prozent durch Erhöhen der Fixkosten

Eine Erhöhung der Fixkosten um fünf Prozent entspricht einer Kostensteigerung von 40.000 Euro. Das lässt sich recht einfach bewerkstelligen, indem zum Beispiel ein Mitarbeiter für die Verwaltung engagiert wird, der nicht zu Umsatzsteigerungen und auch nicht zu anderen Kostensenkungen führt. Solche Fälle soll es schon gegeben haben. In diesem Fall wäre der Gewinn sozusagen pulverisiert. Die Maßnahme würde den Gewinn um 80 Prozent reduzieren, aus Sicht des Gewinns ein kaum erstrebenswerter Zustand.

Die Abbildung 10 zeigt eine Simulation mit einem kleinen Anstieg der variablen Kosten um 1,75 Euro pro Nächtigung auf 36,75 Euro. Das Ergebnis zeigt einen um 35 Prozent verringerten Gewinn. Als Beispiel kann eine Verbesserung des Frühstücksangebots herangezogen werden. Wenn durch die Qualitätsverbesserung die Auslastung nicht steigt und auch die Preise konstant gehalten werden, hat diese Maßnahme trotz eines kleinen Betrages einen spürbaren Effekt auf die Gewinnperformance.

Simulation Verschlechterung um 5 %	**Basis**	**Variable Kosten**
Fixkosten	800 T€	800 T€
Variable Kosten pro Nächtigung	35 €	**36,75 €**
Nächtigungen	10.000	10.000
Preis	120 €	120 €
Umsatz	1.200 T€	1.200 T€
Kosten	1.150 T€	1.167 T€
Gewinn	50 T€	32 T€
Gewinn in % vom Umsatz	4,2 %	2,7 %
Verringert den Gewinn um …	Basis	35%

Abb. 10: Simulation Verschlechterung um fünf Prozent durch Erhöhen der variablen Kosten

2 Die Macht des Preises

In Abbildung 11 simulieren wir einen Rückgang der Nächtigungen um fünf Prozent. Die Verringerung der Nächtigung um fünf Prozent hat in etwa den Effekt wie eine Steigerung der Fixkosten um denselben Prozentsatz.

Simulation Verschlechterung um 5 %	Basis	Nächtigungen
Fixkosten	800 T€	800 T€
Variable Kosten pro Nächtigung	35 €	35 €
Nächtigungen	10.000	**9.500**
Preis	120 €	120 €
Umsatz	1.200 T€	1.140 T€
Kosten	1.150 T€	1.132 T€
Gewinn	50 T€	7 T€
Gewinn in % vom Umsatz	4,2 %	0,7 %
Verringert den Gewinn um …	Basis	85 %

Abb. 11: Simulation Verschlechterung um fünf Prozent durch Rückgang der Nächtigungen

Was bedeutet eine fünfprozentige Preisreduktion für den Gewinn? Ich finde dieses Beispiel eine schöne Präsentation zur Bedeutung und Wirkung von Rabatten. Wie schnell hat man fünf Prozent Rabatt gegeben? In der Hoffnung durch Preiszugeständnisse mehr Auslastung zu erzielen, werden schnell einmal Rabatte eingeräumt. Wie oft hat man es verabsäumt, die Preise jährlich entsprechend der Inflation anzuheben?

Simulation Verschlechterung um 5 %	Basis	Preis
Fixkosten	800 T€	800 T€
Variable Kosten pro Nächtigung	35 €	35 €
Nächtigungen	10.000	10.000
Preis	120 €	**114 €**
Umsatz	1.200 T€	1.140 T€
Kosten	1.150 T€	1.150 T€
Gewinn	50 T€	-10 T€
Gewinn in % vom Umsatz	4,2 %	-0,9 %
Verringert den Gewinn um …	Basis	120 %

Abb. 12: Simulation Verschlechterung um fünf Prozent durch Preisreduktion

Wer eine durchschnittliche Gewinnperformance hat und auf dieser Basis seine Preise um fünf Prozent reduziert, vernichtet damit den kompletten Gewinn und rutscht sogar in die Verlustzone. Nun könnte man bei diesem Beispiel einwenden, dass eine Preisreduktion auf jeden Fall zu einer Auslastungssteigerung führen wird. Das kann durchaus passieren, doch genau wissen wir das für dieses Hotel nicht. Wie sich die Auslastung bei Preisänderungen entwickeln würde, kann mit Hilfe der Preiselastizität festgestellt werden. Damit werden wir uns in einem späteren Kapitel befassen.

Wir werden uns nun mit einer Sonderform der Simulation befassen. Bei Veränderung einer Stellschraube können wir mit Auswirkungen auf andere preisrelevante Faktoren rechnen. Ein leicht nachvollziehbares Phänomen ist die Preissenkung, mit der Hoffnung, dadurch die Auslastung zu erhöhen. Leider wird dieser Mechanismus in der Praxis viel zu häufig angewendet. Ist die Auslastung nicht so wie gewünscht, werden in manchen Häusern die Preise gesenkt. »Wir müssen etwas tun« ist in der Regel ein Unheil bringendes Statement und ein Beispiel für die Wirkung des Psychoeffektes Action Bias (▶ Kap. 7), über dessen Konsequenzen offenbar viele Verantwortliche nicht oder nur teilweise Bescheid wissen.

Simulation diverse Veränderungen	Basis	Preis: – 10% Nächtigungen: + 10%
Fixkosten	800 T€	800 T€
Variable Kosten pro Nächtigung	35 €	35 €
Nächtigungen	10.000	**11.000**
Preis	120 €	**108 €**
Umsatz	1.200 T€	1.188 T€
Kosten	1.150 T€	1.185 T€
Gewinn	50 T€	3 T€
Gewinn in % vom Umsatz	4,2 %	0,3 %
Verändert den Gewinn um …	Basis	- 94 %

Abb. 13: Simulation Preissenkung um zehn Prozent und Auslastungssteigerung um zehn Prozent

Wann ist eine Preissenkung erfolgreich? Wie in der Abbildung 13 ersichtlich ist bei einer Preissenkung um zehn Prozent und einer dadurch erzielten Steigerung der Auslastung um zehn Prozent nichts gewonnen. Im Gegenteil, wird auch mit dieser Maßnahme der Gewinn vernichtet. Aus unserer Beratungspraxis müssen wir immer wieder auf diesen desaströsen Effekt auf den Gewinn hinweisen. Wir können mit einer solchen Maßnahme zwar das Ziel Auslastung erhöhen durchaus erreichen, doch dieser »Sieg« ist teuer erkauft. Nun kann man argumentieren, dass eine zehnprozentige Preissenkung zu einer noch höheren Auslastung führen wird. Schauen wir uns auch diesen Effekt an.

Simulation diverse Veränderungen	Basis	Preis: – 10% Nächtigungen: + 15%
Fixkosten	800 T€	800 T€
Variable Kosten pro Nächtigung	35 €	35 €
Nächtigungen	10.000	**11.500**
Preis	120 €	**108 €**
Umsatz	1.200 T€	1.242 T€
Kosten	1.150 T€	1.202 T€
Gewinn	50 T€	39 T€
Gewinn in % vom Umsatz	4,2 %	3,2 %
Verändert den Gewinn um …	Basis	- 21 %

Abb. 14: Simulation einer Preissenkung um 10 Prozent und einer Auslastungssteigerung um 15 Prozent

Ich bin überzeugt, dass die meisten Hoteliers diesem Tausch in der ersten Reaktion positiv gegenüberstehen würden. Wir geben einen Rabatt von zehn Prozent und erhalten im Gegenzug eine Steigerung der Auslastung um 15 Prozent. Betriebswirtschaftlich rechnet sich nicht einmal diese erhebliche Erhöhung der Auslastung. Die Preisreduktion schneidet massiv in die Gewinnperformance. Das sollte jedem für Preise Verantwortlichen bewusst sein. Natürlich kommt bei starken Auslastungssteigerungen irgendwann der Break-Even-Point, bei dem der Gewinn wieder ansteigt. In unserer Simulation und auch in Praxisbeispielen liegt dieser Punkt bei 16,5 bis 20 Prozent. Das bedeutet, eine Preisreduktion von zehn Prozent sollte mindestens eine Erhöhung der Auslastung um 20 Prozent bringen, sonst sollte man lieber die Finger davonlassen.

Eine 20-prozentige Steigerung der Auslastung ist massiv. Falls jemand diese Option genauer analysieren möchte, muss berücksichtigt werden, dass solche Steigerungen mitunter zu sprungfixen Kosten führen können. Eventuell werden zusätzliche Mitarbeiter benötigt. Auch die Instandhaltungen werden durch mehr Übernachtungen steigen. Besonders problematisch wird eine solche Maßnahme dann, wenn durch Preissenkungen Gäste gewonnen werden, die preissensibler sind als die Stammgäste, und Gäste, die mehr auf die Qualität achten könnten, durch zu niedrige Preise von der Buchung abgehalten werden. Wie bereits erwähnt ist der Preis auch ein Qualitätsindikator und Preissenkungen könnten andeuten, dass die Qualität gesenkt worden ist.

Wir wollen nun ein weiteres spezielles Phänomen untersuchen, das sowohl in Simulationsrechnungen als auch in der Praxis zu Überraschungen führt. Was passiert, wenn die Preise nicht reduziert, sondern erhöht werden? In einer ganzen Reihe von Preis-Strategie-Projekten haben wir ein interessantes Phänomen beobachtet. Man kann die durchschnittlichen Preise erhöhen, ohne die Auslastung nennenswert zu senken. Auf dieses Thema werden wir später eingehen. In unserer nächsten Simulationsrechnung werden wir untersuchen was passiert, wenn wir die Preise um zehn Prozent anheben und dafür die Auslastung um zehn Prozent senken.

Simulation diverse Veränderungen	Basis	Preis: + 10% Nächtigungen: – 10%
Fixkosten	800 T€	800 T€
Variable Kosten pro Nächtigung	35 €	35 €
Nächtigungen	10.000	**9.000**
Preis	120 €	**132 €**
Umsatz	1.200 T€	1.188 T€
Kosten	1.150 T€	1.115 T€
Gewinn	50 T€	73 T€
Gewinn in % vom Umsatz	4,2 %	+ 6,1 %
Verändert den Gewinn um …	Basis	+ 46 %

Abb. 15: Simulation einer Preiserhöhung um zehn Prozent und einer Auslastungssenkung um zehn Prozent

Das oben abgebildete Beispielhotel würde bei einer solchen Konstellation den Gewinn um 46 Prozent erhöhen. Wir verlieren zwar zehn Prozent an der Auslastung, gewinnen durch die höheren Preise jedoch eine höhere Marge, die zu einem deutlich höheren Gewinn führt. Diese Preis-Strategie implementieren wir in der Regel bei denjenigen Hotelbetrieben, die trotz einer hohen Auslastung eine bescheidene Gewinnperformance haben. Durch den Verzicht auf Übernachtungen steigern wir paradoxer Weise den Gewinn.

Ich möchte auf einen weiteren Aspekt dieser Beispiele hinweisen, der vor allem für diejenigen von Interesse sein sollte, die Yield Management betreiben. Yield Management bedeutet die praktische Umsetzung, Steuerung und Lenkung der Nachfrage. »Ziel ist die Erhöhung des RevPAR/Yield (= Netto-Logisumsatz : verfügbare Zimmer) durch tägliche Steuerung von Preisen und Kapazitäten, unter anderem durch Buchungsbedingungen und Preis-Strategien. Yielden (steuern, lenken) bezeichnet die tägliche Steuerung der Kapazitäten und Preise.[28] Wenn wir Systeme und Strategien einsetzen, die den Netto-Logisumsatz optimieren, können Konstellationen entstehen, die zwar zu einem höheren Netto-Logisumsatz führen, aber nicht den Gewinn optimieren. Höhere Umsätze bedeuten nicht zwangsweise höhere Gewinne, im Gegenteil, Umsatzmaximierungen können auch negative Effekte auf den Gewinn bewirken.

Generell sind hohe Umsätze niedrigen vorzuziehen, aber nur unter der Bedingung, dass auch die Gewinne steigen. Ein Tunnelblick auf Umsatz- oder Auslastungsmaximierung kann den Gewinn zerstören. Ein Yield Managementsystem wird aufgrund der Zielsetzung Umsatzmaximierung eher die Konstellation der Abbildung 14 anstreben (Umsatz 1.242.000 Euro; Gewinn 39.000 Euro), da der Umsatz um 54.000 Euro höher ist als der der Konstellation in Abbildung 15 (Umsatz 1.188.000 Euro; Gewinn 73.000 Euro). Paradoxerweise ist der Gewinn aufgrund der Hebelwirkung des Preises bei weniger Umsatz um 34.000 Euro höher.

Einer unserer Hotelkunden hatte ein solches System im Einsatz und ist im ersten Jahr voll in diese Falle getappt. Die Auslastung ist deutlich angestiegen, aber der Gewinn gleichzeitig spürbar eingebrochen. Diesen Effekt konnten wir durch einschneidendes Gegensteuern zügig beseitigen. In der Folge gingen die Nächtigungen zum Teil dramatisch zurück, die Preise aber stiegen stark an. Durch das monatliche Controlling konnten wir die positiven Effekte sofort erkennen, der Gewinn stieg bei leicht sinkenden Umsätzen wieder an. Falls Sie ein Yield Managementsystem einsetzen, achten Sie auf Ihre Gewinnperformance und nicht auf den höchsten Umsatz.

2.3 Fazit

Alle vorgestellten Simulationen zeigen eindrucksvoll wie bedeutsam der Preis ist. Grundsätzlich sind alle vier Stellschrauben bzw. Einflussfaktoren des Gewinns von Relevanz, die Auslastung, die fixen und variablen Kosten sowie die Preise. Doch die Preise sind mit großem Abstand die stärksten Gewinntreiber. Aus dieser Erkenntnis heraus sollte deshalb klar sein, dass nicht die Auslastung und auch nicht die Kosten, sondern der Preis der wichtigste Einflussfaktor darstellt, um den Gewinn positiv zu beeinflussen.

Wie wir gesehen haben, funktioniert dieser Preishebel in beide Richtungen. Nach dem bereits erwähnten Power-Pricing-Seminar in der Schweiz, wo die überwältigende Mehrheit zu Beginn meinte, die Auslastung sei wichtiger als der Preis, bestätigten mir alle Teilnehmer und Teilnehmerinnen, dass doch der Preis wichtiger sei. Die Hoffnung stirbt zuletzt. Es sollte nun klar sein, dass der Preis nicht als Instrument zur Steigerung der Auslastung missbraucht werden sollte. Im Gegenteil kann eher mit der Auslastung variiert werden, damit der Preis durchgesetzt wird, im Sinne eines optimalen Gewinns.

---

28 Goerlich, Spalteholz 2014, S. 23.

3 Der Preis-Kosmos

»Um Wissen produktiv zu machen, müssen wir lernen, sowohl den Wald als auch den einzelnen Baum zu sehen. Wir müssen lernen, Zusammenhänge herzustellen.« (Peter F. Drucker)[29]

Bevor wir das Spielfeld des Preises betreten wollen wir einen Blick auf die Herkunft der Preise werfen und die faszinierenden Wissensdimensionen Ökonomie, Marketing, Strategisches Management, Entscheidungstheorie, Preispsychologie und Neuropricing streifen, die zum Finden und Durchsetzen der richtigen Preise hilfreich sind.

Die Beschäftigung mit diesen preisrelevanten Wissensdimensionen verhilft zu einem besseren Verständnis der Zusammenhänge, da sie Preis-Phänomene aus verschiedenen Blickwinkeln beleuchten. Der Preis-Kosmos reicht weit über das Fachgebiet der Ökonomie hinaus. Menschliche Entscheidungen verständlich zu machen, zu prognostizieren und daraus praktikable Maßnahmen abzuleiten, bedarf der Beschäftigung mit vielen Wissensbereichen. Wolf Lotter schreibt in diesem Zusammenhang von Kontextkompetenz, das Bewusstmachen der eigenen ökonomischen Handlungsfähigkeit, die hilft, kein Fachidiot zu sein, der Gefangener seiner eigenen Disziplin ist, der nicht aus seiner Haut heraus kann. Wir wollen daher den Versuch unternehmen, unseren Blickwinkel zu weiten, im Sinne eines Wissensarbeiters[30]. Doch wo kommt der Preis her und warum gibt es überhaupt Preise?

3.1 Die Herkunft des Preises

Vor etwa 11.000 Jahren begann im Nahen Osten die neolithische Revolution, der Übergang von der Nahrungsmittelbeschaffung durch Jagen und Sammeln zur Nahrungsmittelproduktion durch Ackerbau und Viehzucht.[31] Dieser Prozess ist weltweit nachweisbar und dauerte bis etwa 1.000 v. Chr.[32] Der Übergang vom Sammler und Jäger zum sesshaften, arbeitsteilig organisierten Menschen war mit gewaltigen Umwälzungen in der Kultur des Zusammenlebens verbunden.[33] Dazu zählt

---

29 Zit. n. Lotter 2020, S. 5.
30 Vgl. Lotter 2020, S. 24.
31 Vgl. Hoppe 2015, S 36; Diamond 2005, S. 130.
32 Vgl. Scharl 2021, S. 16.
33 Vgl. Reich 2018, S. 100.

auch die Entwicklung des Privateigentums, das anfangs so gut wie kaum existierte.[34] Nur die unmittelbaren Gegenstände wie Waffen, Schmuck und Kleidung waren Privateigentum, alles andere gehörte zur Gruppe, die in der Regel zwischen 10 und 30 Personen umfasste.

Erst mit dem sesshaften Leben entstand das Privateigentum in Form von Boden, Unterkunft, Vieh, Werkzeuge etc. Auch die Institution der Familie entwickelte sich im Rahmen dieser Umwälzungen. Frauen und Männer waren nicht mehr nur Teil der Gruppe, sondern sie bildeten eben Familien und grenzten sich damit innerhalb ihrer Gruppe ab, was zu weitreichenden Konsequenzen im sozialen Zusammenleben führte. Die Familie war damit nicht nur für ihre eigene Ernährung verantwortlich, sondern auch für ihre wirtschaftliche Existenz. Die Bildung des Eigentums führte zu einer erweiterten Verantwortung und zu dem Erfordernis, dieses Eigentum intelligent zu nutzen, zu verteidigen, zu mehren, ökonomisch zu handeln, mit knappen Ressourcen umzugehen, zu sparen und wirtschaftliche Entscheidungen zu treffen. Beim Tod eines Familienmitgliedes mussten auch Regelungen getroffen werden wer das Vermögen übernehmen soll.

Die Menschen hatten zu dieser Zeit zwar Vermögenswerte, Dinge, die sie brauchten und schätzten, aber keinen Preis in Form von Geldeinheiten, welcher diesen Vermögenswerten hätte zugeordnet werden können. Solange diese Gegenstände beim Besitzer geblieben sind, war nur der subjektive Wert maßgebend, sozusagen der Nutzwert aus Sicht des Besitzers. Als es darum ging, Dinge zu tauschen, zu erwerben oder zu verkaufen, musste ein objektiver Wert im Sinne eines Preises gefunden werden, mit dem beide Tauschpartner einverstanden sind. Erst mit der Erfindung des Geldes (im weiteren Sinn) gab es einen Preis, und diese Erfindung sollte die Grundlage und Voraussetzung für unseren Wohlstand werden.

Ohne Geld ist ein Leben, wie wir es gewohnt sind, unmöglich.[35] Der Marquis de Mirabeau meinte bereits im 18. Jahrhundert, dass das Geld, neben dem des Schreibens und das tableau économique die größte Erfindung ist, welche den Gesellschaften innere Festigkeit verleiht.[36] Das Geld schmiedet die Verbindung zwischen allen ökonomischen Aktivitäten, und das Rechnen mit Zahlen im Sinne eines universalen Rechnungswesens war eine der bedeutenden Leistungen des Kapitalismus.[37]

Zuvor wurde einfach getauscht, Güter gegen Güter, oder Güter gegen Schulden, die zu einem späteren Zeitpunkt mit anderen Gütern oder Gefälligkeiten beglichen worden sind. Doch warum wurde getauscht? Die Vorteile der Arbeitsteilung und anschließendem Tausch leuchtet unmittelbar ein, da verschiedene Menschen unterschiedliche Begabungen und Möglichkeiten besitzen. Man kann sich gut vor-

---

34 Vgl. Renger 1998, S. 317.
35 Es gab in den 1870er Jahren Versuche, Geld aus ideologischen Gründen zu verbieten, was jedoch mit desaströsen Folgen gescheitert ist. Vgl. Niemietz 2021, S. 159; Bultmann, 2017, S. 7.
36 Vgl. Mirabeau; Quesnay 1759, in: Smith 1776, S. 695.
37 Vgl. Rothbard 2019, S. 14; Mumford 1984, S. 316.

stellen, wie vor 3000 Jahren ein Pfeil- und Bogenbauer und ein Schuhhersteller ihre Güter getauscht haben. Beide hatten einen Vorteil, deshalb tauschten sie. Das ist der Ursprung der Marktwirtschaft, wenn zwei Menschen freiwillig einen Tauschhandel eingehen und beide daraus einen Vorteil ziehen, ohne anderen zu schaden.[38] Dabei spielt es keine Rolle, ob der Tausch direkt erfolgt, indem Güter gegen Güter getauscht werden oder ob ein Tauschpartner ein Gut hingibt und der andere Tauschpartner anschreiben lässt, um die daraus entstandene Schuld später zu begleichen.[39] Einfache Tauschvorgänge sind problemlos zu bewältigen. Komplizierter hingegen sind Tauschgeschäfte sehr unterschiedlicher Güter wegen der fehlenden doppelten Koinzidenz. Wenn jemand einen erlegten Hirsch gegen Brot, Schuhe und Waffen tauschen wollte, begannen die Schwierigkeiten. Um einen solchen Tausch zu ermöglichen, brauchten die Tauschpartner Güter, die leicht getauscht werden konnten, wie Metallstücke, Perlen, Muscheln[40], Felle, Getreide oder Vieh. Solche Güter nannten unsere Vorfahren Geld, was von »gelten«, »leisten«, »zahlen« kommt, ähnlich dem althochdeutschen »gelt« für »Vergeltung, Abgabe, Lösung«.[41] Nun dürfen wir uns die Tauschwirtschaft während der neolithischen Revolution nicht nur als die Summe einfacher Tauschvorgänge zwischen Personen vorstellen (Weitergabe von Hand zu Hand), sondern es existierte auch ein zielgerichteter Tausch bzw. sogar ein Handel wie dies in Nordwestbayern anhand der Silexversorgung (Feuerstein) im Alt- und Mittelneolithikum nachgewiesen werden konnte.[42] Tausch und Arbeitsteilung sind ein wesentlicher Faktor in der menschlichen Evolution. In Afrika wurde schon vor 100.000 Jahren über weite Strecken mit Obsidian, Muscheln und Ocker gehandelt, d.h. der Handel ist prähistorisch und omnipräsent.[43]

Als der Franzose Samuel de Champlain, der »Vater Kanadas«, im 17. Jahrhundert die Erforschung und Besiedelung des riesigen Landes in Angriff nahm, wurde ein reger Tauschhandel mit Indianern geführt. Frankreich hatte einen großen Bedarf an Biberfellen. Allein für Hüte aus Biberfell wurden alljährlich hunderttausend Felle gebraucht. Der Tausch von Biberfellen gegen Äxte, Kochgeschirr und Glasperlen waren für beide Tauschpartner vorteilhaft. Das Biberfell etablierte sich als Währungseinheit und ersetzte Geldscheine und Münzen. Vier Nerzfelle, drei Luchse oder zwei Schwarzfüchse hatten den gleichen Wert wie ein Biberfell.[44]

---

38 Ein Tausch ist nicht nur auf Güter oder Dienstleistungen begrenzt. Auch Ideen, Rechte und sogar Menschen wurden und werden »getauscht«. Wollust und Liebe können ebenso Objekte eines Tausches sein, wie Klossowski in seinem Werk eindrücklich beschreibt (vgl. Klossowski 1998).
39 Vgl. Graeber 2014.
40 In der Jungsteinzeit wurden im europäischen Raum Schalen der Stachelauster (Spondylus Gaederpus) als Tauschmedium verwendet (vgl. Scharl 2021, S. 184).
41 Vgl. Menger 1871, S. 254.
42 Vgl. Scharl 2021, S. 190 f.
43 Vgl. Ridley 2011, S. 128.
44 Meissner 1966, S. 122.

Tauschwerte unterliegen einem steten Wandel, der aus geänderten Präferenzen oder auch durch Umwelteinflüsse zu erklären sind. Zweihundert Jahre später verschoben sich die Maßeinheiten des Biberfells in den Ländern der Hudson-Bay-Gesellschaft. Drei Marder wurden als ein Biber geschätzt, ein weißer Fuchs gleich zwei Biber, ein schwarzer Fuchs oder Bär gleich vier Biber.[45] Preise ändern sich, weil sich die Werte aus Sicht der Menschen ändern, die sie den Gütern zuordnen. Doch warum ändern sich die Werte und damit die Preise? Die Werturteile, die Menschen dazu anspornen zu handeln, die zu Preisen und Marktaktivitäten führen, messen nicht. Sie stellen Unterschiede in den Graden fest; sie stufen ab. Sie sagen nicht A ist gleich oder mehr oder weniger als B. Sie sagen: Ich mag A lieber als B. Aus dem System der Werte und Präferenzen entsteht das Preissystem des Marktes.[46] Wir müssen daher verstehen, dass Preise höchst flexibel sind, sich schnell und massiv ändern können, je nachdem wie die Menschen ihre Präferenzen ändern.

Der Grund, warum Menschen tauschen, liegt im gemeinsamen Vorteil. Derjenige, der ein Gut hingibt und dafür ein anderes Gut annimmt, schätzt den Wert des hingegebenen Gutes niedriger als den Wert des übernommenen Gutes. Dieses Prinzip ist auch eine der Ursachen für die internationale Arbeitsteilung, die Globalisierung und für die Entstehung des Wohlstandes.

Wie die Sprache und der Markt, so ist auch das Geld keine bewusst entworfene Einrichtung, sondern das spontan entstandene Ergebnis des sich über unzählige Generationen entwickelten gemeinsamen Denkens, Kommunizierens und Handelns der Menschen.[47] Geld ist keine staatliche Erfindung und nicht das Produkt eines legislativen Aktes.[48]

Vor allem Gold wird seit Menschengedenken als Geld verwendet, weil es hervorragend dafür geeignet ist. Wenn wir uns das Periodensystem anschauen, so wird verständlich, warum unsere Vorfahren Gold als Geld verwendet haben. Gold ist das einzige von 118 chemischen Elementen, das alle notwendigen physischen Eigenschaften hat, um als zuverlässiges und praktisches Wertaufbewahrungs-, Zahlungs- und Tauschmittel zu dienen: es ist knapp, dehnbar, chemisch inert, haltbar und homogen.[49] Jahrhunderte-, ja jahrtausendelang schwankte die Wahl der Menschen unentschieden zwischen Gold und Silber.[50]

Je komplexer der Handel und je ausgeprägter die Arbeitsteilung, desto wichtiger wurde Geld.[51] Obwohl das Geld für die wirtschaftlichen Transaktionen so eminent wichtig ist, bleibt es ein Rätsel der Nationalökonomie.[52]

---

45 Vgl. Menger 1871, S. 270.
46 Mises 1951, S. 42 f.
47 Vgl. Baader 2010, S. 11.
48 Vgl. Marquart 2019, S. 28 f.
49 Vgl. Rickards 2020, S. 22 und 43.
50 Vgl. Mises 1924, S. 5.
51 Vgl. Berg 2014, S. 11.
52 Vgl. Riese 1998, S. 45.

Wirtschaftliche Kalkulation mit Marktpreisen liefert die Methode, mit der Unternehmer in der Lage sind, die Gewinnchancen und möglichen Verluste gegenüber alternativen Produktionswegen und -methoden abzuschätzen. Nur objektive Werte in Form von Geld oder Preisen (Marktpreise) sind für Wirtschaftskalkulationen geeignet, da die Werte von anderen Marktteilnehmern akzeptiert werden und jederzeit liquidiert werden könnten. Diese kapitalistische Praxis wandelt die Geldeinheit in ein Werkzeug rationaler Kosten-Gewinn-Kalkulationen, deren überragendes Denkmal die doppelte Buchhaltung ist.[53]

Mit diesen Methoden können Verschwendung und Missbrauch von knappen Ressourcen auf ein Minimum gehalten werden, sodass genauso viele der am meisten geschätzten Güter und Dienstleistungen auf den Markt gebracht werden können, wie die Konsumenten wünschen.[54] Mit der Etablierung des Geldes und der Kalkulation beginnt die Geschichte des Preises und der Möglichkeit, Preis-Strategien zu erarbeiten und umzusetzen.

In den folgenden Kapiteln werden wir uns mit verschiedenen Wissensgebieten befassen und Instrumente und Ideen für die Hotellerie gewinnen, die uns helfen den richtigen Preis zu finden und umzusetzen.

3.2 Ökonomie

In diesem Kapitel wenden wir uns ökonomischen Grundlagen zu. Hierzu zählen die Einflussfaktoren auf den Preisspielraum, die Preis-Absatz-Funktion und die Preiselastizität. Wir werden uns auf diejenigen Aspekte beschränken, die eine praktische Relevanz für Hotelbetriebe haben. Wer tiefer in die ökonomische Theorie der Preise einsteigen möchte, sei auf die weiterführende Literatur verwiesen.[55] Weitere Quellen preisrelevanter Informationen wie Hotelbetrieb, Kunden, Wettbewerber und Markt behandeln wir im Kapitel 4 (Das Spielfeld).

Werden Hoteliers befragt, wie sie ihre Preise festlegen bzw. auf welchen Informationen ihre Entscheidungen basieren, erhält man häufig die Antwort, dass die Preise des letzten Jahres herangezogen und um ein paar Euro pro Nächtigung erhöht werden. Manchmal orientiere man sich auch am Wettbewerb, am Leitbetrieb des Tourismusortes und auch an denjenigen Betrieben, die man als relevante Wettbewerber sieht. Eine Kalkulation über die Kosten wird hingegen eher selten erstellt, da in den wenigsten Fällen eine aussagefähige Kostenrechnung bzw. Planrechnung existiert, die Preisalternativen und deren Auswirkungen auf den Gewinn simulieren kann. Darüber hinaus gibt es so gut wie keine Information über die Preis-Absatz-Funktion des eigenen Hotelbetriebes, die aussagt, wie sich die Auslastung bei Preisänderungen verhalten würde. Es herrscht oft folgende Auffassung vor: »Der Markt bestimmt den Preis und wir müssen damit leben.« Diese Situation

---

53 Vgl. Schumpeter 2005, S. 202.
54 Vgl. Mises 2016, S. 18.
55 Vgl. Simon, Fassnacht 2016.

ist höchst unbefriedigend, da sie suggeriert, dass der Preis vom Markt »gemacht« wird, was aber nicht zutrifft.

Wir haben in den vorherigen Kapiteln die Bedeutung des Preises untersucht und sind zum Ergebnis gekommen, dass der Preis der wirkmächtigste Einflussfaktor zur Steigerung des Gewinns ist. Gleichzeitig leben viele Hotelbetriebe von einer Preis-Politik, die seit Jahren historisch gewachsen und nie wirklich hinterfragt worden ist. Die wenigsten Hoteliers haben ihre Preis-Politik je ernsthaft infrage gestellt und an die veränderte Wirklichkeit angepasst. Der Glaube, bereits die richtige Preis-Politik zu haben, verhindert den Gewinn zu erzielen, den das Hotel lukrieren könnte. Mit anderen Worten, die meisten Hotelbetriebe verschenken jedes Jahr viel Geld, indem sie an einer nicht optimalen Preis-Politik festhalten.

Aber das ist noch nicht das Schlimmste. Viel problematischer als die bisher jedes Jahr verlorenen Gewinne durch die nicht hinterfragte und obsolete Preis-Politik in der Vergangenheit sind die nicht ergriffenen Potenziale in der Gegenwart und der Zukunft. Wenn wir ab sofort eine optimale Preis-Strategie umsetzen, dann sind wir in der Lage, die Gewinnpotenziale für jetzt und für alle Folgejahre zu nutzen. Im Kapitel 1.3 (Preise finden) haben wir für ein fiktives Hotel eine Simulation auf 30 Jahre durchgeführt, welche Auswirkungen eine jährliche Steigerung des Durchschnittspreises um 0,6 Prozent auf den Gewinn bewirken würde. Der kumulierte Gewinn würde sich auch aufgrund des Zinseszinseffektes verdoppeln. Sie haben richtig gelesen, optimierte Preise, die jetzt durchgesetzt werden, wirken wie Zinsen und Zinseszinsen, die ohne weiteres Zutun kommen.

Die Preisbildung in der Hotellerie basiert – mit Ausnahme von bereits sehr erfolgreich arbeitenden Unternehmen – auf einer kaum hinterfragten Preis-Politik, die schon viele Jahre im Einsatz ist, auf punktuelle und eher oberflächliche Wettbewerberinformationen, auf einer dünnen Kenntnis der eigenen Kosten und der Reaktion der Betriebskennzahlen auf alternative Preissimulationen und auf unklaren Informationen über das Gästeverhalten. Zudem fehlt in der Regel ein aussagefähiges monatliches Preis-Controlling. Dieses Fazit verstehe ich als Weckruf, jetzt die richtigen Schritte zu setzen und das ängstliche Stochern im Preisnebel zu beenden. Wir verfügen heute über mehr Wissen als je zuvor. Nutzen wir dieses Wissen, um die Gewinnpotenziale der Hotelbetriebe durch optimale Preis-Strategien zu heben.

Wie beurteilt ein Gast den Preis? Wie nehmen neue Gäste den Preis wahr, die das Haus nur über das Internet kennen, oder als walk-in zufällig besuchen? Angenommen, Sie verlangen für eine Übernachtung für zwei Personen in einem Ihrer Doppelzimmer 290 Euro brutto inklusive Frühstück und Abendessen. Mit inkludiert ist die Nutzung der gesamten Infrastruktur samt Wellnessbereich. Wie reagiert der Gast bei diesem Preis? Wie ist seine subjektive Preiswahrnehmung? Für einen Stammgast, der den Betrieb kennt, ist der Preis in Ordnung, sonst würde er nicht buchen. Das bedeutet, dass dieser Gast den Wert des Produktes schätzt und ihm mehr Wert beimisst wie die 290 Euro, die er im Gegenzug bezahlt. Ob der Gast mehr zu zahlen bereit wäre, wissen Sie wahrscheinlich nicht. Sie wissen auch nicht, wie knapp seine Buchungsentscheidung war. Es könnte sein, dass der

Gast den verlangten Preis als »noch akzeptabel« einschätzt, oder aber Sie sind mit Ihrem Preis bereits an seiner absoluten Schmerzgrenze, dem Maximalpreis, der in der Fachliteratur auch als Reservationspreis oder Prohibitivpreis bezeichnet wird.[56]

Bei der Diskussion um die jährlichen Preisanpassungen oder um Potenziale durch Preis-Strategien, wird mir immer wieder versichert, dass man schon »am oberen Plafond« ist, sodass weitere Preisanpassungen vom Kunden nicht mehr akzeptiert werden. Ist das so, oder sagt man sich das selbst, weil man Angst vor der Reaktion der Gäste hat? Genauso gut kann der Preis aus Sicht des Gastes auch »höchst akzeptabel« sein, fast schon ein Schnäppchen. Ein Hotelier hat mir einmal erzählt er sei von einem Gast aus der Schweiz aufgefordert worden endlich vernünftige Preise zu verlangen, nämlich höhere. Dieser Gast hat sich vielleicht folgende Frage gestellt: »Warum ist dieses Zimmer so günstig?« Im Extrem könnte die Preiswahrnehmung eines Gastes so weit gehen, das Angebot nicht anzunehmen, weil der Preis fast schon unglaubwürdig niedrig ist.

Ein neuer Gast wird bei der Beurteilung des Preises wahrscheinlich weniger differenziert vorgehen, da er das Hotel nicht oder kaum kennt, oder sich nur die Website oder die Prospekte angeschaut hat. Ein neuer Gast könnte auch über eine Empfehlung eines Freundes oder Bekannten auf das Hotel aufmerksam geworden sein. Wenn dieser neue Gast bucht, dann dürfte der Preis fürs Erste passen. Ob der Preis gerechtfertigt, zu günstig oder zu hoch ist, kann der neue Gast erst nach dem Besuch des Hotels beurteilen. Wenn der Preis aus Sicht des neuen Gastes jedoch zu hoch ist, dann passt das Angebot nicht in sein Budget, und er wird nicht buchen. Er wird auch dann nicht buchen, wenn der Preis zu niedrig ist, wenn der neue Gast den Eindruck hat, dass die Qualität nicht dem entspricht, was er sich für seinen Urlaub vorstellt. Die Verknüpfung zwischen Preis und Qualität ist ein in der Fachliteratur schon seit vielen Jahren vielbeachtetes Phänomen.[57] Der Preis ist ein Qualitätsindikator, der auch in der Hotellerie wirkt. Auch die empirische Hotel-Marktforschung, die wir seit vielen Jahren durchführen und unsere praktischen Erfahrungen bei Preis-Strategie-Projekten, stützen diese Erkenntnis.

Die Preis-Absatz-Funktion ist das grundlegende Konzept zur Behandlung preispolitischer Entscheidungen mit Hilfe der klassischen Preistheorie.[58] Dieses Konzept beschreibt die funktionale Abhängigkeit des Absatzes vom Preis. Eine gute Preis-Politik setzt voraus, dass das Hotel-Management über die Struktur des Marktes genau informiert ist, dass es die Reaktionen der Gäste auf Preisänderungen kennt, dass es auch weiß, wie seine Konkurrenten auf preispolitische Maßnahmen reagieren werden.[59] Für das Preismanagement eines Hotels stehen folgende Fragen im Vordergrund:

---

56 Vgl. Simon, Fassnacht 2009, S. 92
57 Vgl. Kroeber-Riel 1990, S. 306; vgl. auch Homburg, Krohmer 2009, S. 685.
58 Vgl. Homburg, Krohmer 2009, S. 651.
59 Vgl. Wöhe 1990, S. 642.

- Wie viele Nächtigungen lassen sich bei einem bestimmten Preis pro Nächtigung erzielen?
- Welche Mengenänderung an Nächtigungen treten auf, wenn sich der Preis pro Nächtigung um einen bestimmten Betrag verändert?

Für beide Fragestellungen bietet die Preistheorie seit langer Zeit methodische Instrumente an. Für die erste Frage das Konzept der Preis-Absatz-Funktion. Für die zweite Frage das Konzept der Preiselastizität.

Die Preis-Absatz-Funktion eines Hotels bildet ab, wie viele Nächtigungen am Markt bei einem spezifischen Preis pro Nächtigung erzielt werden. Der Preis ist in diesem Fall der Entscheidungsparameter des Hoteliers und die Anzahl Nächtigungen der Erwartungsparameter, die sich als Folge der preispolitischen Entscheidung einstellt. Der Markt reagiert auf einen bestimmten Preis mit einer bestimmten Abnahmemenge. Die tatsächliche Anzahl an Nächtigungen setzen sich aus den kumulierten Kaufentscheidungen aller Gäste zusammen, für die in der Kaufentscheidungssituation das betreffende Hotel im Vergleich zu allen Alternativen den höchsten Nutzen verspricht, und die über ein ausreichendes Budget verfügen.

Wir befassen uns in der Beratungspraxis seit vielen Jahren mit strategischer Marktforschung für Hotelbetriebe, um diesen Fragen auf den Grund zu gehen und konkrete Anhaltspunkte für Hotelkunden zu finden, die nicht nur bei der Preisgestaltung eine Hilfe sind, sondern auch bei strategischen Fragen und bei der Optimierung des Marketings. Seither haben wir in über 30 strategischen Marktforschungs-Projekten das Modul Strategische Kunden-Analyse eingesetzt, mit dem neben Erkenntnissen über Demografie, Kaufmotive, Präferenzen, Assoziationen, Marken-Kern u. v. m. auch die Preis-Absatz-Funktion und die Preiselastizität von Hotelbetrieben empirisch ermittelt werden können.

Die nun vorzustellenden Erkenntnisse basieren auf über 30.000 ausgefüllten Online-Fragebögen von Gästen der gehobenen Ferienhotellerie im deutschsprachigen Alpenraum. Bei strategischen Marktforschungs-Projekten werden je Betrieb ca. 10.000 aktuelle und potenzielle Gäste aus der Datenbank des Hotels segmentiert, ausgewählt und befragt. Je nach Datenqualität liegt die durchschnittliche Rücklaufquote zwischen 10 und 15 Prozent.

Wir werden nun zwei existierende Hotelbetriebe in anonymisierter Form heranziehen und deren Preis-Absatzfunktion und Preiselastizität diskutieren. Im Beispielhotel A, einem 4-Sterne-Superior-Betrieb, das zu den führenden Hotels eines bekannten Tourismusortes zählt, haben 856 Gäste bei der Online-Befragung teilgenommen, die im Durchschnitt je Fragebogen zwölf Minuten dauerte. Mit Hilfe der Conjoint-Analyse wurden unterschiedliche Leistungspakete mit den Bausteinen Hotelmarke (zwei Wettbewerber), Kategorie (4-Sterne, 4-Sterne-Superior und 5-Sterne), Anzahl Hauben (1, 2 und keine Haube) und Preis (110, 125, 140 und 155 Euro) verglichen. Die Befragten mussten sich in elf Durchgängen jeweils für eine Leistungskombination entscheiden. Durch das Antwortverhalten konnten die Nutzenverläufe berechnet werden. Auf der Abszisse (x-Achse) sind die Brutto-Preise pro Nacht pro Person Halbpension in Euro dargestellt. Die Ordinate (y-Achse) stellt die Präferenz der befragten Gäste dar. Bei einem Präferenzwert von null würde sich kein Gast für dieses Hotel entscheiden, bei einem Präferenzwert von 100 würden sich alle befragten Gäste für dieses Hotel entscheiden.

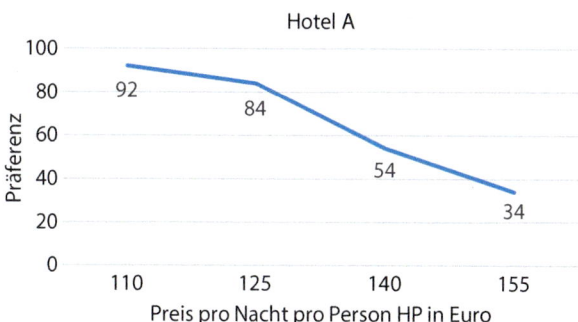

Abb. 16: Preis-Absatz-Funktion Hotel A

Der Basiswert ist ein durchschnittlicher Preis von 125 Euro. Bei diesem Wert ist die Präferenz 84. Das bedeutet, dass 84 von 100 Gästen sich für dieses Angebot entscheiden würden. Der Preis von 125 Euro entspricht dem tatsächlichen Brutto-Durchschnittspreis des Hotels. Diesem Preis stehen 25.000 Nächtigungen gegenüber. Im Normalfall führen Preissteigerungen zu geringeren Präferenzen und damit zu weniger Nächtigungen. Umgekehrt führen Preissenkungen in der Regel zu einer höheren Auslastung.

Nun kann die Frage beantwortet werden, wie stark sich die Präferenz für die Hotel-Marke verändern wird, wenn man als einziger den Preis verändert.[60]

- Bei einer Preiserhöhung von 15 Euro (von 125 auf 140 Euro) würde die Anzahl Nächtigungen um 36 Prozent zurückgehen.
- Bei einer Preissenkung von 15 Euro (von 125 auf 110 Euro) würde die Anzahl Nächtigungen um 11 Prozent steigen.

Beim Beispielhotel B, ebenfalls einem 4-Sterne-Superior-Betrieb, haben 2.295 Gäste an der Befragung teilgenommen. Die Rücklaufquote war mit über 20 Prozent sehr hoch. Die durchschnittliche Teilnahmezeit war über 14 Minuten. Bausteine der Befragung waren die Hotelmarke (drei Wettbewerber), die Kategorie (4-Sterne, 4-Sterne-Superior und 5-Sterne), die Anzahl Hauben (1, 2 und keine Haube) und der Preis pro Nacht pro Person (200, 225, 250 und 275 Euro). Das Hotel zeichnet sich durch eine starke Positionierung und Performance aus, genießt überregional hohes Ansehen und ist sehr innovativ. Die Präferenz für die Hotel-Marke

---

60 Mögliche Reaktionen der Wettbewerber aufgrund von Preisänderungen werden hier ausgeblendet. Solche Effekte können durch die Kreuzpreiselastizität abgebildet werden.

würde sich beim Beispielhotel B folgend verändern, wenn man als einziger den Preis verändert:

- Bei einer Preiserhöhung von 25 Euro (von 220 auf 245 Euro) würde die Anzahl Nächtigungen um 22 Prozent zurückgehen.
- Bei einer Preissenkung von 25 Euro (von 220 auf 195 Euro) würde die Anzahl Nächtigungen um 9 Prozent steigen.

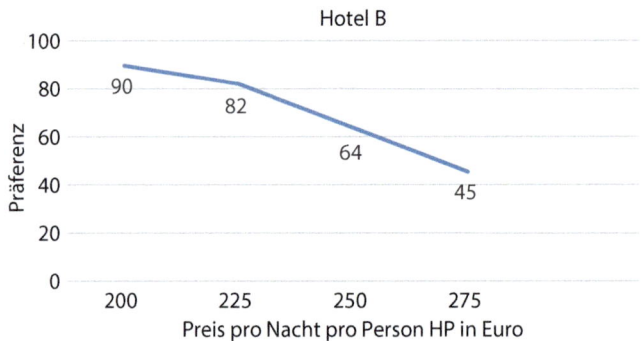

Abb. 17: Preis-Absatz-Funktion Hotel B

Wenn die beiden Hotels verglichen werden, fällt auf, dass Hotel B eine flachere Kurve aufweist wie Hotel A. Je flacher die Preiselastizitätskurve, desto preisunsensibler sind die befragten Gäste. Das Hotel B könnte also Preiserhöhungen leichter durchsetzen als Hotel A. Eine flache Preiselastizität sollte allerdings nicht reflexartig zu Preiserhöhungen verführen. Das richtige Preisniveau zu finden und zu halten ist eine Managemententscheidung von größter Bedeutung. Diese Entscheidung hängt ab von der strategischen Preis-Positionierung. Im Markt für Luxusgüter – und dazu zählen jedenfalls die 5-Sterne- und 5-Sterne-Superior-Hotelbetriebe – ist der hohe Preis und die Preiskontinuität von herausragender Bedeutung.[61]

Aber auch 4-Sterne-Superior-Hotelbetriebe befinden sich zumindest an der Grenze zum Luxusmarkt und sollten ihre Preise eher kontinuierlich hochhalten. Der Grund dieser Empfehlung ist die Knappheit des Angebotes als entscheidendes Element der Markenstärkung. Produkte, die gewünscht werden, aber nicht sofort verfügbar sind, genießen eine hohe Begehrlichkeit. Hotelbetriebe oder Restaurants, die lange ausgebucht sind, müssen irgendetwas besitzen, was andere nicht haben, nämlich eine hohe Attraktivität. Offensichtlich sind ausgebuchte Hotels in der Lage die Gäste vollkommen zu befriedigen, sonst würden nicht so viele buchen. Diese Form der Verknappung ist ein interessantes Instrument zur Stärkung der Marke.

---

61 Vgl. Burmann et al. 2012, S. 131.

Es gibt Unternehmen, die das Spiel mit Preisen und Knappheit professionell beherrschen. Eines davon ist der Automobilhersteller Ferrari. Ferrari hat trotz hoher Preise auch hohe Wartezeiten, wenn neue Modelle auf den Markt kommen. Ferrari könnte zwei Dinge tun, um den Umsatz zu erhöhen. Einerseits könnte Ferrari die produzierte Menge bei gleichem Preis erhöhen, andererseits bei der limitierten Anzahl an Fahrzeugen den Preis erhöhen. Angebot und Nachfrage werden nicht ganz ausgeglichen, es besteht durch die Knappheit andauernd eine Spannung, die den Wert der Marke unterstützt, und Ferrari verfolgt diese sehr erfolgreiche Politik seit Jahrzehnten.[62] Enzo Ferrari, der Unternehmensgründer und maßgebliche Schöpfer des Ferrari-Mythos, war ein Meister darin, seine Produkte als edel, schön, einzigartig und rar zu verkaufen: »Ich habe es beim Verkauf meiner Autos niemals eilig: Ich möchte, dass meinen Kunden, während sie auf ihren Wagen warten, bewusst wird, dass es sich um ein seltenes Objekt handelt. Genau genommen ein einzigartiges. Außerdem ist der schönste Ferrari aller Zeiten immer der nächste.«[63]

Wir unterscheiden fünf Zonen der Preiselastizität[64], wobei die Zonen fließende Grenzen haben:

- Stark elastisch: Minimale Preisänderungen verursachen große Sprünge der Nachfrage. Hotelangebote, die in diese Kategorie fallen, sind in der Regel Massenware, austauschbar und ohne nennenswerte Marke. Die Gäste haben keine Bindung zum Hotel.
- Relativ elastisch: Kleine Änderungen des Preises führen zu starken Reaktionen der Gäste, wenn beispielsweise die Preise um 10 Prozent gesenkt werden und die Nachfrage um 15 Prozent oder mehr steigt. In diese Kategorie fallen die meisten Hotelbetriebe. Die Hotelmarken sind nicht stark ausgeprägt, fehlende Wettbewerbsvorteile und Austauschbarkeit werden durch Preiszugeständnisse kompensiert.
- Proportional elastisch: Jede Änderung des Preises führt zu einer entsprechenden Reaktion der Gäste. Wenn beispielsweise die Preise um zehn Prozent gesenkt werden und die Nachfrage um zehn Prozent steigt. Diese Hotelbetriebe haben gewisse Wettbewerbsvorteile, sind aber nicht so attraktiv, dass Gäste auf Alternativen verzichten.
- Relativ unelastisch: Große Preisänderungen verursachen geringe Nachfrageänderungen. Wenn beispielsweise die Preise um zehn Prozent gesenkt werden und die Nachfrage nur um fünf Prozent steigt. Je stärker die Hotelmarke, desto unelastischer ist die Preiselastizität. Der Gast will das Produkt, fast egal, was es kostet. Daher sind diese Hotels auch bei eher hohen Preisen gut ausgelastet.

---

62 Vgl. Henz 2018, S. 129 f.
63 Zit. n. Turrini 2017, S. 99.
64 Vgl. Nussbaumer 2018, S. 28 ff.

- Stark unelastisch: Obwohl der Preis der Übernachtung steigt oder sinkt, ändert sich die nachgefragte Menge kaum. In diese Kategorien fallen Hotelangebote, die Gäste unbedingt wollen, oder keine andere Wahl haben. Denken Sie an Hotelpreise in Städten zu Messezeiten, oder an Top-Hotels in den Alpen zur Weihnachtszeit.

Die Preiselastizität der Nachfrage bringt zum Ausdruck, um wieviel Prozent sich die Absatzmenge bei einer Preisänderung um einen gewissen Prozentsatz verändert.[65] Sie lässt sich mit folgender Formel berechnen:

$$\text{Preiselastizität} = \frac{\text{prozentuelle Änderung der Anzahl Übernachtungen}}{\text{prozentuale Preisänderung}}$$ [66]

Normalerweise ist die Preiselastizität < 0, da steigende Preise eine geringere Nachfrage bedingen und umgekehrt.[67] Eine Preiselastizität von -0,5 bedeutet eine Veränderung der Menge um minus fünf Prozent bei einer Preisänderung. Die Preiselastizität unserer Beispielhotels bei Preissenkung und Preiserhöhung von zehn Prozent sind in Abbildung 18 dargestellt.

Preiselastizitäten	Hotel A	Hotel B
10 % Preissenkung	-0,92	-0,79
10 % Preiserhöhung	-3,13	-3,67

Abb. 18: Preiselastizitäten Hotels A und B

Preissenkungen um zehn Prozent würden in beiden Fällen zwar zu einer Steigerung der Auslastung führen, aber bei Werten von 9,2 Prozent (Hotel A) bzw. von 7,9 Prozent (Hotel B) liegen wir weit unterhalb der betriebswirtschaftlich kritischen Schwelle von 16,5 Prozent, die erreicht werden sollte, damit sich eine Preissenkung rentiert (▶ Abb. 14). Beide Hotelbetriebe sollten daher Preissenkungen eher meiden. Bei Preiserhöhungen würden die befragten Gäste hingegen sensibler reagieren. Eine Preiserhöhung um zehn Prozent würde einen Nachfragerückgang im Hotel A von 31,3 Prozent und im Hotel B von 36,7 Prozent bewirken.

Bei der Interpretation der Ergebnisse ist wesentlich, dass von konstanten Angeboten ausgegangen wird. Die Inflation oder Veränderungen des Angebots durch Investitionen sind in diesen Preiselastizitäten bewusst nicht abgebildet. Bei Befragungen können jedoch mögliche Investitionen berücksichtigt werden, indem die Gäste befragt werden, welchen Mehrpreis sie zahlen würden, wenn bestimmte Angebotsmerkmale hinzugefügt werden, wie beispielsweise ein Sky-Pool, eine Au-

---

65 Vgl. Pechtl 2014, S. 107.
66 Vgl. Simon, Fasnacht 2016, S. 108.
67 Vgl. Gablers Wirtschaftslexikon 1979, S. 781.

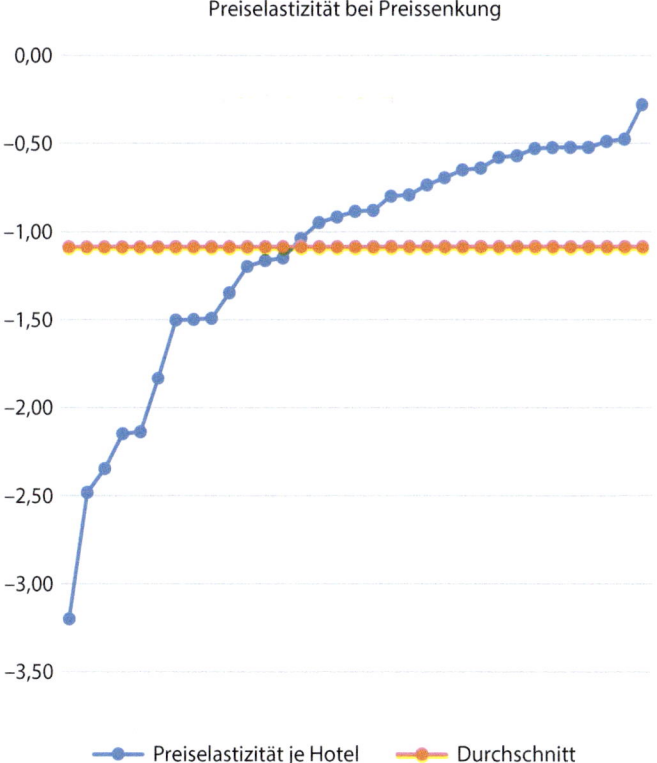

Abb. 19: Preiselastizität bei Preissenkung um zehn Prozent

ßensauna oder ein besseres kulinarisches Angebot. Mit diesen Effekten werden wir uns in einem späteren Kapitel befassen.

Die Kenntnis der eigenen Preiselastizität hilft, die richtigen Preise selbstbewusst zu finden und durchzusetzen. Doch wie ist die Preiselastizität der Hotellerie insgesamt bzw. einer repräsentativen Anzahl von Hotelbetrieben? Aufgrund der bisher durchgeführten empirischen Analysen von 33 Hotelbetrieben können wir einige Aussagen über die Ferienhotellerie treffen, die als Anhaltspunkte für andere Hotelbetriebe herangezogen werden können. Insgesamt wurden über 300.000 Fragebögen verschickt, wovon 34.014 Fragebögen durch aktuelle und potenzielle Gäste von Hotelbetrieben der 4-Sterne-, 4-Sterne-Superior- und 5-Sterne-Kategorien in Österreich und Deutschland beantwortet worden sind. Die Befragungen fanden zwischen den Jahren 2009 und 2020 statt. Die Preiselastizitäten wurden mit Hilfe der Conjoint-Analyse errechnet, die bei strategischen Marktforschungs-Projekten zum Einsatz kommt.

Die Abbildung 19 zeigt die Preiselastizität von 33 Hotelbetrieben. Die durchschnittliche Preiselastizität beträgt minus 1,09 (orange gepunktete Linie), was bedeutet, dass Preissenkungen um zehn Prozent im Durchschnitt eine Auslastungssteigerung von 10,9 Prozent bewirken. Wie in Abbildung 13 dargestellt würde eine Preisreduktion um zehn Prozent bei einer Steigerung der Anzahl Nächtigungen um 10,9 Prozent zu einer deutlichen Gewinnreduktion führen. Wir können aus der Abbildung 19 das Fazit ziehen, dass die untersuchten Hotelbetriebe im Durchschnitt durch Preissenkungen keinen positiven Gewinneffekt erreichen würden.

Die Preiselastizitäten der Hotels unterscheiden sich zum Teil sehr deutlich und weichen mehr oder weniger vom Durchschnitt ab. Bei denjenigen Betrieben, die unter dem Durchschnitt liegen (also eine höhere Preiselastizität aufweisen), reagieren die Gäste sensibler auf Preisreduktionen. Im Kapitel 2.2 (Gewinntreiber Preis) haben wir festgestellt, dass Preissenkungen erst ab einer Auslastungssteigerung von mehr als 16,5 bis 20 Prozent rentabel sind. Ein Blick auf die Abbildung 19 zeigt, dass davon lediglich sechs Betriebe betroffen sind, gerade einmal 18 Prozent aller untersuchten Betriebe. Nun kann auch für diese Hotels keine schnelle Empfehlung abgegeben werden, die Preise zu senken. Es kann sein, dass die Auslastung ohnehin hoch ist. Dann könnten zwar mehr Buchungen erfolgen, allerdings müsste Kunden aufgrund der Kapazitätsengpässe abgesagt werden.

Bei einem Hotelbetrieb mit einer Preiselastizität von minus 2,35 konnte der Grund des hohen Wertes dadurch erklärt werden, dass die falschen Zielgruppen angesprochen worden sind. Das Hotel hatte einen Investitionsstau und verramschte das Produkt zu niedrigen Preisen regelrecht an Kunden, die primär auf den Preis fixiert waren.

Ein besonderes Interesse verdienen diejenigen Betriebe, die oberhalb der durchschnittlichen Preiselastizität liegen (also eine niedrigere Preiselastizität aufweisen). Ein Hotel in Abbildung 19 hatte eine sehr niedrige Preiselastizität von minus 0,28. Wenn dieses Hotel die Preise um zehn Prozent senken würde, könnte die Auslastung um knapp drei Prozent steigen. Wir erkennen in der Abbildung eine ganze Reihe von Hotelbetrieben, die bei Preissenkungen nur unterdurchschnittliche Auslastungssteigerungen erzielen würden.

Bei Preiserhöhungen (▶ Abb. 20) haben wir in unseren Analysen eine durchschnittliche Preiselastizität von minus 2,08 ermittelt. Dieser Wert sagt aus, dass eine zehnprozentige Preiserhöhung zu einem Nachfragerückgang von durchschnittlich 20,8 Prozent führen würde. Interessant sind auch hier die großen Unterschiede der einzelnen Betriebe. Bei denjenigen, die unterhalb des Durchschnitts liegen, würden die Gäste auf Preiserhöhungen überproportional sensibel reagieren. Im Extremfall würde die Auslastung um 43 Prozent zurückgehen. Solche sensiblen Gästereaktionen finden wir dann, wenn sich das Hotel in einem sehr kompetitiven Umfeld befindet. Denken Sie an einen bekannten Tourismusort im Winter, in dem die Angebote sehr vergleichbar sind. Diejenigen Betriebe, die sich oberhalb des Durchschnitts befinden, könnten mutiger mit Preisanpassungen umgehen.

Bei einem Hotelbetrieb in der Abbildung 20 würde sich die Nachfrage nur um knapp fünf Prozent reduzieren, wenn die Preise um durchschnittlich zehn Prozent erhöht werden würden. Solche – relativ unelastische Preiselastizitäten – sind typisch für Betriebe mit einer hohen Attraktivität und einem besonderen Angebot.

3.2 Ökonomie

Abb. 20: Preiselastizität bei Preiserhöhung um 10 Prozent

Diese Betriebe sind in der Lage, ihre starken Wettbewerbsvorteile auszuspielen. In der Praxis finden wir immer wieder Hotelbetriebe, die ein großes Preiserhöhungspotenzial haben, es aber aus unbegründeter Angst vor einem Auslastungsrückgang nicht so nutzen, wie sie es könnten. Die möglichen Konsequenzen, wenn diese Potenziale genutzt werden, sind zum Teil enorm. Angenommen, der betreffende Hotelbetrieb würde die Preise durchschnittlich nur um fünf Prozent nach oben anpassen, wäre das bei einem Umsatz von vier Millionen Euro ein Gewinnpotenzial von 150.000 bis 200.000 Euro pro Jahr. Mit preisstrategischen Maßnahmen könnte die Umsatzrendite um satte fünf Prozentpunkte erhöht werden, ohne wesentliche Rückgänge bei der Auslastung.

Als Fazit können wir festhalten, dass die Kenntnis der Einflussfaktoren auf den Preisspielraum, die Preis-Absatz-Funktion und die Preiselastizität helfen, die richtigen Preise zu finden und durchzusetzen. Darüber hinaus helfen empirische Untersuchungen auch festzustellen, ob die bestehenden Preise eher zu niedrig, oder schon gut angesetzt sind. Wir verfügen heute über das notwendige Instrumentarium, um dieses Wissen zu gewinnen und zu nutzen.

3.3 Marketing

Der Begriff Marketing ist abgeleitet von »market« (englisch für Markt oder vermarkten).[68] So komplex das Marketing ist, so schillernd und teilweise verwirrend sind die Versuche, Marketing zu definieren[69]. Allein mit der Suche nach einer Definition könnte man tausende Fachbücher konsultieren. Für einige ist Marketing eine Denkhaltung[70], für andere eine Lehre[71] oder ein Wissensbereich, den man vor allem mit Intuition und Erfahrung erfolgreich anwendet.[72] Marketing wird manchmal fälschlicherweise sogar als Synonym für Verkaufen betrachtet.[73] Management im Allgemeinen[74] und Marketing im Speziellen werden gelegentlich auch als »Kunst« bezeichnet. In jeder Betrachtungsweise liegt wohl ein Fünkchen Wahrheit. Um den Begriff Marketing zu verstehen, brauchen wir eine einfache Definition. Daher bevorzuge ich die von Kotler, da sie treffend, kurz und prägnant ist. Nach Kotler ist Marketing eine menschliche Tätigkeit, die darauf abzielt, durch Austauschprozesse Bedürfnisse und Wünsche zu befriedigen bzw. zu erfüllen.[75]

Wenn wir den Preis als zentrales Scharnier der Ökonomie verstehen, womit wir uns im 4. Kapitel (Das Spielfeld) befassen werden, dann muss sich Marketing mit Angebot, Produkt, Nachfrage, Wettbewerb, Preis, Wert, Bedürfnis, Kundennutzen und Bedürfnisbefriedigung befassen. Austauschprozesse finden nur dann statt, wenn Angebot und Nachfrage gedeckt werden. Umgekehrt werden Austauschprozesse nur dann stattfinden, wenn der Wert mindestens dem Preis entspricht, den ein Kunde zu geben bereit ist. Nur mit einem tiefen Verständnis dieser Elemente und deren Beziehungen zueinander können Austauschprozesse erfolgreich initiiert und abgeschlossen werden. Die Teilnehmer des Marktes aus Sicht eines Hotelbetriebes sind Markt, Kunde, Hotel und Wettbewerb.

Marketingaktivitäten wie die Innovation neuer Produkte zur Befriedigung von Kundenbedürfnissen oder preisbezogener Entscheidungen spielten schon vor Jahrhunderten eine Rolle. Marketing als systematisches Studium der Austauschprozesse und -beziehungen hingegen entstand erst Anfang des zwanzigsten Jahrhunderts.[76] Zu dieser Zeit wurde die Auffassung von Marketing in ersten Marketingkursen an Universitäten sowie durch Marketingpublikationen vermittelt. Damals bestand die Aufgabe des Marketings darin, die Produkte am Markt abzusetzen. Viele Märkte in dieser Zeit waren Verkäufermärkte. Als Verkäufermarkt kennzeichnet man eine Marktsituation, in der sich die Verkäufer in der verhandlungstaktisch besseren Position befinden, der Begriff Käufermarkt die entgegen-

---

68 Vgl. Homburg, Krohmer 2009, S. 2.
69 Vgl. Nussbaumer 1989, S. 32.
70 Vgl. Frick 2013, S. 30.
71 Vgl. Steffenhagen 1988, S. 17.
72 Vgl. Hilbig 2013, S. 22.
73 Vgl. Paliwoda 1986, S. 1.
74 Vgl. Hinterhuber o. J., S. 25.
75 Vgl. Kotler 1982, S. 19.
76 Vgl. Kotler 1982, S. 3.

gesetzte Situation.[77] In den zwanziger Jahren des letzten Jahrhunderts wurde der Marketingbegriff um den Aspekt der Werbung erweitert. Erst Mitte des zwanzigsten Jahrhunderts setzte sich der Begriff Marketing auch in deutschsprachigen Ländern durch. Ursprünglich verstand man darunter nichts anderes als die Vermarktung von Gütern.[78]

Mit dem Wachstum der Weltwirtschaft in den 1950er und 1960er Jahren konnte das Marketing neue Impulse gewinnen. In dieser Zeit wurde das Marketing-Mix entwickelt, das systematisch das bestehende Marketingverständnis als Werbung und Verkauf um Produkte und Preise erweiterte – die sogenannten vier P:

- Product
- Price
- Place
- Promotion

Bevor wir in die Entscheidungsfelder der Preis-Politik für Hotelbetriebe einsteigen, möchte ich auf eine Besonderheit des Marketings hinweisen. Marketing wird nicht nur als Fachgebiet, sondern auch als Bereich oder Abteilung verstanden, womit wir die Aufbau- und Ablauforganisation eines Unternehmens ansprechen.[79] Hotelbetriebe verfügen normalerweise über Abteilungen wie Marketing, Verkauf oder Rezeption. Je nach Größe des Hotels werden die Aufgaben dieser Abteilungen auch in einer zusammengefasst. Üblicherweise sind diese Bereiche dem Management bzw. der Direktion unterstellt. Wenn die gesamten Instrumente des Marketing-Mix der Abteilung Marketing, Verkauf oder Rezeption unterstellt werden, dann ist davon logischerweise auch die gesamte Preis-Politik betroffen. Damit hat der Bereich Marketing das wirkmächtigste Instrument des Unternehmens in der Hand. In der Praxis wird die Preis-Politik auch fleißig genutzt, um unterschiedliche Ziele zu erreichen.

Um die Brisanz dieser Situation hinsichtlich der Preis-Politik zu verstehen, wollen wir folgende Fragen behandeln:

- Existieren klar definierte Preis-Ziele, deren Erreichung im monatlichen Controlling gemessen werden?
- Sind die Preis-Ziele des Marketingbereiches mit den strategischen Zielen des Hotelbetriebes verknüpft?
- Existiert eine schriftlich fixierte Preis-Strategie?
- Ist die tatsächlich gelebte Unternehmenskultur mit den Preis-Zielen kompatibel?
- Wie groß ist der preispolitische Entscheidungsspielraum des Marketingverantwortlichen?

---

77 Vgl. Böcker 1981, S. 8.
78 Vgl. Nieschlag et al. 1991, S. 8.
79 Vgl. Gardini 2015, S. 595 ff.; vgl. hierzu auch Piercy 1985 und Poth 1986, S. 101 ff.

Schriftlich fixierte Preis-Ziele existieren in den seltensten Fällen. Erst wenn eine Preis-Strategie erarbeitet und schriftlich fixiert ist, liegen Preis-Ziele vor und können im monatlichen Controlling gesteuert werden. Allein die Tatsache, dass Preis-Ziele gemessen werden, führt in der Praxis zu einem deutlich besseren Verständnis von Preisen und deren Relevanz für das Ergebnis. Preis-Ziele sollten mit den strategischen Zielen des Hotels verknüpft sein.

Wir empfehlen, die Unternehmens-Strategie jährlich zu aktualisieren und schriftlich zu fixieren. Bei der Erarbeitung von Unternehmens-Strategien empfehlen wir zudem einen Zeithorizont von zehn Jahren zu wählen. Somit können auch die Durchschnittspreise des Hotels für zehn Jahre geplant werden. Auch wenn die zehn Jahresbetrachtung nur ein Szenario ist, wie es sich entwickeln könnte, sind die aus dem Plan gewonnenen Erkenntnisse für alle damit verknüpften Entscheidungen grundlegend. So ist es möglich, eine umfassende und aussagekräftige Unternehmensplanrechnung zu erstellen, welche die Basis für die Planung sämtlicher Aufwandsarten, Investitionen und die Finanzierung darstellt. Eine Verknüpfung der Ziele des Marketingbereiches mit den strategischen Zielen des Unternehmens ist damit gewährleistet.

Wir haben in den vorangegangenen Ausführungen dargelegt, dass der Preis der stärkste Gewinnhebel ist. Wenn wir die Preis-Politik an die Marketingverantwortlichen delegieren, dann verfügen sie über dasjenige Instrument, das den stärksten Einfluss auf den Gewinn hat, im positiven wie im negativen Fall. Es liegt auf der Hand, dass diese große Verantwortung nicht einfach wegdelegiert werden sollte, vor allem dann nicht, wenn weder klare Ziele noch Strategien und Maßnahmen vorliegen. Die daraus möglicherweise resultierende Problematik kann anhand eines Fallbeispiels beschrieben werden.

Angenommen, ein Hotelbetrieb engagiert einen neuen Verantwortlichen, der für die Rezeption und für das Marketing zuständig ist. Zuvor hat die Seniorchefin diese Aufgaben erledigt. Ziele und Strategien existieren genauso wenig wie eine abgestimmte und schriftlich fixierte Preis-Strategie. Nun erklärt der Hotelier dem Marketingverantwortlichen, dass seine Aufgabe darin besteht, vor allem die Auslastung zu erhöhen. Sofern kein professionelles Controlling existiert, orientiert sich der Hotelier primär an den Übernachtungszahlen. Die Erfolgsrechnung – und somit die Kenntnis über die tatsächliche Gewinnsituation – kommt mit großem Abstand einige Monate später oder erst am Jahresende. Ohne Steuerungsinstrument, mit stagnierenden Übernachtungszahlen im Nacken wird der Druck auf den neuen Marketingverantwortlichen immer größer, endlich etwas zu tun. Reflexartig werden unter dem zunehmenden Druck Preiszugeständnisse gegeben oder Verträge mit Billigvertriebskanälen eingegangen. Die Auslastung steigt, aber die tatsächlich durchgesetzten Durchschnittspreise sinken mit verheerenden Folgen für das Ergebnis, das wegen fehlendem monatlichem Controlling erst Monate später zur Kenntnis genommen wird. In einer solchen Situation rächt es sich auch, wenn der preispolitische Spielraum des Mitarbeiters nicht klar abgegrenzt und definiert worden ist.

Im Vergleich zu den anderen Marketing-Mix-Elementen haben preispolitische Entscheidungen einige grundlegende Charakteristika[80]:

- Schnelle Umsetzbarkeit: Ein neuer Preis kann sehr schnell umgesetzt werden. Ein Angebot oder die Preise auf der Website können binnen Minuten geändert werden. Im Falle des Dynamic Pricing geht das sogar automatisch. Im Gegensatz dazu ist die Entwicklung einer neuen Dienstleistung, oder gar eine Investition in die Infrastruktur eines Hotels nur langfristig umsetzbar.
- Schwere Revidierbarkeit: Einmal gesetzte Preise wirken als Referenzgrößen, die Gäste nicht einfach vergessen. Der Stammgast, der den Sommerurlaub gebucht hat, wird sich wundern, wenn die neu angebotenen Preise plötzlich unter den Preisen liegen, die er bestätigt bekommen hat.
- Große Wirkungsstärke: Preisentscheidungen wirken sich stark auf das Kundenverhalten aus, da der Preis die »negative« Komponente des Kaufaktes bestimmt, denn Preise verursachen Schmerzen.[81] Im Falle von Preiszugeständnissen werden diese Schmerzen reduziert und voraussichtlich die Auslastung erhöht.
- Hohe Wirkungsgeschwindigkeit: Kunden und Wettbewerber reagieren schnell auf Preisänderungen. Wenn auch der Wettbewerber eine höhere Auslastung anstrebt, dann können mitunter sogar kleine Preiskriege ausbrechen, mit fatalen Folgen für die Margen beider Hotelbetriebe.

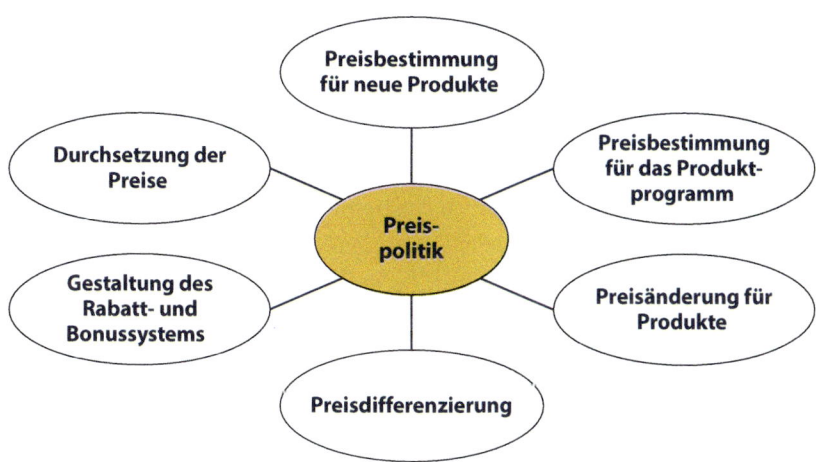

Abb. 21: Entscheidungsfelder der Preis-Politik

---

80 Vgl. Homburg, Krohmer 2009, S. 641 f.
81 Dr. Marc Linzmajer von der Universität St. Gallen hat auf diese wissenschaftlichen Erkenntnisse in seinem Vortrag »Neuropricing« hingewiesen. Vgl. Schimmel 2018, S 16 f.

Diese vier Charakteristiken unterstreichen im Positiven wie im Negativen die Bedeutung der Preis-Politik und die Wirkung, die Preise ausüben können. Die Preis-Politik trägt entscheidend zur Erreichung der übergeordneten Ziele eines Unternehmens bei. In der Fachliteratur wird die Preis-Politik folgend definiert: Die Preis-Politik umfasst alle Entscheidungen im Hinblick auf das vom Kunden für ein Produkt zu entrichtende Entgelt (Preis). Die Fülle an Entscheidungen aus Sicht der Preis-Politik können im Wesentlichen in sechs Entscheidungsfelder (▶ Abb. 21) zusammengefasst werden.[82]

3.3.1 Preisbestimmung für neue Produkte

Das erste Entscheidungsfeld stellt die Preisbestimmung für neue Produkte dar. Wenn ein Hotel neu gebaut wird, oder eine Komplettrenovierung erfolgt, dann müssen für alle Hotelleistungen die richtigen Preise gefunden werden. Werden zu hohe Preise verlangt, wird die Nachfrage verhalten sein, werden zu niedrige Preise verlangt, wird die Auslastung wahrscheinlich hoch sein, jedoch zu Preisen, die vielleicht nicht den Werten entsprechen, die der Gast den Leistungen zuordnen würde.

Zu berücksichtigen ist auch, dass die erstmalige Nennung eines Preises einen Preisanker[83] setzt, an dem sich die Gäste orientieren werden. Erstmals gesetzte Preise haben eine starke Auswirkung auf alle zukünftigen Preise. Erfahrungsgemäß bildet die erste Preisliste den Anker für sämtliche folgenden Preislisten. Sie bildet die Erbinformation aller Preise und Preisstrukturen, quasi die Preis-Historie des Hotels. Dieser Aspekt darf nicht unterschätzt werden, zumal die Höhe des durchschnittlichen Preisniveaus die Performance für viele Folgejahre, zumindest bis zum nächsten Relaunch, beeinflusst. Zunächst muss auf Basis des in der Unternehmens-Strategie festgelegten Gäste-Nutzen-Profils die Preis-Positionierung vorgenommen werden. Es geht darum, ob das Hotel im Luxus-, Premium-, Mittelklasse- bzw. im Economy-Bereich positioniert werden soll. Diese grundsätzlichen Fragen sollten allerdings vor der Erarbeitung der Preis-Strategie geklärt werden, da sie typische Entscheidungen der Unternehmens-Strategie sind. Ist die grundsätzliche Positionierungsfrage geklärt, geht es um die Feinabstimmung des Preisniveaus innerhalb eines Marktsegmentes.

Bei der erstmaligen Definition von Preisen ist die Kenntnis der Preis-Absatz-Funktion ein großer Vorteil. Bei Projekten auf der grünen Wiese ist es normalerweise kaum möglich eine empirische Marktforschung durchzuführen, da die zu befragenden Gäste nicht bekannt sind. Ausnahmen bilden erfolgreiche Hotelbetriebe oder Hotelgruppen, die auch bei Projekten auf der grünen Wiese ziemlich

---

82 Vgl. Homburg, Krohmer 2009, S. 641 ff.
83 Das Phänomen der Preisanker werden wir in den Folgekapiteln behandeln. Preisanker beruhen auf persönlichen Preisempfindungen, beispielsweise aus früheren Käufen, wenn bereits Erfahrungen vorliegen.

treffend bestimmen können, wie die Gäste reagieren werden, da sie die Zielgruppen kennen. Bei Hotelbetrieben, die eine Komplettrenovierung durchführen, können Hotelgäste hingegen konkret zu ihren Vorstellungen zu bestimmten Leistungsangeboten und Preisniveaus befragt werden. Solche Informationen helfen die richtigen Preisentscheidungen zu finden, zumal dann konkrete Anknüpfungspunkte vorliegen. Das Risiko einen falschen Preis zu wählen, kann somit erheblich reduziert werden.

3.3.2 Preisbestimmung für das Produktprogramm

Die Preisbestimmung für das Produktprogramm ist jenes Entscheidungsfeld, das bei einem Hotelbetrieb ein großes Preispotenzial enthält, oftmals jedoch vernachlässigt wird. Beim Produktprogramm ist zu berücksichtigen, dass einzelne Produkte nicht isoliert, sondern im Verbund zu betrachten sind. Für ein Hotel sind die Zimmerkategorien das, was für einen Automobilhersteller die Modelle sind. Zimmerkategorien eignen sich hervorragend für die Preisdifferenzierung. Hier ist zu entscheiden, wie die Zimmerflächen, die Zimmerausstattung und andere Besonderheiten zu berücksichtigen sind. Zwischen dem kleinsten, den mittleren und dem größten Zimmer sollte jeweils ein Abstand berücksichtigt werden, mit dem eine Differenzierung der Zimmerkategorien auch aus Sicht der Kunden nachvollzogen werden kann.

Grundsätzlich besteht hier die Möglichkeit einer engen bzw. weiten Preisspanne, der Preisdifferenz zwischen der günstigsten und der teuersten Zimmerkategorie[84]. Ein Respektabstand zwischen jeder Zimmerkategorie ist anzustreben, damit die daraus folgenden preislichen Abstände von den Gästen nachvollzogen werden können. Ein zu geringer preislicher Abstand zwischen den Kategorien kann zu unzufriedenen Gästen führen, wenn sie sich bei der Entscheidung für oder gegen eine Kategorie unsicher sind. Die optimale Gestaltung des Produktprogramms ist alles andere als banal, sie bedarf der Berücksichtigung strategischer, struktureller sowie psychologischer Effekte.

Die Umsatzpotenziale bei einer optimalen Positionierung der Zimmerkategorien sind beachtlich. Die Entscheidung hinsichtlich des Produktprogramms sollte daher nicht dem Architekten überlassen werden, der so plant, wie es aus architektonischen Gründen am besten passt, wie eben Zimmer optimal in einen Bau eingeplant werden können. Ein Hotel hat Anforderungen an das Produktprogramm, das auch aus preisstrategischer Sicht dem Architekten vorgegeben werden sollten. Ich empfehle den Architekten über Ihre preisstrategischen Vorstellungen zu informieren. Meistens entstehen dadurch gute Ideen, die auch für die Preis-Strategie hilfreich sind. Wenn die Zimmer eines Hotels bereits bestehen und hinsichtlich der Größe keine Änderungsmöglichkeiten bestehen, können dennoch Differenzierungen vorgenommen und preislich genutzt werden. Funktionale Ausstattungen, Themenzim-

---

84 Vgl. Pechtl 2014, S. 253.

mer oder auch eine Differenzierung nach Lage und Aussicht sind attraktive Möglichkeiten, um das Produktprogramm zu optimieren.

Eine weitere Möglichkeit im Rahmen der Preisbestimmung für das Produktprogramm kann genutzt werden, wenn Produkte gemeinsam zu Paketpreisen angeboten werden. In diesem Zusammenhang spricht man auch von Preisbündelung[85], wenn beispielsweise Pauschalen gebildet werden. In diesem Kontext stellt sich auch die Frage, inwieweit es zu Quersubventionierung zwischen Produkten kommen soll. In der Hotellerie sind Quersubventionierungen an der Tagesordnung. Denken Sie an den Preis pro Person pro Nächtigung für Halbpension in der Ferienhotellerie. In diesem Preis ist zumindest im Alpenraum neben dem Frühstück, der Nachmittagsjause und dem Abendessen auch die Nutzung des Wellnessbereiches inbegriffen. Kostenlose Dreingaben werden in der Regel über den Zimmerpreis quersubventioniert, was in anderen Ländern nicht in diesem Ausmaß gegeben ist.

3.3.3 Preisänderung für Produkte

Preise unterliegen in starkem Maße dem Spiel der Marktkräfte. Ändern sich Nachfrage-, Wettbewerbs- und Kostenverhältnisse, ergeben sich häufig Notwendigkeiten oder Chancen der Preisänderung für Produkte. Hat sich die Preiselastizität eines Hotels verändert, können gewisse Zimmerkategorien auch stärker als andere angehoben werden. Auch durch saisonale Preisdifferenzierungen ergeben sich mitunter eine ganze Reihe von Möglichkeiten. Die Auslastungsstatistik einzelner Zimmerkategorien kann Potenziale aufzeigen. Dauerhafte Preisänderungen sind auch durch die jährliche Preisanpassung gegeben, die aufgrund der Inflation auf jeden Fall zu nutzen sind. Vorübergehende Preisänderungen sind in der Hotellerie durch die mehr oder weniger starke Nachfrage in unterschiedlichen Saisonen gegeben und werden auch in unterschiedlicher Form genutzt. Wir empfehlen sich jedes Jahr intensiv mit den Preisen zu befassen, denn diese Arbeit zahlt sich aus.

3.3.4 Preisdifferenzierung

Die grundlegende Logik der Preisdifferenzierung besteht darin, gleiche oder sehr ähnliche Produkte verschiedenen Kundensegmenten zu unterschiedlichen Preisen anzubieten. Unterschiedliche Kundensegmente haben auch unterschiedliche Preisbereitschaften. In den vorherigen Ausführungen haben wir Möglichkeiten der Preisdifferenzierung aufgezeigt, die hier im Überblick abgebildet und mit weiteren, noch nicht erwähnten Möglichkeiten, ergänzt sind:

- Marktsegment
- Zimmerkategorien

---

85 Vgl. Gardini 2015, S. 483.

- Lage der Zimmer (Aussicht, Etage, Gebäude)
- Preisbündelung
- Saisonzeiten
- Kundengruppen
- Erwachsene, Kinder
- Aufenthaltsdauer
- Vertriebskanäle

Mit der Preisdifferenzierung werden wir uns im Kapitel Strukturelle Effekte (▶ Kap. 5.2) intensiv auseinandersetzen. Die Preisdifferenzierung ist eine der wirkmächtigsten Stellschrauben der Preis-Strategie.

3.3.5 Gestaltung des Rabatt- und Bonussystems

Wir kommen nun zu einem für die Hotellerie brisanten Entscheidungsfeld, der Gestaltung des Rabatt- und Bonussystems. Rabatte sind bestimmte Geldbeträge, die unter gewissen Voraussetzungen von einem Kaufpreis abgezogen werden. Wenn ein System vorhanden ist, so kann dieses System analysiert und hinterfragt werden. Im Rahmen von Preis-Strategie-Projekten analysieren wir regelmäßig die Auswirkungen von Rabatten. Ein gutes Buchungsprogramm sollte in der Lage sein, gewährte Rabatte zu analysieren. Die Ergebnisse, entsprechend aufbereitet, führen in der Regel zur Erkenntnis, dass bei Rabatten ein dringender Handlungsbedarf besteht, und zwar den Rabattwildwuchs zu eliminieren. Es ist nachvollziehbar, dass die verantwortlichen Personen an der Rezeption oder im Marketing nervös werden, wenn die Buchungen nicht wie gewünscht kommen. Manchmal sind es nur Verschiebungen oder externe Gründe, wie zum Beispiel ein schlechter Winterstart, wenn vor Weihnachten wenig Schnee gefallen ist.

Problematisch wird es, wenn die Nervosität im Management steigt und wenn die Erkenntnis reift, »etwas tun zu müssen«. Spätestens dann sind einige Hoteliers im Krisenmodus und tendieren dazu das schärfste Instrument – den Preis – zu missbrauchen. Die vermutlich häufigste und gleichzeitig desaströse Reaktion auf eine Krise besteht in Preisnachlässen und verstärkter Rabattgewährung.[86] Warum ist das so? Vermutlich steckt dahinter das Bestreben, das bisherige Absatzniveau zu verteidigen. Man möchte auf keinen Fall Auslastungsrückgänge erleben. Eine Absatzkrise in der Hotellerie bedeutet, dass man zum gleichen Preis weniger Nächtigungen erzielt. Sie bedeutet aber keineswegs, dass sich zu einem niedrigeren Preis die gleiche Menge wie bisher absetzen lässt. Diese Illusion wird fast nie erfüllt.

Bei einer Absatzkrise hat man es nicht mehr mit derselben Preis-Absatz-Kurve zu tun wie vor der Krise. Sie verschiebt sich nach unten. Beim gegebenen Preis wird einfach weniger gebucht. Preissenkungen und Sonderrabatte führen nicht zu

---

86 Vgl. Simon 2013, S. 221.

dem erhofften Mehrabsatz, da die Wettbewerber ebenfalls die Preise senken. Damit lösen sich die Hoffnungen, die Nächtigungen zu halten, in Luft auf. Die Verbraucher verweigern die Buchung nicht, weil die Preise zu hoch sind, sondern sie buchen nicht, weil der Schnee fehlt oder sie verunsichert sind und das Geld für eine ungewisse Zukunft sparen. Eine Preissenkung trägt wenig zur Beseitigung dieser Unsicherheit bei. Hüten Sie sich davor, das Instrument Preis in der Krise aggressiv einzusetzen.

Eine andere Situation ist, wenn die Leistungen eines Hotels reduziert werden, wenn beispielsweise eine Baustelle den Urlaubsgenuss schmälert, der Wellnessbereich nur teilweise genutzt werden kann, oder der Fitnessbereich aufgrund von Reparaturarbeiten nicht zur Verfügung steht. In diesen Fällen ist eine gewisse Voraussetzung gegeben, bei der die Kunden sogar erwarten, dass Preisnachlässe gewährt werden. Eine interessante Alternative zu Preisrabatten sind Naturalrabatte. Gerade in einer Krise haben Naturalrabatte mehrere Vorteile:

- Das bestehende Preisniveau wird nicht angetastet.
- Sie sind für das Hotel vorteilhafter, da sie bei gleichem Prozentsatz wie bei Preisrabatten, einen höheren Gewinn belassen.
- Die verkaufte Menge ist höher.

Ein Konsumationsgutschein über hundert Euro bedeutet für den Gast bei einem Gesamtpreis eines Kurzurlaubes von tausend Euro einen Rabatt von zehn Prozent. Sie können Ihrem Gast einen Preisrabatt von hundert Euro zugestehen oder einen Naturalrabatt in Form eines Konsumationsgutscheines über hundert Euro. Beim Naturalrabatt ist der Umsatz und die Stückzahl höher (beispielsweise zwei Flaschen Wein), aber auch der Deckungsbeitrag ist höher, da für Sie nur der Einkaufspreis des Weines als Aufwand anfällt.

Ein Bonus ist eine Vergütung, die nachträglich, zum Beispiel zum Jahres-, Halbjahres- oder Quartalsende, als Treueprämie oder Dankeschön für das Erreichen von Zielen bezahlt wird.[87] In der Hotellerie sind in diesem Zusammenhang vor allem Stammgastboni in Form von gesammelten Punkten gemeint, wie zum Beispiel das Hilton Honors Reward Programm, mit dem Upgrades nach Verfügbarkeit oder ein kostenloses Frühstück gewährt werden. Solche Bonusprogramme sind für Ferienhotels eher in Ausnahmen geeignet, da sie sehr aufwändig zu handhaben sind und nur mit großem Aufwand beendet werden können. Aber auch Key Accounts könnten im Rahmen eines Bonussystems berücksichtigt werden, indem die Summe aller Zimmerbuchungen eines Unternehmens am Ende des Jahres in Form von Gutscheinen honoriert werden.

---

87 Vgl. Gruner 2008, S. 61.

3.3.6 Durchsetzung der Preise

Der Erfolg der Preis-Politik hängt entscheidend davon ab, inwieweit die beschlossenen preispolitischen Maßnahmen tatsächlich durchgesetzt werden. Bei der Durchsetzung der Preise sind unternehmensinterne und -externe Faktoren zu berücksichtigen. Von entscheidender Bedeutung ist das Verhalten von Mitarbeitern im direkten Gästekontakt. Die Mitarbeiterinnen an der Rezeption oder in der Reservierung müssen dahingehend beeinflusst werden, dass sie die preispolitischen Ziele und Entscheidungen mittragen. Wir haben die Erfahrung gemacht, dass die betroffenen Mitarbeiter und Mitarbeiterinnen bei der Erarbeitung der Preis-Strategie mitwirken sollten. Dies hat nicht nur positive Auswirkungen auf das Selbstbewusstsein, sondern auch auf die tatsächliche Preisdurchsetzung. Zudem können die Workshopteilnehmer ihre Kenntnisse über Kundenverhalten und Nutzenaspekte in die Diskussion einbringen.

Wir haben immer wieder beobachtet, dass Mitarbeiterinnen zum Teil bei der Definition der Preise mutiger als die Chefs sind. Je nach Größe des Hotelbetriebes ist auch die formale Zuständigkeit von Preisentscheidungen ausschlaggebend für den Erfolg. Die Erarbeitung der Preis-Strategie ist eine Top-Managementaufgabe, unter Einbeziehung der verantwortlichen Mitarbeiter. Die Mitarbeiter sind angehalten, die in der Preis-Strategie definierten Ziele und Strategien umzusetzen. Es geht also nicht darum, den Verantwortlichen völlige Freiheit bei der Gestaltung und Umsetzung der Preise zu belassen, sondern die Preis-Strategie gemeinsam mit dem Top-Management zu erarbeiten und die Umsetzung zu delegieren. Dies ist ein fundamentaler Unterschied. Ein wichtiges Hilfsmittel zur Umsetzung der Preis-Strategie ist das Preis-Leitbild, das wir in einem nachfolgenden Kapitel behandeln werden.

Die Schaffung von Anreizen zur Preisdurchsetzung ist ebenfalls eine geeignete Möglichkeit, die Ziele zu erreichen. Wir empfehlen, die Zielerreichung zu prämieren, wobei darauf geachtet werden sollte, ein Prämiensystem in Stufen und in Abstimmung mit einem übergeordneten Ansatz zu implementieren, indem alle Führungskräfte und Mitarbeiter eingebunden werden. Vor der Etablierung eines Prämiensystems sollte allerdings ein monatliches Controlling etabliert werden, mit dem auch die tatsächlich durchgesetzten Preise im Detail analysiert werden können.

Bei der unternehmensexternen Preisdurchsetzung geht es um die Kommunikation von Preisen bzw. von preispolitischen Entscheidungen. Wir empfehlen die Verwendung von Nutzen-Argumentationsketten, mit denen der Nutzen stark im Vordergrund steht, den die Kunden genießen können, wenn sie die Buchung vornehmen. Auch Preiserhöhungen können in dieser Form erklärt und begründet werden, wenn beispielsweise Gäste den »hohen Preis« ansprechen. Verhaltensrichtlinien und Argumentationsleitfäden helfen das Produkt gut zu verkaufen. In diesem Zusammenhang ist das Gäste-Nutzen-Profil zu erwähnen, das den aus Sicht des Gastes relevanten Nutzen im Vergleich zum Wettbewerb unterstreicht. Nutzt das Hotel alternative Vertriebskanäle, wie zum Beispiel booking.com oder Reisebüros, ist hierfür ebenfalls eine klare Vertriebspolitik erforderlich.

Die sechs Entscheidungsfelder der Preis-Politik unterstützen einen systematischen Umgang mit preispolitischen Entscheidungen. Die vorgestellten Ansatzpunkte werden auch beim Power Pricing genutzt. Allerdings geht der Power-Pricing-Ansatz weit darüber hinaus, indem Instrumente in Ansatz gebracht werden, die das herkömmlichen Marketing-Mix nicht berücksichtigt.

Anfang der achtziger Jahre entstanden eine Vielzahl an praxisorientierten und wissenschaftlichen Beiträgen, die den Begriff des Marketings mit dem strategischen Management verknüpften.[88] In der Folge wurde von strategischem Marketing gesprochen, das sich vom operativen Marketing deutlich unterscheidet. Während das operative Marketing sich auf den kurzfristigen Einsatz der Marketing-Instrumente konzentriert, wird beim strategischen Marketing eine umfassende Analyse von Markt- und Unternehmenspotenzialen als zukünftige Erfolgsfaktoren vorgeschaltet, um über längerfristige Einwirkungs- und Entwicklungsmöglichkeiten zu verfügen. Während operatives Marketing eher reaktiv ist, ermöglicht strategisches Marketing eine aktive Marktbeeinflussung und Unternehmensgestaltung.[89]

In den nächsten Kapiteln wenden wir uns den Phänomenen der Strategie und des strategischen Managements zu, die für die Erarbeitung einer optimalen Preis-Strategie wirkmächtige Instrumente zur Verfügung stellen.

3.4 Strategie

Seit der Entdeckung des klangvollen Attributes »strategisch« wurde derart viel damit etikettiert, dass der Begriff eigentlich nichts mehr aussagt. Es dient allenfalls zur Charakterisierung von beachtenswert und wichtig.[90] Dennoch ist die Strategie das wichtigste Instrument zur Sicherung der Unternehmensexistenz und zur Steuerung eines Hotelbetriebes. Generell kann strategisches Denken als Antithese zum kurzfristig operativen Denken gesehen werden. Dementsprechend ist auch die Wissenschaft bemüht, die Unterschiede dieser Denkweisen aufzuzeigen und die Vorteile des strategischen Denkens zu erklären.

Historisch stammt der Begriff der Strategie aus der Lehre der Kriegsführung, die zahlreiche Grundsätze entwickelte.[91] Eine treffende Definition des Begriffs Strategie aus der westlichen Kultur stammt von Helmuth von Moltke, dem großen preußischen Militärstrategen des neunzehnten Jahrhunderts: »Die Strategie ist die Fortbildung des ursprünglich leitenden Gedankens entsprechend den stets sich ändernden Verhältnissen, ist die Kunst des Handelns unter dem Druck der schwierigsten Bedingungen.«[92] Diese Definition beinhaltet die wesentlichen Elemente jeder Strategie.

---

88 Vgl. Kreilkamp 1987; Raffée, Wiedemann 1989; Lambin 1987; Nussbaumer 1989.
89 Vgl. Töpfer, Wieselhuber 1984, S. 2.
90 Vgl. Scholz 1987, S. 2.
91 Vgl. Clausewitz 1832.
92 Moltke 1871, S. 429 f.

Mit der Verfolgung einer Strategie ist also nicht einfach eine geradlinige Anpeilung eines Zielpunktes gemeint, sondern die Verfolgung eines Gedankens, einer Idee. Diese Idee kann ein Wunsch sein, ein einfaches Ziel oder ein gut formuliertes Leitbild, wie die deutsche Sprache so gut beschreibt, ein Bild, das leitet. Je nachdem, welche Bedeutung das mit der Strategie angepeilte Ziel hat, sprechen wir von Unternehmens-Strategie, Preis-Strategie, Werbe-Strategie, Finanz- und Produktions-Strategie etc. Strategien sind daher hinsichtlich ihrer hierarchischen Einordnung in der Organisation zu unterscheiden. Mit der Unternehmens-Strategie sollen die zentralen Ziele des Unternehmens erreicht werden. Eine Preis-Strategie soll die Umsetzung der Unternehmens-Strategie unterstützen. Der Strategiebegriff ist daher untrennbar mit dem zu erreichenden Ziel verknüpft, und die einzelnen Strategien sollten miteinander verzahnt sein.

Die Verfolgung des ursprünglich leitenden Gedankens ist allerdings von Veränderungen beeinflusst, die stets auftreten können und dies in der Regel auch tun. Dafür kann der Stratege nichts, aber er muss damit leben und alles unternehmen, die Ziele dennoch zu erreichen. Nun kennen wir mögliche Veränderungen im Voraus nicht, sie kommen meistens plötzlich, unverhofft und haben einen mehr oder weniger starken Einfluss auf die Strategie. Hier betreten wir den Möglichkeitsraum der Chancen und Risiken, die jeder Strategie anhaften. Gute Strategien basieren daher nicht nur auf Stärken und Schwächen, sondern auch auf identifizierten Chancen und Risiken, auf mögliche externe Einflüsse, die noch nicht da sind, aber kommen werden oder kommen könnten.[93]

Bei der Verfolgung einer Strategie starten wir bei einem Ausgangszustand, formulieren einen leitenden Gedanken und bilden ihn fort, bis der gewünschte Zielzustand erreicht ist. Das Fortbilden bedeutet ein ständiges Arbeiten, ein immerwährendes Streben danach, den Zielzustand zu erreichen. Eine Strategie ist also kein einmal festgelegter und dann einbetonierter Plan, der stur die nächsten Jahre verfolgt wird, komme was wolle, sondern etwas höchst Flexibles, etwas Lebendiges, etwas das die Realität so berücksichtigt, wie sie ist. Wenn Hindernisse auftauchen, werden sie weggeräumt, mit allen Mitteln, mit Logik, List und Kreativität. Das ist gemeint mit der Kunst des Handelns unter dem Druck der schwierigsten Bedingungen. Manchmal sind die Rahmenbedingungen besser und neue Chancen kommen sogar noch hinzu. Die Strategie wird auch als System von Aushilfen bezeichnet. Sie ist mehr als eine Wissenschaft, sie ist die Übertragung des Wissens auf das praktische Leben.[94] Die Strategie ist also kein Instrument, um etwas unhinterfragt mit Scheuklappen und Tunnelblick umzusetzen, sondern eine

---

93 Als die Hotellerie in Folge der Corona-Pandemie Mitte März 2020 zum Stillstand kam, erzählte mir ein Hotelier, dass sie gerade am Vortag über die Risikoanalyse vom letzten Strategiemeeting gesprochen hatten. Damals hatten wir als mögliches Risiko eine Epidemie in der Dimension Wahrscheinlichkeit des Eintretens als sehr gering, in der Dimension Auswirkungen auf das Unternehmen als sehr hoch bewertet. Der Hotelier meinte, man sollte in Zukunft solche Szenarien doch ernster nehmen. Hotels haben ein generisches Epidemie-Risiko genauso wie die Gastronomie und andere artverwandte Branchen.
94 Vgl. Moltke 1871, S. 431.

Kunst, die grundsätzlich alles hinterfragen soll, und zwar mit Kreativität, damit das beste Ergebnis erreicht wird.[95]

Ich hatte einmal eine Diskussion mit einer Unternehmerin, die Bedenken hatte, für ihr Unternehmen eine Strategie zu formulieren. Sie befürchtete mit der Festlegung einer Strategie sei sie nicht mehr so flexibel wie ohne Strategie. Diese Bedenken müssen ernst genommen werden, zumal der Strategiebegriff und auch der Sinn und Zweck einer Strategie oft nicht richtig verstanden werden. Wenn ein Unternehmer eine Strategie verfolgt, die vor drei Jahren erarbeitet und seitdem nicht mehr hinterfragt worden ist, aber die Prämissen nicht mehr mit denen übereinstimmen, die bei der Erarbeitung der Strategie als Basis herangezogen worden sind, dann begeht dieser Unternehmer einen sträflichen Fehler. Eine Strategie zu formulieren, legt einerseits den ursprünglichen Gedanken fest, andererseits gründet sie auf Analysen der Ausgangssituation und den strategischen Alternativen. Eine Strategie muss flexibel bleiben, sonst ist sie keine Strategie, sondern vielleicht nur ein nicht mehr passender Plan.

Strategien bauen auf Prämissen auf, auf Voraussetzungen oder Annahmen über den Markt, die Kunden und Wettbewerber, über das Umfeld, wie es ist und wie es sich entwickeln könnte, über Stärken und Schwächen, die Möglichkeiten des Unternehmens und über die Chancen und Risiken. Ändern sich die Prämissen, sollte auch die Strategie angepasst werden. Genau das meinte Moltke mit dem Beisatz »entsprechend den stets sich ändernden Verhältnissen.«

Die Strategie-Definition ist auch eine Aufforderung, stets am Unternehmen zu arbeiten. Nun ist die Umsetzung einer Strategie in der Regel kein Kindergeburtstag, sondern eine Kraftanstrengung, die nicht nur Geld und zeitliche Ressourcen in Anspruch nimmt. Die Umsetzung einer Strategie bedeutet für eine Hoteliersfamilie auch einen vollen persönlichen Einsatz. Nicht jeder ist geeignet, eine Strategie mit allen Konsequenzen durchzuziehen. Doch diejenigen, die das geschafft haben, sind im wahrsten Sinn des Wortes eine Stufe weiter mit ihrem Werk und auch mit ihrer Persönlichkeit. Ich habe Hoteliersfamilien kennen gelernt, die mit dem Rücken zur Wand gestanden sind und es trotzdem geschafft haben, das Hotel nicht nur zu retten, sondern neu zu erfinden und zu einem erfolgreichen Unternehmen auszubauen.

Damit ist der letzte Beisatz über Strategie von Moltke gemeint, »die Kunst des Handelns unter dem Druck der schwierigsten Bedingungen«. Diesem Druck standzuhalten, Verantwortung zu übernehmen und zu tragen für die Erfüllung der selbst gestellten Aufgaben kann auch als Sinn des Lebens bezeichnet werden.[96] Nach Viktor Frankl verlangen die Spielregeln des Lebens nicht, dass wir um jeden Preis siegen, wohl aber, dass wir den Kampf niemals aufgeben.[97]

Wie wir sehen, steigen wir mit dem Begriff der Strategie auch tief in die Sinnfrage ein und erkennen, wie sehr alles miteinander vernetzt ist. Vielleicht stellen

---

95 Vgl. Brandenburger 2019, S. 70.
96 Vgl. Frankl 1977, S. 118.
97 Vgl. Frankl 1979, S. 244.

Sie sich jetzt die Frage, was das alles mit dem Preis zu tun hat. Nun ist der Preis – wie wir bereits gesehen haben – das zentrale Element, Gewinne zu erzielen. Ohne gute Preis-Strategie wird es schwierig sein, die Ziele der Hoteliersfamilie zu erreichen. So gesehen ist der Preis auch ein wesentliches Element zur Erreichung des Lebensziels, zumindest in der Welt eines Unternehmers oder einer Unternehmerin.

3.5 Strategisches Hotel-Management

Erst in den 1960er Jahren fand der Strategiebegriff durch die Spieltheorie Eingang in die amerikanische Managementlehre. Dies ist bemerkenswert, zumal der Begriff der Strategie seit über 2.000 Jahren bekannt und erfolgreich eingesetzt wird. Diese späte Erkenntnis ist wohl darauf zurückzuführen, dass die früher überwiegend mechanistisch orientierte Betriebswirtschaftslehre keinen Platz für Begriffe hatte, die nicht in Zahlen ausgedrückt werden konnten.

1960 rüttelte der an der Harvard Business School lehrende Betriebswirt Theodore Levitt mit seinem bahnbrechenden Artikel Marketing Myopia[98] die Managementwelt auf, nicht mehr kurzsichtig in Kategorien der Branche oder Produkte zu denken, sondern den Kaufmotiven auf den Grund zu gehen und einen übergeordneten, strategischen Blick auf die Kundenbedürfnisse zu legen. Das mechanistische Korsett der Betriebswirtschaftslehre wurde nun endgültig zu eng. Um die Herausforderungen der Praxis zu bewältigen, wurden neue Ansätze gesucht. Im Laufe der Zeit entwickelten sich daher die Begriffe »Strategie« und »strategisch« immer mehr zu zentralen Begriffen der Betriebswirtschaftslehre, auch im deutschsprachigen Raum.[99]

Durch Veränderungen der Umwelt und damit der Unternehmensbedingungen entsteht fortwährend der Bedarf, auch die Führungs- und Managementmethoden anzupassen. Die Vielzahl und Vielfalt der Methoden, Modelle und Schulen zum strategischen Management ist beeindruckend. In seinem Buch Strategy Safari beschreibt Henry Mintzberg, den Tom Peters für den vielleicht weltbesten Denker in Sachen Management hält, zehn verschiedene Perspektiven und Schulen, die das Thema Strategie als konzeptionellen, formalen, analytischen, visionären, mentalen, herausbildenden, kollektiven, reaktiven Prozess, oder gar als Transformationsprozess betrachten.[100] Die Art und Weise wie eine Strategie gedacht, kreiert, formuliert und umgesetzt wird ist hochgradig kreativ. Nach Hinterhuber ähnelt der strategische Entscheidungsprozess dem kreativen Prozess von Künstlern, Wissenschaftlern, Schriftstellern und anderen Personen, die schöpferisch tätig sind.[101] Die Strategiefindung ist auf Unternehmensebene eine hochkomplexe Management

---

98 Vgl. Levitt 1960.
99 Vgl. Schertler 1982, S. 97.
100 Vgl. Mintzberg 1999.
101 Vgl. Hinterhuber 1989, S. 21.

aufgabe. Ebenso komplex sind die funktionalen Strategien, die auf bestimmte Bereiche gerichtet sind, wie zum Beispiel Marketing-, Finanz-, Werbe- oder eben Preis-Strategien.

Die Begriffe »Strategie«, »Management« oder »Strategisches Management« lassen sich nicht eindeutig definieren, da eine Vielzahl von Begriffsauffassungen existieren. Für Henry Mintzberg ist Management weder eine Wissenschaft noch ein Beruf im klassischen Sinne, sondern eine praktische, situationsgebundene Tätigkeit, die vorrangig von der Erfahrung lebt.[102] In diesem Sinne ist für mich die Anwendung von Wissen über strategisches Management situationsbezogen und pragmatisch, vor allem bei Hotelbetrieben. Ich empfehle allen Hoteliers, sich mit den konkreten, praktisch relevanten strategischen Herausforderungen ihres Betriebes auseinanderzusetzen. Die vielen Modelle mögen mehr oder weniger einsetzbar und verständlich sein, doch warne ich vor zu komplexen Modellen und Methoden, die vielleicht in großen Industriebetrieben mit einem Stab an gut ausgebildeten Spezialisten und Beratern funktionieren.

Hotelbetriebe weisen gegenüber anderen Branchen einige Besonderheiten auf, die beim Einsatz von Methoden und Werkzeugen des strategischen Managements berücksichtigt werden müssen. Im Gegensatz zu Produktionsbetrieben, bei denen die Produktion vor dem Verkauf und der Konsum erst nach dem Kauf erfolgt, fallen bei Dienstleistungen in der Hotellerie Produktion und Konsum zusammen. Ein weiterer wesentlicher Unterschied zu anderen Branchen ist die Unmöglichkeit der Lagerhaltung. Bettenkapazitäten, die nicht genutzt werden, können nicht gelagert und später konsumiert werden. Auch die Immaterialität der Dienstleistung ist schwer greifbar. Die erlebte Qualität des Hotelaufenthalts ist für den Gast im Vorfeld nicht überprüfbar. Der Gast kann zwar auf den Bewertungsportalen die Zufriedenheit anderer Gäste zur Kenntnis nehmen, sie sind jedoch keine Sicherheit dafür, dass das Hotel sein spezielles Kundenbedürfnis befriedigen wird. Auch der Fixkostenanteil und der hohe Personalaufwand sind Faktoren, die für Hotelbetriebe charakteristisch sind.

Als ich vor vielen Jahren das erste Mal eine Hotelbilanz studierte, war ich erstaunt über die sehr hohe Anlagenintensität, die damit verbundenen hohen Abschreibungen und vor allem über die im Verhältnis zum Umsatz hohe Verschuldung. Um die Wettbewerbsposition auszubauen und zu halten, sind im Verhältnis zum Umsatz hohe Investitionen erforderlich. Investitionsentscheidungen, die heute getroffen werden, müssen sich über viele Jahre rentieren. Sie sollten strategisch durchdacht und im Detail berechnet und optimiert werden. Die Hotellerie ist aufgrund der Branchenbesonderheiten prädestiniert, das Wissen aus dem strategischen Management einzusetzen.

Der Begriff »Strategisches Hotel-Management« existierte bis 2005 noch nicht.[103] Als wir mit einem unserer sehr erfolgreichen Kunden beim Constantinus Award

---

102 Vgl. Mintzberg 2011, S. 23.
103 Die Google-Statistik der Wortgruppe »Strategisches Hotel-Management« zwischen 2004 und 2005 zeigt 10 Einträge.

2005, dem großen österreichischen Beratungs- und IT-Preis, mit dem Projekt »Implementierung Strategisches Führungssystem Hotel Jungbrunn« den zweiten Platz gewannen, schlug mein Kunde vor, das erworbene Wissen auch anderen Hoteliers in Form eines Seminars zur Verfügung zu stellen. Wir suchten einen Namen für das Seminar und entschieden uns für »Strategisches Hotel-Management«, einem Begriff, der mittlerweile auch für Bücher, Artikel, wissenschaftliche Publikationen und in der Ausbildung und Beratung verwendet wird.[104]

Beim strategischen Hotel-Management geht es darum, Entscheidungen über Ziele, Strategien, Strukturen und Systeme zu treffen, zu implementieren und zu steuern. Jede Strategie sollte von Grund auf individuell erarbeitet werden, da jedes Hotel einzigartig ist.

Zusammenfassend lassen sich folgende Merkmale mit der Eigenschaft »strategisch« und damit mit strategischem Hotel-Management verknüpfen[105]:

- inhaltliche Betonung des Wichtigen (Relevanz),
- methodische Beschränkung auf einige wesentliche Gesichtspunkte (Vereinfachung),
- Streben nach frühzeitigem Handeln (Proaktivität).

Dem Begriff »Strategisches Hotel-Management« soll folgende Definition zu Grunde gelegt werden: Strategisches Hotel-Management ist die Analyse, strategische Entwicklung, Implementierung und Steuerung von Hotelbetrieben, die auf die Erzeugung und Erhaltung von Wettbewerbsvorteilen gerichtet sind, mit dem Ziel der langfristigen Sicherung der Unternehmensexistenz. Um dieses Ziel zu erreichen sind die Ressourcen eines Hotelbetriebes so zu gestalten, dass das Unternehmen Wettbewerbsvorteile aufbaut. Wettbewerbsvorteile führen dazu, dass der Wert des Angebotes aus Sicht der Kunden höher eingeschätzt wird als der Preis, den sie zu zahlen haben und auch höher als die Angebote der Wettbewerber. Starke Wettbewerbsvorteile sind die Basis zur Besetzung einer starken Marktposition.

3.5.1 Elemente des Strategischen Hotel-Managements

Die erfolgreiche Bewältigung der Zukunft und der Aufbau von Wettbewerbsvorteilen hängt davon ab, ob und inwieweit es dem Management gelingt, die vier Elemente des Strategischen Hotel-Managements optimal zu gestalten und miteinander abzustimmen.[106] Die konsequente Beschäftigung und Optimierung dieser vier Elemente ermöglicht den Führungskräften eines Hotelbetriebes, intensiv über die Zukunft nachzudenken, Chancen und Risiken zu erkennen und den für das Unter-

---

104 Das Seminar fand mit 31 Teilnehmern am 26. Januar 2006 in der Villa Blanka in Innsbruck statt. Unter »Strategisches Hotel-Management« finden sich heute in Google über 297.000 Einträge (Stand per 26. November 2021).
105 Vgl. Scholz 1987, S. 6.
106 Vgl. Nussbaumer 1995, S. 2.

nehmen optimalen Weg in die Zukunft zu finden. Die vier Elemente bedingen sich gegenseitig, wobei Leitbild, Strategie, Struktur und Kultur durch das Management direkt beeinflusst und verändert werden können, die Kultur hingegen ausschließlich indirekt. Die Kultur ist das Ergebnis des Denkens und Handelns in einer Organisation. Jeder Versuch, eine Unternehmenskultur direkt zu gestalten, ist zum Scheitern verurteilt. Erst wenn die Führungskräfte die Bedeutung der Unternehmenskultur erkennen und genügend sensibilisiert sind, kann die Kultur gezielt verbessert werden.[107]

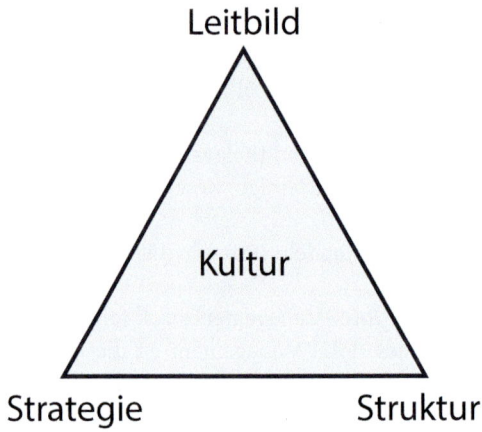

Abb. 22: Vier Elemente des Strategischen Hotel-Managements

3.5.1.1 Leitbild

Das Leitbild ist eine schriftliche Fixierung durch die Führung eines Hotelbetriebes, was das Unternehmen in der Zukunft sein und welcher Sinn und Zweck mit dem Unternehmen erfüllt werden soll. Erst die Bewusstmachung, die Formulierung und die Kommunikation im Zusammenhang mit Unternehmensleitbildern verbessert die Möglichkeiten zur Steuerung des Unternehmensgeschehens und damit zur Verbesserung des Erfolgs.[108] Leitbilder werden auch als »nichtinstruktive Strategien« bezeichnet[109], da sie lediglich einen groben Orientierungsrahmen geben können. Im Gegensatz zu strategischen Zielen können Leitbilder nicht als Hilfe bei konkreten Problemen dienen.

Die Erarbeitung eines Leitbildes zählt zum normativen Management, zu den generellen Zielen eines Unternehmens, mit Prinzipien, Normen und Spielregeln, die darauf ausgerichtet sind, die Lebens- und Entwicklungsfähigkeit des Unterneh-

---

107 Vgl. Kobi, Wüthrich 1986, S. 11.
108 Vgl. Matje 1996, S. 1.
109 Vgl. Kühl 2017, S. 18.

mens zu ermöglichen. Ein Leitbild kann durch drei Fragenkomplexe erarbeitet werden:

- Was wollen wir sein? (Vision)
- Was ist Sinn und Zweck unseres Unternehmens? (Mission)
- Wie wollen wir uns dabei verhalten? (Werte)

Die Trennung in diese drei Fragenkomplexe ist bei der Erarbeitung eine wertvolle Hilfe, da sie auf jeweils unterschiedliche Themen gerichtet sind. Im Fragenkomplex Vision geht es um die Größe und Bedeutung des Unternehmens, das Bild der Zukunft und um die Unabhängigkeit. Die Mission behandelt vor allem die Aufgaben und Marktbedürfnisse, die befriedigt werden sollen, um Wachstum und Rentabilität zu realisieren. Hierbei geht es auch um die Kunden, die Kernkompetenzen und die Anforderungen an die Marktleistungen. Auch die Marktstellung und die Unterschiede zum Wettbewerb spielen bei der Missionsfrage eine Rolle. Der Fragenkomplex der Werte behandelt die verhaltensorientierte Komponente des Leitbildes. Hier geht es um Werte, um Werthaltungen gegenüber den Mitarbeitern, den Marktpartnern, Kunden, Wettbewerbern und Stakeholdern.

Jeder Willensakt, jede willentlich getroffene Entscheidung ist – offen oder versteckt – unweigerlich von Wertvorstellungen geleitet.[110] Was eine Person oder eine Gesellschaft hochschätzt, bestimmt ihr Tun. Betrachtet man Werte als Gehirnzustände, die Handlungen, Gedanken und Entscheidungen lenken, dann kann man sie durchaus in einer Position sehen, aus der ein strategisch ordnendes Eingreifen möglich ist.[111] Daher ist ein klarer Wertekompass in Form eines Leitbildes essenziell für jedes Unternehmen. Das Leitbild ist ein Element des Strategischen Hotel-Managements, das direkt beeinflusst und gestaltet werden sollte.

3.5.1.2 Kultur

Umgekehrt hat ein starkes, identitätsstiftendes Leitbild auch eine spürbare Wirkung auf die Kultur eines Hotelbetriebes. Die Kultur ist die Summe aller Selbstverständlichkeiten des Denkens und Handelns in einem Unternehmen, einer Grundgesamtheit gemeinsamer Wert- und Normenvorstellungen sowie geteilter Denk- und Verhaltensmuster, die Entscheidungen, Handlungen und Aktivitäten der Organisationsmitglieder prägen.[112] Ob der Gast bei den Mitarbeitern als wichtigster Marktpartner gesehen wird, der schlussendlich die Gehälter bezahlt, oder ob der Gast als Störenfried empfunden wird, ist ein Ergebnis der Kultur eines Hotelbetriebes.

---

110 Vgl. Sauer 2019, S. 17.
111 Vgl. Sperry 1985, S. 24.
112 Vgl. Hinterhuber, Holleis 1988.

Die Kultur ist somit eine nach innen und außen gerichtete Kraft mit enormer Wirkung. Die Kultur spiegelt die Einstellung der Mitarbeiter wider, wie sie ihre Arbeit und vor allem die Gäste sehen. Jeder Hotelbetrieb hat eine Kultur, egal ob dies gewollt ist oder nicht. Ein Hotel kann sich somit seiner Kultur nicht entziehen.

Es bleibt die Frage, welche Kultur ein Unternehmen hat und ob die Kultur konform zu den Unternehmenszielen und Unternehmenswerten steht, oder ob sie diametral entgegenwirkt. Wir werden in einem späteren Kapitel sehen, wie die Kultur eines Unternehmens Auswirkungen auf die Preisdurchsetzung hat. Daher werden wir uns auch mit dem Preis-Leitbild befassen.

3.5.1.3 Strategie

Die Strategie kann mit dem Weg verglichen werden, den ein Unternehmen einschlagen will, um ein bestimmtes Ziel zu erreichen. Strategien im Sinne des Strategischen Hotel-Managements sind Unternehmens-Strategien, die im Rahmen eines Strategie-Prozesses erarbeitet werden. Mintzberg spricht in diesem Zusammenhang von beabsichtigten und durchdachten Strategien, die tatsächlich umgesetzt werden.[113] Im Gegensatz dazu gibt es auch unbeabsichtigte Strategien, die zwar auch umgesetzt, jedoch wenig durchdacht und auch nicht geplant waren, sich aber dennoch herausgebildet haben. Denken Sie an Instandhaltungsarbeiten am Hotel, die plötzlich zu umfangreichen Erneuerungen und Erweiterungen ausgeweitet werden. Da kommt auch von der Hausbank Freude auf, wenn das ursprüngliche Baubudget um ein Vielfaches überzogen wird.

Die Strategie und das Leitbild sind direkt miteinander verzahnt. Daher sollten die strategische Stoßrichtung und die Leitbildansätze parallel entwickelt werden. Die detaillierte Ausformulierung des Leitbildes kann auch zu einem späteren Zeitpunkt erfolgen, wenn die Marken-Strategie ausgearbeitet wird, die ebenso wie die Preis-Strategie eine funktionale Strategie darstellt, mit der Aufgabe, die Unternehmensstrategie zu unterstützen. Die Fragen über das Warum, über den Brand Purpose, werden im Leitbild ebenso behandelt wie die Fragen nach dem Wer, für wen wir arbeiten, welche Zielgruppen wir bedienen wollen sowie die Frage nach dem Was, nach dem Sinn und Zweck des Unternehmens. Die Antwort auf die Frage was das Unternehmen konkret für die Kunden leistet ist essenziell für die Kaufentscheidung der Kunden.[114] Ohne die Detaillierung der Strategie steht ein Purpose – ein Warum – relativ einsam im Raum. Was nützt ein genial ausgearbeitetes Warum, wenn unklar ist, ob sich die Stoßrichtung auch finanziell rechnet? Daher plädieren wir dafür, das Leitbild und die Strategie parallel zu erarbeiten und das Warum in der Marken-Strategie weiter zu vertiefen.

Die Frage, ob zuerst die Unternehmens-Strategie erarbeitet werden soll, oder die Preis-Strategie, empfehlen wir situativ zu beantworten. Im Idealfall wird

---

113 Vgl. hierzu die Ausführungen von Freyberg 2014, S. 3 ff.
114 Vgl. Baetzgen 2021, S. 64.

zuerst die Unternehmens-Strategie erarbeitet und dann die Preis-Strategie. Es kann jedoch auch ratsam sein, zuerst die Preis-Strategie zu erarbeiten, damit die positiven Effekte möglichst schnell implementiert werden können. Anders verhält es sich bei anderen funktionalen Strategien, wie beispielsweise der Marken-Strategie, die meines Erachtens erst nach der Unternehmens-Strategie erarbeitet werden sollte.

3.5.1.4 Struktur

Die Struktur beinhaltet die konkreten und eher greifbaren Aspekte des Strategischen Hotel-Managements. Dazu zählen die Aufbau- und die Ablauforganisation, die Geschäftsprozesse, Systeme, Methoden, Leitfäden, Handbücher und Instrumente zur Bereitstellung, dem Verkauf und der Produktion der Leistungen, die Angebotsgestaltung und das Informationsmanagement-System.[115] Ohne Struktur kann weder das Leitbild gelebt noch die Strategie umgesetzt werden. Umgekehrt beeinflusst die vorhandene Struktur sowohl die Leitbild- als auch die Strategieformulierung. Auch die Kultur wird stark von der Struktur geprägt, und umgekehrt prägt die Kultur auch die Struktur, das Leitbild und die Strategie.

3.5.2 Strategie-Prozess des Strategischen Hotel-Managements

Die vier Elemente des Strategischen Hotel-Managements sind in ihrer Gesamtheit und in ihrer Wechselwirkung untereinander zu verstehen. Kein Element sollte ungeachtet der anderen verändert werden, alle sind miteinander verzahnt. Ansonsten könnte es passieren, dass unbeabsichtigte Strategien umgesetzt werden, die mit den anderen Elementen nicht kompatibel sind. Scholz spricht in diesem Zusammenhang von strategischer Stimmigkeit, die dann gegeben ist, wenn sich die Komponenten der intendierten Strategie entsprechend zueinander verhalten.[116]

Wenn die Wettbewerbsposition des Betriebes durch Investitionen verbessert werden soll, dann genügt es nicht, einfach Investitionen zu tätigen. Vielmehr sollte ein professionell gestalteter Strategie-Prozess gestartet und umgesetzt werden. Der Strategie-Prozess ergibt sich aus der Definition des Strategischen Hotel-Managements und besteht aus folgenden Phasen:

- Ausgangssituation
- Strategie-Entwicklung
- Strategie-Implementierung
- Strategische Steuerung

---

115 Vgl. hierzu Schaetzing 2004.
116 Vgl. Scholz 1987, S. 61. Ein Upgrade von 4-Sterne auf 4-Sterne-Superior hat beispielsweise weitreichende Konsequenzen auf die Mitarbeiter, das Marketing, das Leistungsangebot, die Preise etc., die bis ins letzte Detail zu durchdenken sind.

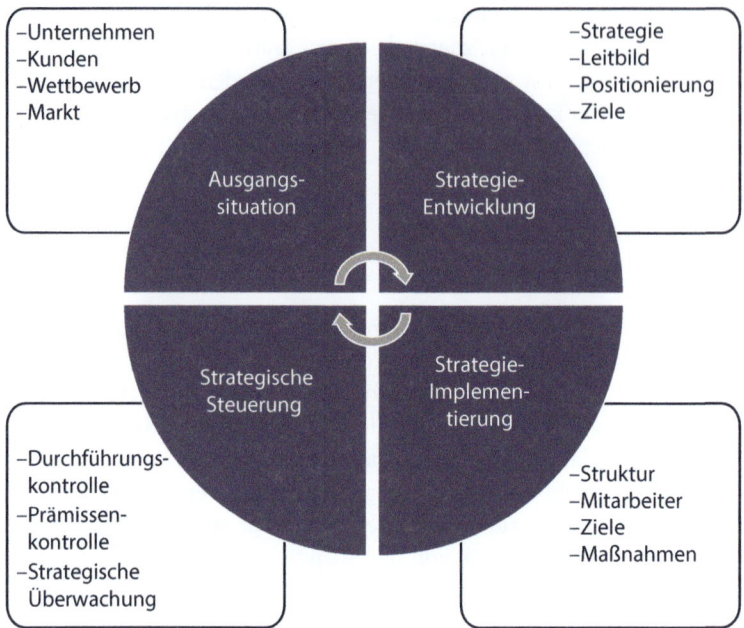

Abb. 23: Strategie-Prozess des Strategischen Hotel-Managements

Das ist der typische Management-Prozess, der auch bei Hotelbetrieben angewandt wird. In der Praxis hat es sich bewährt, diesen Gesamtprozess in einzelne Arbeitsmodule aufzuteilen. Die Erarbeitung der Ausgangssituation und der Strategie-Entwicklung wird unter dem Begriff Unternehmens-Strategie zusammengefasst. Das Ergebnis ist jenes Konzept, das auch die Finanzierungspartner zur Entscheidungsfindung benötigen. Manchmal wird für dieses Modul auch der Begriff Businessplan verwendet, wobei ein Businessplan eher in der Gründungsphase genutzt wird und deutlich kompakter ist als ein Unternehmens-Strategie-Konzept.

In hunderten Strategie-Projekten konnte dieser Strategie-Prozess in der Hotellerie erfolgreich eingesetzt werden. Die folgenden Ausführungen sollen einen kompakten Überblick geben, denn dieser Strategie-Prozess wird in adaptierter Form auch bei der Erarbeitung der Preis-Strategie angewendet.

3.5.2.1 Ausgangssituation

Der Beginn eines Strategie-Prozesses wird oft durch eine Unzufriedenheit mit der gegebenen Situation initiiert. Wie der optimale Strategie-Prozess gestaltet ist, hängt von der jeweiligen Situation ab und kann sich zu anderen Strategie-Prozessen stark unterscheiden. Der Prozess sollte jedenfalls maßgeschneidert sein. Manchmal ist es sinnvoll, vor der Erarbeitung der Ausgangssituation eine detaillierte Marktanalyse in Auftrag zu geben. Egal, ob die Situation oder die Performance nicht zufriedenstellend ist, die Gäste auf Verbesserungen drängen oder ein Generationswechsel ansteht, vor einer strategischen Entscheidung sollte stets eine ausführliche strategische Analyse durchgeführt werden, die in der Ausgangssituation zusammengefasst wird. Sie dient dazu, die Informationsbasis zu erarbeiten, die für eine zielorientierte Strategieentscheidung notwendig ist. In dieser Phase werden die erforderlichen Informationen beschafft, verarbeitet und bewertet. Dabei wird zwischen interner (Unternehmen) und externer (Kunden, Wettbewerber, Markt) Analyse unterschieden.

In der Praxis existiert eine Vielzahl an Instrumenten und Methoden der strategischen Analyse. Grundsätzlich sollte diese Analyse vorbereitet, gemeinsam mit den Entscheidungsträgern erarbeitet und in der SWOT-Analyse[117] zusammengefasst werden. In dieser Analyse fließen die durch die externe Analyse aufgedeckten Chancen und Risiken für den Hotelbetrieb, gemeinsam mit dessen Stärken und Schwächen, die bei der Unternehmensanalyse ermittelt wurden, ein. Aus der SWOT-Analyse können strategische Alternativen abgeleitet werden, die in der nächsten Phase weiterentwickelt und verarbeitet werden. Die Bestimmung der Ausgangssituation ist der Abschluss der ersten Phase. Nun sollte Einigkeit unter den Entscheidern zur aktuellen Situation bestehen. Erst dann, wenn eine hinreichende Einigkeit besteht, sollte mit der nächsten Phase, mit der Entwicklung einer Strategie, begonnen werden.

3.5.2.2 Strategie-Entwicklung

Die zweite Phase des Strategie-Prozesses ist die Strategie-Entwicklung, der eigentliche Kern der Strategiearbeit. In der Praxis unterscheiden wir in Strategien für Hotelbetriebe auf der grünen Wiese, wenn neue Projekte entstehen und in Strategien, die für bestehende Hotelbetriebe erarbeitet werden. Grüne-Wiese-Projekte sind speziell, da keine oder nur wenige Erfahrungswerte vorliegen, keine Gästekartei existiert und keine Marke vorhanden ist. Solche Projekte sind daher hinsichtlich der Prämissen besonders anspruchsvoll. In über 95 Prozent aller Strategie-Projekte begleiten wir bestehende Hotelbetriebe, die bereits eine längere Zeit am Markt sind. Bei diesen gibt es eine Strategie oder zumindest einen zu beschreibenden Weg, den das Hotel gegangen ist. Aus dem tatsächlichen Denken und Handeln und den erzielten Ergebnissen kann die Strategie nachvollzogen werden, auch wenn sie weder geplant noch durchdacht noch beabsichtigt war.

Wie schon dargestellt, bezeichnen wir diese Art der Strategien realisierte Strategien, die auch unbeabsichtigt sein können. Unbeabsichtigte, ungeplante oder »Strategien aus dem Bauch« können durchaus erfolgreich sein. Bei Investitionen, Veränderungen des Geschäftsmodells, Neupositionierungen und ähnlichen Veränderungen sind die Konsequenzen weit reichend und bedürfen einer professionel-

---

117 SWOT steht für Strenghts (Stärken), Weaknesses (Schwächen), Opportunities (Chancen) und Threats (Risiken).

len Beschäftigung mit der Strategie. Die Wahrscheinlichkeit eines Erfolges ist bei einer geplanten und durchdachten Strategie jedenfalls höher als bei einer zufälligen Strategie oder einer aus dem Bauch heraus sich ergebenden.

Oft existieren Ideen oder konkrete Pläne, was alles geändert, investiert oder anders gemacht werden soll. Im Grunde genommen handelt es sich um eine strategische Alternative, die noch nicht hinreichend detailliert untersucht ist. Nun geht es darum, die strategische Alternative zu beschreiben, zu konkretisieren und zu bewerten. Je konkreter die Pläne sind, desto eher besteht die Gefahr, gleich zur Umsetzung der Ideen zu schreiten, ohne weitere Möglichkeiten zu prüfen. Solche Möglichkeiten werden auch strategische Alternativen genannt, mehr oder weniger starke Abweichungen von einer bereits skizzierten Strategie.

Ein wesentlicher Punkt bei der Strategiearbeit ist die zeitliche Komponente. Welcher Zeitraum sollte bei der Erarbeitung einer Strategie berücksichtigt werden? Meiner Ansicht nach ist eine zu kurze Betrachtung mit Risiken verbunden, da Trends und deren Auswirkungen zu wenig berücksichtigt werden. Zudem ist die Aneinanderreihung von Investitionswünschen keine Strategie, sondern mehr ein taktisches Vorgehen. Wenn eine Strategie auch nach vielen Jahren erfolgreich sein soll, dann sollte eine längerfristige Betrachtung vorgenommen werden. Taktiken beziehen sich auf ein bis zwei Jahre, Strategien auf zwei bis fünf Jahre, und Visionen auf fünf bis zehn Jahre, je nachdem, was konkret erreicht werden soll.[118]

Wir empfehlen eine Unternehmens-Strategie auf mindestens zehn Jahre anzusetzen. Strategische Veränderungen von Hotelbetrieben sind meistens mit erheblichen Investitionen und langen Abschreibungsdauern verbunden. Daher sollten wir zuerst eine mögliche Zukunft kreieren und die Strategie quasi von der Zukunft in die Gegenwart zurückentwickeln. Je weiter wir in die Zukunft denken, desto unsicherer sind die Daten und Fakten und desto geringer ist die Sicherheit, dass wir mit unseren Annahmen richtig liegen.

Ein bestehendes Hotel hat grundsätzlich die Option, nichts zu verändern. In der Regel ist diese Alternative nicht die beste, aber die Beschreibung der Ausprägung, der Konsequenzen, Vorteile und Chancen, Nachteile und Risiken stärkt die Erkenntnis, einen anderen Weg zu suchen. Die Business-as-usual-Alternative sollte immer berücksichtigt werden, auch wenn sie nicht mehr gewollt oder auf den ersten Blick wenig sinnvoll ist. Manchmal kommt es auch vor, dass eine intendierte Strategie bei näherer Betrachtung doch nicht zielführend ist und die bisherige Strategie beibehalten werden sollte. Da die Strategie dokumentiert wird, kann zu einem späteren Zeitpunkt die Begründung nachvollzogen werden, warum diese Alternative gewählt oder eben nicht gewählt wurde.

Nun können weitere strategische Alternativen erarbeitet, konkretisiert und bewertet werden, wobei auch Unteralternativen kreiert werden können, beispielsweise mit unterschiedlichen Ausprägungen hinsichtlich der Investitionshöhe oder anderer Prämissen. Die Arbeit an den Alternativen führt manchmal zu einer oder mehreren favorisierten Stoßrichtungen. In der Praxis wird dieser Schritt manch-

---

118 Vgl. Webb 2020, S. 40.

mal zu wenig beachtet oder gar übersprungen. Man weiss schon, was man will. Auch wenn die Stoßrichtung klar ist, sollte man sich die Chance, auch Alternativen zu untersuchen, nicht entgehen lassen. Man könnte sonst eines Tages zur Erkenntnis gelangen, dass man die Veränderung doch besser etwas anders hätte gestalten sollen.[119]

Wenn eine mögliche Stoßrichtung nachvollzogen und beschrieben werden kann, dann erfolgt die Arbeit am Zielzustand, am Leitbild und der Positionierung. Natürlich kann auch mit der Erarbeitung der Leitbildansätze begonnen werden. Bei Grüne-Wiese-Projekten wird auch so verfahren. Bei bestehenden Hotelbetrieben kann der Start mit Leitbildansätzen zu einem Luftschloss führen, das mit der Ausgangssituation wenig zu tun hat. Spätestens beim Investitionsbedarf und den Konsequenzen kehrt Ernüchterung ein, wenn der Abstand vom Ist- zum Soll-Zustand unüberwindbar erscheint. Wir empfehlen zuerst aus der Ausgangssituation die strategischen Alternativen herauszuentwickeln.

Die Positionierung ist für Hotelbetriebe ein wichtiges, wenn nicht das entscheidende Differenzierungsmerkmal und wesentliches Element der Unternehmens-Strategie. Positionierung bedeutet, klar Position zu beziehen.[120] Positionierung ist ein organisiertes System, um ein Fenster im Gedächtnis der Menschen zu finden.[121] Eine Etablierung im Gedächtnis der Kunden ist für einen Hotelbetrieb möglich, wenn sich der Betrieb nicht nur auf die eigenen Stärken und Schwächen bezieht, sondern auch auf die der Wettbewerber.

Um ein Fenster im Gedächtnis der Kunden zu finden, bedarf es eines einzigartigen Nutzenversprechens, das sich von dem des Wettbewerbs spürbar unterscheidet. Die Leistung des Hotels sollte so herausragend sein, dass der Kunde begeistert ist, das Hotel vor allen anderen Anbietern bevorzugt und bucht. Wenn ein Hotel das Nutzenversprechen stets einhält und den Kunden begeistert, dann wird aus dem Hotelname eine Marke[122].

An dieser Stelle möchte ich ein Missverständnis ausräumen, das zum Thema Positionierung regelmäßig hochkommt. Positionierung bedeutet nicht zwingend ein Extrem zu verfolgen. Ein Rennrad-Hotel, ein Wander-Hotel, ein Kinderhotel, ein Hotel für Urlaub mit Hund oder ein Theaterhotel sind eindeutig positionierte Betriebe für klar abgrenzbare Zielgruppen. Diese Zielgruppen sind zum Teil miteinander vernetzt, was ganz neue Möglichkeiten des Marketings und des Affinity-Group Managements bietet.[123] Hotelbetriebe können jedoch auch mit unterschiedlichen Zielgruppen hervorragend positioniert und erfolgreich sein. Wesentlich ist es, einen Platz im Gedächtnis der Kunden zu gewinnen.

---

119 Einer unserer Hotelkunden investierte trotz anfänglicher großer Skepsis in den Bau eines Außenpools. Nachdem die Gästereaktionen begeisternd waren, meinte die Inhaberin, sie hätte den Außenpool noch größer machen sollen.
120 Vgl. Nussbaumer 2020a, S. 7.
121 Vgl. Ries, Trout 2012, S. 17.
122 Vgl. Schulze 2020, S. 82.
123 Vgl. Schertler 2006.

Die meisten Kunden suchen nicht das Extreme, sondern sind mit den generischen Leistungen wie Kulinarik, Gastfreundschaft, Entspannung, Wellness-Infrastruktur, Ruhe und familiärer Betreuung sehr zufrieden, wenn die Leistung eine entsprechende Qualität hat. Der Versuch unbedingt eine extreme Positionierung zu bieten kann auch zum Rohrkrepierer werden, und zwar spätestens dann, wenn das Marktsegment zu klein ist, oder wenn das Hotel zwar spitz positioniert ist, die Gäste jedoch eher ein normales Angebot bevorzugen. Die spitz positionierten Marketinganstrengungen können dazu führen, dass die Gäste nicht wegen, sondern trotz der Spitzenpositionierung buchen.

Die Herausarbeitung eines einzigartigen Nutzenversprechens ist eine strategische Entscheidung. Sie greift tief in die Wettbewerbsvorteile und somit in die Wettbewerbsposition eines Hotelbetriebes ein. Ein geeignetes Instrument ist das Strategische Gäste-Nutzen-Profil, mit dem sowohl die Positionierung am Markt als auch die Differenzierung zu den Kernwettbewerbern kreiert werden kann. Dabei werden die aus Sicht der Gäste relevanten Erfolgsfaktoren definiert und die eigene Ist-Ausprägung geschätzt. Beispiele sind die Attraktivität des Hotels außen und innen, das kulinarische Angebot, das Wellnessangebot, die Zimmerausstattung, das Preisniveau, der Gästeservice etc. Die Positionierung erfolgt anhand der Ausprägung der Erfolgsfaktoren im Vergleich zu den wichtigsten Wettbewerbern. Optimal ist die Kreierung von Erfolgsfaktoren, bei denen die Wettbewerber Schwächen haben oder das Kriterium gar nicht anbieten, zum Beispiel beim Buchungsgrund Urlaub mit Hund, oder großzügiges Naturerlebnis etc. Das Ist-Gäste-Nutzen-Profil wird in ein Soll-Gäste-Nutzen-Profil transformiert, das die strategische Stoßrichtung des Hotels in den konkreten Erfolgsfaktoren widerspiegelt.[124]

Die Arbeit an der Strategie ist eine sehr kreative und herausfordernde Aufgabe, insbesondere in einem Team mit mehreren Teilnehmern, die jeweils unterschiedliche Interessen verfolgen. Ich empfehle die Strategie vorerst nur im Kreis der Inhaber und des Managements zu erarbeiten. Einzelne Mitarbeiter, die ein besonderes Vertrauen besitzen und wichtige Inputs liefern, können durchaus einbezogen werden, was allerdings eher die Ausnahme ist. Die Mitarbeiter sollten auf alle Fälle in der nächsten Phase, der Strategie-Implementierung, eingebunden und umfassend über die strategische Ausrichtung informiert werden. Der erste Teil der Phase besteht aus der Erarbeitung und qualitativen Bewertung von strategischen Alternativen, der Erarbeitung einer Positionierung und der Leitbildansätze sowie der möglichen strategischen Stoßrichtung mit der favorisierten Alternative. Hier sollte bereits ein klares Bild entstehen, wie der Zielzustand des Hotelbetriebes in naher Zukunft aussehen könnte.

An diesem Punkt startet die Konkretisierung, die quantitative Bewertung der Strategie und der Alternativen. Ohne konkrete quantitative Bewertung ist jede Strategie ein Wunschtraum, eine erdachte Strategie, die nicht hinreichend über-

---

124 Das Konzept des Nutzen-Profils wird im Buch »Der Blaue Ozean« beschrieben und eignet sich auch für Hotelbetriebe. Vgl. Kim, Mauborgne 2005.

prüft worden ist. Manchmal liegen uns Konzepte vor, die nur qualitativ erarbeitet worden sind. Meines Erachtens gehen solche Konzepte viel zu weit in Details der Markenidentität, ohne zu beweisen, dass die intendierte Strategie auch quantitativ erfolgsversprechend ist. Wenn eine Strategie als optimal beurteilt werden soll muss sie zwingend im Detail berechnet und getestet werden. Hierzu eignet sich die quantitative Simulation des Hotelbetriebes, wie er sich bei unterschiedlichen Annahmen in den nächsten zehn Jahren entwickeln würde.[125]

Die Simulationsrechnung beinhaltet sämtliche relevanten Kennzahlen des Hotels im Detail, wie die Gewinn- und Verlustrechnung, die Bilanz, die Investitionen, die Abschreibungen, die Cashflow-Rechnung, die Finanzierung und die Berechnung des Unternehmenswertes. Grundsätzlich sollten alle relevanten strategischen Alternativen durchgerechnet, bewertet, simuliert und in einem Simulationsvergleich beurteilt werden.

Die Simulation des gesamten Unternehmens ziehen wir den üblichen Investitionsrechnungen vor, die nur einzelne Investitionen betrachten und eine Wirtschaftlichkeitsberechnung aus Sicht dieser einzelnen Investition bewerten. Jede Investition hat Auswirkungen auf das gesamte Geschäftsmodell. Die Komplexität der Auswirkungen lässt sich meines Erachtens nur in einer ganzheitlichen Betrachtung beurteilen. Je nach Simulations-Ergebnis muss nochmals in die einzelnen Strategie-Alternativen eingestiegen und optimiert werden. Diese kreative und analytische Arbeit muss eventuell mehrmals wiederholt werden, bis die optimale Strategie steht und klar ist, dass der erarbeitete Weg realistisch und hinsichtlich der Chancen und Risiken richtig bewertet worden ist. An diesem Punkt werden auch verschiedene Break-Even-Analysen durchgeführt, um die neue Strategie ausreichend zu testen.

Ist die Strategie-Entwicklung abgeschlossen, dokumentiert und beschrieben, dann empfehle ich die Strategie eine gewisse Zeit stehen zu lassen, bevor mit der Umsetzung gestartet wird. Grundsätzlich sollten die Überlegungen zur Erarbeitung einer Strategie möglichst frühzeitig angestellt werden. Oft werden nach einer gewissen Wartephase weitere gute Ideen geboren und eingebracht, die in der Folge die Qualität der Strategie deutlich erhöhen können. Optimal sind – je nach Höhe der Investition – Vorlaufzeiten von ein bis drei Jahren, bevor die Umsetzungsphase startet.

In manchen Fällen, insbesondere dann, wenn sehr viel auf dem Spiel steht, empfiehlt sich die Anwendung von begleitenden Instrumenten, die die Qualität der Entscheidungsfindung wesentlich verbessern können. Durch strategische Marktforschung kann zum Beispiel die Qualität der Marktinformationen erheblich verbessert werden. Wie bewerten die Gäste einen Sky-Pool oder eine Erweiterung des kulinarischen Angebotes? Und wie viel wären sie mehr zu bezahlen bereit? Wie ist die Preiselastizität des Hotelbetriebes nach der Investition? Wenn solche professionell erarbeiteten Informationen vorliegen, steigt die Qualität der Progno-

---

125 Zehn Jahre sind für Strategien von Hotelbetrieben optimal. Manchmal, bei sehr hohen Investitionen, können auch längere Zeiträume verwendet werden.

sen und sinkt damit das Risiko einer Fehleinschätzung erheblich. Jeder Hotelbetrieb sollte alles tun um die Risiken, aber auch Chancen einer strategischen Veränderung ab- und einzuschätzen.

3.5.2.3 Strategie-Implementierung

Bei der Implementierung der Strategie geht es um die konkrete Umsetzung, vor allem um die Einbindung der Mitarbeiter und die optimale strukturelle Eingliederung in die Organisation. Bei der Implementierung werden die übergeordneten Ziele des Unternehmens in die Bereiche und Abteilungen heruntergebrochen und messbar gemacht. An dieser Stelle müssen den Führungskräften auch Aufgaben, Kompetenzen und Verantwortlichkeiten zugeordnet werden. Ohne Mitarbeiter kann kein Hotel die Strategie erfolgreich umsetzen. Implementierung bedeutet jedoch auch funktionale Strategien für jeden Bereich und jede Abteilung zu erarbeiten, um die Ressourcen optimal einzusetzen und zu priorisieren.[126]

Funktionale Strategien haben die Aufgabe die Gesamtstrategie des Unternehmens zu unterstützen, was aber nicht bedeutet, sich dieser übergeordneten Strategie einfach zu unterwerfen. Im Gegenteil können und sollten funktionale Strategien die Gesamtstrategie beeinflussen. Personal-, Preis-, Marketing-, Kulinarik-, Wellness- und Finanz-Strategien sind elementare Bausteine, um die Gesamtstrategie zu realisieren. Denn eines darf nie vergessen werden. Jede Abteilung und jeder Bereich haben eine Strategie, egal ob sie schriftlich fixiert oder nur unbewusst gelebt wird. Aber auch die Strukturen und Systeme im Unternehmen müssen optimiert und an die Strategie angepasst werden. Hier gilt es die richtige Organisation zu finden, Führungskräfte zu motivieren und Verantwortung zu delegieren. Beim Herunterbrechen von Zielen, Strategien und Maßnahmen von der Top-Management-Ebene auf die Bereiche und Abteilungen sollten alle Führungskräfte in den Strategie-Prozess eingebunden werden.

3.5.2.4 Strategische Steuerung

Die vierte Phase des Strategie-Prozesses betrifft die strategische Steuerung des Hotelbetriebes. Dabei geht es nicht nur um Kontrolle, sondern um die Einbettung des strategischen Denkens in das Controlling-System. Der etymologische Ursprung des Begriffs Controlling wird im lateinischen »contra« gesehen und bedeutet »das Führen einer Gegenrolle«. In die deutsche Sprache wurde der Begriff Controlling als Ableitung des englischen »to control« eingeführt. Controlling bedeutet Steuern und Lenken des Unternehmens und geht weit über die damit oft fälschlicherweise verbundene Kontrolle hinaus. Der Controller gilt auch als »ökonomischer Souffleur« oder »betriebswirtschaftliches Gewissen«.[127]

---

126 Vgl. Martin, Riel 2020, S. 60.
127 Vgl. Baum et al. 2004, S. 3.

Sich für eine Strategie zu entscheiden bedeutet, sie auch zu steuern. Nur dann wird sich der Erfolg einstellen und die Wahrscheinlichkeit hoch sein, dass die Ziele auch erreicht werden. Auch wenn die Implementierung erfolgreich verlaufen ist, ist das noch keine Garantie, dass die gesetzten Ziele auch erreicht werden. Ob die Strategie erfolgreich wird, hängt im hohen Maß von der Qualität der Steuerung ab. Die Anforderungen an eine professionelle Steuerung sind hoch, doch ist das System einmal etabliert, ist auch ein kleiner Hotelbetrieb in der Lage, das Unternehmen hinreichend gut zu steuern.

Die Aufgabe des Hotel-Managements stellt sich wie folgt dar: Eingegrenzt von bekannten, aber unscharfen Restriktionen soll das Unternehmen auf einem ständig aktualisierten Kurs mehr oder weniger scharfe Ziele in der Zukunft ansteuern, die durch laufende Veränderungen der Rahmenbedingungen zusätzlich ständig hinterfragt werden müssen. Daraus resultieren drei Steuerungs- und Kontrollaufgaben[128]:

- Die Durchführung des zu verfolgenden Kurses ist zu kontrollieren, die Abweichungen sind zu minimieren (Durchführungskontrolle).
- Die der Planung zugrunde gelegten Prämissen sind stets auf ihre Aktualität hin zu prüfen (Prämissenkontrolle).
- Der zu verfolgende Kurs ist stets in seiner Gesamtheit anhand der sich stets ändernden Verhältnissen auf seine Sinnhaftigkeit hin zu überwachen (Strategische Überwachung).

Um die Durchführung des zu verfolgenden Kurses zu kontrollieren und die dabei auftretenden Abweichungen zu minimieren, sollten bestimmte Kontrollgrößen definiert werden. In einem Hotel ist das typischerweise das Jahresbudget. Ist ein solches vorhanden, kann ein Soll-Ist-Vergleich durchgeführt werden. Ist kein Jahresbudget vorhanden, behelfen sich viele Hoteliers mit einem Ist-Ist-Vergleich, indem monatlich die Werte des letzten Jahres mit dem aktuellen Jahr verglichen werden. Im Gegensatz zum Soll-Ist-Vergleich verfolgt der Ist-Ist-Vergleich die Strategie des »Weiter so«. Ein Soll-Ist-Vergleich bedarf eines Plans, ein Ist-Ist-Vergleich kann darauf verzichten.

Bei strategischen Veränderungen ist auf jeden Fall ein Soll-Ist-Vergleich zu empfehlen, denn sonst kann nicht festgestellt werden, ob wir auf dem richtigen Weg sind, oder ob Gegensteuerungsmaßnahmen erforderlich sind. Nicht nur Kennzahlen aus der Gewinn- und Verlustrechnung werden als Messgrößen herangezogen, sondern auch spezielle Kennzahlen, wie zum Beispiel der erzielte Durchschnittspreis und die Anzahl Zimmer- oder Bettennächtigungen. Von einem Soll-Wird-Vergleich spricht man dann, wenn aufgrund eines tatsächlichen Ergebnisses auf ein späteres Wird-Ergebnis hochgerechnet wird.[129]

---

128 Vgl. Schreyögg, Steinmann 1985, S. 401; Hinterhuber, Hammer 1988, S. 184.
129 Durch die Covid-19-Krise mussten die meisten Hotelbetriebe schließen. Die Budgets des Jahres 2020 waren in den allermeisten Fällen überholt und mussten aktualisiert werden.

Strategien beruhen in der Regel wegen der Ungewissheit der Zukunft und der Komplexität des Aktionsfeldes auf einer ganzen Reihe mehr oder weniger begründeter Annahmen bzw. Prämissen. Ein Hotel plant die Anzahl Nächtigungen, die Durchschnittspreise, die Kosten, die Wettbewerberreaktionen etc. Die Strategie basiert auf diesen Annahmen. Bei der Prämissenkontrolle geht es darum, zu prüfen, ob diese Annahmen noch zutreffen. Sie ist eine logische Reaktion auf die Definition der Strategie »... entsprechend den stets sich ändernden Verhältnissen«. Verhältnisse ändern sich, daher können sich auch die Prämissen und damit die Basis von Strategien ändern. Unter günstigen Umständen können die Prämissen durch die Realität in positiver Weise übertroffen werden. Leider geht es auch umgekehrt.

Die Strategie sollte hinsichtlich der Prämissen stets überprüft werden. In der Praxis genügt dies im Rahmen der jährlichen Aktualisierung der Strategie, wenn das Management im Jahresmeeting am Unternehmen arbeitet. Die Prämissenkontrolle hat insbesondere bei den Erfolgsfaktoren anzusetzen, wie beispielsweise dem durchgesetzten Preis, der angenommenen Auslastung, den Reaktionen der Gäste auf die neuen Leistungen, aber auch auf Stärken und Schwächen, auf Chancen und Risiken.

Die Durchführungs- und auch die Prämissenkontrolle sind im Prinzip eine gerichtete Aktivität. Durch die Beschäftigung mit bestimmten Zielen und zugrunde liegenden Prämissen werden Kontrollaktivitäten »gerichtet«, das bedeutet, es kristallisieren sich im Laufe der Zeit Anhaltspunkte heraus, auf die sich sämtliche nachfolgenden Aktivitäten konzentrieren. Deshalb sind sie als »gerichtete Aktivitäten« zu klassifizieren.

In der Realität gibt es jedoch Ereignisse, die sich diesen gerichteten Aktivitäten entziehen. Solche Ereignisse können jedoch für einen Hotelbetrieb von strategischer Relevanz sein. Denken Sie an einen neuen Wettbewerber, der sich im Tourismusort niederlassen und investieren will, der aber leider genau die Strategie fährt, die auch Ihr Hotelbetrieb verfolgen will. Oder ein Nachbargrundstück wird unverhofft zum Verkauf angeboten.

Auch die Gästebedürfnisse oder die gesetzlichen Rahmenbedingungen können sich schnell ändern, wie die Corona-Krise deutlich beweist. Gegebenenfalls muss dadurch das Leitbild hinterfragt und neu justiert werden. Damit verbunden sind auch Adaptionen der Strategie erforderlich. Um diesen Herausforderungen professionell und proaktiv zu begegnen, ist deshalb eine zusätzliche Aktivität durchzuführen, die nicht so selektiv wie die beiden vorangegangenen Typen strategischer Kontrolle wirkt. Die Methoden der strategischen Überwachung sollen solchen »Scheuklappen-bedingten Entwicklungen« dadurch entgegenwirken, indem laufend geprüft wird, ob die grundsätzliche Ausrichtung des Hotelbetriebes noch angemessen ist.

3.5.3 Fazit

Nun mag man sich die Frage stellen, ob all diese Einsichten, Methoden und Instrumente für ein Hotel nicht zu viel des Guten sind, ob man dieses Wissen nicht weglassen kann, um sich mehr den Gästen zu widmen und sie zu begeistern. Auch hier gilt: Es ist leichter, alles, was man weiß, in ein Muster einzupassen, wenn man wenig weiß.[130]

Das Strategische Hotel-Management hat eine gewisse Komplexität, die jedoch aufgrund der Herausforderung eines Hotelbetriebes angemessen ist. Wenn ein für das Hotel optimales System etabliert ist, dann kann dieses System mit einem vertretbaren Aufwand erfolgreich genutzt werden. Wichtig ist die Erkenntnis, dass wir es nicht mit unabhängigen Teilsystemen zu tun haben, die seriell oder als »Haufen« abgearbeitet werden können, sondern immer mit einem gesamten System. Wenn wir dieses System verstehen, wenn wir verstehen, wie die Teilsysteme miteinander verknüpft sind, dann sind wir besser in der Lage, die Herausforderungen zu meistern. Wenn man sich um die Probleme, die man noch nicht hat, nicht kümmert, dann hat man sie bald.[131]

3.6 Entscheidungstheorie

Im Prinzip kann die gesamte Betriebswirtschaftslehre als Entscheidungstheorie aufgefasst werden, geht es doch immer um das Fällen der jeweils richtigen Entscheidung. Entscheidungen sind zentrale Bestandteile jeglicher menschlichen Aktivität. Die Entscheidungstheorie untersucht die allgemeine Struktur derartiger Entscheidungen, wobei Entscheidungen unter normativen und deskriptiven Aspekten betrachtet werden können. Die normative Entscheidungstheorie will ergründen, wie Entscheidungen vernünftigerweise aussehen sollen, während die deskriptive Entscheidungstheorie untersucht, wie Entscheidungen real vollzogen werden.[132]

Der zentrale Bereich der Entscheidungstheorie ist die Entscheidungsfindung unter Unsicherheit, das sind Entscheidungssituationen, bei denen verschiedene Ergebnisse in der Zukunft möglich sind.[133] In der Entscheidungstheorie ist der Homo oeconomicus ein wichtiges Instrument zur Beschreibung individuellen Handelns. Er ist das theoretische Modell eines rational handelnden Akteurs. Basierend auf den jeweils individuellen Präferenzen und abhängig von der ihm zur Verfügung stehenden Informationen, versucht der Homo oeconomicus stets eine aus seiner Sicht optimale Entscheidung zu treffen. Wobei er einerseits rein egoistisch,

---

130 Vgl. Kahnemann 2012, S. 114.
131 Vgl. Dörner 1990, S. 127.
132 Vgl. Pfohl, Braun 1981, S. 17.
133 Vgl. Dörsam 2013, S. 3.

primär an materiellen Gütern interessiert sein kann, wie andererseits ein sehr sozialer, am Wohlergehen seiner Mitmenschen oder der Natur orientierter Akteur.[134] Wir werden noch sehen, dass ein Mensch nur sehr bedingt rein rational entscheidet, sondern bei seinen Entscheidungen massiv durch Faktoren beeinflusst wird, die er vielleicht nur ansatzweise zu verstehen imstande ist. Im realen Leben haben wir es mit Entscheidungen unter Unsicherheit zu tun, was bedeutet, dass jede Entscheidung mit Risiken behaftet ist.

Im Zusammenhang mit der Preis-Strategie sind Entscheidungssituationen aus zwei konträren Gesichtspunkten zu unterscheiden. Einmal aus Sicht des Hoteliers, der operative, taktische und strategische Entscheidungen zu treffen hat, die Auswirkungen auf die Preise haben, andererseits aus Sicht des Kunden bzw. Gastes, der sich für oder gegen ein Hotelangebot zu entscheiden hat. Der im vorangegangenen Kapitel beschriebene Strategie-Prozess des Strategischen Hotel-Managements enthält eine Reihe von Instrumenten, die Risiken von strategischen Entscheidungen professionell behandeln. Führungskräfte eines Hotels sollten eine Risikokompetenz aufbauen, indem sie regelmäßig mit Risiken konfrontiert werden, um Gegenmaßnahmen zu entwickeln. Das Gesamtrisiko eines Unternehmens nimmt in dem Maße ab, in dem alle Komponenten des Strategischen Hotel-Managements systematisch und gleichzeitig zum Einsatz gelangen.

Bei einer strategischen Entscheidung kennt man mitunter die denkbaren Ereignisse und deren Konsequenzen, man weiß allerdings nicht, wie wahrscheinlich die einzelnen Ereignisse sind. Solche Konstellationen bezeichnet man Entscheidungen unter Unsicherheit. In einem solchen Fall kann man versuchen, subjektive Wahrscheinlichkeiten zu ermitteln, die die Entscheidungsqualität erheblich zu erhöhen imstande sind. Oft besteht die Möglichkeit, sich Informationen über die Wahrscheinlichkeiten zu beschaffen. In der Regel ist eine Informationsbeschaffung jedoch mit Kosten verbunden. Daher sollte man sich damit auseinandersetzen, um zu prüfen, in welchem Ausmaß sich die Beschaffung von Informationen lohnt.

Ein Hotelbetrieb mit 35.000 Übernachtungen könnte zum Beispiel vor der Frage stehen, welche Preisveränderung der neue Sky-Pool verträgt. Sollen wir keine Preiserhöhung vornehmen, um die Auslastung zu steigern, acht oder nur fünf Euro, oder gar zwölf Euro pro Person und Übernachtung mehr verlangen? Das ist eine typische Entscheidungssituation unter Unsicherheit. Wie wir in einem vorangegangenen Kapitel erläutert haben, empfehlen wir Nutzensteigerungen stets mit Preisanpassungen zu versehen. Daher befassen wir uns mit der Höhe der Preisanpassungen. Wenn die Preisänderung zu hoch ist, läuft das Hotel Gefahr, dass die Auslastung sinkt. Wenn die Preisänderung zu zaghaft ist, besteht die Gefahr, auf wertvolle Deckungsbeiträge zu verzichten, die für die Rückzahlung der Darlehen benötigt werden und die die Gäste unter Umständen auch problemlos akzeptieren würden.

Um die Wahrscheinlichkeit einer hohen Entscheidungsqualität zu erhöhen, könnte sich die Hoteliersfamilie überlegen, ein strategisches Marktforschungs-

---

134 Vgl. Amann 2019, S. VII.

Projekt zu beauftragen, das als Ergebnis in der Lage ist, die Preiselastizität zu analysieren und die Bereitschaft der Gäste, mehr zu bezahlen, wenn der Sky-Pool Teil des Hotelangebots ist, bestätigt. Angenommen, die Hoteliersfamilie sieht eine Preiserhöhung von fünf Euro als angemessen und überlegt diesen Ansatz durch eine professionelle Marktforschung überprüfen zu lassen, die 15.000 Euro kostet, dann stellt sich die Frage, ob sich diese Investition lohnt.

Wenn als Ergebnis bestätigt werden kann, dass eine Preiserhöhung von neun Euro anstelle von fünf Euro für die Mehrzahl der Gäste als angemessen beurteilt werden würde, dann ergibt sich folgende Kalkulation: Bei 35.000 Nächtigungen und einem Mehrpreis von vier Euro netto ergibt das ein Mehrumsatz von 140.000 Euro, den das Hotel jährlich mehr erzielen könnte. Bei einer angenommenen Lebensdauer des Sky-Pools von zwanzig Jahren bedeutet das einen Mehrumsatz von 2,8 Millionen Euro[135]. Das bedeutet, dass die Kosten zur Beschaffung von Informationen zur Untermauerung des Preises, sich hochgradig rentieren würden. Die strategische Marktforschung würde sich sogar dann stark rentieren, wenn der Preisunterschied nur einen Euro betragen würde, wenn also das Ergebnis aus der Marktforschung statt fünf sechs Euro Preiserhöhung vorschlagen würde.[136]

Bei strategischen Entscheidungen sollten möglichst alle Risiken berücksichtigt werden, um Verluste zu vermeiden. Denn Erfolg besteht vor allem darin, Verluste zu vermeiden, nicht darin, dass man versucht, Gewinne zu machen.[137] Dies ist in der Regel aber kaum möglich, da der Mensch nicht denken kann, was er nicht weiß. Wenn man nicht weiß, dass man keine Ahnung hat, bezeichnet man dies auch als schwarzer Schwan. Vor der Entdeckung Australiens war für einen Europäer ein erwachsener Schwan weiß, und kein Mensch wäre auf die Idee gekommen, einem Schwan eine andere Farbe zuzuordnen. Diese Überzeugung war unanfechtbar, da sie durch die empirische Evidenz anscheinend völlig bestätigt wurde. Als der erste schwarze Schwan gesichtet wurde, war dies eine Überraschung, die allerdings eine schwerwiegende Beschränkung bei unserem Lernen durch Beobachtung oder Erfahrung war und bestätigte damit die Zerbrechlichkeit unseres Wissens.[138] Wir sind alle Menschen, die vielfältige Fehler begehen, oder wie Nassim Nicholas Taleb an die Adresse eines Journalisten richtig gesagt hat: »Man kann ein Leben lang nichts als falsche Prognosen abgeben und dennoch glauben, beim nächsten Mal richtig zu liegen.«[139]

Ein bemerkenswertes Instrument bei der Einschätzung möglicher Risiken bei der Realisierung eines Projektes ist die Prä-mortem-Methode. Diese Methode hat

---

135 Zinseszinseffekte werden in diesem Beispiel nicht berücksichtigt, wobei auch diese Effekte erheblich sein können.
136 Im Verhältnis zu den einmaligen Kosten von 15.000 Euro entspricht das einem Faktor 46 ([35.000 x 1 x 20] : 15.000 = 46,66) bei einem Euro Unterschied, bei vier Euro beträgt der Faktor 186 ([35.000 x 4 x 20] : 15.000 = 186,66).
137 Vgl. Taleb 2010, S. 98.
138 Vgl. Taleb 2008a, S. 1.
139 Taleb 2008b, S. 23.

zwei entscheidende Vorteile. Sie überwindet das Gruppendenken, das sich auf viele Teams auswirkt, sobald eine Entscheidung gefallen zu sein scheint, und sie lenkt die Fantasie sachkundiger Personen in eine dringend benötigte Richtung.[140] Dabei geht es darum, ein Untergangsszenario zu entwerfen und sich zu überlegen, was alles schiefgehen könnte. Dabei sollte man an alle Risiken denken, auch an die kleinen. In unseren Workshops haben wir dieses Instrument erfolgreich angewandt. In einem Projekt konnten wir 31 Risiken identifizieren, die wir in Eintrittswahrscheinlichkeit und Auswirkungen auf das Projekt beschrieben haben. Die dabei entstandenen möglichen Herausforderungen führten zu einem Maßnahmenkatalog, der bei der Umsetzung des Projektes zur Anwendung kommen wird. So können Risiken minimiert bzw. die Auswirkungen proaktiv abgefedert werden.

Um ein optimales Angebot für den Gast zu kreieren, sollte der Hotelier auch in der Lage sein, mögliche Gedankengänge der Gäste zu verstehen, zumindest ansatzweise. Die deskriptive Entscheidungstheorie kann hierfür Modelle und Erklärungen anbieten. Aus Sicht der Psycho-Logik wählt der Mensch aus einer undifferenzierten Masse an Reizen nur bestimmte aus, die ihm als relevant erscheinen. Es sind Wahrnehmungsprozesse, die zeigen, wie aus einer undifferenzierten Masse eindringender Reize sinnvolle Informationen werden. Die Flut an Informationen über Hotelangebote wird durch die möglichen Kunden selektiert und durch Erinnerungs-, Denk- und Lernprozesse weiterverarbeitet. Handelt es sich um ein präferiertes Hotel aus Sicht des Betrachters, wird diese Information vielleicht weiterverarbeitet.

Diese Informationsverarbeitungsprozesse werden als kognitive Prozesse zusammengefasst, die einen wesentlichen Bestandteil des Informationsverarbeitungssystems darstellen, wobei Programme als elementare Bausteine der Informationsverarbeitung anzusehen sind. Informationen haben im Informationsverarbeitungssystem ihren systematischen Platz im Gedächtnis, wo sie gespeichert werden. Dabei ist zwischen dem Kurzzeitgedächtnis und dem Langzeitgedächtnis zu unterscheiden. Im Kurzzeitgedächtnis befinden sich die unmittelbar für einen konkreten Informationsverarbeitungsprozess relevanten Informationen. Dort werden auch die benötigten kognitiven Programme gespeichert. Das Langzeitgedächtnis enthält alle die von einem Menschen im Laufe seiner Entwicklung gesammelten und gespeicherten Informationen.[141]

Daniel Kahnemann, der 2002 mit dem Nobelpreis für Wirtschaft ausgezeichnet wurde, unterscheidet folgende zwei Systeme, wie wir Menschen denken:

- »System 1 arbeitet automatisch und schnell, weitgehend mühelos und ohne willentliche Steuerung.
- System 2 lenkt die Aufmerksamkeit auf die anstrengenden mentalen Aktivitäten, die auf sie angewiesen sind, darunter auch komplexe Berechnungen.«[142]

---

140 Vgl. Kahnemann 2012, S. 326 ff.
141 Vgl. Pfohl und Braun 1981, S. 356 ff.
142 Kahnemann 2012, S. 33 ff.

Wir identifizieren uns mit dem System 2, dem bewussten, logisch denkenden Selbst, das Überzeugungen hat, Entscheidungen trifft und das Denken und Handeln bewusst kontrolliert. Obwohl System 2 von sich selbst glaubt, im Zentrum des Geschehens zu stehen, ist das unwillkürliche System 1 das dominierende. Die automatischen Operationen von System 1 erzeugen erstaunlich komplexe Muster von Vorstellungen, aber nur das langsamere System 2 kann in einer geordneten Folge von Schritten Gedanken konstruieren. Mit System 1

- erkennen Sie, dass ein Gegenstand weiter entfernt ist als ein anderer.
- fangen Sie einen anfliegenden Ball.
- wenden Sie sich der Quelle eines plötzlichen Geräusches zu.
- hören Sie die Feindseligkeit aus einer Stimme heraus.
- lesen Sie Wörter auf großen Reklameflächen.
- löschen Sie Spam-E-Mails und irrelevante Angebote.
- klicken Sie nicht relevante Hotel-Websites weg.
- finden Sie einen guten Schachzug beim Blitzen.

Zu den Funktionen von System 1 gehören angeborene Fähigkeiten, die wir mit Tieren gemeinsam haben. Zum System 1 zählen auch die Intelligenz des Unbewussten und die Intuition, die auch als Bauchentscheidungen bezeichnet werden.[143] Wir werden mit den Fähigkeiten geboren, unsere Umwelt wahrzunehmen, Gegenstände zu erkennen, unsere Aufmerksamkeit zu steuern, Verluste zu vermeiden und uns vor wilden Tieren zu fürchten. Für diese Fähigkeiten brauchen wir nicht zu rechnen. Wir nutzen sie zur Mustererkennung, die auch für den Erwerb weiterer Fähigkeiten verantwortlich ist.[144] Die Hinwendung zu einem lauten Geräusch ist normalerweise eine unwillkürliche Operation von System 1, das sofort die Aufmerksamkeit von System 2 mobilisiert.

Die vielfältigen Aktivitäten des System 2 erfordern Aufmerksamkeit und einen Energieeinsatz. Mit System 2

- konzentrieren Sie sich auf eine Stimme in einem sehr lauten und überfüllten Raum.
- halten Sie Ausschau nach einer Frau mit blondem Haar.
- durchsuchen Sie Ihr Gedächtnis, um ein ungewohntes Geräusch zu identifizieren.
- teilen Sie jemandem Ihre Telefonnummer mit.
- vergleichen Sie zwei Hotelangebote nach dem besten Preis-Leistungs-Verhältnis.
- erstellen Sie Ihre Steuererklärung.
- überprüfen Sie die Gültigkeit einer komplexen logischen Beweisführung.

Der größte Teil dessen, was Sie in Ihrem System 2 denken und tun, geht aus System 1 hervor, aber System 2 übernimmt, sobald es schwierig wird, und es hat normaler-

---

143 Vgl. Gigerenzer 2008.
144 Vgl. Kurzweil 1999, S. 132.

weise das letzte Wort.[145] Wenn man ständig sein eigenes Denken hinterfragen würde, wäre das unerträglich mühsam, und System 2 ist viel zu langsam und ineffizient, um bei Routine-Entscheidungen als ein Ersatz für System 1 zu fungieren.

In seinem Buch befasst sich Kahnemann auch mit kognitiven Verzerrungen (cognitive bias oder cognitive illusions), die dazu führen, dass der Mensch eben nicht rational denkt und entscheidet. Die Kenntnis der wichtigsten wissenschaftlich erforschten, systematisch fehlerhaften Neigungen beim Wahrnehmen, Erinnern, Denken und Urteilen sind auch für die Preisgestaltung von Relevanz. Im Cognitive Bias Codex[146] sind mehr als 180 Vorurteile und andere Denkfehler aufgelistet, die Menschen daran hindern, optimale Entscheidungen zu treffen. Im Kapitel 5.1 (Psychologische Effekte) werden die für die Preisgestaltung und -umsetzung relevanten kognitiven Verzerrungen vorgestellt, die in der Praxis erfolgreich genutzt werden können. Hier soll ein kleiner Überblick über mögliche kognitive Verzerrungen gegeben werden:

- Wir meinen zu wissen, was andere Menschen denken.
- Wir nehmen uns vertraute Dinge und eng verbundene Personen als besser wahr.
- Wir projizieren unsere aktuelle Denkweise und Annahmen auf unsere Vergangenheit und Zukunft.
- Wir vereinfachen Wahrscheinlichkeiten und Daten, um sie leichter zu verstehen.
- Wir ergänzen Charakteristika von Stereotypen, Verallgemeinerungen und unserer eigenen Vorgeschichte.
- Wir neigen zur Wahrnehmung von Mustern und Geschichten, wenn wir unvollständige Informationen vorfinden.
- Wir bemerken Makel in anderen Menschen stärker als unsere eigenen Makel.
- Wir neigen zu und fühlen uns angezogen von Details, die uns in unseren eigenen Überzeugungen bestätigen.
- Wir nehmen Änderungen wahr, wo sich in Wirklichkeit nichts Wesentliches geändert hat.
- Bizarre, lustige, visuell auffällige oder menschenähnliche Objekte stechen stärker heraus als neutrale, gewohnte Objekte.
- Wir nehmen vorwiegend Dinge wahr, die wir im Gehirn gespeichert haben oder sich häufig wiederholen.
- Wir speichern Erinnerungen, je nachdem, wie sie erlebt wurden.
- Wir reduzieren Ereignisse und Auflistungen auf ihre Kernelemente.
- Wir verwerfen spezifische Informationen, um Allgemeinaussagen zu generieren.
- Wir bearbeiten und fügen Erinnerungen Bedeutung im Nachhinein zu.

---

145 Vgl. Kahnemann 2012, S. 38.
146 Vgl. Manoogian III. 2016;

- Wir wählen einfach zu bewältigende Optionen und vollständige Informationen anstelle komplexer und mehrdeutiger Informationen.
- Um Fehler zu vermeiden, versuchen wir autonom zu bleiben und unseren Gruppenstatus zu erhalten sowie unumkehrbare Entscheidungen zu vermeiden.
- Um Dinge zu beenden, neigen wir dazu, solche fertig zu stellen, in die wir bereits Zeit und Energie investiert haben.
- Um fokussiert zu bleiben, bevorzugen wir die unmittelbaren und nachvollziehbaren Dinge direkt vor uns.
- Um handeln zu können, müssen wir der Überzeugung sein, dass das, was wir tun Einfluss hat sowie das Gefühl haben, dass unser Tun wichtig ist.

Menschliche Entscheidungen sind also stark fehleranfällig, wenig rational, dafür emotional und hängen stark vom Kontext ob, wie, wo, wann, mit wem, in welchem Umfeld und in welchem Gemütszustand sie getroffen werden. Darüber hinaus schleichen sich quasi durch die Hintertür auch unbewusste Faktoren auf geheimen Wegen in die Entscheidungen der Menschen, von denen sie vielleicht nicht einmal ansatzweise Kenntnis haben.[147] Daher sollten wir uns von dem Mythos verabschieden, der davon ausgeht, der Gast wisse genau Bescheid über Preise und verhalte sich meist rational.

3.7 Preispsychologie

Die Geburtsstunde des Forschungszweiges der Preispsychologie, die im angelsächsischen Raum Behavioral Pricing genannt wird, kann auf die 1940er und 1950er Jahre datiert werden, als erste Studien durchgeführt wurden, um kognitive Prozesse von Konsumenten zu untersuchen. Die Ergebnisse bestätigten, dass Konsumenten von der Höhe des Preises auf die Qualität und damit den Wert eines Produktes schließen.[148]

Hinsichtlich der Nachfragekurve bedeutet dies, dass für einen bestimmten Preisbereich die Nachfrage mit steigendem Preis ebenfalls steigt. Ein höherer Preis kann auch Status und Sozialprestige signalisieren und damit dem Käufer einen psychologischen Nutzen liefern. Hieraus entsteht der sogenannte Veblen- oder Snob-Effekt.[149] Ist ein Preis zu niedrig und die entsprechende Qualitätsvermutung zu gering, so sinkt die Nachfrage mit niedrigerem Preis. Solche Phänomene wurden bereits um die Jahrhundertwende zur Kenntnis genommen, allerdings als Ausnahmeerscheinung erklärt.

---

147 Vgl. Jung 2018, S. 83.
148 Vgl. Kopetzky 2016, S. 2.
149 Vgl. Simon, Fassnacht 2009, S. 170. Eine positive Preiselastizität wird auch als Giffen-Paradoxon bezeichnet. Der amerikanische Sozialwissenschaftler Thorstein Veblen hat bereits 1899 in seiner Theorie der feinen Leute diesen Effekt beschrieben. Vgl. hierzu Kroeber-Riel 1990, S. 152.

Der Forschungsbereich des Behavioral Pricing ist sehr dynamisch. Daher existiert auch kein in sich geschlossenes Erklärungsmodell, sondern es liegen eine Vielzahl von Theorien, Konzepten und empirischen Ergebnissen zu Einzelaspekten vor. Unter Behavioral Pricing können Phänomene verstanden werden, die durch Framing[150] das Nachfrageverhalten beeinflussen. Framing bedeutet in diesem Zusammenhang, wie Verkaufspreise dem Nachfrager präsentiert werden. Bei einer rational handelnden Person darf das bloße Framing eines Preises ohne Veränderung der Preishöhe das Entscheidungsverhalten nicht beeinflussen.[151] Empirische Studien zeigen jedoch, dass Nachfrager in vielfältiger Weise sehr wohl beeinflusst werden.

In der Hotellerie können solche Phänomene ebenfalls beobachtet werden. In Marktforschungs-Projekten konnten wir nachweisen, dass gewisse Investitionen in eine Nutzensteigerung zu mehr Nachfrage geführt haben, obwohl die Preise stark angehoben worden sind. In der Realität wurden diese Effekte mehrfach beobachtet. Bei einem Hotel prognostizierten wir bei einer 25-prozentigen Preisanhebung, bedingt durch Investitionen, die den Gäste-Nutzen deutlich steigen ließen, ein Halten der bisherigen Auslastung von 72 Prozent. In der Realität konnte der Preis durchgesetzt werden. Die Auslastung blieb jedoch nicht konstant, sondern stieg trotz einer Kapazitätsausweitung nachhaltig über mehrere Jahre bis heute auf durchschnittlich über 80 Prozent, was zu einem weit über Plan liegendem Cashflow führte. Umgekehrt kann auch nachvollzogen werden, dass Gäste, die sich für einen schönen Urlaub entscheiden, bei einem im Vergleich zum beschriebenen Angebot zu niedrigen Preis skeptisch werden und lieber das etwas teurere Angebot eines anderen Hotels vorziehen. Die Gäste wollen kein Risiko eingehen, wenn sie die schönste Zeit des Jahres verbringen.

Die Psychologie untersucht, wie unsere Emotionen und Handlungen entstehen und welche Faktoren sie beeinflussen.[152] Dementsprechend ergänzt die Preispsychologie die klassische Preistheorie um eine verhaltenswissenschaftliche Perspektive, die den Einfluss von Preisinformationen auf das Kundenverhalten erklärt.[153] In der Fachliteratur wird dieser verhaltenswissenschaftliche Aspekt ausführlich behandelt. Für Hoteliers sind folgende Fragen von Interesse:

- Wie nehmen die Kunden die Preise wahr, die Hoteliers für ihre Leistungen verlangen?
- Wie werden die Preise von den Kunden aufgenommen und verarbeitet?
- Wie und anhand welcher Kriterien werden die Preise bewertet?
- Wie werden Preisinformationen durch die Kunden gespeichert?
- Wie reagieren die Kunden auf subjektive Preise, wie kann das Preisverhalten beschrieben werden?

---

150 Vgl. Spreer, 2021, S. 128 f.
151 Vgl. Pechtl 2014, S. 31 ff.
152 Vgl. Kaiser 2020, S. 1.
153 Vgl. Kopetzky 2016, S. 3.

- Wie können Hoteliers ihre Preise begründen und wie auf Preiseinwände reagieren?

Im Folgenden werden wir uns mit sechs für die Preisfestsetzung und -umsetzung relevanten Elementen der Preispsychologie aus Sicht von Hotelbetrieben befassen (▶ Abb. 24).

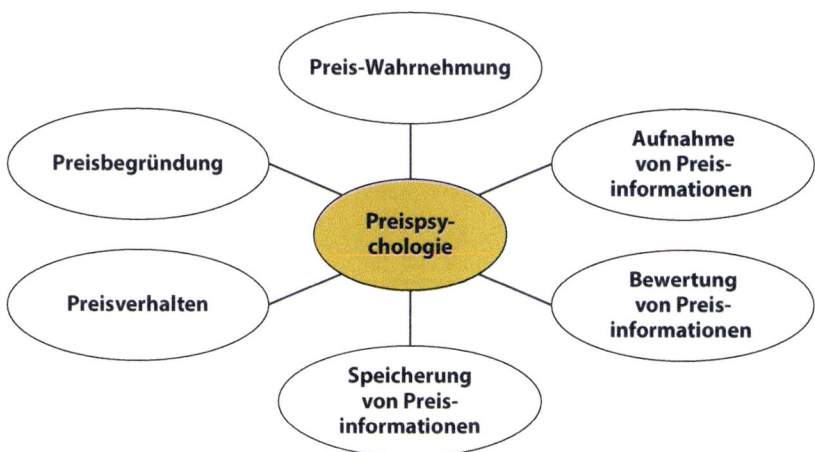

Abb. 24: Elemente der Preispsychologie

3.7.1 Preis-Wahrnehmung

Gäste sehen physisch objektive Preise und transformieren diese in subjektiv wahrgenommene Preise. Diese kognitive Verarbeitung wird als Enkodierung[154] bezeichnet. Daraus resultiert eine individuelle Bewertung, die für jeden Kunden anders aussehen kann.[155] Günstige Preise für einen Gast können für einen anderen Gast als teuer bewertet werden. Diese subjektive Bewertung hängt von den jeweiligen internen Referenzpreisen der Kunden ab.[156]

Für einen Kunden sind 250 Euro pro Übernachtung akzeptabel, für einen anderen sind 100 Euro das oberste Limit. Das bedeutet, dass wir – sollten wir allzu ängstlich eher zu niedrige Preise für die anvisierte Zielgruppe verlangen – durchaus auch höhere Preise verlangen könnten. Ein Indikator, um festzustellen, ob wir die richtigen Preise verlangen, ist die Auslastung. Bei einer durchschnittlichen

---

154 «Enkodieren ist die Verarbeitung von Informationen zur Eingabe in ein Gedächtnissystem, etwa durch das Herstellen eines Bedeutungszusammenhangs.» Stangl, 2020. Stichwort: ›Enkodieren‹. Online Lexikon für Psychologie und Pädagogik. https://lexikon.stangl.eu/3409/enkodieren/ (16.09.21).
155 Vgl. hierzu Simon, Fassnacht 2009, S. 152.
156 Vgl. Husemann-Kopetzky 2018, S. 110 f.

Betten-Auslastung, gemessen auf die Offenhaltungstage von 60 bis 75 Prozent, dürften die Preise jedenfalls nicht zu hoch sein, was aber nichts darüber aussagt, ob noch Preispotenziale nach oben existieren.[157] Falls Sie jedoch eine Auslastung haben, die darüber liegt, haben Sie garantiert noch Preispotenziale, die ungenutzt sind. Ich kenne Hotelbetriebe, die eine durchschnittliche Auslastung von über 80 Prozent haben und sich dennoch nur im Mittelfeld der Gewinnperformance aller Hotelbetriebe befinden. Das ist schade, denn solche Betriebe verschenken Tag für Tag Geld.

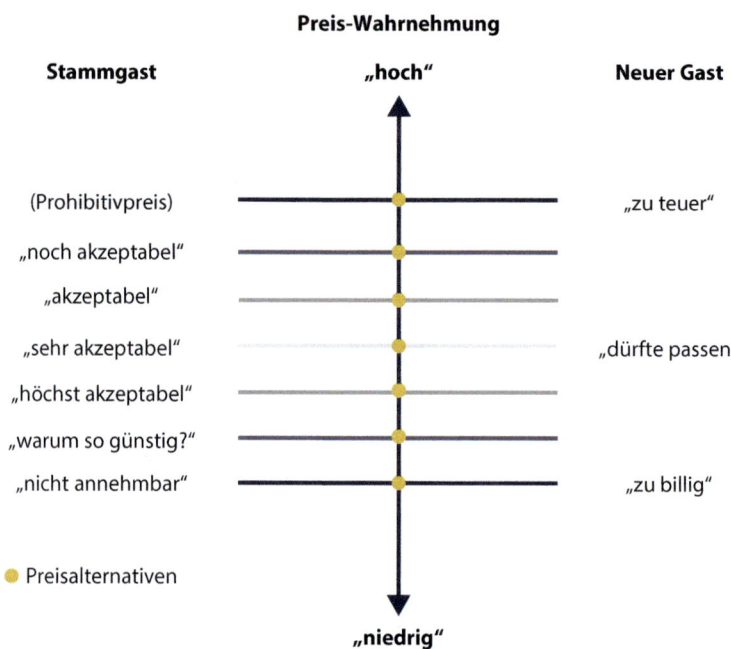

Abb. 25: Preiswahrnehmung aus Sicht des Gastes

Um das Phänomen der Preiswahrnehmung visuell zu vermitteln, verwende ich gerne ein Bild aus dem Bogensport. Sie halten einen Bogen in ihren Händen, spannen ihn und schießen einen Pfeil ab. Beim Bogensport treffen die Pfeile eines gut gespannten Bogens eher ins Ziel wie die eines locker gespannten. Der Bogen in Ihren Händen ist eine Allegorie Ihres Preisbogens, sozusagen das Preisniveau Ihres Hotelbetriebes. Sie entscheiden, wie gespannt er ist und ob Ihre Pfeile ins Ziel (mehr Gewinn) treffen. Ist Ihr Preisbogen gespannt, sehr gespannt, bis zum Bersten oder eher locker gespannt? Die Beantwortung dieser Frage ist entschei-

---

157 Diese Auslastungszahlen sind als Hinweise zu sehen und keine allgemein geltende Norm. Jeder Hotelbetrieb ist ein Unikat und sollte auch hinsichtlich der optimalen Preise individuell betrachtet werden.

dend, denn erfolgreiche Betriebe haben stets einen gut gespannten Preisbogen und überprüfen diese Spannung regelmäßig. In der Praxis treffen wir mehrheitlich auf zu locker gespannte Preisbögen.

Die Abbildung 25 zeigt mögliche objektive Preise als Information und subjektive Preise – der wahrgenommene Preis, wie ihn der Gast empfindet – differenziert aus Sicht eines Stammgastes und eines neuen Gastes. Der Stammgast kennt das Hotel und kann seine subjektive Preiswahrnehmung detaillierter differenzieren. Der neue Gast hingegen transformiert die objektiven Preise eher in groben Kategorien (»zu teuer«, »dürfte passen«, oder »zu billig«), da er das Hotel noch nicht kennt.

Nehmen wir an die Preise liegen bei »sehr akzeptabel« bei Stammgästen bzw. »dürfte passen« bei neuen Gästen. Wenn Sie aus dieser Perspektive Ihren Preis etwas nach oben in Richtung Prohibitivpreis justieren, also Ihren Preisbogen etwas mehr spannen, könnten Sie vielleicht einen um ein paar Prozentpunkte höheren Durchschnittspreis gewinnen, wohlgemerkt bei gleichen Kosten.

Wie ist die Ausgangssituation zu beurteilen, wenn Sie feststellen, dass Ihre Preise eher bei »höchst akzeptabel« oder »warum so günstig?« liegen? Der Unterschied der Preise zwischen »warum so günstig?« und »noch akzeptabel« kann je nach Betrieb durchaus zwischen fünf und fünfzehn Prozent liegen. Falls Ihr Betrieb ein durchschnittliches Ergebnis vor Steuern von fünf Prozent hat und Sie durch preisstrategische Maßnahmen die Durchschnittspreise um fünf Prozent erhöhen, verdoppelt sich bei gleichbleibender Auslastung der Gewinn. Bei einer Steigerung um zehn Prozent verdreifacht sich Ihr Gewinn. Um herauszufinden, welche Möglichkeiten bei der Gestaltung der Preise gegeben sind, ist es hilfreich, die Preis-Absatz-Funktion und die Preiselastizität des eigenen Betriebes zu kennen. Wenn Sie diese Kenntnis haben, brauchen Sie nicht mehr im Preisnebel zu stochern und können selbstbewusst ihre Preise bestimmen und durchsetzen.

3.7.2 Aufnahme von Preisinformationen

Bevor ein Kunde ein Hotel bucht, wird er sich typischerweise informieren, welche Preise zu bezahlen sind. Die Informationssuche kann dabei mehr oder weniger intensiv erfolgen. In der Fachliteratur wird hierbei zwischen dem Preiserlebnis und dem Preisinteresse unterschieden. Preiserlebnisse sind angenehme oder unangenehme, mehr oder weniger bewusste und nicht regelmäßig wiederkehrende Empfindungen über Preise. Je nach Emotion erfolgt als Reaktion eine Zuwendung oder Abwendung, wobei sich die Reaktion in Abhängigkeit von Person, Situation und Kulturraum stark unterscheiden kann. Als Beispiele von Preisemotionen lassen sich Preisfreude, Preisärger, Preisstolz und Preisschmerz[158] nennen.[159]

---

158 Vgl. Linzmajer 2018, S. 16.
159 Vgl. Simon, Fassnacht 2009, S. 148 ff.

Das Preisinteresse ist das Bedürfnis des Kunden, Preisinformationen zu erheben und diese seiner Kaufentscheidung zu Grunde zu legen. Es lassen sich drei Dimensionen des Preisinteresses unterscheiden[160]:

- Preisgewichtung
- Alternativenbewusstsein
- Preisbeachtung

Unter Preisgewichtung versteht man die relative Bedeutung, die dem Preis gegenüber anderen Einflußfaktoren beigemessen wird. Ein Schnäppchenjäger hat eine andere Preisgewichtung als eine wohlhabende Geschäftsfrau, die im Hotel Sacher in Wien absteigt. Für einen verzweifelten Messebesucher wird der Preis für das letzte Zimmer eine andere Gewichtung haben als für einen Urlauber, der in der Nebensaison viele Hotelangebote vergleicht. Die Preisgewichtung kann also je nach Kaufentscheidung und Kunde sehr unterschiedlich sein.

Das Alternativenbewusstsein beschreibt das individuell unterschiedliche Bedürfnis, Alternativen im Kaufentscheidungsprozess zu beachten. Wenn Gäste den nächsten Skiurlaub planen, werden sie entweder ihr Stammhotel buchen oder eine ganze Reihe von Alternativen prüfen. Je größer die Zahl der Alternativen, desto höher ist die Wahrscheinlichkeit, eine optimale Entscheidung zu treffen. Allerdings steigt mit der Anzahl der Vergleiche auch der Aufwand. Bei bekannten Marken wird dieser Aufwand reduziert auf eine einzige Alternative. Der Kunde wählt das Hotel, das er kennt, von dem er das letzte Mal begeistert war. Das Gegenteil ist der Fall, wenn der Kunde von einem Abwechslungsbedürfnis getrieben ist und der Kunde versucht, möglichst viele Alternativen zu berücksichtigen. Denken Sie an den Weihnachtsurlaub in einem für den Kunden neuen Skigebiet.

Alle Informationsaktivitäten, die sich auf den Preis eines Produktes beziehen, nennt man Preisbeachtung. Dazu zählen die Suche, Wahrnehmung und Verarbeitung von Preisinformationen. Nach der Informationsökonomik suchen Kunden so lange nach weiteren Informationen, bis der Grenznutzen gleich den Grenzkosten der Suche ist. Das Preisinteresse kann beim Kauf enden oder aber über diesen hinausreichen. Dies ist zum Beispiel dann der Fall, wenn kognitive Dissonanz entsteht, wenn der Kunde nach dem Kauf eine Phase des Bedauerns empfindet.[161] Als Beispiel sei der Familienvater genannt, der der festen Überzeugung war, einen günstigen Skiurlaub gebucht zu haben, bis er jemanden kennenlernt, der ihm mitteilt, dass sie mit dem Last-Minute-Schnäppchen um zehn Prozent günstiger gebucht haben als er. Kognitive Dissonanz kann auch durch Dynamic Pricing entstehen, wenn die Preise, abhängig von der Auslastung, variieren, und – aus Sicht des Gastes – zu nicht nachvollziehbaren Preisen führen.

---

160 Vgl. hierzu Simon, Fassnacht 2009, S. 150 ff.
161 Vgl. hierzu Simon, Fassnacht 2009, S. 150 ff.

3.7.3 Bewertung von Preisinformationen

Kunden fällt es schwer, Preise nach ihrem absoluten Niveau zu bewerten, stattdessen vergleichen sie Preisinformationen mit einer bewusst oder unbewusst formulierten Messlatte, wie zum Beispiel dem zuletzt gezahlten Preis oder einem alternativen Angebot. Diese Vergleichsmaßstäbe werden als Referenzpreis bezeichnet, wobei zwischen internen und externen Referenzpreisen unterschieden wird.[162]

Externe Referenzpreise sind Angebote der Wettbewerber, interne Referenzpreise sind die zuletzt bezahlten Rechnungen. Aus dieser Perspektive erscheint es sinnvoll, den potenziellen Kunden preislich gestaffelte Alternativen anzubieten. Das hat nicht nur den Vorteil der intensiveren Beschäftigung mit den Hotelangeboten durch den potenziellen Kunden, sondern lenkt den Kunden von anderen Wettbewerbern ab. In diesem Zusammenhang ist der Ankereffekt (▶ Kap. 5.1)[163] zu erwähnen, der dazu führen kann, dass der Kunde sich für eine höherwertige Zimmerkategorie entscheidet, weil er vorher den Preis für die Top-Suite wahrgenommen hat.

3.7.4 Speicherung von Preisinformationen

Kunden lernen auf Basis von Beobachtungen und Kauferfahrungen Preisinformationen und speichern diese zum späteren Zugriff im Gedächtnis.[164] Ähnlich wie beim internen Referenzpreis umfasst das implizite Preiswissen alle Preisinformationen, die unbewusst gespeichert wurden, aber die Kunden dennoch in die Lage versetzen, den Preis eines Produktes zu beurteilen, ohne einen Vergleichspreis explizit benennen zu können. Das explizite Preiswissen setzt sich aus Preisinformationen zusammen, die bewusst im Gedächtnis abgelegt und wieder entnommen werden können. Dabei handelt es sich um exakte, numerische Preisdaten. Der Lernprozess zum Preiswissen kann entweder bewusst oder unbewusst stattfinden. Wenn sich Kunden gezielt über Preise informieren und sich kognitiv mit Preisinformationen auseinandersetzen, dann lernen sie bewusst. Wenn Kunden Preisinformationen unbeabsichtigt wahrnehmen und sich diese dennoch merken, wird von einem unbewussten Preislernen gesprochen.

Die wahrgenommene Sicherheit des Preiswissens hat einen direkten Einfluss auf die Zahlungsbereitschaft des Kunden. Ist der Kunde eher unsicher, so ist er eher be-

---

162 Vgl. Pechtl 2014, S. 42.
163 «Der Ankereffekt ist ein Begriff aus der Kognitionspsychologie und beschreibt das Phänomen, dass Menschen bei bewusst getroffenen Wahlen von vorhandenen Umgebungsinformationen beeinflusst werden, ohne dass ihnen dieser Einfluss bewusst ist. Die Umgebungsinformationen haben selbst dann einen Einfluss, wenn sie für die zu treffende Entscheidung eigentlich irrelevant sind.» Stangl, 2020. Stichwort: ›Ankereffekt‹. Online Lexikon für Psychologie und Pädagogik. https://lexikon.stangl.eu/5691/ankereffekt/ (16.09.21).
164 Vgl. hierzu Kopetzky 2016, S. 32 ff.

reit, eine größere Bandbreite von Preisen zu akzeptieren und sich eher an Hinweisreizen oder Priming-Effekten zu orientieren. Das unbewusste, im impliziten Gedächtnis gespeicherte Preiswissen bestimmt das Konsumentenverhalten erheblich.

Die zeitliche Veränderung der Preiswahrnehmung und des Preiswissens können mit zwei Effekten beschrieben werden, dem Abschreibungs- und dem Erinnerungseffekt. Kunden nehmen zum Zeitpunkt der Zahlung den Preis am stärksten wahr. Die Preiswahrnehmung nimmt allerdings im Zeitablauf ab, sie wird mental abgeschrieben.

Zwei Effekte erklären den Abschreibungseffekt: der Konsum- und der Adaptionseffekt. Beim Konsumeffekt verbuchen die Kunden den Preis auf der Aufwandseite eines mentalen Kontos. Mit der Nutzung des Produktes generieren sie einen Nutzen, den sie auf der Ertragsseite zuschreiben und intern mit dem ursprünglichen Preis verrechnen. Der wahrgenommene Preis nimmt mit zunehmendem Konsum ab. Falls Ihr Gast einen großartigen Urlaub verbracht hat, wird er bei der Zahlung der Rechnung kaum ein Problem haben.

Anzahlungen haben den Vorteil, dass der Kunde zum Zeitpunkt der Abreise weniger zahlt und daher der Preisschmerz bei der Zahlung des Restbetrages geringer sein wird, als wenn er den vollen Betrag bezahlt. Hier knüpft der Adaptionseffekt an. Kunden tätigen Ausgaben, wie zum Beispiel eine Anzahlung, die kurzfristig als Verlust gegenüber dem aktuellen Vermögensstand gesehen wird. Im Zeitablauf integrieren die Kunden eine getätigte Ausgabe in ihrem Status quo des Vermögens. Das bereits bezahlte Geld erscheint im Laufe der Zeit weniger relevant, da es bereits ausgegeben ist. Während des Urlaubs kann der Gast seinen Urlaub genießen, ohne an die Zahlung zu denken.[165]

3.7.5 Preisverhalten

Die Reaktionen von Kunden auf subjektive Preise werden als Preisverhalten bezeichnet.[166] Das Preisverhalten durchzieht den gesamten Kaufprozess von der Vorkauf-, Kauf- und Nachkaufphase. Hotelleistungen sind hauptsächlich vergängliche Leistungen, die in einer bestimmten Zeit konsumiert werden. Beherbergungs- und Bewirtungsleistungen werden als Hauptleistungen bezeichnet.[167] Sachbezogene Dienstleistungen (Ausleihe von Sportgeräten, Reparaturen, Wäscheservice etc.) oder personenbezogene Dienstleistungen (Massagen, medizinische Betreuung etc.) sind Komplementärleistungen oder Hilfsleistungen, die die Beherbergungsleistungen ergänzen.

Die Preissuche beschreibt alle Aktivitäten, die Kunden unternehmen, um Marktpreise zu erheben und zu vergleichen.[168] Die Preise der Wettbewerber sind in den

---

165 Vgl. Husemann-Kopetzky 2018, S. 165.
166 Vgl. Kopetzky 2016, S. 35.
167 Vgl. Henschel et al. 2013, S. 50.
168 Vgl. Kopetzky 2016, S. 36.

meisten Fällen von Relevanz, abgesehen von den eisernen Stammgästen, die grundsätzlich in ihrem Stammhaus buchen. Einerseits werden Hotelpreise verglichen, andererseits sind auch die Preise der Zimmerkategorien des Hotels von großer Bedeutung. Daher ist die für die anvisierte Zielgruppe richtige Preisspanne so wichtig. Die Preisspanne bezeichnet den Preisunterschied zwischen dem teuersten und dem günstigsten Zimmer, wobei die unterschiedlich bepreisten Saisonen ebenfalls eine große Rolle spielen.

Die Kunden haben eine Vorstellung von dem Preis, den sie für eine Hotelleistung zu zahlen bereit sind. Ein Interessent wird nur dann buchen, wenn der Preis niedriger als oder gleich groß wie seine maximale Zahlungsbereitschaft ist.[169] Diese Preisbereitschaft kann sich auf ein Budget beziehen, das für den Urlaub zur Verfügung steht oder auf eine Preislage, die als angemessen empfunden wird. Die Kenntnis dieser Zahlungsbereitschaft ist daher Gold wert.

Im Gegensatz zur Preisbereitschaft sind Preispräferenzen mehr oder weniger dauerhafte Verhaltensabsichten, die hinsichtlich Qualität, Quantität, Ort und Zeit differenziert werden können. Die Qualität betrifft die Markenwahl und damit verbunden die Preislagenwahl, die in der Hotellerie meistens in Kategorien differenziert sind, wobei die engere Auswahl aus einer oder mehreren Marken bestehen kann.[170] Komplexer wird die Kundenansprache beim hybriden Kunden, der sehr heterogene Ansprüche hat und sowohl Luxus- als auch Budgethotels wählt.[171] Die Quantität bezieht sich auf die Anzahl der Nächte bzw. auf die Anzahl an Personen, mit denen der Gast seinen Urlaub verbringt. Die Wahl des Tourismusortes ist ebenso mit der Preispräferenz verknüpft.

Ein Marktforschungs-Projekt in Lech am Arlberg ergab eine starke Präferenz von über 70 Prozent für die Region Lech-Zürs. Für die Region Ischgl im Paznauntal konnten ähnliche Werte nachgewiesen werden. Das bedeutet, der Gast bevorzugt einen bestimmten Tourismusort vor allen anderen und zeigt damit die Bereitschaft, das Preisniveau zu akzeptieren. Der zeitliche Aspekt bezieht sich auf den Zeitpunkt des Konsums. So sind viele Kunden bereit, in der Hochsaison Höchstpreise zu bezahlen. Dies betrifft auch Familien mit schulpflichtigen Kindern, die während der Ferienzeiten buchen, egal wie hoch der Preis ist.

Die Preiszufriedenheit ergibt sich aus einer Gegenüberstellung von Preiserwartungen und Preiserfahrungen. Preiszufriedenheit entsteht, wenn die tatsächlichen Preise unterhalb der Preiserwartung des Kunden liegen. Wenn der zu zahlende Preis über dem erwarteten Preis liegt, dann stellt sich Preisunzufriedenheit ein. Diese Preiszufriedenheit ist das Ergebnis unterschiedlicher Einflussfaktoren, die auch die Aspekte Preisgünstigkeit, Preiswürdigkeit, Preistransparenz, Preissicherheit und Preiszuverlässigkeit berücksichtigen.

Weitere Aspekte des Preisverhaltens sind auch die Konstrukte Preisvertrauen und Preisfairness. Diese Konstrukte sind insbesondere bei neuen Angeboten rele-

---

169 Vgl. Pechtl 2014, S. 111.
170 Vgl. Simon, Fassnacht 2009, S. 177.
171 Vgl. Rath 2015 S. 272.

vant, wenn zum Beispiel neue, erweiterte und verbesserte Hotelleistungen angeboten werden. Auch wenn die verbesserte Wellnessanlage in den höchsten Tönen gepriesen worden ist, erwartet der Kunde, dass sich der Anbieter in der Preisgestaltung nicht opportunistisch, also einseitig eigennützig, verhält. Der Kunde ist in gewisser Weise auf das faire Verhalten des Hoteliers angewiesen. Eng verwandt mit dem Konstrukt des Preisvertrauens ist die Preisfairness, die ausdrückt, ob sich der Kunde hinsichtlich des zu zahlenden Preises übervorteilt fühlt. Preise, Preiszufriedenheit, Preisvertrauen und Preisfairness sind wichtige Einflussfaktoren der Kundentreue und sollten entsprechend gewürdigt werden.[172]

3.7.6 Preisbegründung

Während die vorherigen Elemente der Preispsychologie die Preise aus Sicht der Kunden behandeln, betrifft die Preisbegründung primär die Sicht des Hoteliers, der begründen muss, warum gerade diese Preise die richtigen sind und warum er davon überzeugt ist, auch aus Sicht der Kunden faire Preise zu verlangen. Welche Argumente hat der Hotelier, wenn der Kunde mit dem verlangten Preis nicht einverstanden ist, oder wenn er einen Preisnachlass begehrt?

Das Finden des richtigen Preises und die Preisdurchsetzung ist eine der komplexesten und anspruchsvollsten Disziplinen des Strategischen Hotel-Managements. Die Preise sollten dem angebotenen Nutzen entsprechen und jederzeit begründet werden können. Die Basis des richtigen Preises ist die Preis-Positionierung, also eine strategische Entscheidung. Der Preis sollte grundsätzlich dem Wert des Angebots entsprechen. Doch diesen Wert wird der Kunde nur dann anerkennen, wenn er im Kopf des Kunden entsprechend verankert ist, wenn der Kunde auch davon überzeugt ist, dass der Preis dem Wert des Angebots entspricht.

Pre-Sales-Marketing, Inhouse-Marketing und After-Sales-Marketing sind Instrumente, den Wert des Angebotes zu kommunizieren. Die Verzahnung von Strategie, Marketing und Preis-Politik wird besonders bei der Preisbegründung offensichtlich. Die Stunde der Wahrheit schlägt spätestens dann, wenn von den Kunden Preiseinwände kommen und die Preise zu begründen sind. Hotelbetriebe, die im höherpreisigen Segment positioniert sind, sollten sich davor hüten, ihr Angebot über den Preis zu verkaufen. Demgegenüber sind Budget-Hotels aufgrund ihrer Kostenposition in der Lage, mit günstigen Preisen zu argumentieren.

Wir empfehlen unseren Kunden, die Nutzenargumentation der Preisargumentation vorzuziehen. Jede gute Preis-Strategie sollte eine Reihe von Gründen nennen, warum gerade dieses Hotel gebucht werden sollte. Gut begründete Argumentationsketten sind geeignet, Preiseinwände zu parieren und den Kunden den tatsächlichen Wert zu verkaufen. Mit Preiseinwänden werden wir uns im Kapitel 6 (Preis-Strategie-Prozess) befassen.

---

172 Vgl. Simon, Fassnacht 2009, S. 178 f.

3.8 Neuropricing

Bahnbrechende wissenschaftliche Entwicklungen finden derzeit an der Grenzlinie zwischen den Natur- und den Geisteswissenschaften statt, wo ganz neue Disziplinen wie die Neuroökonomie entstehen. Gegenstand der Neuroökonomie ist die systematische Integration neurowissenschaftlicher Methoden, Theorien und Erkenntnisse in die Wirtschaftswissenschaften. Der Fortschritt der Neuroökonomie war in den letzten Jahrzehnten vor allem aufgrund technischer Entwicklungen atemberaubend.[173] Mit der funktionellen Magnetresonanztomografie (fMRT) können Hirnaktivitäten exakt lokalisiert werden, und mittels fNIRS (Functional near-infrared spectroscopy) und EEG (Elektroenzphalografie) können Hirnaktivitäten sogar in Echtzeit verfolgt werden, was erstmals Einblicke in die physiologische Grundlagen der Gedanken- und Gefühlswelten von Konsumenten ermöglicht. Diese neuen Erkenntnisse öffnen Wissensdimensionen über Zusammenhänge, die bislang unerreichbar waren. Die Wirksamkeit dieser Verfahren konnte in vielen Anwendungsfällen genutzt werden.[174] So können neurowissenschaftliche Erkenntnisse auch für das Pricing von Hotelbetrieben genutzt werden.

Die Kombination des Präfix »Neuro« mit etablierten ökonomischen bzw. betriebswirtschaftlichen Disziplinen haben Begriffe wie Neurofinance, Neuromarketing und Neuropricing erschaffen. Das transdisziplinäre Feld zwischen Wirtschafts-, Verhaltens- und Neurowissenschaften wird auch als Consumer Neuroscience bezeichnet.[175] Neuropricing ist Teil der Consumer Neuroscience, die wiederum Teil der Neuroökonomie ist.[176] Dieser interdisziplinäre Aspekt der neuen Wissenschaften ist einerseits hochinteressant, andererseits recht komplex. Eine klare Strukturierung dieser Wissensbereiche muss sich erst noch etablieren. So wird Consumer Neuroscience als Bereich der Grundlagenforschung betrachtet, der sich mit der Funktionsweise des Gehirns bei Entscheidungsprozessen, vor allem bei Kaufentscheidungen, befasst. Neuromarketing hingegen bezeichnet die Anwendung der Erkenntnisse aus der Consumer Neuroscience in der betriebswirtschaftlichen Praxis, zum Zweck des Marketings und der Marketingforschung.[177] So ist die Werbewirksamkeitsforschung ein traditionelles Einsatzgebiet der neurowissenschaftlichen Marktforschung.[178]

Neuropricing umfasst im Allgemeinen die Erforschung der Preiswahrnehmung der Konsumenten mit den erweiterten Kenntnissen und Methoden der Hirnforschung.[179] Bisherige Forschungsergebnisse bestätigen, dass Neuropricing in allen Bereichen des Preismanagements einen Beitrag zur Beschreibung und Erklärung

---

173 Vgl. Müller 2012, S. 11.
174 Vgl. Strelow 2020.
175 Vgl. Kenning 2014, S. 9.
176 Vgl. Felix 2013, S. 6; Elsser 2014, S. 10; Kenning, Linzmajer 2011.
177 Vgl. Briesemeister, Selmer 2020, S. V.
178 Vgl. Briesemeister, Trebbe 2020, S. 89.
179 Vgl. Kuhn 2015, S. 4.

des Preisverhaltens der Konsumenten und auf die Gestaltung preislicher Maßnahmen leisten kann.[180] Beim Pricing geht es darum, den richtigen Preis zu finden. Ein Preis, der zum Produkt passt, der in den Markt passt, der den höchsten Gewinn verspricht und ein Preis, den Kunden auch gerne bezahlen.[181] Folgende Fragen wollen wir in diesem Kapitel beantworten:

- Welche Gehirnsysteme sind an Preisentscheidungen beteiligt?
- Wie funktioniert Neuropricing?
- Wie wirken Preise auf das menschliche Gehirn?

3.8.1 Die vier Systeme des Gehirns, die an Entscheidungen beteiligt sind

Jedes menschliche Gehirn verfügt über vier Systeme, die an Entscheidungen beteiligt sind: Das Belohnungssystem, das emotionale System, das Gedächtnissystem und das Entscheidungssystem, in dem alle Informationen zusammengeführt und abgewogen werden.[182] Wir müssen uns jedoch von der Illusion verabschieden, diese Systeme bewusst steuern zu können. Auch ohne Beteiligung des Bewusstseins verarbeitet unser Gehirn alle Eindrücke mühelos, setzt diese in Bezug zu unseren Vorlieben, Erwartungen, Bedürfnissen und generiert entsprechende emotionale Reaktionen. Der Großteil dieser emotionalen Reaktionen läuft komplett unbemerkt ab.[183]

Die Existenz von Lustzentren bei Säugetieren ist schon seit langem bekannt. Das Belohnungssystem wurde erst Mitte der 1950-er Jahre entdeckt. Es kann äußerst positive Gefühle erzeugen und spornt uns zu immer neuen Handlungen und Aktivitäten an. Das Belohnungssystem besteht aus einer komplexen Verflechtung von verschiedenen Hirnarealen, wie dem Nucleus accumbens, der Teil des limbischen Systems ist, das unsere Emotionen steuert. Das Belohnungssystem ist eine Art Zentralinstanz, die unbewusste Gedankenprozesse sowohl moduliert als auch verstärkt und modifiziert.[184] Bestimmte Preisinformationen können zu einer Aktivierung des Belohnungssystems und zu Kaufentscheidungen führen. Umgekehrt können hohe oder unfaire Preise die Insula und damit das Schmerzzentrum aktivieren und beim Käufer körperliches Unbehagen verursachen.[185]

Dass Preise bzw. das Bezahlen-Müssen gleichsam Schmerzen verursacht[186], wird im Englischen mit pain of paying übersetzt und kann an einem einfachen Beispiel erläutert werden. Während der Taxifahrt läuft das Taxameter, und als Fahrgast be-

---

180 Vgl. Linzmajer 2013, S. 177.
181 Vgl. Müller 2012, S. 12.
182 Vgl. Müller 2012, S. 54 ff.
183 Vgl. Weinreich 2020, S. 40.
184 Vgl. Müller 2012, S. 55.
185 Vgl. Poundstone 2010, S. 168.
186 Vgl. Strelow 2002, S. 59.

hält man es im Auge und hofft, dass es nicht zu sehr nach oben schnellt.[187] Neueste Forschungen legen nahe neben dem Preis, der den Preisschmerz verursacht, positive Aspekte der Leistung darzustellen, damit der Preisschmerz abgeschwächt wird.[188] So sollten auf der Website eines Hotels die Preise der Zimmer stets mit den positiven Aspekten einer Buchung kombiniert werden, wie zum Beispiel mit ansprechenden Bildern, einem schönen Grundriss mit Größenangaben, einer Beschreibung der Materialien, der wunderschönen Aussicht etc.

Auf Basis von Gehirnaktivitäten können Kaufentscheidungen vorhergesagt werden. Je höher die Aktivität des Nucleus accumbens, desto wahrscheinlicher ist der Produktkauf, und je größer die Aktivität der Insula, desto unwahrscheinlicher ist der Produktkauf.[189] Wie wirken Rabatte aus Sicht des Neuropricing? In einem Forschungsversuch wurde festgestellt, dass Rabatte nicht das Belohnungssystem aktivieren, sondern nur den Preisschmerz reduzieren. Wenn sie also Ihren Gast begeistern wollen, dann versuchen Sie das nicht mit Rabatten, vor allem dann nicht, wenn es sich um loyale Gäste handelt, die öfters zu Gast sind, wie zum Beispiel Stammgäste. Wenn Sie diesen Kunden Rabatte einräumen, haben sie zwar einen reduzierten Preisschmerz – der bald vergessen ist – aber keine begeisterten Erinnerungen an die Marke aufgrund der Rabatte. Wenn neuen Gästen gleich zu Beginn Rabatte eingeräumt werden, dann ist es fast unmöglich, aus diesen Gästen loyale Gäste zu formen, weil diese Gäste vermehrt Alternativen betrachten, analysieren und kalkulieren.[190] Wie wir gesehen haben, wirken Rabatte auch aus betriebswirtschaftlicher Sicht verheerend. Um eine Markenverbundenheit aufzubauen, ist die Kommunikation und Betreuung der Gäste durch das Hotel wesentlich effektiver als das Einräumen von Rabatten.

Je höherpreisiger die Hotelangebote sind, desto stärker werden Emotionen bei Marketingmaßnahmen eingesetzt. Neben den rationalen Argumenten für ein Hotelangebot sollte auch der emotionale Nutzen bei der Kommunikation betont werden. Emotionen sind innere Erregungsvorgänge, die angenehm oder unangenehm empfunden und mehr oder weniger bewusst erlebt werden.[191] Sie sind wichtig für das Erleben des Konsumenten und sind auch feste Bestandteile der Markenwelt eines Hotels. Das emotionale System ist die Bewertungsinstanz für Reize. Aus neurowissenschaftlicher Sicht lassen sich Emotionen am besten als eine biologische Funktion des Nervensystems erklären. Emotionen sind alte Funktionen des Gehirns, die das Überleben sichern. Die wichtigsten positiven Emotionen sind Freude, Liebe, und Überraschung.[192] Die Emotionen entscheiden darüber, ob etwas als gut oder schlecht wahrgenommen wird. Sie dienen der Orientierung und zur Or-

---

187 Vgl. Linzmajer 2018, S. 16.
188 Vgl. Briesemeister, Trebbe 2020, S. 88.
189 Vgl. Kuhn 2015, S. 8.
190 Vgl. Plassmann et al. 2007.
191 Vgl. Kroeber-Riel 1990, S. 50.
192 Die Grundemotionen sind Ärger und Wut, Angst, Ekel, Freude, Liebe, Scham, Traurigkeit und Überraschung. Vgl. www.motivationswelten.de (26.04.2021).

ganisation des Verhaltens, aber auch zur Motivation, bestimmte Handlungen vorzunehmen. Das emotionale System bewertet die eingehenden Reize, bevor eine Reaktion erfolgt.[193] Und wie könnte man die eingehenden Reize besser stimulieren als mit einem multisensorischen Feuerwerk?[194]

Das Gedächtnissystem dient dazu, Informationen zu sammeln, die wir jetzt und in Zukunft verwenden können. Die Entscheidung, ob Informationen gespeichert werden, kann bewusst getroffen werden, indem wir etwas ganz gezielt lernen. Eingehende Informationen können aber auch unbewusst gespeichert werden, indem sie mit Erinnerungen verknüpft und in den dafür zuständigen Hirnarealen gespeichert werden, wo ähnliche Sachverhalte bereits festgehalten worden sind. Assoziationen werden im assoziativen Gedächtnis gespeichert und automatisch und ohne Bewusstsein aktiviert, sobald die Marke, die man kennt, wahrgenommen wird.[195] Assoziationen sind aus Sicht eines Hotels auch Buchungsgründe. Wenn eine Hotelmarke zum Beispiel starke Assoziationen mit Kulinarik hervorruft, dann kann die Lust nach gutem Essen den Wunsch entstehen lassen, wieder dieses Hotel zu buchen.

Das Preiswissen, das alle preisbezogenen Informationen zu einem Hotel, den Zimmerkategorien oder einem Markt umfasst, speichert der Konsument in seinem Gedächtnis und es steht dort auf Abruf bereit.[196] An manche Preise wie zum Beispiel beim Lieblingseis der Kindheit erinnert sich das biografische Gedächtnis. Manche Preise haben wir gelernt und wir können recht gut beurteilen, ob ein Preis angemessen ist, wie zum Beispiel eine Nacht in einem Stadthotel. Und andere Preise gehören zum lebensweltlichen Hintergrundwissen.

Das explizite Preiswissen ist im Langzeitgedächtnis gespeichert und kann bei Bedarf abgerufen werden. Beim impliziten Preiswissen handelt es sich um vage, ungenaue Gedächtnisinhalte. Bezogen auf das Preiswissen bedeutet dies, dass Kunden den Preis eines gekauften Produktes als hoch oder niedrig einschätzen, ohne sich an den genauen Preis zu erinnern. In einer Analyse von 279 Studien zum Thema Preiswissen berechneten die Autoren durchschnittliche Preiserinnerungsfehler von 14 Prozent bei häufig gekauften Konsumgütern, von 12,6 Prozent bei Dienstleistungen und von 22,9 Prozent bei langlebigen, selten gekauften Gebrauchsgütern.[197] Auch die meisten Hotelgäste werden sich nur vage an den Preis des letzten Urlaubs erinnern können.

Das Preisgedächtnis kann aber auch durch Sensibilisierung geprägt sein. Auf manche Preisveränderungen reagieren wir sehr sensibel und werden durch sie in Alarmbereitschaft versetzt, zum Beispiel, wenn die Mehrwertsteuer angehoben oder die Treibstoffpreise erhöht werden. Das Gehirn befindet sich in einem ständigen Veränderungsprozess. Manche Preisinformationen werden unwichtig und

---

193 Vgl. Müller 2012, S. 56 f.
194 Vgl. Krishna 2013.
195 Vgl. Strelow 2020, S. 64.
196 Vgl. Pechtl 2014, S. 68.
197 Vgl. Simon, Fassnacht 2009, S. 184.

vergessen, andere werden neu gedeutet. Was gestern noch als teuer galt, gilt heute als billig und umgekehrt.

Das Entscheidungssystem ist das oberste Kontrollzentrum im Gehirn eines erwachsenen Menschen. Der präfrontale Cortex ist Teil des Frontallappens der Großhirnrinde, welcher etwa die Hälfte des Hirns in Anspruch nimmt. An den präfrontalen Cortex werden die verarbeiteten und für wichtig befundenen Sinneswahrnehmungen weitergeleitet. Hier landen die Informationen über den individuellen emotionalen Zustand und die Wünsche des Belohnungssystems. All diese Informationen werden dort mit den Gedächtnisinhalten abgeglichen.[198]

Wenn alle vier Systeme, das Belohnungssystem, das emotionale System, das Gedächtnissystem und das Entscheidungssystem, optimal zusammenarbeiten, können brauchbare Entscheidungen getroffen werden. Schlussendlich trifft das Entscheidungssystem die Entscheidung, ob ein Preis zu hoch ist oder ob gekauft werden soll. Das Belohnungssystem kann jedoch das Entscheidungssystem austricksen, wenn zum Beispiel der Preis schmerzhaft ist, aber dennoch gekauft wird. Den Grund, warum man so gehandelt hat, holt man sich aus einem äußeren Bezugsrahmen, der die Kaufentscheidung wohlwollend flankiert. So kann es doch noch vorkommen, dass die Coco Chanel-Suite im Hotel Ritz in Paris um 28.000 Euro die Nacht gebucht wird.

3.8.2 So funktioniert Neuropricing

Die klassische Marktforschung kann dort gute Ergebnisse erzielen, wo der Mensch seine Erfahrungen und Einstellungen gut erklären kann. Wenn Emotionen eine wichtige Rolle spielen, wird die Sache schwieriger. Manchmal hat die Marktforschung auch zum Ziel, Bedürfnisse, Motive und Entscheidungen von Konsumenten zu verstehen. Diese Art der Marktforschung basiert auf der Annahme, dass Menschen ihre Gedanken und Gefühle kennen und verstehen und diese auch in Worte fassen können. Aus der Experimentalpsychologie wissen wir, dass Menschen in vielen Fällen nicht tun, was sie sagen, nicht sagen, was sie wissen, und nicht wissen, was sie denken und fühlen. Beim Neuropricing wird mittels Hirnscans und biometrischen Messungen Preisforschung betrieben. Dabei werden die Zahlungsbereitschaft oder die Reaktion auf Rabattsignale bzw. Preisschilder direkt am Gehirn des Konsumenten gemessen. Der Unterschied zur klassischen Marktforschung besteht darin, dass den jeweils untersuchten Personen die Fragen zwar verbal oder visuell gestellt werden, die Antworten jedoch direkt aus den Aktivitäten des Gehirns abgelesen werden.[199]

Bei klassischen Befragungen entstehen, je nach Produkt oder befragter Zielgruppe, Verzerrungen in der Antwort. Wenn die Probanden erkennen, dass eine Preisfrage den Produktpreis in der Zukunft beeinflussen wird, dann lässt sich nicht ver-

---

198 Vgl. Müller 2012, S. 60 f.
199 Vgl. Müller 2012, S. 83 f.

hindern, dass die Probanden mit ihrer Antwort den Ausgang der Untersuchung im eigenen Interesse beeinflussen wollen, oder vom Phänomen der sozialen Erwünschtheit beeinflusst werden. Soziale Erwünschtheit bezeichnet die Tendenz von Versuchspersonen in Tests und Befragungen, diejenigen Antwortmöglichkeiten zu wählen, die sozial akzeptiert sind, bzw. von denen angenommen wird, dass der Interviewer sie hören möchte.[200] Wenn wir wissen wollen, welche Preiselastizität ein Hotelbetrieb hat, dann fragen wir den Gast natürlich nicht direkt. Kaum ein Gast würde freiwillig zugeben, dass der Preis durchaus höher sein könnte. Deshalb verwenden wir bei der strategischen Marktforschung für Hotelbetriebe maßgeschneiderte Conjoint-Measurement-Methoden[201], mit dem Nutzenverläufe und damit Preiselastizitäten gemessen werden. Dabei werden den Probanden verschiedene Angebote unterbreitet, die sie nach Präferenz sortieren. So können wertvolle Informationen für die Preisfestsetzung gewonnen werden, ohne die störende Problematik von taktischen Aussagen.

Auch beim Neuropricing können mithilfe von Gehirnscans Emotionen und Absichten gemessen werden, ohne diese verbal zu erfragen. So bekommt man einen ungefilterten Einblick in die Entscheidungsfindung des Probanden, womit auch bessere Marktprognosen erstellt werden können.

3.8.3 Das Gehirn und sein Umgang mit Preisen

Menschen sind von Geburt an mit einem Zahlensinn ausgestattet, der es ihnen ermöglicht, Mengen zu erfassen und zu unterscheiden, wie der französische Neuropsychologe Stanislas Dehaene nachgewiesen hat.[202] Mengen zwischen drei und sechs können Menschen in der Regel auf Anhieb erkennen. Bei Preisen haben wir bis zu siebenstelligen Zahlen keine Probleme, da wir bei größeren Zahlen die kleineren Bestandteile ohnehin ignorieren. Je weiter rechts eine Ziffer in einem Preis steht, desto unwichtiger wird sie.[203]

In unserem Kulturkreis werden die Preise von links nach rechts entsprechend der Lese- und Schreibrichtung von billig über normal bis teuer und sehr teuer eher sprunghaft wahrgenommen. Daher wird auch die Ziffer neun häufig verwendet, auch wenn sie eher unpraktisch zum Rechnen ist. Bei der Bepreisung von Hotelzimmern empfehlen wir eher die Endziffern null und fünf, zumal die Ziffer neun auch als Signal für minderwertige Qualität gesehen werden kann.[204]

---

200 Vgl. hierzu Briesemeister, Trebbe 2020.
201 Vgl. Nieschlag et al. 1991, S. 787.
202 Vgl. Dehaene et al. 2018. Allerdings soll es auch Menschen geben, die aufgrund ihrer Lebensweise mit Zahlen überhaupt nichts anfangen können, wie etwa die Piraha-Indianer, die an einem Nebenfluss des Amazonas leben und keine Zahlwörter kennen und auch nicht zählen können (vgl. hierzu Everett 2010, S. 180 f.).
203 Vgl. Müller 2012, S. 113.
204 Vgl. Spreer 2018, S. 142. Vgl. hierzu den Charm Price Effect ▶ Kap. 7.

Generell sind wir bereit, für Marken höhere Preise zu bezahlen, nicht nur weil Marken ein umfassendes Qualitätsversprechen abgeben, sondern auch weil wir bei Marken genau das bekommen, was wir immer bekommen und auch erwarten. Marken wirken direkt auf das Belohnungssystem und aktivieren es. In empirischen Marktforschungs-Projekten konnten wir nachweisen, dass Hotelbetriebe, die ihr Markenversprechen sehr gut erfüllen, eine erheblich geringere Nicht-Buchungsrate aufgrund des Preises haben als Hotelbetriebe, die ihr Markenversprechen nur durchschnittlich erfüllen. Die durchschnittliche Nicht-Buchungsrate aufgrund des Preises liegt bei 30 Hotelbetrieben mit 30.264 ausgewerteten Gästefragebögen bei 20 Prozent. Die entsprechende Erfüllung des Markenversprechens liegt im Durchschnitt bei 80 Prozent. Demgegenüber hat der Top-Performer bei einer Erfüllung des Markenversprechens von 96 Prozent nur fünf Prozent Absagen aufgrund des Preises. Diese Ergebnisse konnten mittels Conjoint-Analysen in den Jahren 2011 bis 2020 ermittelt werden.[205]

Was sich im Licht eines Scheinwerfers befindet, darf in die höheren Bereiche des Gehirns vordringen. Ein wesentliches Instrument zur Optimierung der Preise ist die Preisspanne eines Hotelbetriebes. Die Preisspanne ist der Bereich, in dem Übernachtungspreise angeboten werden, also die Differenz zwischen dem günstigsten und dem teuersten Preis. Die Preisspanne definiert das Preisimage eines Hotelbetriebes, also die subjektiven Einschätzungen eines Nachfragers, bezogen auf die Preise der offerierten Zimmer. Das Preisimage stellt eine Preisbewertung auf einem höheren Aggregationsniveau dar. Nachfrager stufen einen Anbieter folglich als teuer oder preiswert ein, wobei die Dimensionen Preisgünstigkeit und Preiswürdigkeit im Vordergrund stehen.[206]

Wichtig ist eine ausgewogene Preisspanne, die zielgruppenadäquat gestaltet ist. Mit der preislichen Gestaltung der Zimmerkategorien ist dem Hotelier ein wirkmächtiges Instrument gegeben, mit dem der anvisierten Zielgruppe das jeweils optimale Zimmer angeboten werden kann. Das günstigste Zimmer kann auch als Eckpreis oder Einstiegspreis dienen, um den Kunden in Richtung mittelpreisige Kategorien zu führen. Eckpreise oder Einstiegspreise haben daher eine große Ähnlichkeit mit Anker- und Referenzpreisen, im Sinne von »wir haben auch preisgünstige Angebote«.

Anders ist das beim Preisanker. Allein die Nennung des Preises der Top-Suite hat eine Auswirkung auf den Kunden, auch wenn sie unbewusst ist. Angenommen, Sie nennen den Preis der Top-Suite mit 490 Euro pro Nacht und Person, dann ist dieser Preisanker eine Referenz, die mit dem Preis des Zimmers verglichen wird, die der Kunde wahrscheinlich nehmen wird. Auch wenn das gewählte Zimmer »nur« 210 Euro pro Nacht und Person kostet, erscheint es aufgrund des Kontras-

---

205 Diese 30 Marktforschungs-Projekte wurden mit 4-Sterne-, 4-Sterne-Superior- und 5-Sterne-Hotelbetrieben im deutschsprachigen Alpenraum durchgeführt.
206 Vgl. Pechtl 2014, S. 56.

teffektes eher günstig. Referenzpreise dienen dazu, die Aufmerksamkeit des Kunden auf das mittelpreisige Produkt zu lenken.²⁰⁷

Bei der sprachlichen Etikettierung von Hotelangeboten sollte man vorsichtig sein. Hotels im hochpreisigen Segment sollten sich mit Begriffen wie »Minus 30 Prozent«, »Besonders günstig«, »Minipreise«, »Sonderangebot«, »Schnäppchen« oder »Superschnäppchen« zurückhalten, da solche Etikettierungen die Qualität des Angebotes reduzieren. Im Luxussegment sind Preisnachlässe gar nicht sinnvoll. Hochvolatile Preise sind bei Luxusprodukten generell kontraproduktiv.²⁰⁸ Restriktionen und zeitliche Begrenzungen beinhalten einen Preisfärbungseffekt. In manchen Buchungsportalen sieht man den Hinweis »nur noch ein Zimmer«. Knappheit kann ebenso einen wirksamen Effekt auslösen, besonders wenn es sich um Kunden handelt, die sich intensiver (highly involved) mit dem Kauf befassen.²⁰⁹ Wenn Ihr Stammgast für den nächsten Aufenthalt wieder »sein Zimmer« haben möchte kann mit dem Endowment Effekt (Besitztumseffekt) gearbeitet werden. In Kapitel 5.1 werden eine ganze Reihe von psychologischen Effekten vorgestellt, die bei der Preisgestaltung und -umsetzung genutzt werden können. Es darf auf keinen Fall vergessen werden, dass der Einsatz solcher Effekte auf die Zielgruppe abgestimmt werden muss, sollen sie erfolgreich sein.

Das menschliche Gehirn bevorzugt einfache Lösungen, klare Ordnung, logische Schlussfolgerungen und eindeutig erkennbare Fixpunkte zur Orientierung. Was das Gehirn überhaupt nicht mag sind Unüberschaubarkeit und ein hoher Grad an Komplexität. Wird das Gehirn mit einer solchen Unzulänglichkeit konfrontiert, sucht es Regeln, Maßstäbe und Muster, die sich in ähnlichen Situationen bewährt haben. Unter Umständen können Preiserhöhungen zu einer höheren Kundenzufriedenheit führen. Ein Hotel, das seine Zimmer nur nach den Zimmergrößen kategorisiert und keine weitere Differenzierung vornimmt, kann durchaus unzufriedene Gäste erzeugen. Denken Sie an Zimmer, die einen wunderschönen Panoramablick ins Tal aufweisen und Zimmer der gleichen Kategorie, die bei gleichem Preis eine Aussicht auf die Böschung hinter dem Hotel haben. Eckpreise, Ankerpreise und Referenzpreise sind ebenso wie Marken Fixpunkte, die die Navigation in fremden Gewässern der Ökonomie erleichtern.²¹⁰

Der Kunde akzeptiert Preisschwankungen und Preissteigerungen, wenn sie plausibel begründet werden können. Saisonale Differenzierungen, Wochenend- und Feiertagspreise, Kurzaufenthaltszuschläge etc. sollten genauso genutzt werden wie Verbesserungen des Gästenutzens durch Investitionen, oder auch die jährlichen Teuerungen. Plausibel und nachvollziehbar sollten die Änderungen sein.

Häufige Preisschwankungen hingegen nehmen den Kunden die Übersicht und können zum Effekt der gelernten Hilflosigkeit führen. Dieser Effekt basiert auf der Einsicht der betroffenen Menschen, dass sie überhaupt keinen Einfluss und auch

---

207 Vgl. Müller 2012, S. 130.
208 Vgl. Burmann et al. 2012, S. 124.
209 Vgl. Husemann-Kopetzky 2018, S. 127.
210 Vgl. Müller 2012, S. 135.

keine Prognose zu Preisen haben bzw. anstellen können. Wenn ein Hotel weder Rabatte noch Vergünstigungen gibt und keine Schnäppchen anbietet, dann muss der Kunde wohl oder übel mit den gegebenen Preisen zurechtkommen und sie akzeptieren. Diese Form von gelernter Hilflosigkeit hat eher einen Beruhigungseffekt, da die Kunden wissen, dass die Preise für alle gelten und dass es keine Schnäppchen gibt, die verpasst werden könnten. Besonders negativ kann es sich für ein Hotel auswirken, wenn der Kunde gelernt hat, dass er nur etwas warten muss, um in den Genuss von Schnäppchen zu kommen. Der Gast pokert und wartet auf die kurzfristigen Aktionen, die auch im Alpenraum beliebte Köder sind, um die Auslastung zu steigern.

Neuropricing kann auch in Restaurants zu mehr Profitabilität führen. Durch Bracketing wird ein und dasselbe Gericht in zwei oder drei verschiedenen Größen angeboten. So gibt es große und kleine Steaks mit jeweils den gleichen Beilagen. Der Preisunterschied ist augenfällig. Allerdings geht der Gast davon aus, dass das große Steak das normale Angebot darstellt und das kleine Steak die preisgünstige Wahl ist. Das große Steak wurde nur deutlich teurer angeboten (Kontrasteffekt). Auf diese Weise lassen sich mit verschiedenen Gerichten, die als große und kleine Portionen angeboten werden, gute Gewinne machen.

Das Bundling wird oft in Schnellrestaurants eingesetzt, indem immer neue Variationen von Menükombinationen, bestehend aus einem Hauptteil, wie zum Beispiel Hamburger, aus Beilagen wie Pommes frites oder Salat und einer Nachspeise und einem Getränk angeboten werden. Einzelne Randkomponenten dieser Menüs stehen entweder gar nicht oder zu deutlich erhöhten Preisen auf der Speisekarte. Natürlich greift der Gast dann lieber zu den günstigeren Kombi-Menüs. Er übersieht dabei, dass diese Menüs in ihrer Gesamtheit teurer sind, als wenn sie nur einen Hamburger und ein Getränk gekauft und auf weitere Kombinationen verzichtet hätten. Der Hauptteil der Gewinne wird mit kombinierten Menüs erzielt.[211]

Die Decoy-Strategie ist eine sehr effektive Variante, um mehr Umsatz zu generieren.[212] Eine Speisekarte mit einem Steak-Angebot (220 g) mit zwei Beilagen zu 44 Euro wird mit einer Decoy-Strategie versehen. Ein kleines Steak (140 g) mit zwei Beilagen zu 32 Euro und ein Reef & Beef (Rinderfilet, 140 g) mit Hummer und zwei Beilagen zu 59 Euro kommt zum ursprünglichen Angebot hinzu, womit wir drei Angebote statt zwei haben. Das teuerste Gericht wird kaum bestellt, dafür steigt der Absatz des nun mittelpreisigen Steakangebots spürbar. Ähnlich funktioniert diese Strategie auch bei anderen Produkten.

Der Verhaltensökonom Dan Ariely, der an der Duke University forscht und lehrt, hat diese Themen in wissenschaftlichen Versuchen detailliert untersucht. In einem faszinierenden Experiment bat er einige Studenten der Wirtschaftswissenschaften, sich für eines von zwei Jahres-Abonnements zu entscheiden: 59 US-$ für ein Online-Abo oder 125 US-$ für ein Doppel-Abo, das die Printversion und den Online-Zugang zu den Artikeln beinhaltete. 68 Prozent der Studenten entschieden

---

211 Vgl. Müller 2012, S. 141 f.
212 Vgl. Poundstone 2010, S. 153.

sich für die Online-Ausgabe und nur 32 Prozent für das Doppel-Abo. Nun bat er eine andere Gruppe Studenten sich eines von drei Jahresabonnements der Zeitschrift Economist zu entscheiden: ein Online-Abonnement der Zeitschrift für 59 US-$ oder ein Print-Jahresabo für 125 US-$ oder lieber ein Doppel-Abo für 125 US-$, welches gleichzeitig Print und Online beinhaltete. Wie zu erwarten, entschied sich keiner der Studenten für das reine Print-Abonnement, das offensichtlich ein schlechtes Geschäft war. Die günstigere Online-Version wählten nur 16 Prozent der Studenten. Die meisten (84 Prozent) entschieden sich für das Doppel-Abo des Economist. Den Studenten der ersten Gruppe fehlte offensichtlich ein Maßstab hinsichtlich des angemessenen Preises für ein Abonnement.[213]

Aus solchen Untersuchungen können Pricing-Praktiker lernen, wie sich mit schlau gestalteten Angeboten der Umsatz signifikant erhöhen lässt. Beim Pricing muss verinnerlicht werden, dass das Gehirn immer relativ arbeitet. Das Gehirn nimmt relativ wahr und es freut sich relativ. Durch den Kontrasteffekt, Ankerpreise und einem Decoy, also einem Köder oder Lockvogel, kann das Verhalten des Kunden beeinflusst werden. Wichtig dabei ist, auch aus ethischen Überlegungen, dass die Kunden stets die Wahl haben und selbst entscheiden.

Die Namensgebung der Zimmerkategorien ist ebenfalls ein interessantes Betätigungsfeld des Neuropricing. Jede Zimmerliste, die nur preislich aufgebaut ist, verkauft sich schlechter als Zimmerbezeichnungen, die inspirierend sind. Hier spielt auch der Bildüberlegenheitseffekt eine Rolle, der den Behaltensvorteil für Bilder oder Wörter bezeichnet, die mit einem Vorstellungsbild gekoppelt sind: Benennbare Bilder werden besser behalten als Wörter, und konkrete Wörter werden besser behalten als abstrakte Wörter. Geben Sie den Zimmerkategorien einprägsame Namen, die mit Bildern assoziiert werden. Ein Zimmer »Kuschelbär«, »Herzerl-Zimmer« oder »Milch und Honig-Suite« assoziiert konkrete Bilder und ist emotional wirkungsvoller als die nichtssagenden generischen Bezeichnungen »Klassik«, »Komfort« oder »Superior«. Emotionen wecken, Fantasie anregen und das Belohnungssystem durch Vorfreude auf das Urlaubserlebnis stimulieren. Dann wird der Preis in den Hintergrund treten.

Paketpreise sind in der Hotellerie beliebt und können genutzt werden, um ein ganzes Bündel von Leistungen zu verkaufen. Eine Übernachtung mit Frühstück und Abendessen, Nachmittagsjause und die Benutzung des Wellnessbereiches samt zwei Behandlungen in einem Gesamtpreis als Pauschale anzubieten, ist in der Ferienhotellerie im Alpenraum üblich. Wichtig bei einem Paketpreis ist, die einzelnen Komponenten auch einzeln anzubieten. Die Summe aller Einzelteile sollte höher sein als das Gesamtpaket. Paketpreise geben das Gefühl, mehr zu gewinnen als zu verlieren.

Ein wesentliches Element beim Verkaufserfolg ist die Persönlichkeit des Verkäufers oder der Verkäuferin. Ein Kunde kauft lieber von Verkäufern, die ihm sympathisch sind. Ähnlich verhält es sich auch mit der Autorität. Es gehört zu den Grundmustern der Evolution des Menschen, Autoritäten zu folgen. Eine Masseurin in

---

213 Vgl. Müller 2012, S. 145 f.

einem Wellness-Hotel oder ein Sommelier kann die Fachautorität ins Spiel bringen und überzeugend argumentieren und damit den Kunden zum Kauf überzeugen. Die Kleidung der Mitarbeiter spielt ebenfalls eine gewichtige Rolle in der auch unbewussten Einschätzung der Professionalität des Hauses. Autorität basiert auf Äußerlichkeiten, Erfahrung und Können. Optimal ist eine gelungene Kombination, wenn beide Fähigkeiten Hand in Hand gehen und das Äußere passt.

Geschenke und Gegenleistungen sind stark verbreitete Normen der menschlichen Kultur. Jemand, der etwas bekommen hat, wird versuchen, sich dafür zu revanchieren, um nicht in einem dauerhaften Schuldverhältnis zu stehen. Großzügigkeit auch bei kleinen Geschenken führen zu einer erhöhten Zahlungsbereitschaft. Die Situation, in der wir uns befinden, entscheidet ganz wesentlich über unsere Preiswahrnehmung und unsere Zahlungsbereitschaft. Die wenigsten Menschen sind in ihrem Verhalten konsistent, sondern versuchen, sich einer gegebenen Situation adäquat anzupassen. So wird in bestimmten Situationen auch gekauft, ohne auf den Preis zu achten. Die Kunst eines Verkäufers besteht also darin, die jeweilige Situation genau so zu gestalten, dass die Zahlungsbereitschaft wächst und die Preiswahrnehmung in den Hintergrund tritt.[214] Im Kapitel 5.1 werden weitere psychologische Effekte für Preis-Strategen vorgestellt und beschrieben.

---

214 Vgl. Müller 2012, S. 177.

4   Das Spielfeld

»Die Kunst des Organisierens besteht darin, Inkompatibles miteinander zu verbinden.« (Armin Nassehi)[215]

Der Preis ist das zentrale Scharnier der Ökonomie.[216] Er sorgt für den Ausgleich von Angebot und Nachfrage. Kein anderes Instrument eignet sich effektiver, um die Auslastung eines Hotels schnell zu steigern. Ändern Wettbewerber ihre Preise, kann schnell gegengesteuert werden. Doch ist das schlau? Leider ist der Preis nicht nur in der Hotellerie die am häufigsten eingesetzte Angriffswaffe. Manchmal wird der Preis auch aus Verzweiflung oder aus Unkenntnis seiner Wirkmacht auf den Gewinn eingesetzt, um die Auslastung zu erhöhen. Wann ist ein Preis akzeptabel? Warum werden Preise abgelehnt? Welches Wissen sollten wir uns aneignen, um den richtigen Preis selbstbewusst zu setzen? Der wichtigste Aspekt des Preises ist der Kundennutzen. Der Nutzen eines Produktes oder einer Dienstleistung ist die Fähigkeit, Bedürfnisse zu befriedigen.

Bedürfnisse bzw. Motive werden im Sinne der Motivationstheorie als autonom entstehende oder durch Sozialisation gelernte Antriebskräfte im Inneren des Menschen angesehen, die sowohl von aktivierenden als auch kognitiven Kräften gekennzeichnet sind.[217] Da Bedürfnisse situationsbezogen und hochgradig subjektiv sind, kann auch die Bewertung des Nutzens nur jeder einzelne Kunde für sich vornehmen. Es gibt keinen objektiven Nutzen, der für alle gleich ist, da jeder Mensch einzigartig ist, mit eigenen Bedürfnissen und eigenen Vorstellungen über Nutzen und Wert eines Produktes. Jeder Nutzen ist ein Phänomen der subjektiven Bewertung und nur auf einer individuellen Präferenzskala einreihbar. Und da es ebenso viele Präferenzskalen wie Erdenbürger gibt – und weil sich die Rangfolge der subjektiven Nutzenschätzungen bei allen Menschen auch noch permanent ändert, kann ein objektiver Nutzen einer Sache oder einer Leistung niemals gegeben oder feststellbar sein.[218]

Für ein Hotelzimmer können je nach Standort, Ausstattung und Zeitpunkt der Nutzung komplett unterschiedliche Preise verlangt werden. Ausschlaggebend für die Preisdurchsetzung ist das subjektive Nutzenkalkül des Kunden. Auch wenn er

---

215 Zit. n. Lotter 2020, S. 197.
216 Vgl. Simon 2020, S. 190.
217 Vgl. Nieschlag et al. 1991, S. 144.
218 Vgl. Baader 2007, S. 16.

für ein Zimmer mit Frühstück 500 Euro bezahlt, kann für einen Gast auch dieses Angebot attraktiv sein, wenn es sich zum Beispiel um das letzte freie Zimmer im Umkreis von 100 Kilometer handelt. Einen Tag später würde derselbe Gast vielleicht keine 50 Euro für das Zimmer ausgeben, weil er an einem anderen Ort einen Termin hat. Das Zimmer hat keinen Wert mehr für ihn, egal wie tief der Preis ist.

Die Preisbereitschaft eines Kunden und der dadurch erzielbare Preis des Hoteliers hängt daher immer davon ab wie der Gast seinen momentanen Nutzen bewertet, den er durch die Konsumation hat. Er wird nur dann buchen, wenn der wahrgenommene Wert bei einem bestimmten Preis höher ist als der eines Konkurrenzproduktes. Erkennt ein Kunde einen höheren Wert, dann ist er bereit mehr zu bezahlen. Hier kommt ein interessanter Aspekt zum Tragen. Da der Kunde den Wert aus seiner Sicht festlegt, ist es so wichtig, dass er auch den tatsächlichen Nutzen kennt, den er haben wird, wenn er das Produkt nutzt. Daher ist auch die Kommunikation des Leistungsgebers so essenziell. Es geht weniger um den Preis, sondern um den Nutzen des Produktes oder der Leistung. Die Argumentation über den Nutzen ist der ausschlaggebende Erfolgsfaktor jedes Verkäufers. Kein Kunde kauft einen Preis, Kunden wollen einen Nutzen, den sie haben, wenn sie mit dem Produkt oder der Leistung ihr Bedürfnis befriedigen. Das Geheimnis des erfolgreichen Verkaufs besteht darin, dem Kunden Nutzenargumente zu liefern, die für den Kunden einen Wert haben.[219] Wenn Sie es schaffen, den Wert der Leistung im Kopf des Kunden wesentlich höher zu positionieren als den Preis, den Sie zur Erfüllung des Bedürfnisses verlangen, dann haben Sie mit hoher Wahrscheinlichkeit einen Verkaufserfolg.

Zwischen Bedürfnis, Bedürfnisbefriedigung, Leistung, Preis, Wert und Nutzen besteht also ein unmittelbarer Zusammenhang, der in der Abbildung 26 dargestellt ist. Wird ein Nutzen höher wahrgenommen, dann wird der Kunde diesem Nutzen einen höheren Wert beimessen und auch bereit sein, einen höheren Preis zu bezahlen und umgekehrt. Die Nachfrage hat den Ursprung im Bedürfnis, das der Kunde befriedigen möchte. Um dieses Bedürfnis zu befriedigen, werden am Markt Leistungen zu bestimmten Preisen angeboten. Der Kundennutzen ist direkt mit der Bedürfnisbefriedigung verknüpft, was für den Kunden einem Wert entspricht. Ist dieser Wert höher als der verlangte Preis, entsteht ein Vorteil für beide Marktteilnehmer, denn auch der Anbieter hat einen Vorteil, da für ihn der erhaltene Preis einen höheren Wert darstellt als die gegebene Leistung. Aus Sicht des Kunden wird eine solche Konstellation als positives Preis-Leistungsverhältnis gesehen. Liegt der Wert aus Sicht des Kunden niedriger als der Preis, bewertet er das Preis-Leistungsverhältnis negativ. Der zentrale Ansatzpunkt aus Sicht des Hoteliers ist, den Wert der Leistung im Kopf des Kunden möglichst hochzuverankern.

---

219 Vgl. Angerbauer 2013, S. 139.

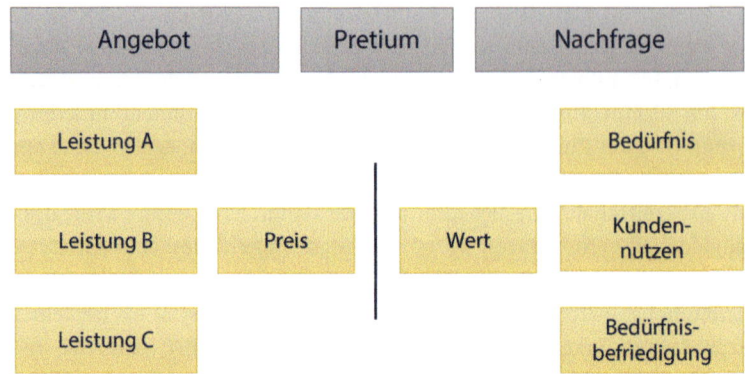

Abb. 26: Der Preis als zentrales Scharnier der Ökonomie

In der lateinischen Sprache existiert für die Begriffe Wert und Preis ein Wort: Pretium.[220] Die alten Römer haben diesen Zusammenhang offensichtlich verstanden. Wenn wir uns also mit Preisen befassen, liegt es nahe, sich zuerst mit dem Wert aus Sicht des Kunden zu befassen. Wie aus der Abbildung 26 ersichtlich kann jedes Element das Gleichgewicht zwischen Wert und Preis beeinflussen. Investiert beispielsweise ein Hotel in die Verbesserung der Wellnessanlage und erhöht es den Preis, dann verändert sich auch die Preiswahrnehmung des Kunden. Es kann auch sein, dass sich das Bedürfnis des Kunden verändert, wenn er von dem neuen Angebot erfährt und er das Bedürfnis hat, dieses Angebot zu nutzen. In diesem Fall ändert sich das Pretium und Angebot und Nachfrage finden auf einem höheren Niveau ein Gleichgewicht.

Kern der Marktwirtschaft ist die Bedürfnisse der Menschen durch andere im freiwilligen Austausch zu befriedigen. Ein Austausch findet nur dann statt, wenn Käufer und Verkäufer den Wert, den jeder durch den Austausch erhält, höher schätzt als den Wert, den er gibt.[221] Ändern sich die Bedürfnisse, ändern sich die Angebote. Eingebettet in ihrer Kultur ändern Trends die Einstellungen und Wünsche der Menschen. Beispielsweise sind die Themen Nachhaltigkeit, Regionalität und Umweltschutz in den letzten Jahren zu wesentlichen Treibern im Tourismus geworden, die kein Hotelier ignorieren sollte.[222] Änderungen im Angebot können zu Veränderungen der Bedürfnisse führen.

Der Wellnessboom, der vor 30 Jahren die Ferienhotellerie revolutionierte, führte zu Veränderungen der Bedürfnisse der Kunden. Wellness ist nicht nur angenehm, entspannend und gesund, sondern führt zu einem Prestigegewinn des Gastes, wenn Freunden und Bekannten großartige Bilder und Geschichten präsentiert werden. Der dadurch gestiegene Wert aus Sicht der Gäste führt auch zur Bereit-

---

220 Vgl. Simon 2020, S. 204; Simon, Fassnacht 2019, S. IX.
221 Vgl. Mises 1949, S. 324.
222 Der Trend hin zu Angeboten bäuerlicher Tourismusbetriebe speist sich aus diesen Einstellungsänderungen. Vgl. Nussbaumer 2020b.

schaft, höhere Preise zu bezahlen. Die Bekannten des Gastes haben plötzlich auch ein Bedürfnis, das befriedigt werden will. So werden Nachfrage generiert und Märkte kreiert.

Werte und Preise sind ständig in Bewegung, getrieben durch Bedürfnisse und Innovationen. Die erfolgreiche Antizipation von Kundenbedürfnissen ist ein Wettbewerbsvorteil für Hoteliers, da sie ihre Innovationen direkt auf die bessere Bedürfnisbefriedigung ihrer Kunden fokussieren können. Die exakte Kenntnis der Kundenwünsche hilft, die Leistung so zu gestalten, dass sie gegenüber den Wettbewerbern im Vorteil sind. Die ständigen Anstrengungen der Anbieter, die Bedürfnisse der Kunden besser zu befriedigen, ist der Treiber der Marktwirtschaft und die Basis unseres Wohlstandes.

In diesem Kapitel geht es darum die Grundlagen zu schaffen, die es uns ermöglichen, den richtigen Preis zu finden. In der Fachliteratur wird von Grundmodellen der Preiskalkulation[223] oder auch Preisbildungsverfahren[224] gesprochen. Das Finden des richtigen Preises ist eine hochkomplexe und für den Gewinn jedes Unternehmens essenzielle Entscheidung. Meiner Ansicht nach ist das Finden des richtigen Preises die zentralste Aufgabe des Managements überhaupt. In der Hotellerie rangiert das Finden des richtigen Preises hinsichtlich der Bedeutung für den Gewinn höher als die Kosten und deutlich höher als die Auslastung.

In der Theorie der Preiskalkulation existieren drei Ansatzpunkte: Kosten, Konkurrenten und Nachfrager. Bei der kostenorientierten Preis-Politik konzentriert sich die Preiskalkulation auf Art und Umfang der Erstellung des Leistungsangebots, wobei der Leistungserstellungsprozess mit Kosten bewertet wird und den Startpunkt für die Preiskalkulation bildet. Die Vorstellung, dass sich der Wert eines Wirtschaftsgutes aus der Kombination von Arbeit und Kapital ergibt, die in seine Herstellung geflossen sind, wird auch als intrinsische Bewertungsmethode bezeichnet, eine Erweiterung der Arbeitswerttheorie, die erstmals von David Ricardo 1811 vorgestellt worden ist.[225] Später wurde diese Arbeitswerttheorie von Karl Marx im Kommunistischen Manifest[226] und in seiner Schrift Das Kapital aufgegriffen. Je mehr Arbeit seiner Ansicht nach gebraucht werde, um ein Produkt herzustellen, desto wertvoller sei sie.[227]

1871 stellte Carl Menger an der Wiener Universität das Konzept der subjektiven Bewertungsmethode vor.[228] Mengers Erkenntnisse wurden zu einem Grundpfeiler der Volkswirtschaftslehre, die später als Österreichische Schule bekannt wurde.[229] Der subjektive Wert eines Wirtschaftsgutes ist der Wert, der ihm von einem Menschen aufgrund seiner individuellen Bedürfnisse und Wünsche zugeschrieben

---

223 Vgl. Pechtl 2014, S. 119.
224 Vgl. Simon, Fasnacht 2009, S. 188 ff.; Nieschlag et al. 1991, S. 288 ff.
225 Vgl. Ricardo 1837, S. 72 ff.
226 Vgl. Marx, Engels 1893
227 Vgl. Rickards 2020, S. 24.
228 Vgl. Taghizadegan 2017, S. 17.
229 Vgl. Menger 1871.

wird.²³⁰ Die nachfragerorientierte Preis-Politik fokussiert sich auf die Zahlungsbereitschaft der Nachfrager hinsichtlich der angebotenen Leistung. In diesem Zusammenhang wird auch von Target-Pricing gesprochen.²³¹ Die Frage »Was kostet ein Produkt?« wird abgelöst von der Frage »Was darf ein Produkt kosten?« Die nachfragerorientierte Preis-Politik eröffnet dadurch völlig neue Möglichkeiten, ganz besonders für die Hotellerie.

Die konkurrenzorientierte Preis-Politik berücksichtigt den Tatbestand des Wettbewerbs unter den Anbietern, die sich gegenseitig durch preispolitische Aktionen Kunden abwerben können. Pechtl spricht in diesem Zusammenhang vom »magischen Dreieck«.²³²

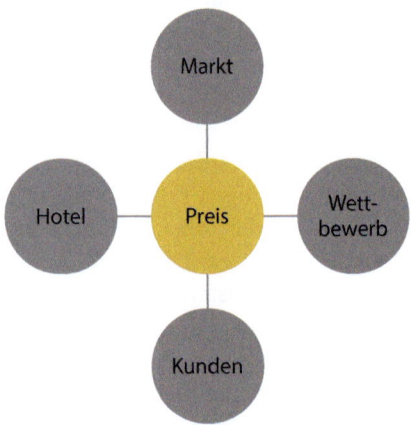

Abb. 27: Spielfeld Preis – den richtigen Preis finden

Aus Sicht eines Hotelbetriebes stellen sich die Akteure (Kunden und Wettbewerber) und auch der Markt als hochkomplexes Phänomen, auf dem Angebot und Nachfrage zusammentreffen, dar. Da jedes Hotel untrennbar mit einem Ort und einer Region verbunden ist, ist der Begriff des Marktes weiter zu fassen als nur der Punkt des Zusammentreffens von Angebot und Nachfrage. Betrachtet man eine Tourismusorganisation eines Ortes oder einer Region, so ist klar, dass diese mit anderen Tourismusorganisationen im Wettbewerb steht. So gesehen ist der Markt nicht nur als Spielfeld, sondern auch als Akteur zu sehen.

Jeder Akteur und auch der Markt verändern sich fortlaufend, womit schon deshalb einmal gefundene Preise immer wieder aktualisiert und optimiert werden sollten. Jede Aktivität jedes Marktteilnehmers hat Auswirkungen auf alle anderen Mitspieler und den Markt. In der Abbildung 27 sind diejenigen Dimensionen angeführt, die bei der Erarbeitung einer Preis-Strategie zu unterscheiden und zu ana-

---

230 Vgl. Rickards 2020, S. 24 ff.
231 Vgl. Simon, Fassnacht 2009, S. 85.
232 Vgl. Pechtl 2014, S. 119.

lysieren sind. Das Verständnis des Spielfeldes und dessen Wirkkräfte ist die Basis für eine professionelle Preis-Strategie. In den folgenden Kapiteln werden diese Zusammenhänge erläutert.

4.1 Markt

Der Markt ist der ökonomische Ort des Tausches, an dem sich durch Zusammentreffen von Angebot und Nachfrage die Preisbildung vollzieht.[233] Aus preisstrategischer Sicht kann der Markt auch als der ökonomische Ort des Tausches gesehen werden, an dem sich durch Zusammentreffen von Angeboten und Preisen die Nachfrage vollzieht. Diese Definition gefällt mir besser, zumal der Preis, insbesondere für hochwertige Hotelangebote, nicht Spielball des Marktes sein sollte, sondern ein selbstbewusstes Statement des Managements. Marktteilnehmer sind nach Kotler alle Personen und Organisationen, die tatsächliche oder potenzielle Käufer eines Produktes oder einer Dienstleistung sind. Diese Käufersicht wird ergänzt durch die Angebotsperspektive, die Branche oder Konkurrenz genannt wird.[234]

Der Hotelmarkt wird in der Regel durch Mengenangaben beschrieben: Anzahl Hotelbetriebe, Gesamtumsatz der Branche, Anzahl Beschäftigte, verfügbare Betten, Anzahl Nächtigungen, Durchschnittspreise etc.[235] Diese Branchenanalysen bieten interessante Einblicke und sollten bei der Erarbeitung von Strategien berücksichtigt werden. Zur Findung des richtigen Preises hingegen eignen sich diese Analysen nur bedingt, da Preise erheblich variieren. Der Markt ist ein abstrakter Begriff, der in der Realität aus vielen Teilmärkten besteht, da die Kunden in ihrem Anspruchsverhalten doch unterschiedlich sind. Die einen wollen ein möglichst preiswertes Hotel für ihren Urlaub, das jedoch die wichtigsten Funktionen erfüllt. Andere Kunden suchen den ultimativen Kick für ihren Urlaub, egal, was es kostet.

Mit einem bestimmten Hotelangebot kann man es nicht allen recht machen. Unternehmen versuchen daher, die verschiedenen Teilmärkte zusammenzufassen und anzusprechen, die exakt zu ihrer Strategie passen oder umgekehrt, sie identifizieren ein Kundenproblem und kreieren eine Lösung, die exakt für die Kunden maßgeschneidert ist. Wenn ein bestimmtes Angebot eine bestimmte Zielgruppe anspricht, die exakt das Bedürfnis hat, das mit dem Angebot befriedigt werden kann, dann kann von einem relevanten Marktsegment gesprochen werden. Der Betrachtungsfokus ist daher vom Gesamtmarkt auf den relevanten Markt zu lenken. Um diesen Teilbereich zu definieren ist eine Marktsegmentierung vorzunehmen.[236] Als

---

233 Vgl. Gablers Wirtschaftslexikon 1979, S. 219.
234 Vgl. Kotler 182, S. 136.
235 Vgl. Gardini 2015, S. 37 ff.; Hänssler 2004, S. 216 ff.; Henschel et al. 2013, S. 15 ff.
236 Vgl. Dubois et al. 2007, S. 71.

Marktsegmente bezeichnet man in sich homogene potenzielle Abnehmergruppen, die sich voneinander durch ihr Konsumverhalten unterscheiden.[237]

Nun könnte man versuchen, die Marktsegmente dieser kundenbezogenen Betrachtung soziodemografisch zu segmentieren, zum Beispiel nach Alter, Geschlecht, Einkommen, Ausbildung oder der Nationalität. Praktiker wissen jedoch, dass es fast unmöglich ist, Kunden allein nach soziodemografischen Kriterien effektiv anzusprechen. Diese Kriterien können maximal eine Teildimension eines Marktsegmentes sein. Ein Beispiel einer über das Alter definierten soziodemografischen Marktsegmentierung in der Hotellerie ist das Segment »50 Plus«.[238] Diese Marktsegmentierungsstrategie ist jedoch trotz der steigenden Anzahl an Menschen in diesem Segment nicht unproblematisch, da Menschen über 50 durchaus topfit sein können und sich in Hotels, wo sie die Jüngsten sind, unwohl fühlen könnten. Zudem muss ein Hotel mit einer Fokussierung auf 50 Plus-Gäste darüber hinaus weitere Erfolgskriterien erfüllen, um attraktiv zu sein. Wir benötigen daher weitere Kriterien, um ein Marktsegment hinreichend zu beschreiben, bis wir in der Lage sind, Auskunft über die richtigen Preise zu geben.

Das angebotsseitige Pendant eines Marktsegmentes ist die Positionierung eines Hotels, das im vorherigen Kapitel beschrieben worden ist. Hotelkategorien geben jedenfalls Anhaltspunkte über Preisspannen, wenn auch innerhalb der Kategorien zum Teil erhebliche Preisunterschiede bestehen. Auch die Region und der Ort, in dem ein Hotel steht, ist ein wichtiger Ansatzpunkt zur Definition des Preisniveaus eines Marktsegments, denn es ist ein großer preislicher Unterschied, wo der Urlaub konsumiert wird. Die Attraktivität einer Region ist ein herausragender Preisindikator, zumal zahlungskräftige Kunden eher die Top-Regionen wählen. Die hochwertigsten und teuersten Hotelangebote für die alpinen Schifahrer befinden sich nicht zufällig in den Top-Regionen. Ob Zermatt, Trois Vallées, Lech-Zürs, Sölden oder Ischgl, die Hotelpreise dieser Regionen unterscheiden sich zu preiswerten Schiregionen erheblich. Die Attraktivität dieser Top-Regionen ist auffällig. So beantworteten 71 Prozent der befragten Gäste eines Top-Hotels in Lech die Frage, ob sie in der Region bleiben würden, wenn das genannte Hotel ausgebucht wäre, mit ja. In anderen Regionen sind diese Werte deutlich niedriger. Dennoch sind die Preisspannen auch innerhalb der Regionen und Orte mitunter sehr groß. Das bedeutet, dass wir in den meisten Tourismusdestinationen Angebote für fast jedes Budget haben.

Anfang 2020 haben wir im Land Salzburg den in vielerlei Hinsicht bemerkenswerten Tourismusort Großarl analysiert. Die Preise der 32 Hotelbetriebe für eine Übernachtung pro Person Halbpension schwankten zwischen 58 und 430 Euro, wobei die jeweils günstigsten Zimmerkategorien in der günstigsten Saison mit den teuersten Zimmerkategorien in der teuersten Saison verglichen wurden. Die Preisspanne betrug absolut 372 Euro. Das Verhältnis zwischen dem teuersten (430 Euro) und dem günstigsten Preis (58 Euro), entsprach dem 7,4-fachen des güns-

---

237 Vgl. Kroeber-Riel 1990, S. 201; Kreilkamp 1987, S. 96 ff.
238 Vgl. Grassmann, Reepmeyer 2006; Otten 2009; Hunke, Gerstner 2006.

tigsten Preises. Interessant ist, dass sich die Preisspannen je Tourismusort oder Tourismusregion zum Teil erheblich unterscheiden.

Wenn man sich die hier angeführten Beispiele ansieht, die wir im Rahmen von Preis-Strategie-Projekten analysiert haben, so kann eine gewisse Korrelation zwischen der Preisspanne und dem Preisniveau je Tourismusort oder Tourismusregion festgestellt werden. Je höher das Preisniveau, desto höher sind die Preisspannen[239]:

- Zürs am Arlberg/ Vorarlberg: 24,5
- Ischgl/ Tirol: 17,6
- Gstaad/ Saanen/ Schweiz: 13,0
- Leogang/ Salzburg: 10,1
- Zell am See/ Salzburg: 9,7
- Zillertal/ Tirol: 8,7
- Großarl/ Salzburg: 7,4
- Fügen im Zillertal/ Tirol: 6,8
- Sankt Gallen/ Schweiz: 6,7
- Schladming/ Steiermark: 6,2
- Damüls/ Vorarlberg: 5,7
- Stegersbach/ Burgenland: 4,5
- Söll/ Tirol: 3,3
- Warmbad Villach/ Kärnten: 2,8

Bei Preis-Strategie-Projekten analysieren wir die Preisspannen regelmäßig. Die Einordnung eines Hotels in die Preisspanne des Tourismusortes bzw. der Tourismusregion hilft, die Preis-Positionierung und vor allem die eigene Preisspanne zu hinterfragen. Natürlich existieren auch Hotelbetriebe, die sich nicht über den Tourismusort definieren und unabhängig und selbstbewusst auftreten. Dabei handelt es sich um Hotelmarken, die eher bekannt sind und bei denen der Tourismusort eine nachgelagerte Rolle spielen kann.

Die Tiroler Hotelbetriebe Stanglwirt, Schwarz, Stock oder Jungbrunn zum Beispiel sind weniger von den Tourismusorten Going am Wilden Kaiser, Mieming, Finkenberg oder Tannheim abhängig und könnten auch an anderen Orten erfolgreich sein. Im Gegenteil profitieren die Tourismusorte eher von diesen Unternehmen. Bei diesen und auch bei anderen namhaften Betrieben stellt der Kunde, der erstmals eines dieser Hotels aufsuchen möchte, wahrscheinlich die Frage, wo sich diese Betriebe befinden. Normalerweise stellt sich die Frage umgekehrt: »Ich möchte nach Sölden zum Schifahren, welches Hotel sollen wir wählen?« Hotelbetriebe mit hoher Bekanntheit haben daher bei der Durchsetzung ihrer Preise we-

---

239 Diese Preisspannen, dargestellt als Verhältnis zwischen den günstigsten und den teuersten Zimmern, wurden zwischen 2018 und 2020 ermittelt und erheben keinen Anspruch auf Vollständigkeit. Bei den Preisspannen für Söll und Warmbad Villach stand nur eine kleine Auswahl an Wettbewerbern zur Verfügung.

4 Das Spielfeld

niger Probleme, da sie einzigartig sind und nicht mit Dutzenden anderer Hotels verglichen werden. Für solche Hotelbetriebe sind die Preise des Tourismusortes weniger relevant.

In der Abbildung 26 haben wir den Preis als zentrales Scharnier der Ökonomie dargestellt. Aus kundenbezogener Sicht geht es darum, durch die Wahl eines Hotelangebotes ein bestimmtes Bedürfnis zu befriedigen. Bedürfnissen vorgelagert sind wahrgenommene Probleme, die als Reaktion auf Mangelerscheinungen entstanden sind.[240] Denken wir an einen passionierten Schifahrer, der das Bedürfnis hat, sein Hobby auszuleben. Je nachdem, wie das Bedürfnis befriedigt wird, resultiert daraus ein Kundennutzen, der aus Sicht des Kunden einen Wert darstellt. Diesen Wert setzt der Kunde mit dem zu zahlenden Preis in Relation. Der Ursprung des Wertes ist daher das Bedürfnis des Kunden bzw. die Mangelerscheinung. Aus preisstrategischer Sicht stellt sich daher die Frage – mit der wir uns im nächsten Kapitel befassen werden – warum bucht der Kunde ein bestimmtes Hotel?

Als Fazit aus den vorangegangenen Ausführungen stehen aus Sicht eines Hotels die Kategorie, der Ort und die Region sowie der Buchungsgrund als Marktsegmentierungskriterien einer dreidimensionalen Marktsegmentierung zur Verfügung.

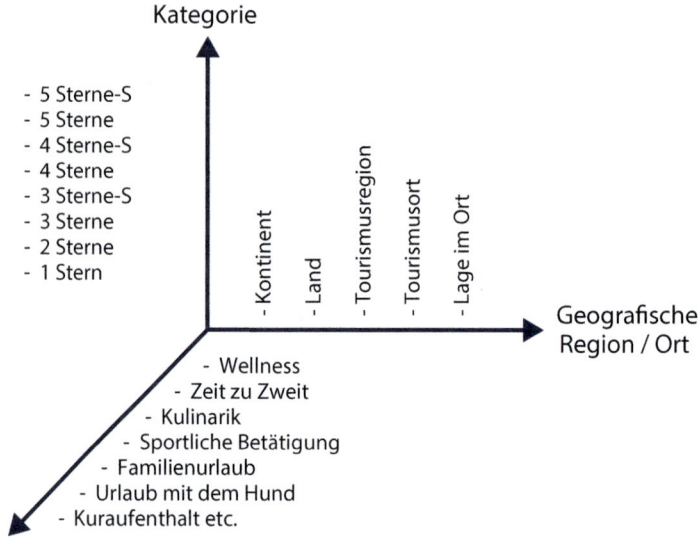

Abb. 28: Marktsegmentierungskriterien eines Hotels

Zur Definition des richtigen Preises ist eine dreidimensionale Betrachtung hilfreich, wie sie in Abbildung 28 dargestellt ist. Die Kategorie gibt konkrete Anhalts-

---

240 Vgl. Huber 1984, S. 19.

punkte über mögliche und erwartete Preisniveaus und Preisspannen sowie über die aktuellen und potenziellen Wettbewerber. Es ist vor allem preislich ein Unterschied, ob ein Hotel sich als 4-Sterne-Hotel oder als 4-Sterne-Superior-Hotel definiert. Kategorien sind Orientierungshilfen, vor allem für Gäste, die das Hotel noch nicht kennen. Sehr bekannte und erfolgreiche Hotelbetriebe können auch auf eine Kategorisierung verzichten, oder reaktiv kommunizieren. Bei nicht kategorisierten Hotelbetrieben handelt es sich meistens um sehr erfolgreiche und selbstbewusst agierende Top-Betriebe oder, im negativen Fall, um solche, die auf eine Kategorisierung verzichten, weil die Sternekommission nicht mehr bereit war, die ursprüngliche Kategorie zu bestätigen.

Die geografische Region, der Tourismusort, die Tourismusregion und auch die Lage im Tourismusort ergibt sich aus dem Standort des Hotelbetriebes. Für ein Hotel ist es für die Positionierung ein fundamentaler Unterschied, ob es sich mitten im Ort oder direkt an der Schipiste befindet. Im Unterschied zu anderen Produkten und Dienstleistungen kann ein Hotel seine Leistung ausschließlich am Standort erbringen. Dies betrifft zumindest jene Leistungen, die unmittelbar mit der Infrastruktur und eben des Standortes des Hotels verbunden sind. Daher haben auch die Preise anderer Anbieter im unmittelbaren Umfeld einen Einfluss auf die Preiswahrnehmung der Kunden.

Je nach Positionierung eines Hotels kann es sinnvoll sein, sich selbstbewusst als Preisführer an einem Tourismusort zu positionieren. In Tourismusorten mit starken Wettbewerbern können die hohen Preisniveaus der Marktführer auch als Preisschirm genutzt werden. Man positioniert sich knapp unter den Preisen der teuersten Anbieter und profitiert von dem Nachfragesog dieser Betriebe und denjenigen Kunden, denen die Angebote der Marktführer zu teuer sind und die eine preiswertere Alternative suchen.

Der Buchungsgrund ist ein Segmentierungskriterium, das aus Kundensicht kreiert wird. Diese Form der Segmentierung bedeutet eine ausgeprägte Kundenorientierung. Hotelbetriebe, die den Buchungsgrund als Scharnier zu Innovationen und Investitionen nutzen, verfolgen die richtige Strategie, um Wettbewerbsvorteile aufzubauen. Den Buchungsgründen vorgelagert sind Bedürfnisse und Probleme, die gelöst bzw. befriedigt werden wollen. Eine regelmäßige Analyse der Buchungsgründe schützt die Wettbewerbsposition des Hotels und verringert das Risiko einer Fehlinvestition. Je mehr wir über die Ursachen der Nachfrage wissen, desto eher können wir maßgeschneiderte und attraktive Angebote kreieren. Da sich die Buchungsgründe auch ändern können, ist deren Kenntnis eine notwendige Bedingung, um zukunftsfähige Investitionen zu tätigen. Der Buchungsgrund ist meines Erachtens die zentrale Differenzierungschance jedes Hotels und Basis für die Gestaltung des Strategischen Gäste-Nutzen-Profils.

Ein Buchungsgrund kann auch durch Innovationen kreiert werden, wie der Erfolg der Wellness-Hotellerie eindeutig beweist. Auch der Buchungsgrund Urlaub mit Hund ist eine Innovation, die sich sukzessive seit 2006 entwickelt hat. Hotelbetriebe, die auch in Zukunft erfolgreich sein wollen, benötigen Innovationskompetenz, also die Fähigkeit mit Neuem und Innovationen umzugehen.[241] Mit Innovationskompetenz ist jedoch nicht nur die Kreativität des Chefs oder der Chefin gemeint, sondern durchaus standardisierte Prozesse, um Innovationen zu kreieren.[242] Ein wesentlicher Erfolgsfaktor von Innovationen ist, wie bereits beschrieben, der Kundennutzen. Impulse zu Innovationen kommen immer wieder aus Strategie-Aktualisierungen, wenn es um die Herausforderungen der Zukunft geht, und Stoßrichtungen gesucht werden, um die Wettbewerbsvorteile weiter auszubauen.

Dennoch wandeln sich Buchungsgründe durch neue Bedürfnisse der Kunden oder durch neue Angebote von Wettbewerbern. In strategischen Marktforschungs-Projekten konnten wir feststellen, dass sich die Buchungsgründe innerhalb weniger Jahre deutlich ändern können. Plötzlich ist die Ausstattung des Zimmers wesentlich wichtiger, was bei Investitionen in Zimmerrenovierungen berücksichtigt werden sollte. Die Kenntnis des Buchungsgrundes und die Gestaltung des Angebotes ist daher nicht nur eine Aufgabe des Marketings, sondern der Kern der Strategiearbeit, der anvisierten Wettbewerbsposition, der Gestaltung der Wettbewerbsvorteile und der Definition des richtigen Preises.

4.2   Hotel

Die Erarbeitung bzw. Aktualisierung einer Preis-Strategie sollte für jedes Hotel eine regelmäßige Aufgabe sein, die mindestens einmal jährlich durchgeführt wird. Bei der Aktualisierung muss nicht jedes Mal die komplette Preis-Strategie neu erarbeitet werden. Die regelmäßige Anpassung der Preise an die Inflation hingegen ist Pflicht. Ansatzpunkte für preisstrategische Optimierungen finden wir aufgrund der Erfahrungen in über 100 Preis-Strategie-Projekten in der Regel relativ schnell. Nach einer detaillierten Analyse und einer intensiven Diskussion werden mögliche Optimierungen mit der Preis-Szenariorechnung analysiert, simuliert und bewertet. Bei der Analyse sind folgende Fragen zu beantworten:

- Welche Unternehmensstrategie verfolgt das Unternehmen?
- Welche Gewinnperformance hat der Hotelbetrieb?
- Ist die Betriebsgröße optimal?
- Wie ist das Hotel derzeit positioniert?
- Worin unterscheidet sich das Hotel von den Wettbewerbern?
- In welchem Zustand ist die allgemeine Infrastruktur, die Servicequalität?
- In welchem Zustand sind die Zimmer?
- Wann wurden die Zimmer das letzte Mal renoviert?
- Wie ist die derzeitige Preis-Strategie zu beurteilen?
- Wie wurden die Preise in den letzten Jahren angepasst?
- Wie haben sich die tatsächlich durchgesetzten Preise entwickelt?

---

241 Vgl. Lotter 2018, S. 172.
242 Vgl. Boutellier, Völker 1997, S. 43.

- Wie hat sich die Auslastung entwickelt?
- Sind seit der letzten Preisanpassung Investitionen durchgeführt worden oder geplant, und wenn ja, in welcher Höhe und mit welcher Zielsetzung?
- Wer sind die relevanten Wettbewerber?
- Wie liegen die Preise im Vergleich zu den Wettbewerbern?
- Wie liegen die Preise im Vergleich zu anderen Hotelbetrieben des Tourismusortes oder der Tourismusregion?
- Wie erfolgt die Preis-Kommunikation?
- Mit welcher zeitlichen Differenzierung arbeitet das Hotel? Sind die Preise fest oder dynamisch?
- Mit welchem Buchungssystem arbeitet das Hotel?
- Welche Ansatzpunkte sind aus der Analyse der preisrelevanten Faktoren vorhanden?

Im Zuge der Analyse werden die strategischen Durchschnittspreise und die Auslastungen der letzten Jahre systematisch und im Detail untersucht und hinterfragt. Im Detail bedeutet Auswertungen bis auf jedes Zimmer, jede Nächtigung und jede Saison zu analysieren. In der Regel bieten die marktgängigen Buchungssysteme Möglichkeiten einer detaillierten Analyse. Basis dieser Analyse ist eine Auswertung der Zimmerstruktur, segmentiert in Kategorien, Zimmergrößen, Zimmerbeschreibung, der Zeitpunkt der letzten Renovierung, Ausrichtung der Zimmer, Anzahl Betten je Zimmer, Ausstattung und einer ersten Bewertung jedes Zimmers durch das Management des Hotels. Selbstverständlich werden die Zimmer und die gesamte Infrastruktur des Hotels von den Consultants in Augenschein genommen.

Zugegeben, die Beantwortung dieser Fragen ist eine umfangreiche Arbeit. Doch sie lohnt sich, denn am Ende des Analyseprozesses kristallisieren sich eine ganze Reihe von Ansatzpunkten heraus, die in der Summe zu erheblichen Verbesserungen führen können. Die Erarbeitung von Preis-Strategien ist auf einen Zeitraum von ein bis maximal zwei Jahren ausgelegt und basiert auf dem Status quo des Hotels. Der Erfolg der Preis-Strategie hängt daher von der bestehenden Unternehmens-Strategie und der Positionierung ab. Die Positionierung und die daraus resultierende Differenzierung zu anderen Hotelbetrieben muss zur Strategie sowie zu den vorhandenen Fähigkeiten und den vorhandenen Ressourcen des Hotels passen.[243] Wenn die Strategie und die Positionierung nicht passen, kann auch eine Preis-Strategie keine Wunder bewirken. Sie kann jedoch auch in solchen Fällen helfen, die Situation zu verbessern.

Bei neuen Hotelprojekten, die auf der grünen Wiese entstehen, oder die mit dem vorherigen Hotel wenig zu tun haben, ist die Erarbeitung der Preis-Strategie eine besondere Herausforderung, da keine Ausgangsdaten vorliegen. In diesem Fall ist die vorherige Erarbeitung einer Unternehmens-Strategie mit einer detaillierten quantitativen Planung eine zwingende Voraussetzung. Eine der zentralen Informationen aus der Unternehmens-Strategie ist der strategische Durchschnitts-

---

243 Vgl. Betz, Betz-Werner 2019, S. 50.

preis. Da die quantitative Planung der Strategie in der Regel einen Zeithorizont von zehn Jahren hat, sind auch die strategischen Durchschnittspreise für die nächsten zehn Jahre definiert.[244] In der Preis-Strategie werden die Details berechnet und bei einer angenommenen Auslastung der Durchschnittspreis pro Nächtigung für das erste Jahr berechnet. Dieser Wert wird in die quantitative Planung eingearbeitet und präzisiert damit die Unternehmens-Strategie. Zielsetzung ist den in der Unternehmens-Strategie definierten Durchschnittspreis mindestens zu erreichen.

Jedes Hotel hat fixe und variable Kosten einerseits und unternehmerische Zielsetzungen andererseits. Eine der zentralen Fragen bei der Bestimmung von Unternehmenszielen ist, welche Prioritäten welchen Zielen zugeordnet werden. Verfolgen wir eher Auslastungsziele, Gewinnziele oder marktanteilsbezogene Ziele? Bei einem neuen Hotelbetrieb könnten zu Beginn marktanteilsbezogene Ziele prioritär sein. Ob das sinnvoll ist, steht auf einem anderen Blatt. Meinem Verständnis nach sollten auch neu entwickelte Betriebe gleich mit den richtigen Preisen am Markt auftreten.

Wesentlich ist, die eigenen Kosten zu kennen und zu wissen, wo der Break-Even-Point liegt, das heißt, bei welcher Minimalauslastung und gegebenem Preis das Unternehmen gerade noch in der Gewinnzone bleibt. Die Kenntnis der eigenen Kosten und die Möglichkeit einer ganzheitlichen Unternehmenssimulation helfen, Entscheidungen zu treffen, wie zum Beispiel, ob im Sommer geöffnet werden soll, oder ob es besser ist, geschlossen zu lassen. Ein weiterer Vorteil, Simulationen zu fahren, liegt darin, dass sich die Auswirkungen von Auslastungs- und Preisveränderungen analysieren lassen. Diese ganzheitlichen Simulationsverfahren haben uns vor einigen Jahren dazu gebracht, vertieft mit Preis-Strategien zu arbeiten. Ein professionelles Preismanagement muss die am Markt durchsetzbaren Preise mit den Kosten abgleichen.[245]

Die Preis-Politik kann auf die Kostenorientierung nicht verzichten, da ein enger Beziehungszusammenhang zwischen Marktposition, Nachfragefunktion und Gewinn besteht.[246] Daraus resultiert die Bedeutung der kostenrechnerischen Lösungsansätze für die Preisbildung, wobei wir die Berechnung primär an den Marktverhältnissen ausrichten. Konkret stellt sich die Frage, was der Markt an Preisen hergibt. Und exakt an dieser Frage öffnen sich neue Möglichkeiten zur Bestimmung der Zimmerpreise.

Im Unterschied zur Kalkulation von Speisen, Getränken, Wellness-Behandlungen und anderen Leistungen ist die Kalkulation der Zimmerpreise anders vorzunehmen. Während die Zimmerpreise vor allem aus den Marktmöglichkeiten gebildet werden sollten, sind die Preise anderer Leistungen von den Einstandspreisen

---

244 Natürlich handelt es sich bei diesen Preisen um Indikationen, wie sich die Zahlen entwickeln würden, unter Annahme der Prämissen. Da die Preise jährlich aktualisiert werden sollten, ergeben sich auch jedes Jahr Unterschiede in den Simulationen.
245 Vgl. Simon, Fassnacht 2009, S. 82.
246 Vgl. Poth 1986, S. 57.

abhängig. Der Preis für eine Flasche Wein sollte für die Gäste nachvollziehbar sein, zumal Weinkenner ein schiefes Preis-Leistungsverhältnis ziemlich schnell aufdecken und reklamieren könnten. Bei Zimmerpreisen ist die Situation anders, da die verlangten Preise vom Gast nicht nachgerechnet werden können. Das Leistungsbündel Übernachtung mit Halbpension und Nutzung der Infrastruktur ist viel zu komplex, um ein Nachrechnen des Preis-Leistungsverhältnisses zu ermöglichen. Der Gast ist angewiesen auf den Vergleich mit anderen Anbietern und seinem emotionalen Empfinden.

Wenn wir vor der Entscheidung stehen, Investitionen zur Steigerung des Gäste-Nutzens durchzuführen, so empfehlen wir zuerst den Kundennutzen exakt zu analysieren. Bei Investitionen ist dabei der Delta-Gäste-Nutzen von Interesse, das ist jener Nutzen, den die Gäste zusätzlich erhalten, wenn eine Investition durchgeführt wird. Beispielsweise könnte als zusätzlicher Gäste-Nutzen ein Infinity-Pool in Aussicht gestellt werden. Die Kunst besteht darin, den Delta-Nutzen in Delta-Preise zu übersetzen, die auf die bestehenden Preise addiert werden. Ein höherer Nutzen für die Gäste sollte grundsätzlich in den Preisen berücksichtigt werden. Wenn hinreichend fundierte Kenntnisse über die Preisbereitschaft der Gäste vorliegen, können Berechnungen mit und ohne Investition erstellt werden.[247]

Im Rahmen von Marktforschungsprojekten können die Delta-Nutzen durch Investitionen den Delta-Preisen zugeordnet werden. Wie eingangs erwähnt geht es um das Pretium, den Wert und gleichzeitig den Preis. Aus empirisch erhobenen Bewertungen der Gäste können Nutzen- und Preisverläufe gewonnen werden. Den an der Befragung teilnehmenden Gästen werden eine Reihe von Angebotsbündel präsentiert. Die Gäste haben die Aufgabe, die aus ihrer Sicht jeweils attraktivsten Angebotskombinationen zu wählen. Aus dem Antwortverhalten können Nutzenverläufe gemessen und mit Preisen verknüpft werden.

Mit der Simulationsrechnung und den Daten der Marktforschung können strategische Alternativen quantitativ recht zuverlässig bewertet werden. Die Nutzung der Kenntnis der Preiswahrnehmung der Gäste ist ein Erfolgsfaktor bei der Bewertung von Strategien. Hier verknüpft sich das Wissen über die Kunden mit dem über das Unternehmen. Komplexe Simulationsrechnungen ermöglichen das Wissen zu nutzen und zu erstaunlichen Erkenntnissen zu gelangen, die wiederum genutzt werden können, um eine Finanzierung auf die Beine zu stellen.

Preis-Strategien helfen nicht nur die optimalen Preise durchzusetzen, sondern auch die Unternehmens-Strategie zu unterstützen. Somit sind Preis-Strategien eine wichtige Unterstützung bei Investitionsentscheidungen und bei der Umsetzung der Unternehmens-Strategie. In diesem Kapitel haben wir gesehen, dass Preisindikationen aus der Strategie, der Positionierung und der detaillierten Berechnung durch Preis-Simulationen gewonnen werden. Im nächsten Kapitel wollen wir die Kundensicht bei der Findung der richtigen Preise kennen lernen.

---

247 Im Kapitel 5.3 Strategische Aspekte werden wir uns im Detail mit der Nutzenschätzung und der Festlegung der Delta-Preise befassen.

4.3 Kunden

In der Tourismusbranche werden Kunden meist als Gäste bezeichnet, wobei der Begriff Gast allgemein einen zum Bleiben eingeladenen Besucher bezeichnet. Interessanterweise findet sich in keinem Hotellerie-Fachbuch eine Definition, was eigentlich ein Gast ist. Allgemein kann ein Gast als eine Person bezeichnet werden, die unentgeltlich oder gegen Entgelt beherbergt, bewirtet oder befördert wird. Damit keine Missverständnisse auftreten, wollen wir dieses Kapitel mit Kunden bezeichnen, da wir dem Kunden zwar Gutes tun wollen, gleichzeitig aber auch von ihm ein Entgelt verlangen, das er für unsere Leistung gerne gibt. Auch die Mitarbeiter sollten die Gäste als Kunden betrachten, mit denen wir ein Leistungs-Gegenleistungs-Geschäft durchführen. So gesehen ist weder der Gast noch der Kunde »König«, sondern ein Austauschpartner auf Augenhöhe. Ein Unternehmer sagte einmal, er habe kein Gasthaus, sondern ein Wirtshaus, damit klar ist, wer das Sagen hat. Die Kunden spielen natürlich eine besondere Rolle, da sie schlussendlich diejenigen sind, die über Erfolg oder Misserfolg entscheiden.

Die zentrale Information vom Kunden ist die Zahlungsbereitschaft, und wie wir in den vorherigen Ausführungen gesehen haben, ist der Kundennutzen, mit dem Kundenbedürfnisse befriedigt werden, die Grundlage der Zahlungsbereitschaft. Die Ermittlung der Bedürfnisse bisheriger und potenzieller Kunden ist eine wesentliche Grundlage aller Aspekte der Vermarktung und der Bestimmung des richtigen Preises. Nur so ist es möglich, Kundenzufriedenheit und sogar Begeisterung herzustellen und die Chance zu nutzen, Kunden langfristig zu gewinnen.[248] Ziel der Kundenanalyse ist, ihre bestehenden und latenten zukünftigen Bedürfnisse, Wünsche und Probleme im Detail zu erfassen und zu verstehen.[249]

Buchungsgründe sind eng mit den Bedürfnissen verknüpft. Der Kunde, der bucht, möchte seine Bedürfnisse befriedigen. Nun ist ein Urlaub ein komplexes Konstrukt, das aus einem ganzen Bündel von Wünschen und Ideen besteht, die im Urlaub erfüllt bzw. erlebt werden wollen. Um diesen Wünschen und Vorstellungen auf den Grund zu gehen, müssen gezielte Fragen gestellt werden. In strategischen Marktforschungs-Projekten sind die Antworten auf diese Fragen eine zentrale Erkenntnis. Die Ergebnisse zeigen in aller Deutlichkeit warum Kunden buchen oder warum sie das nicht tun. Ein sehr erfolgreiches Wellnesshotel hatte zum Beispiel folgendes Antwortverhalten seiner Kunden auf die Frage: »Welche der folgenden Gründe waren ausschlaggebend dafür, dass Sie sich über das Hotel informiert haben?«[250]:

- Einen Wellnessurlaub verbringen (18 Prozent)
- Zeit mit dem Partner verbringen (17 Prozent)

---

248 Vgl. Henschel et al. 2013, S. 218.
249 Vgl. Betz, Betz-Werner 2019, S. 14.
250 Die Teilnehmer konnten jedem Buchungsgrund einen Rang zuordnen: Rang 1 bis 3. Die Prozentzahlen entsprechen jeweils der Summe aller drei Ränge. Anzahl Teilnehmer: 2.249.

- Dem Alltag entfliehen/ sich entspannen (16 Prozent)
- Kulinarisch verwöhnt werden (14 Prozent)
- Sportliche Betätigung/ Aktivurlaub (12 Prozent)
- Zeit mit der Familie verbringen (9 Prozent)
- Die Region (6 Prozent)
- Zeit mit Freunden verbringen (3 Prozent)
- Einen besonderen Anlass feiern (3 Prozent)
- Anderer Beweggrund (1 Prozent)

Die vorgegebenen Buchungsgründe sind beispielhaft für ein Wellnesshotel. Sie werden jeweils maßgeschneidert und variieren je Hotelpositionierung. Aus dem Antwortverhalten lassen sich Schlüsse ziehen, warum Kunden buchen und wo angesetzt werden kann, um die Positionierung weiter zu schärfen. Je nach Positionierung eines Hotels können auch andere Buchungsgründe relevant sein. Andere unserer Kunden hatten als Hauptbuchungsgrund »Kulinarisch verwöhnt werden« (25 Prozent), »Urlaub mit dem Hund« (59 Prozent), »Zeit mit dem Partner verbringen« (65 Prozent), oder »Sportliche Betätigung/ Aktivurlaub« (27 Prozent). Es ist kein Zufall, dass der USP (Unique Selling Proposition oder Alleinstellungsmerkmal) des jeweiligen Hotels mit den Hauptbuchungsgründen stark korrespondieren.

Wenn wir die vier wichtigsten Buchungsgründe unseres Wellnesshotels näher betrachten, so fällt auf, dass das, was die Kunden wollen, recht klar beschrieben werden kann: 65 Prozent der Kunden des genannten Wellnesshotels wollen im Urlaub wellnessen, Zeit mit dem Partner verbringen, sich entspannen und kulinarisch verwöhnt werden. Das bedeutet, ein entsprechendes Angebot wird diese Kunden mit hoher Wahrscheinlichkeit zufriedenstellen. Falls die Qualität herausragend ist, werden die Kunden sogar begeistert sein.

Von besonderem Interesse ist die Rangfolge der Buchungsgründe. So unterscheiden wir nach Rang eins, zwei und drei, wobei der erste Rang den Hauptbuchungsgrund darstellt. Die Ränge zwei und drei sind sekundäre bzw. tertiäre Buchungsgründe. Der Hauptbuchungsgrund ist ausschlaggebend für die Vorselektion der Angebote durch den Kunden. Wenn der Hauptbuchungsgrund durch das Hotel nicht oder kaum befriedigt werden kann, dann hat das Hotel in der Regel keine Chance gebucht zu werden. Hier entscheidet sich, ob das Hotel überhaupt in die nähere Auswahl kommt. Die nachfolgenden Buchungsgründe sind für die Feinauswahl entscheidend. Im obigen Beispiel des Wellnesshotels wurden folgende Buchungsgründe als erstes genannt (Rang 1):

- Zeit mit dem Partner verbringen (34 Prozent)
- Zeit mit der Familie verbringen (16 Prozent)
- Dem Alltag entfliehen/ sich entspannen (14 Prozent)
- Einen Wellnessurlaub verbringen (12 Prozent)
- Sportliche Betätigung/ Aktivurlaub (10 Prozent)
- Die Region (4 Prozent)
- Kulinarisch verwöhnt werden (3 Prozent)

- Zeit mit Freunden verbringen (3 Prozent)
- Einen besonderen Anlass feiern (3 Prozent)
- Anderer Beweggrund (1 Prozent)

Aus dem Antwortverhalten der Kunden dieses Wellnesshotels wird deutlich, dass das Bedürfnis »Einen Wellnessurlaub verbringen« in Wirklichkeit Zeit ist, die der Kunde mit dem Partner verbringen möchte. Wellnessen ist eine gute Möglichkeit dazu. Ebenfalls von großem Interesse sind die sekundären und tertiären Buchungsgründe. Folgende Buchungsgründe wurden im zweiten und dritten Rang genannt[251]:

- Kulinarisch verwöhnt werden (43 Prozent)
- Einen Wellnessurlaub verbringen (43 Prozent)
- Dem Alltag entfliehen/ sich entspannen (34 Prozent)
- Sportliche Betätigung/ Aktivurlaub (26 Prozent)
- Die Region (16 Prozent)
- Zeit mit dem Partner verbringen (15 Prozent)
- Zeit mit der Familie verbringen (8 Prozent)
- Einen besonderen Anlass feiern (8 Prozent)
- Zeit mit Freunden verbringen (7 Prozent)
- Anderer Beweggrund (1 Prozent)

Die Kulinarik spielt in fast allen Fällen eine große Rolle, allerdings erst im zweiten und dritten Rang. Kulinarik ist ein wesentlicher Hygienefaktor, der als Selbstverständlichkeit gesehen wird. Im Urlaub will man gut essen, vor allem, wenn man die schönste Zeit des Jahres in einem guten Hotel verbringt. Eher selten kommt die Kulinarik als Hauptbuchungsgrund vor. Solche Hotelbetriebe zählen zu den preisgekrönten Häusern, die von Kunden gebucht werden, die primär eine Spitzen-Kulinarik wünschen. Wie wir aus diesen wenigen Beispielen sehen, ist die Kenntnis der Buchungsgründe sehr hilfreich für die Ansprache der Zielgruppen, da daraus fokussierte Marketing- und Werbeaktivitäten abgeleitet werden können. Diese Erkenntnisse sind auch für strategische Initiativen hilfreich, indem beispielsweise Investitionen exakt auf die Kundenbedürfnisse gelenkt werden können.

Im Kapitel 3.2 (Ökonomie) haben wir uns mit Preiselastizitäten befasst. Durch die Conjoint-Analyse wird auch die Preiselastizität bei Preissenkungen und -erhöhungen gemessen. Aus diesen Ergebnissen können eindeutige Hinweise kommen, ob das Preisniveau des bestehenden Angebots noch Potenzial hat oder eher nicht. Solche Informationen können nur durch professionelle Marktforschungsinstrumente gewonnen werden. Kaum ein Kunde würde bei einer direkten Befragung zugeben, dass der Preis des Hotels zu niedrig ist und er gerne etwas mehr bezah-

---

251 Da der zweite und dritte Rang zusammen dargestellt ist, ergibt die Summe 200 Prozent.

len würde. Allein aus diesen Erkenntnissen rentiert sich strategische Marktforschung auch für Hotelbetriebe.

Darüber hinaus können weitere Erkenntnisse zur Zahlungsbereitschaft gewonnen werden, die zukünftige Projekte betreffen. Dies ist vor allem bei strategischen Veränderungen hilfreich, die mit entsprechenden Investitionen verbunden sind. Damit kann die Erfolgswahrscheinlichkeit und das Risiko ermittelt werden. Nicht nur für die Finanzierungspartner sind diese Informationen Gold wert, auch dem Hotel-Management und den Eigentümern können diese Informationen helfen, keine Fehler zu machen.

Bei einem strategischen Marktforschungs-Projekt wurde den Teilnehmern ein Infinity-Roof-Pool mit den Maßen 20 x 5 Meter in der obersten Hoteletage in Aussicht gestellt und folgende Frage gestellt: »Welchen Mehrwert (pro Person und Nacht) schreiben Sie der baulichen Neuerung zu?« Die Antworten von 931 Personen waren höchst aufschlussreich:

Mehrwert pro Person und Nacht aus Sicht der Kunden in Euro	Antwortverhalten in Prozent
< 0	12
1 – 3	2
5 – 8	14
10	23
12 – 15	18
20	16
25	7
>30	8
Summe	100

Abb. 29: Mehrwert eines Infinity-Roof-Pools aus Sicht der Kunden

Ein Infinity-Roof-Pool stellt definitiv einen Mehrnutzen für die Gäste dar, wenngleich zwölf Prozent der Befragten keinen Euro mehr bezahlen würden. Bei einer vertieften Analyse konnten wir feststellen, dass diejenigen Gäste, die diesem Nutzen keinen Mehrwert zuordneten, hauptsächlich Stammgäste waren. Wie bereits erwähnt ist stets ein Teil der Stammgäste innovationsresistent. Sie wollen, dass alles so bleibt wie es ist und befürchten zurecht, dass ein Mehrnutzen zu höheren Preisen führen wird. Das Ergebnis der Befragung war eindeutig für die Nutzensteigerung. Interessant war die Erkenntnis, dass Gäste, die das Hotel noch nie gebucht haben, ein überproportional großes Interesse an der Nutzensteigerung hatten. Als Fazit konnte festgehalten werden, dass 72 Prozent der Befragten bereit sind, mindestens zehn Euro mehr pro Nächtigung zu bezahlen, vorausgesetzt dieser Delta-Nutzen wird geboten. Solche Zusatzfragen können im Rahmen von Conjoint Measurement-Analysen gestellt werden.[252] Sie liefern zuverlässige Erkenntnisse sowie wertvolle Daten für die nachfolgende Simulation.

4.4 Wettbewerb

Der Wettbewerb ist ein vielschichtiges Phänomen und Grundlage des Wirtschaftswachstums und damit unseres Wohlstandes.[253] Ohne Wettbewerb gäbe es kaum Impulse, Produkte und Prozesse zu verbessern, das Wirtschaftswachstum würde stagnieren und damit auch unser Wohlstand.

Immer wieder hat es Phasen gegeben, in denen der Wettbewerb als etwas Negatives, als »ökonomische Kannibalisierung«[254] betrachtet wurde, in denen ein »fairer Wettbewerb« gefordert wurde. Wer glaubt, den Wettbewerb zu regulieren bedeute eine bessere Welt zu schaffen, der irrt gewaltig. Der freie Wettbewerb ist der Garant für Freiheit und Wohlstand. Der Konsument hat im Allgemeinen nur eine geringe Vorstellung davon, auf wessen Handlungen die Reduktion der Preise oder die Verbesserung der Qualität beruht. »Wettbewerb ist schließlich immer ein Prozess, in dem eine kleine Gruppe eine größere dazu zwingt, etwas zu tun, was ihr nicht gefällt, sei es, härter zu arbeiten, Gewohnheiten zu ändern oder ihrer Arbeit einen Grad an Aufmerksamkeit, fortwährender Zuwendung oder Regelmäßigkeit zu widmen, der ohne Wettbewerb nicht nötig wäre.«[255]

Durch Innovationen und Verbesserungen wird der Kunden-Nutzen erhöht, oder es werden die Kosten gesenkt, was zu einem preislichen Wettbewerbsdruck auf die Konkurrenten führt. Wettbewerb darf nicht mit Kampf verwechselt werden. Die Funktion des Kampfes ist Vernichtung, die des Wettbewerbs Aufbau. Wettbewerb wirkt als Auslese des Besten.[256] So kommen Kunden in den Genuss des Besten, sie profitieren vom Wettbewerb. Vor über 30 Jahren revolutionierten Hotelpioniere mit Wellnessangeboten die Ferienhotellerie. Der Fokus auf den Kunden-Nutzen führt laufend zu Angeboten, die davor undenkbar gewesen wären. Die Hotelbranche ist in vielfacher Hinsicht stark in Bewegung, die Kunden-Nutzen werden immer weitergetrieben, fokussiert und differenziert.

Diese Dynamik führt zu einem enormen Druck auf bestehende Betriebe, ihre Angebote ebenso zu verbessern. Neue Hotelangebote sind nicht immer auf mehr und bessere Angebote ausgerichtet, sondern auch auf weniger zu einem günstigeren Preis, wenn bewusst auf Leistungskomponenten verzichtet wird, wie dies

---

252 Vgl. Nieschlag, Dichtl, Hörschgen 1991, S. 787.
253 Friedman hat den zwingenden Zusammenhang zwischen Wirtschaftswachstum und Wohlstand in seinem Grundlagenwerk im Detail herausgearbeitet: Vgl. Friedman, 2005.
254 Vgl. Di Lorenzo 2004, S. 189.
255 Hayek 1981, S. 110.
256 Vgl. Mises 1932, S. 291.

beispielsweise Budget-Hotels praktizieren. Veränderungen von Angeboten führt zu Veränderungen von Preisen.

Eine systematische Wettbewerberanalyse ist im Rahmen der Erarbeitung der Unternehmens-Strategie ein wesentlicher Analyseteil. Die Notwendigkeit der Berücksichtigung des Wettbewerbs bei Preisentscheidungen ergibt sich aus folgenden Gründen[257]:

- Preise der Wettbewerber haben einen starken Einfluss auf die eigene Auslastung.
- Wettbewerber können sich durch die Preis-Politik bedroht fühlen und entsprechend reagieren, oder sogar überreagieren.
- Preismaßnahmen der Wettbewerber können ohne Zeitverzögerung umgesetzt werden.

Preispolitische Reaktionen der Wettbewerber zählen zu den komplexen Problemen des Preismanagements. Daher ist eine systematische Wettbewerberbeobachtung angeraten, zumal sich die Frage nach der Preis-Politik der Wettbewerber mindestens einmal pro Jahr stellt, nämlich dann, wenn die Preise aktualisiert werden.

Die Ergebnisse von Marktforschungsprojekten sind immer wieder überraschend, wenn sich beispielsweise herausstellt, dass langjährige Stammgäste eines 4-Sterne-Hotelbetriebes auch im dreimal so teuren Luxus-Hotel ihren Urlaub verbringen. Die Kunden werden immer flexibler, es sind hybride Kunden, die nicht an Klischees gebunden sind und tun, was sie wollen.[258]

Die meisten Informationen sind über die Websites der Hotelbetriebe zu bekommen. Allerdings wissen wir nicht, welche Preise tatsächlich durchgesetzt werden. Je nach Preis-Kommunikation sind die Preise transparent und verfügbar, oder sie sind kaum oder gar nicht online ersichtlich. Bei der Analyse von Wettbewerbsbetrieben stellen wir manchmal fest, dass überhaupt keine Preise angeführt sind. In solchen Fällen muss eine konkrete Anfrage gestellt werden. Aus Kundensicht ist eine solche Preis-Politik höchst suspekt. Warum werden die Preise nicht angegeben? Was hat der Betrieb zu verbergen?

Aus der Analyse der relevanten Wettbewerber lernen wir nicht nur, was gut ist und wie eine Idee für den eigenen Betrieb genutzt werden kann. Wir erkennen auch, bei welchen Betrieben die Preis-Potenziale nicht voll ausgeschöpft werden. Nun könnte man der Ansicht sein, dass nicht ausgeschöpfte Preise bei Wettbewerbsbetrieben für den eigenen Betrieb vorteilhaft sind, da dem Wettbewerber deshalb der Cashflow fehlt, um zu investieren. Das Gegenteil ist der Fall, denn eine volle Ausschöpfung der Preismöglichkeiten führt zu höheren Preisen bei den Wettbewerbern und zu einer höheren Bereitschaft, die ebenso höheren Preise im eigenen Betrieb zu akzeptieren. Optimal sind Leitbetriebe, die ihre Preise selbstbe-

---

257 Vgl. Simon, Fassnacht 2009, S. 89 f.
258 Vgl. Simon, Fassnacht 2009, S. 30 f.

wusst festsetzen und eine hohe Preisdurchsetzung haben. Solche Betriebe können als Preisschirm gesehen werden, unter dem man sich gut positionieren kann. Preisdumping ist daher sowohl für den Verursacher (»Preisdumper«) schädlich als auch für die Wettbewerber, die in eine Argumentationsnot geraten können.

5   Power Pricing

»The bitterness of poor quality remains long after the sweetness of low price is forgotten.« (Benjamin Franklin)

Pricing umfasst alles, was Unternehmen tun, um die Preise für ihre Produkte oder Dienstleistungen zu ermitteln und festzusetzen. Die professionelle Handhabung des Preises, das Finden der richtigen Preise und deren Durchsetzung ist eine der komplexesten und anspruchsvollsten Disziplinen des Strategischen Hotel-Managements. Der Begriff »Pricing« bedeutet mehr als »Preis-Politik«. Pricing drückt ein andauerndes, nicht-punktuelles Ereignis aus, es ist grammatikalisch ein Partizip. Dies unterstreicht den Prozesscharakter, der sich mit der Preis-Politik verbindet.[259] Es genügt also nicht einmal die Preise festzulegen und umzusetzen. Pricing bedeutet wesentlich mehr.

Der US-amerikanische Starinvestor Warren Buffett, einer der reichsten Menschen der Welt, achtet bei seinen Investitionen neben den Renditen, dem Eigenkapital und den Netto-Sachanlagen vor allem auf die Preismacht des Unternehmens.[260] Preismacht bedeutet »Pricing Power«. Hotelbetriebe, die Preismacht haben, setzen ihre mutig festgelegten Preise durch und sind weit überdurchschnittlich erfolgreich. Doch wie erzielen wir Preismacht?

Dieses Buch hat den Anspruch, Sie darin zu unterstützen, Pricing Power für Ihr Hotel zu entwickeln. Wie so vieles im Leben funktioniert das nicht automatisch. Man muss von vorne beginnen und die beiden Worte »Pricing Power« tauschen, dann entsteht der Begriff »Power Pricing«. Durch Power Pricing wollen wir Pricing Power nutzen und unsere Unternehmensziele erreichen. Power Pricing bedeutet, alle Effekte und Möglichkeiten zu nutzen, mit dem Preis die Unternehmens-Strategie umzusetzen und die Ziele zu erreichen.[261]

Mit Power Pricing wollen wir nicht die Kunden mit psychologischen Tricks über den Tisch ziehen. Im Gegenteil, Power Pricing ist eine Methode, den Gewinn zu optimieren und gleichzeitig die Kundenzufriedenheit zu steigern. Eine optimale Preis-Strategie führt auch zu höherer Kundenzufriedenheit. Hoteliers, die Power Pricing nutzen, haben die enorme Hebelwirkung verstanden, die der

---

259 Vgl. Diller et al. 2021, S. 25.
260 Vgl. Büttner 2016.
261 Vgl. Dolan; Simon 1996, S. IX.

Preis auf die Unternehmens-Strategie und auf den Gewinn auszuüben imstande ist.[262]

Die Möglichkeiten von Power Pricing proaktiv und konsequent zu nutzen bedeutet, die bisherige Art und Weise der Preisbestimmung und Preisumsetzung in Frage zu stellen, d. h. jeden einzelnen Aspekt der bestehenden Preis-Politik zu hinterfragen und neu zu denken. Jedes Hotel hat nach einer gewissen Zeit der Unternehmensexistenz eine Preis-Historie und einen mehr oder weniger strukturierten Prozess, wie mit Preisen umgegangen wird. Power Pricing bedeutet, das Phänomen des Preises neu zu denken. Es erfordert einen Zero-Based-Ansatz und eine konsequente Anwendung des Wissens über Power Pricing.

In unseren Preis-Strategie-Projekten für Hotelbetriebe haben wir folgende Themenbereiche identifiziert, die einerseits eine praktikable Zuordnung, Vertiefung und Anwendung des Wissens über Power Pricing erlauben, andererseits die konzeptionelle Arbeit strukturieren und konkrete Maßnahmen ermöglichen. Jeder Themenbereich ist für die Preiswahrnehmung und Kaufentscheidung essenziell. Daher sprechen wir von Effekten, von direkten und indirekten Auswirkungen auf die Performance jedes Hotelbetriebes:

- Psychologische Effekte
- Strukturelle Effekte
- Strategische Effekte

Power Pricing bedeutet die Erarbeitung und Umsetzung der Preis-Strategie unter Berücksichtigung der psychologischen, strukturellen und strategischen Effekte. Die Erarbeitung der Preis-Strategie durch Power Pricing ist eine Methode, die schnell greift und auch aufgrund der kumulierten Wirkkraft der Effekte beachtliche Auswirkungen auf den Gewinne entfalten kann. In den folgenden Kapiteln werden die Effekte vertieft. Im Kapitel 6 werden wir den Prozess der Preis-Strategie behandeln.

5.1　Psychologische Effekte

Psychologische Effekte sind Phänomene, die uns im Alltag immer wieder begegnen und die unser Denken und Handeln maßgeblich beeinflussen, ohne dass uns dieser Einfluss selbst bewusst ist.[263] Solche Effekte beeinflussen uns selbst dann,

---

[262] Der Begriff Power Pricing wurde vom Harvard Universitätsprofessor Robert J. Dolan und Hermann Simon 1996 kreiert, als sie das bemerkenswerte Fachbuch »Power Pricing« herausbrachten. Dieses Buch wurde bei Amazon 20 Jahre später immer noch als »Bestseller« angepriesen. Mittlerweile existieren einzelne, branchenbezogene Fachbücher mit diesem Titel. Im April 2016 veranstalteten wir das Fachseminar Power Pricing für Hotelbetriebe in Innsbruck. Es war das erste Power-Pricing-Seminar für Hotelbetriebe im deutschsprachigen Raum.

[263] Vgl. Jäger 2009, S. 38.

wenn wir sie kennen. Wir sind also nicht immer Herr oder Frau unserer Entscheidungen. Evolutionär basiert unser Verhalten sogar zum überwiegenden Teil auf unbewussten Handlungsmustern, auf sogenannten Behavior Patterns. Nur etwa fünf Prozent aller Kauf- und Konsumentscheidungen sind rational dominiert. Bei den übrigen 95 Prozent geben unsere Gefühle und unbewusste Entscheidungsmuster den Ton an.[264] Überlegen Sie einmal, wie »rational« Ihre letzte Urlaubsentscheidung wirklich war. Waren da nicht überwiegend emotionale Gründe für die Buchung ausschlaggebend? Die Effekte sind eindeutig messbar und werden global gesehen als Multi-Milliarden-Dollar-Business betrachtet.

Forscher, die sich mit psychologischen Effekten oder kognitiven Verzerrungen befassen, haben 187 Effekte identifiziert und strukturiert.[265] Viele davon sind sehr speziell und nur peripher für die Hotellerie und das Pricing relevant. Eine ganze Reihe von Effekten können jedoch konkrete Auswirkungen bei der Erarbeitung und Umsetzung von Preis-Strategien für Hotelbetriebe entfalten. Insgesamt konnte ich 66 Effekte identifizieren, die in unterschiedlicher Intensität für die Preisbestimmung und die Preisumsetzung in der Hotellerie relevant sind.

Je größer unser Verständnis über die Wirkmacht dieser Effekte ist, desto besser können wir uns davor schützen und desto besser können wir sie nutzen.[266] Die Effekte sollten bei der Erarbeitung von Preis-Strategien berücksichtigt werden. Sie haben einen mehr oder weniger starken Einfluss auf den zu erzielenden Durchschnittspreis und die Zufriedenheit unserer Kunden, denn auch unsere Kunden sind diesen psychologischen Effekten ausgesetzt, ob sie wollen oder nicht.

Der Einsatz psychologischer Effekte ist vergleichbar mit dem Einsatz von Werkzeugen, um bestimmte Ergebnisse zu erreichen. Natürlich wollen wir mit preisstrategischen Maßnahmen unseren Gewinn optimieren, aber auch die Kunden begeistern. Zugegeben, in gewisser Weise können die Effekte auch als »Paternalismus« gesehen werden.[267] Deshalb sollten wir uns bei der Nutzung der Effekte unserer Verantwortung bewusst sein. Eine Nutzung sollte im Rahmen von eng umrissenen ethisch-moralischen Leitplanken erfolgen.[268]

Bei Preis-Strategie-Projekten habe ich die ethisch-moralischen Implikationen immer wieder reflektiert und konnte bislang kein ethisches Problem erkennen. Solange die Preis-Strategie nachvollziehbar, klar kommuniziert und fair umgesetzt wird, die Kunden transparent informiert werden, frei entscheiden können und die

---

264 Vgl. Spreer 2018, S. 1.
265 Vgl. Valdez et al. 2017.
266 Vgl. Scheer 2019, S. 10 ff.
267 Vgl. Thaler, Sunstein 2015.
268 Mit Ethik befassen sich Menschen seit über 2.000 Jahren. Auch im Wirtschaftsleben wird der Ethik und der Moral ein breites Feld gewidmet (vgl. Hinterhuber 2015, S. 348). Adam Smith hat schon vor über 240 Jahren darauf hingewiesen, dass es einen unabdingbaren Zusammenhang von Wirtschaft und Moral geben muss (vgl. Baader 1986, S. 577; Smith 1776). Sales and Marketing Executives-International hat 1947 ethische Normen für Verkaufs-Manager aufgestellt: »A Creed of Ethics for Sales Managers« (vgl. Barry 1986, S. 637). Vgl. hierzu auch Tuleja, 1985 und Nussbaumer, 1989, S. 65 ff.

Kundenzufriedenheit hoch bleibt oder sogar steigt, sind ethisch-moralische Bedenken bei der Nutzung von psychologischen Effekten unbegründet.

Die vorliegende Zusammenfassung von psychologischen Effekten soll Führungskräfte, Preis-Strategen und Mitarbeiter des Marketings und der Rezeption bei der Erarbeitung und Umsetzung von Preis-Strategien unterstützen. Die hier vorgestellte Liste von 66 psychologischen Effekten ist eine subjektive Auswahl und erhebt keinen Anspruch auf Vollständigkeit. Für Leserinnen und Leser, die sich nicht in alle Effekte hineinlesen wollen, sondern nur die wichtigsten kennen lernen möchten, habe ich die fünf wichtigsten psychologischen Effekte für Preis-Strategen in der Hotellerie in Unterkapitel gegliedert. Diese fünf psychologischen Effekte sollten in keiner Preis-Strategie fehlen, da sie eine enorme Wirkmächtigkeit entfalten können. Die restlichen 61 Effekte werden im Unterkapitel 5.1.6 Weitere psychologische Effekte vorgestellt.

Einige dieser alphabetisch geordneten Effekte sind Ihnen vielleicht schon bekannt. Nun können diese Effekte je nach Phasen unterschiedliche Auswirkungen auf die Preisfestsetzung und die Preisdurchsetzung verursachen. Manche Effekte betreffen eher die Preisfestsetzung, andere die Preisumsetzung. Manche Effekte betreffen beide Phasen. In einem psychologisch geschickten Preismanagement steckt ein großes Umsatz- und Gewinnpotenzial.[269]

5.1.1 Anker-Effekt

»Der Anker-Effekt ist ein Begriff aus der Kognitionspsychologie und beschreibt das Phänomen, dass Menschen bei bewusst getroffenen Entscheidungen von vorhandenen Umgebungsinformationen beeinflusst werden, ohne dass ihnen dieser Einfluss bewusst ist. Die Umgebungsinformationen haben selbst dann einen Einfluss, wenn sie für die zu treffende Entscheidung eigentlich irrelevant sind.«[270] Wenn ein Schiff einen Anker geworfen hat, dann kann es sich von diesem Punkt nicht mehr weit wegbewegen und kommt im Radius der Ankerkette zum Stehen. Ein einmal wahrgenommener Zahlenwert (egal ob sinnvoll oder nicht) wird bei der Verarbeitung eines Preises immer als Referenzwert herangezogen.[271] Bei Anker-Effekten unterscheiden wir zwischen Preisanker und Ankerpreisen.

Ankerpreise sind Preise für Güter des normalen Alltags. Diese Preise sollten im Vergleich zu anderen Anbietern in einem vernünftigen Rahmen liegen. Ankerpreise orientieren sich eher am preiswerten Rand[272], an den günstigen Zimmern oder eben an Produkten des Alltags, wie der Preis des Frühstücks, einer Tasse Kaffee, einem Mineralwasser oder einer Pizza. Solche Preise signalisieren dem Kunden

---

269 Vgl. Simon, Fassnacht 2016, S. 185.
270 Stangl 2020. Stichwort: ›Ankereffekt‹. Online Lexikon für Psychologie und Pädagogik. www.https://lexikon.stangl.eu/5691/ankereffekt/ (16.09.21).
271 Vgl. Spreer 2018, S. 140.
272 Vgl. Schmalholz 214, S. 62.

das Preisniveau des Hotels, daher spricht man auch von Signalpreisen.[273] Wenn Ankerpreise viel höher oder viel niedriger sind als in vergleichbaren Hotels, dann wird das Preisniveau dieses Hotels als »teuer« oder eben als »günstig« bezeichnet. Das günstigste Zimmer in der günstigsten Saison sollte daher immer eine explizite Entscheidung sein, wie der Betrieb wahrgenommen werden soll, im Vergleich zum Wettbewerb.

Preisanker hingegen sind Informationen, die den Empfänger in eine bestimmte Richtung beeinflussen sollen. Jemand fragt nach dem Zimmerpreis und der Preis der teuersten Suite wird genannt. Wenn dem Kunden der Preis zu hoch ist, kann auf eine günstigere Variante umgeschwenkt werden. Der Kunde hat den hohen Preis in Erfahrung gebracht und nutzt ihn bewusst oder unbewusst als Anker. Wenn er das günstigere Zimmer wählt, schwingt der Preis der teuren Suite mit, wobei er dadurch bewusst oder unbewusst den Eindruck haben kann etwas gespart und richtig entschieden zu haben.

Dieser Effekt wurde in vielen Experimenten belegt. Der Nobelpreisträger Daniel Kahnemann manipulierte mit seinem Kollegen Amos Tversky ein Glücksrad mit der Markierung von 0 bis 100, dass es nur bei 10 und 65 stehen blieb. Studenten einer amerikanischen Universität wurden aufgefordert, die Zahl aufzuschreiben, bei der das Rad stehen blieb, was natürlich entweder 10 oder 65 war. Dann wurden ihnen zwei Fragen gestellt:

- Ist der Prozentsatz afrikanischer Staaten unter den Mitgliedstaaten der Vereinten Nationen größer oder kleiner als die Zahl, die Sie gerade aufgeschrieben haben?
- Wie hoch ist Ihrer Einschätzung nach der Prozentsatz afrikanischer Staaten in den Vereinten Nationen?

Das Drehen eines Glücksrades kann keinerlei nützliche Informationen über irgendetwas liefern. Dennoch ignorierten die Teilnehmer die Information nicht. Die mittleren Schätzwerte derjenigen, die 10 bzw. 65 sahen, beliefen sich auf jeweils 25 bzw. 45 Prozent.[274] Die Schätzwerte blieben nahe der Zahl, die den Personen im Vorfeld dargeboten wurde. Viele psychologischen Phänomene lassen sich experimentell demonstrieren, aber nur wenige sind tatsächlich messbar. Der Ankereffekt ist eine Ausnahme, er ist ein beeindruckend starker Effekt. Daher sind Preisanker so wirksam. Sie zählen zu den »Superstars« der Behavior Patterns.[275] Wie können wir den Anker-Effekt in der Hotellerie nutzen?

Zum einen können wir den Einstiegspreis bewusst attraktiv gestalten (Ankerpreis), damit der Preis für ein Einstiegszimmer günstig erscheint. Doch Vorsicht, je nach Positionierung des Hotels kann hier auch Schaden angerichtet werden, indem Zielgruppen angesprochen werden, die nicht zum Hotel passen, oder das An-

---

273 Vgl. Nierhaus 2008, S. 215.
274 Vgl. Kahnemann 2012, S. 152.
275 Vgl. Spreer 2018, S. 140.

gebot liegt für die gewünschte Zielgruppe zu niedrig. Auch punktuelle Produkte des täglichen Lebens können preislich so gestaltet werden, dass sie als »vernünftig« und vergleichbar mit anderen Angeboten erachtet werden. Dabei genügen nur ganz wenige Produkte in diesem Ankerpreis-Bereich.

Zum anderen sollte der Preisanker-Effekt in Richtung höhere Preise bewusst genutzt werden, wie zum Beispiel auf der Website, wo die Preise der Zimmer angeführt sind. Generell sollten die teureren Angebote zuerst platziert werden statt Sonderangebote oder Rabatte, die auch einen niedrigen Preisanker legen und kontraproduktiv wirken können. Bedenklich sind Websites von Hotels, bei denen gleich auf der Startseite Rabatte und Sonderpreise hochpoppen. Durch das Setzen des günstigsten Ankerpreises und des teuersten Preisankers haben Sie die Preisspanne definiert. Kunden, die sich für Ihr Hotel interessieren, nutzen diese Preisspanne, um ein Markenimage hinsichtlich des Preises – und damit des intendierten Wertes des Angebotes – zu bilden. Die Preisspanne ist ein zentrales Entscheidungskriterium für oder gegen eine Buchung.

Einsatzbereich: Preisfestsetzung und Preisumsetzung

5.1.2 Bandwagon-Effekt

Kunden sind eher geneigt, ein Produkt zu kaufen, wenn andere es bereits gekauft haben.[276] Der Bandwagon-Effekt, auch Mitläufer- oder Herdentriebeffekt bzw. Social Proof genannt, erklärt eine Nachfragesteigerung nach einem Produkt durch die Nachfrage Dritter nach diesem Produkt. Wir übernehmen die Haltung anderer, weil wir unbewusst annehmen, dass diese Handlung das in der jeweiligen Situation sozial akzeptierte Verhalten darstellt. Social Proof ist ein psychologisches Phänomen, bei dem Menschen die Handlungen anderer unter der Annahme übernehmen, dass deren Handlungen ein der Situation angemessenes Verhalten widerspiegeln.[277] Je stärker die Gruppenzugehörigkeit, desto stärker wirkt der Bandwagon-Effekt. Die Kunden wollen es gleich oder etwas besser haben, wie die Gruppe von Menschen, denen sie sich zugehörig fühlen. Konsumenten orientieren sich daher eher nach dem höheren Konsumniveau einer anderen Gruppe, wodurch der Preis an Bedeutung verliert. »Wenn die Familie XY dieses Zimmer nimmt, nehmen wir es auch.«

Viele positive Bewertungen auf den Bewertungsplattformen unterstützen den Effekt. Aber auch die Bestimmung der Zimmerkategorien sollte diesen Effekt berücksichtigen. Der Schwerpunkt der Zimmer sollte auf die mittelpreisigen Kategorien gerichtet werden, mit einem Respektabstand der Zimmer-Kategorien zu den günstigeren und teureren Kategorien. Der Ankerpreis (günstigster Preis) und der

---

276 Vgl. Spreer 2018, S. 98.
277 Vgl. Stangl 2020. Stichwort: ›Social Proof‹. Online Lexikon für Psychologie und Pädagogik. www.https://lexikon.stangl.eu/26555/social-proof/ (26.06.20).

Preisanker (höchster Preis) bilden den unteren und den oberen Preis des Angebotes. Zwischen diesen Extrempunkten besteht normalerweise die größte Nachfrage, da die Kunden einerseits risikoavers sind und andererseits Extreme vermeiden.[278] Daher ist es auch sinnvoll, ein Hotel mit unterschiedlichen Zimmerkategorien auszustatten. So kann eine sinnvolle Preisspanne gebildet werden.

Der Trend zur Mitte hilft den Kunden, keine Fehler zu machen. Beim konkreten Verkauf kann die Technik der Verdreifachung des Preises genutzt werden, indem beispielsweise ein mittelpreisiges Zimmer empfohlen wird. Je nach Kundenreaktion kann auf das günstigere oder teurere Zimmer umgeschwenkt werden. Hilfreich ist ein spürbarer Unterschied zwischen den Kategorie-Preisen. Bei Preis-Strategie-Projekten fällt uns immer wieder auf, dass die Preisunterschiede der Kategorien zu gering sind. Zimmer-Kategorien sollten wie Produktgruppen gesehen werden, mit eigener Produktpersönlichkeit. Der Kunde sollte sich mit der gewählten Kategorie wohl fühlen und auch preislich einen Respektabstand zu den günstigeren und teureren Kategorien wahrnehmen.

Nun hören wir oft das Argument, dass die Zimmer bereits existieren und bauliche Veränderungen zu teuer sind. Bei bestehenden Hotelbetrieben ist das Argument richtig, wobei Veränderungen bei Zimmerrenovierungen zu überlegen sind. Eine Zusammenlegung von alten Einzelzimmern zu Suiten oder Familienzimmern ist eine Möglichkeit, die Struktur der Zimmerkategorien zu optimieren. Auf diese Themen werden wir bei den strukturellen Effekten eingehen. In diesem Kapitel geht es um den Trend zur Mitte, der durch eine geeignete Zimmerstruktur verstärkt werden kann.

Wie wir sehen, sind preisstrategische Themen auch bei neuen Hotelprojekten relevant. Wir empfehlen daher, die Preis-Strategie bei Hotelneubauten oder bei Kapazitätserweiterungen und auch bei Umbauten zu berücksichtigen. Bevor ein Umbau in Auftrag gegeben wird, empfehlen wir die Preis-Strategie zu erarbeiten. In fast allen Fällen, in denen wir vor baulichen Maßnahmen mit der Erarbeitung einer Preis-Strategie befasst waren, konnten Optimierungen der Zimmerkategorien durchgeführt werden. Der Vorteil liegt auf der Hand, da eine optimierte Zimmerstruktur lange Zeit einen Vorteil ausspielen kann, während man mit einer unvorteilhaften Zimmerstruktur über mehrere Jahre mit Problemen zu kämpfen hat bzw. mit einem geringeren Erlös leben muss.

Der Bandwagon-Effekt ist daher nicht nur bei der Umsetzung der Preis-Strategie relevant, sondern bereits bei der Gestaltung der Baumaßnahmen. Der Bandwagon-Effekt funktioniert auch im Social Media-Bereich und bildet die Grundlage für Influencer-Marketing.[279] Der Bandwagon-Effekt führt zu einer vermehrten Nachfrage nach mittelpreisigen Angeboten, da die meisten Menschen zur Mitte tendieren.

Einsatzbereich: Preisfestsetzung und Preisumsetzung

---

278 Vgl. Husemann-Kopetzky 2018, S. 119.
279 Vgl. Spreer 2018, S. 98.

5.1.3 Framing-Effekt

Der Framing-Effekt übt eine stark unterschätzte Wirkung auf die Bewertung eines Gutes aus Sicht der Kunden aus. Er kennzeichnet die Auswirkung der Darstellungsweise eines Gegenstands oder Themas, die in der Regel einen großen Einfluss auf Entscheidungen und Urteile ausüben. Zur Darstellungsweise einer Leistung ist der Name des Produktes von zentraler Bedeutung. Das gilt nicht nur für Automarken, die sehr hohe Summen für die Kreierung einer neuen Type investieren, sondern auch für Hotels. Welches Zimmer würden sie eher buchen: »Doppelzimmer Standard«, »Doppelzimmer Komfort« oder »Oh my God Suite«?

Ein Hotelkunde hatte immer wieder Probleme mit dem »Jugendzimmer-EZ«, einem wirklich sehr kleinen Zimmer, noch dazu direkt an der Straße. Die Kunden beschwerten sich regelmäßig, auch wenn sie vorher auf die geringe Größe aufmerksam gemacht worden sind. Im Rahmen der Preis-Strategie änderten wir den Namen auf »Herzle«. Seitdem gab es keine einzige Beschwerde mehr. Der Framing-Effekt zeigt, wie sehr das Umfeld oder vor allem die Art und Weise, wie Informationen präsentiert werden, eine Entscheidung beeinflussen.[280]

Die Bedeutung der Zimmernamen wird immer wieder unterschätzt. Die internationale Vermarktung und die Nutzung von Buchungsplattformen fördern die Ausbreitung von fantasielosen Zimmernamen, wie »Standard«, »Komfort«, Deluxe« oder »Superior«. Doch solche Namen strahlen keine Emotionen aus. Im Gegenteil, man läuft Gefahr ein Zimmer aus Bequemlichkeit eben »Deluxe« zu nennen und sich damit Ärger von Gästen einzuhandeln, da vielleicht ein »Deluxe-Zimmer« aus Sicht eines Gastes größer sein sollte.

Angenommen, Sie möchten Ihrer Partnerin oder Ihrem Partner zu einem bestimmten Anlass ein schönes Wochenende in einem Hotel schenken. Sie buchen ein Zimmer und Sie freuen sich beide auf die Tage. Welche Vorfreude ist größer, die auf die »Standard-Suite« oder auf die »Suite Milch und Honig«? Die Bedeutung des Namens kann gar nicht hoch genug geschätzt werden. So ist es erwiesen, dass Personen beispielsweise in einem Restaurant mit dem Namen »Chalet 86« im Durchschnitt mehr Geld ausgeben als in einem gleichwertigen Restaurant mit dem Namen »Chalet 14«.[281] Nehmen Sie sich Zeit, die für Ihr Hotel optimalen Zimmernamen zu finden.

Einer unserer Hotelkunden ist ein ausgezeichnetes Genusshotel. Der Inhaber und Chefkoch ist einer der besten Köche im Alpenraum und hat mit seinen Kochbüchern viele Preise gewonnen. Als wir die Preis-Strategie erarbeitet haben, war er gerade in der Endphase seines Buches.[282] Mit den Kapiteln des Buches fanden wir ideale Namen für die Zimmerkategorien: Suite am Gipfel, Juniorsuite auf der Alm, Doppelzimmer zur Baumgrenze usw. Mit dieser Entscheidung öffneten wir

---

280 Vgl. Stangl 2020. Stichwort: ›Framing-Effect‹. Online Lexikon für Psychologie und Pädagogik. www.https://lexikon.stangl.eu/3502/Framing-Effect/ (16.09.21).
281 Vgl. Weinberg 2020, S. 16.
282 Vgl. Winkler 2020.

eine weitere Dimension, die Möglichkeit zum Storytelling. Solche fantasievollen Zimmernamen führen zu Fragen der Kunden, welche Bedeutung die Namen wohl haben. An diesem Punkt können dann Geschichten erzählt werden, von dem Kochbuch, der Leidenschaft des Kochens, von der Philosophie und der Markenidentität, von den Geschichten des Lebens und dem Sinn und Zweck des Hotels. Mit solchen Namen wird die Türe zu den Emotionen aufgestoßen und die Preise versinken in der Bedeutung dorthin, wo sie sein sollen, als etwas eher Nebensächliches, das eben dazugehört, aber nicht wichtig ist.

Die erfolgreiche Durchsetzung von Preisen hängt maßgeblich davon ab, wie sie präsentiert werden. Attributives Framing ist zum Beispiel die Beschreibung der großartigen Aussicht vom Zimmer auf den See oder die für das Doppelzimmer Flüsse & See ausgewählten Materialien und die Bilder. Eine ähnliche Wirkung kann der »Attributive Decoy Effect«[283] entfalten, indem Speisen, Getränken und Wellness-Anwendungen wohlklingende Namen gegeben werden, die einen Zusatznutzen suggerieren. Ein Handlungs-Framing hebt die positiven Effekte bei einer Handlung hervor, wie etwa eine kulinarische Präsentation oder eine bestimmte Massage nach einer anstrengenden Wanderung. Preise sollten stets mit dem Nutzen verknüpft werden, den die Gäste beim Erwerb des Produktes haben. Wenn Ihre Zimmer ausgebucht sind, dann sollte man besser von »bald wieder verfügbar« (positiv) sprechen als von »ausgebucht« (negativ).

Bei den Zimmernamen ist der Framing-Effekt direkt spürbar und für den Verkauf und die Preisdurchsetzung relevant. Mit Namen haben jedoch auch andere Bereiche des Hotels zu tun. Allein die Wahl des Hotelnamens hat nicht nur eine emotionale, sondern eine strategische Bedeutung. Dasselbe gilt für alle Bereiche des Hotels, angefangen von den Namen der Häuser, der Räume des Wellness-Bereiches, der Namen der Restaurants und Seminarräume etc. Diese Themen strahlen auf weitere Spezialgebiete des Strategischen Hotel-Managements, der Marken-Strategie und des Marketings aus. Für die Preis-Strategie sind vor allem die Zimmernamen von Bedeutung, da sie Emotionen wecken. Neue Zimmernamen bieten sich besonders dann an, wenn die Preis-Strategie erarbeitet und erheblich verändert wird. So ist auch die Vergleichbarkeit mit früheren Preisen schwerer möglich. Wenn die Zimmernamen neu kreiert werden, dann sollte auch die komplette Preis-Strategie optimiert werden, eine einmalige Chance, die auf jeden Fall ergriffen werden sollte.

Einsatzbereich: Preisfestsetzung und Preisumsetzung

5.1.4 Geldwertillusion

»Der Begriff Geldwertillusion (engl. money illusion[284]) beschreibt die Nichtwahrnehmung von Inflation (Überraschungsinflation) durch die Wirtschaftssubjekte,

---

283 Vgl. Husemann-Kopetzky 2018, S. 120 f.
284 Vgl. Spreer 2018, S. 152.

welche also der Illusion unterliegen, das Geld habe nach wie vor den gleichen Wert. In abgeschwächter Form bezeichnet Geldwertillusion eine Unterschätzung des Risikos der Geldentwertung.«[285] Es ist immer wieder erstaunlich, wie dieser Effekt unterschätzt wird. Im Gespräch mit einer Hoteldirektorin fragte ich, wie sie die Zimmerpreise nächstes Jahr anzupassen gedenke. Sie erwiderte, dass sie im nächsten Jahr die Preise so lassen werde, wie sie sind. Auf meine Frage, warum sie das mache, antwortete sie, »weil ihre Preise schon am oberen Plafond« seien. Solche Glaubenssätze sind problematisch. Die Geldentwertung ist ein Faktum, mit dem stets umgegangen werden muss.

Die währungspolitische Kernaufgabe der heutigen Zentralbanken der westlichen Welt besteht darin, die Preisinflationsrate zu stabilisieren. Das ist das vorrangigste Ziel des Eurosystems, alle anderen Ziele sind zweitrangig. Die Maßnahmen zielen darauf ab, eine jährliche Preisinflation von etwa zwei Prozent zu verwirklichen.[286] Die jährliche Inflation ist daher keine Illusion, sondern eine Tatsache, mit der wir als Unternehmer rechnen müssen. Die Inflation aus Sicht des Hoteliers werden wir bei den strategischen Effekten näher behandeln.

Der Geldwertillusion unterliegen auch unsere Kunden, die sich vielleicht fragen, warum die Preise im Vergleich zum letzten Jahr gestiegen sind. Wer kennt sie nicht, die Kunden, denen Preisanpassungen aufstoßen und die auch anmerken, dass die Preise schon wieder erhöht worden sind. Ein Hinweis auf die generelle Inflation vor allem bei den Kosten der Mitarbeiter hilft bei der Begründung, warum Preisanpassungen zwingend erforderlich sind, wenn man als Unternehmer überleben will. Auch wenn die Weitergabe der Inflation auf die Konsumenten unangenehm ist, müssen wir diesen Effekt berücksichtigen. Wir leben nun einmal in einem Zwangsgeldsystem mit andauernder Geldentwertung.[287]

Einsatzbereich: Preisfestsetzung und Preisumsetzung

5.1.5 Kontrasteffekt

Neben dem Anker-Effekt, dem Framing-Effekt und dem Bandwagon-Effekt ist auch der Kontrast-Effekt zu nennen, der in der Ebbinghaus-Illusion grafisch deutlich wird (▶ Abb. 30).

Auch wenn beide gelben Kreise eine identische Größe haben, bewirkt die Größe der umliegenden, blauen Kreise, dass der mittlere Kreis auf der linken Seite im Vergleich zum rechten, mittleren Kreis größer erscheint. Mit dem Kontrast-Effekt beschreibt die Psychologie das menschliche Unvermögen, wirklich objektive Beurteilungen zu treffen. Wir setzen das, was wir sehen, immer in Relation zu etwas anderem. Dem Kontrasteffekt liegt eine kognitive Wahrnehmungsstörung zugrunde: Sehen wir einen Kreis umgeben von kleinen Kreisen, erscheint er uns größer

---

285 https://de.wikipedia.org/wiki/Geldwertillusion (07.09.20).
286 Vgl. Hülsmann 2014, S. 183.
287 Vgl. Stöferle et al. 2019 und Hülsmann, 2014.

5.1 Psychologische Effekte

Abb. 30: Ebbinghaus-Illusion

als derselbe Kreis, der von größeren Kreisen umgeben ist.[288] Wir beurteilen etwas schöner, teurer, größer und so weiter, wenn wir zugleich etwas Hässliches, Billiges, Kleines und so weiter vor uns haben. Mit absoluten Beurteilungen haben wir unsere Mühe.[289]

Eine Suite zu 250 Euro pro Person und Nacht erscheint uns wesentlich günstiger, wenn ein alternatives Angebot 480 Euro kostet. Die 250 Euro sind im Vergleich zu den 480 Euro günstig. Der Kunde sucht stets Vergleiche, die er entweder im Hotel durch verschiedene Zimmerkategorien findet oder bei den Konkurrenten des Hotels. Besonders in der Hotellerie kann dieser Effekt gut genutzt werden. Da die Gäste einen Preis nicht absolut, sondern in Bezug auf einen internen oder externen Referenzpreis bewerten, kann mit Kontrasten die Attraktivität einer Zimmerkategorie hinsichtlich des Preis-Leistungsverhältnisses stark beeinflusst werden.[290]

Der Preis für die Coco Chanel Suite (188 m²) im Hotel Ritz Paris beträgt pro Nacht 32.000 Euro. Im Vergleich dazu ist der Superior Room (35 m²) für 1.300 Euro ein wahres Schnäppchen.[291] Der Kontrasteffekt wirkt hier so stark, dass die 1.300 Euro für eine Nacht billig erscheinen. Eine Top-Suite kann dazu genutzt werden, die anderen Kategorien günstig erscheinen zu lassen. Zudem ermöglicht eine Top-Suite eine höhere Preisspanne, die in der Lage ist, Zielgruppen anzusprechen, die sonst nicht das Hotel buchen würden. Als eines der teuersten Hotels der Welt in der Weltstadt Paris kann davon ausgegangen werden, dass sehr vermögende Personen luxuriöse Hotels suchen, die keinerlei Preisschmerzempfinden haben.[292]

---

288 Vgl. Kaiser 2020, S. 59.
289 Vgl. Dobelli 2015a, S. 42.
290 Vgl. Kopetzky 2016, S. 22 ff.
291 Vgl. www.ritzparis.com (31.03.21).
292 Ein schöner Kontrasteffekt spielte sich um die Jahrhundertwende ebenfalls im Pariser Ritz ab, als Baron Albert Salomon Rothschild, aus der dritten Generation der österrei-

Die Aufmerksamkeit und Aktivierung von mental gespeicherten Informationen von Kunden kann auch mit anderen gezielt gesetzten Reizen beeinflusst werden. Solche Reize werden auch als Cueing-Effekt (bzw. Hinweisreize[293]) oder Priming[294] bezeichnet. Durch entsprechende Angebotslegung kann ein »sanfter Druck« auf das Kaufverhalten der Kunden ausgeübt werden. Im Buch von Thaler und Sunstein »Nudge« – Wie man kluge Entscheidungen anstößt – werden Listen aufgezeigt, wie man Menschen dazu bringt, »vernünftig« zu handeln.[295] Wie bei allen Effekten, die Menschen beeinflussen, sind auch hier ethisch-moralische Kriterien zu berücksichtigen.

Kontrasteffekte können in vielen Bereichen eingesetzt werden. Als ich 2008 zum ersten Mal die Sky-Bar des Burj Al Arab in Dubai besuchte, las ich auf der letzten Seite der Barkarte »The World's Most Expensive Cocktail« mit einer umwerfenden Beschreibung und einem Preis, den ich zuerst als Druckfehler betrachtete. Erst als der Kellner erklärte, dass sie diesen Cocktail vor ein paar Tagen neu aufgenommen hatten und bereits zwei Mal verkauft haben, glaubte ich den umgerechneten Preis von fünftausend Euro pro Cocktail. Der Kontrasteffekt funktioniert auch im Wellness-Bereich oder auf Speisekarten. Auch die Weinkarte eignet sich hervorragend, wie ich zwei Jahre später in einem Restaurant des Armani Hotels, ebenfalls in Dubai, erkennen konnte. Dort wurde eine 0,7 Liter Flasche Petrus Pomerol Grand Vin von 1996 für 10.000 Euro angeboten. Solche Preisanker helfen die Wertigkeit der anderen Produkte zu unterstreichen und durch den Kontrasteffekt als relativ preiswert darzustellen. Es geht gar nicht um den Verkauf der teuren Produkte, sondern um die psychologische Unterstützung derjenigen Produkte, mit denen man Umsatz generieren möchte. Bei Zimmerkategorien funktioniert dieser Effekt jedenfalls hervorragend.

Einsatzbereich: Preisfestsetzung und Preisumsetzung

---

chischen Rothschild, damals der mit großem Abstand reichste Mann Europas, sich im Ritz nach dem billigsten Zimmer erkundigte. Auf den Hinweis des Portiers, sein Sohn nehme immer die Fürstensuite, erwiderte er trocken: Der hat ja auch einen reichen Vater (vgl. Sandgruber, 2013, S. 30).

293 Hinweisreize haben die Funktion, Aufmerksamkeit räumlich auszurichten oder zum Handeln zu veranlassen. Vgl. Stangl, 2020. Stichwort: ›Cueing-Effekt‹. Online Lexikon für Psychologie und Pädagogik. www.https://lexikon.stangl.eu/27363/cueing-effekt-hinweisreiz-effekt/ (19.06.20).

294 «Kurzdefinition: Der Begriff Priming (Bahnung) bezeichnet eine Art Grundierung des Denkens, ein sanfter Druck in eine bestimmte Richtung zu denken und zu handeln, den Menschen in der Regel nicht bewusst wahrnehmen.« Stangl, 2020. Stichwort: ›Priming‹. Online Lexikon für Psychologie und Pädagogik. www.https://lexikon.stangl.eu/1378/priming/ (16.09.21).

295 Vgl. Thaler, Sunstein, 2015.

5.1.6 Weitere psychologische Effekte

(1) Action Bias

Der englische Begriff Action Bias lässt sich mit Handlungsanweisung übersetzen. In der Verhaltenswissenschaft bezeichnet er die Neigung auch dann aktiv zu handeln, wenn dieses Handeln voraussichtlich gar keinen Nutzen erfüllt oder sogar schädlich ist. Typischerweise greift dieser Aktionismus insbesondere in unklaren Situationen, in denen die beste Handlungsalternative nicht eindeutig festzustellen ist.[296] Wir versuchen, die Situation zu kontrollieren, auch dann, wenn wir das gar nicht können.[297]

Wenn die Auslastung des Hotels geringer als gewünscht ist, könnte der Hotelier dem Action Bias verfallen und Maßnahmen setzen, die wenig Sinn machen oder sogar kontraproduktiv sind. Der psychologische Druck, den Ist-Zustand zu verändern, ist hoch.[298] Wer aktiv handelt, hat zumindest gut sichtbar seinen Willen demonstriert. So kann es vorkommen, dass aus Panik plötzlich Preisnachlässe gewährt oder andere hektische Aktionen unternommen werden, die kontraproduktiv sind. Auf der Website hingegen können echte Call-to-Actions installiert werden, also Aktionsaufrufe, jetzt zu buchen.

Einsatzbereich: Preisumsetzung

(2) Aesthetics Heuristic

Ein gutes visuelles Design erhöht signifikant die wahrgenommene Überzeugungskraft visueller Aspekte von Produkten, Infrastruktur und der Architektur. Schönheit und Anmut fungieren quasi als Ersatzgröße des funktionalen Nutzens, womit auch die Zahlungsbereitschaft deutlich ansteigt. Es gibt einige universelle Bewertungsmaßstäbe für Schönheit, mit der sich der Forschungszweig der Neuroästhetik auseinander setzt. In Hirnscans wurde festgestellt, dass die Darbietung schöner Inhalte den medialen orbitofrontalen Kortex aktiviert, während hässliche Inhalte zu einer Aktivierung der Amygdala führten.[299] Der Sehsinn ist einer der stärksten Sinne, die Kaufimpulse auslösen.

Wo sonst als in einem Hotel kann dieser Effekt erfolgreich ausgespielt werden? Denken Sie an ein architektonisches Hoteljuwel, frisch renovierte Zimmer, mit einem umwerfenden Ambiente, verbunden mit olfaktorischen Eindrücken. Die Zahlungsbereitschaft steigt deutlich an, wenn ein Hotel ein ästhetisches Flair ausstrahlt. Umgekehrt kann ein unästhetisches Flair im Hotel gleich am ersten Tag den Urlaub verderben.

Einsatzbereich: Preisumsetzung

---

296 Vgl. Spreer 2018, S. 214.
297 Vgl. Kaiser 2020, S. 40.
298 Vgl. Dobelli 2015a, S. 177.
299 Vgl. Spreer 2018, S. 118.

(3) Appeal of Novelty

Der Appell an die Neuheit ist ein Irrtum, bei dem man vorzeitig behauptet, eine Idee sei richtig oder überlegen, ausschließlich weil sie neu und modern ist. In einer Kontroverse zwischen Status quo und neuen Erfindungen ist ein Aufruf zum Neuheitsargument an sich kein gültiges Argument. Wir überschätzen systematisch die Rolle des Neuen, was auch als Neomanie bezeichnet wird.[300]

Die Digitalisierung macht auch in der Hotellerie riesengroße Fortschritte. Neue Preis-Systeme wie Yield Management, Dynamic Pricing, neue Algorithmen oder Software sind nicht per se den bisherigen Systemen überlegen, nur weil sie neu sind. Bevor man das Preis-System ändert, sollte man die Alternativen genau analysieren und sicher sein, die beste strategische Alternative gewählt zu haben. Manchmal habe ich den Eindruck man entscheidet sich für ein neues System, nur weil es technisch möglich ist.

Das Neuheitsargument sollte nach jeder größeren Innovation oder Investition kommuniziert werden, wenn der Kundennutzen dadurch gesteigert wird. Kunden sind neugierig und wollen informiert werden, wenn Neuerungen ihres Hotels mehr Nutzen versprechen, was die Chance auf Buchungen erhöht.

Einsatzbereich: Preisfestsetzung und Preisumsetzung

(4) Assimilations-Effekt

Der Assimilations-Effekt, auch Angleichungs-Effekt, kommt durch den Einfluss des Kontextes zustande. »So kann die Bewertung einer Person dadurch steigen, dass sie sich in Begleitung einer anderen, attraktiveren oder angeseheneren Person befindet. Das Ansehen der Person färbt auf das Ansehen der anderen Person ab.«[301] Denselben Effekt können auch Produkte haben.

Werden Produkte oder Dienstleistungen in einem besonders edlen Ambiente zur Schau gestellt, erscheinen sie hochwertiger. Dieser Effekt eignet sich bei der Vermarktung von Dienstleistungen und Produkten. Auch die Kleidung der Mitarbeiter und das Ambiente im Wellness-Bereich ist ausschlaggebend für das Kaufverhalten.

Einsatzbereich: Preisumsetzung

(5) Association Bias

Als Assoziation bezeichnet man in der Psychologie die bewusste oder unbewusste Verknüpfung von Gedanken. Wir riechen frischen Kaffee und denken an Brötchen und Spiegeleier, der Song, den wir hören erinnert uns an ein Ereignis, und be-

---

300 Vgl. Dobelli 2015b, S. 78; vgl. auch Spreer 2021, S. 134.
301 https://www.spektrum.de/lexikon/psychologie/assimilationseffekt/1449 (27.07.21)

stimmte Düfte assoziieren Wellness. Unser Gehirn führt ständig solche Verknüpfungen durch und ist eine wahre Assoziationsmaschine. Der Association Bias verknüpft zwei Gedanken, die gar nichts miteinander zu tun haben.[302]

In der Werbung wird dieser Effekt mit Erfolg genutzt. Bilder eines Familienzimmers mit einer glücklichen Familie assoziieren eine Situation, die der Betrachter vielleicht wünscht. Unbewusst verknüpft der Betrachter das Glück der Familie mit der Buchung des Zimmers. Die Schifahrer im Hintergrund assoziieren sportliche Betätigung in einer schönen Winterlandschaft. Mit Assoziationen werden Kaufwünsche getriggert und Buchungsgründe geliefert.

Einsatzbereich: Preisumsetzung

(6) Auswahl-Paradoxon

»Das Paradox of choice – Auswahl-Paradoxon, Marmeladen-Paradoxon, Choice overload – bezeichnet in der Entscheidungstheorie der Wirtschaftspsychologie jenes Paradoxon, das das Kaufverhalten bei unterschiedlich hoher Produktvielfalt betrifft. Dieses Paradoxon besagt, dass zu viele Entscheidungsalternativen die Entscheidungsfindung behindern.«[303]

Einerseits lieben die Kunden das Auswählen, andererseits ist eine zu große Auswahl verwirrend und stressig für die Kunden, die einen entspannten Urlaub genießen wollen. Bieten Sie stets gut übersichtliche und an der Zahl überschaubare Alternativen an (Zimmerangebote, Speisekarten, Wein, Anwendungen etc.). Bei 27 Massageanwendungen kann es passieren, dass der Gast ganz darauf verzichtet, da er unsicher geworden ist und keinen Fehler machen will.

Einsatzbereich: Preisfestsetzung und Preisumsetzung

(7) Begründungs-Effekt

Beim Begründungs-Effekt reagieren wir sehr stark auf die Formulierung »weil«, auch wenn die eigentlich folgende Begründung wenig tragfähig, irrelevant oder sogar unsinnig ist. Menschen sind »weil«-süchtig. Wir brauchen das Wort, selbst wenn es nicht stichhaltig ist.[304] Hüten wir uns also vor Verkäufern, die sich diesen Effekt zunutze machen. Ja dann unterschreiben Sie einfach hier, weil das gut für Ihre finanziell abgesicherte Zukunft ist.[305]

---

302 Vgl. Kaiser 2020, S. 42.
303 Stangl 2020. Stichwort: ›Paradox of choice‹. Online Lexikon für Psychologie und Pädagogik. www.https://lexikon.stangl.eu/24373/paradox-of-choice/ (16.09.21).
304 Vgl. Dobelli 2015b, S. 6.
305 Vgl. https://www.psychologie-seiten.de/3-neuigkeiten/kurzmeldungen/113-rosenthal-effekt-sp-387697806.html (27.07.21).

Dennoch kann dieser Effekt genutzt werden, dem Gast zu helfen, die richtige Entscheidung zu treffen. Wenn der Gast nicht sicher ist welches Zimmer er wählen soll, kann dieser Effekt die Kunden bei der Wahl unterstützen. »Ich empfehle Ihnen dieses Doppelzimmer, weil Sie da einen Balkon mit einem wunderschönen Blick auf den See haben.« »Ich empfehle Ihnen die Familien-Suite, weil Ihre Kinder ein eigenes Zimmer haben.«

Einsatzbereich: Preisumsetzung

(8) Bildüberlegenheits-Effekt

Bildüberlegenheits-Effekt bezeichnet den Behaltensvorteil für Bilder oder Wörter, die mit einem Vorstellungsbild gekoppelt sind: Benennbare Bilder werden besser behalten als Wörter, und konkrete Wörter werden besser behalten als abstrakte Wörter.[306]

Hotelleistungen haben den Vorteil einfacher bildlicher Entsprechungen. Die gesamte Infrastruktur eines Hotels und fast alle Dienstleistungen können bebildert werden. Geben Sie den Zimmerkategorien einprägsame Namen, die mit Bildern assoziiert werden können. Ein Zimmer »Murgperle«, »Zirben-Suite« oder »Top-of-the-Roof-Suite« assoziiert konkrete Bilder und sind emotional wirkmächtiger als die nichtssagenden generischen Bezeichnungen »Klassik«, »Komfort« oder »Superior«. Generell sollte bei der Auswahl der Bilder größte Sorgfalt angelegt werden.[307]

Einsatzbereich: Preisfestsetzung

(9) Charm Price Effekt

Gebrochene Preise mit der Ziffer »9« am Ende werden als günstiger wahrgenommen als glatte bzw. gerundete Preise. Bei hedonistischen Käufen hat sich jedoch ein glatter Preis bewährt, die Entscheidung fühlt sich im wahrsten Sinne des Wortes »rund« an.[308]

Die meisten Hotelbetriebe wollen Emotionen verkaufen und stellen das Urlaubserlebnis in den Vordergrund. Preiswerte Budget-Hotels können gezielt den Charm Price Effekt nutzen, da die Preise eher günstig erscheinen. Bei höherpreisigen Hotelangeboten sind hingegen glatte Preise zu bevorzugen, da sonst das Preiskalkül hervorgehoben und der emotionale Aspekt in den Hintergrund gerückt wird.

Einsatzbereich: Preisfestsetzung und Preisumsetzung

---

306 Vgl. https://www.spektrum.de/lexikon/psychologie/bildueberlegenheitseffekt/2379 (09.07.20).
307 Vgl. Spreer 2018, S. 61.
308 Vgl. Spreer 2018, S. 142.

5.1 Psychologische Effekte

(10) Choice Support Bias

Wenn wir eine Entscheidung getroffen haben, tendieren wir dazu, diese als die einzig richtige anzusehen und weiter mit positiven Attributen zu versehen. Abgelehnte Alternativen werden nachträglich stärker negativ bewertet. Als Ergebnis fühlen wir uns besser, auch über die getroffenen Entscheidungen. Der Choice Support Bias wird auch als nachträgliche Begründungstendenz bezeichnet.[309]

Bei strategischen Entscheidungen – wie die richtige Preis-Strategie – sollten grundsätzlich alle Alternativen intensiv reflektiert und bewertet werden. Auch früher getroffene Entscheidungen sollten immer wieder hinterfragt werden.

Einsatzbereich: Preisfestsetzung

(11) Confirmation Bias

Der Begriff Choice Supportive Bias, My Side Bias, Inertia bzw. Confirmation Bias bezeichnet in der Psychologie die Neigung von Menschen, Informationen so auszuwählen, zu suchen und zu interpretieren, dass diese die eigenen Erwartungen bestätigen. Dabei werden Informationen ausgeblendet, die eigene Erwartungen widerlegen könnten, sodass man einer Selbsttäuschung oder einem Selbstbetrug erliegt. Dieser Confirmation Bias bewirkt etwa bei Entscheidungen, dass man nur nach jenen Gründen sucht, die die eigene Entscheidung bestätigen. Der Confirmation Bias ist ein wesentlicher Aspekt der selektiven Wahrnehmung.[310] Er ist übrigens auch die Grundlage des breiten Erfolgs von Aberglauben, Populismus, Scharlatanerie, Verschwörungstheorien und allgemeiner Beratungsresistenz. Menschen wollen glauben und bestätigt werden. Das ist auch die Erklärung für die »Clustering Illusion«, die das Phänomen bezeichnet, dass wir in allem Belege für unsere Meinung zu erkennen glauben.[311]

Entscheidungen zur Preis-Strategie basieren auf Annahmen über Ursache-Wirkungszusammenhänge, auf Vorurteilen oder jahrelang praktizierte Handlungen. Die Preis-Historie eines Hotelbetriebes kann über Jahrzehnte unverändert bleiben, weil man die zugrundeliegenden Prämissen nie hinterfragt, bzw. zu ändern gewagt hat. Der bisherige Erfolg gibt scheinbar recht, obwohl diese Annahme falsch sein kann. Das Festhalten am Status quo kann Gewinne verhindern.

Einsatzbereich: Preisfestsetzung

(12) Decoy Effekt

Der Decoy Effekt, auch Lockvogeleffekt genannt, beschreibt das Phänomen, dass Verbraucher dazu neigen, eine Veränderung der Präferenzen zwischen zwei Op-

---

309 Vgl. https://en.wikipedia.org/wiki/Choice-supportive_bias (07.11.20).
310 Vgl. Spreer, 2021, S. 246 f.
311 Vgl. Spreer 2018, S. 218.

tionen zu entwickeln, wenn ihnen auch eine dritte Option vorgestellt wird, die asymmetrisch zu den beiden anderen angeordnet ist. Gibt es nämlich nur zwei Optionen, neigen Menschen dazu, Entscheidungen rein nach ihren persönlichen Präferenzen zu treffen. Wenn man ihnen jedoch eine weitere strategische Option, also die Lockvogeloption anbietet, entscheiden sie sich eher für die bessere bzw. teurere der beiden ursprünglichen Optionen.[312]

Angenommen, Sie bieten einen günstigen und einen etwas höherpreisigen Wein an. Der Großteil der Gäste wird den günstigen Wein wählen. Bieten Sie nun eine dritte Option an, die deutlich teurer ist als der etwas höherpreisige Wein, werden die meisten Gäste zur mittleren Variante greifen. Dasselbe funktioniert auch beim Verkauf der Zimmer. Ähnlich funktioniert die Extremeness Aversion[313], da Menschen dazu neigen, extreme Entscheidungsalternativen zu vermeiden.

Einsatzbereich: Preisfestsetzung und Preisumsetzung

(13) Delmore Effekt

Je einfacher ein Problem zu lösen ist, desto mehr Zeit verbringen wir damit, und je komplexer ein Problem ist, desto höher ist die Wahrscheinlichkeit das Thema zu vermeiden oder schnell vom Tisch haben zu wollen. Beide Strategien können gefährlich sein.[314]

Die jährliche Anpassung der Preise ist eine lästige und hoch komplexe Aufgabe. Umso erstaunlicher ist, wie Preise in der Hotellerie angepasst werden. Einfach die alte Preisliste nehmen und die Preise um zwei Prozent oder ein paar Euro erhöhen? Damit ist das Problem zwar vom Tisch, aber ein großes Gewinnpotenzial verloren. Hier hat der Delmore Effekt zugeschlagen. Die Erarbeitung einer Preis-Strategie ist eine der komplexesten und gleichzeitig lukrativsten Aufgaben des Managements.

Einsatzbereich: Preisfestsetzung

(14) Distinction Bias

Übersetzt bedeutet der Distinction Bias die Unterschiedsverzerrung. Wenn aus zwei Optionen gewählt werden kann, werden die Unterschiede zwischen diesen Optionen stärker wahrgenommen, als wenn jede Option einzeln bewertet wird.[315]

Wenn Sie dem Gast zwei Zimmer zur Auswahl zeigen wird sich dieser Gast stärker mit den Unterschieden der Zimmer befassen und dasjenige wählen, das für ihn am besten passt, zum Beispiel ein teureres Zimmer mit einer schöneren Aussicht.

---

312 Stangl 2020. Stichwort: ›Decoy-Effekt‹. Online Lexikon für Psychologie und Pädagogik. www.https://lexikon.stangl.eu/16320/decoy-effekt/ (26.06.20).
313 Vgl. Spreer 2018, S. 122.
314 Vgl. https://socrateslounge.wordpress.com/2017/03/17/delmore-effect/ (27.07.20).
315 Vgl. https://en.wikipedia.org/wiki/Distinction_bias (09.07.20).

Dieser Effekt kann dazu führen, dass der Gast das präferierte Zimmer positiver sieht, als wenn er die Alternative nicht gesehen hätte. Wenn er nur das günstigere Zimmer mit der anderen Aussicht sehen würde, wäre es vielleicht die perfekte Auswahl. Der Vergleichsmodus bewirkt, dass wir uns auf die Unterschiede fokussieren und dann die Wahl treffen, die uns voraussichtlich glücklicher macht. Daher sollte man aus Sicht des Konsumenten die Wahl nicht im direkten Vergleich der Optionen treffen, sondern unabhängig voneinander. Was brauche ich wirklich?

Einsatzbereich: Preisumsetzung

(15) Dollar Eyes Effekt

Bereits der Anblick von Geld kann unser Verhalten beeinflussen. Menschen können dadurch in einen eher marktorientierten Entscheidungsmodus wechseln, indem Leistungsgerechtigkeit und Preiswürdigkeit die Entscheidung prägen.[316] Sie denken verstärkt an Gewinn oder Geschäft, verhalten sich weniger sozial, bauen Distanz auf und sind weniger hilfsbereit.

Ein Hotel wird primär versuchen, den Gast emotional anzusprechen. Daher sollte vermieden werden, die Aufmerksamkeit des Gastes zu sehr auf das Geld – und damit auf den Preis – zu lenken. Wir empfehlen, auf die Euro-Zeichen auf Preislisten und bei den Zimmerpreisen zu verzichten und stattdessen am Rande anzumerken, dass die Preisangaben sich auf Euro inklusive Mehrwertsteuern beziehen.[317]

Einsatzbereich: Preisumsetzung

(16) Dunning-Kruger-Effekt

Der Dunning-Kruger-Effekt beschreibt das Phänomen der Selbstüberschätzung.[318] Als Dunning-Kruger-Effekt bezeichnet man eine Spielart jener kognitiven Verzerrung, nach der inkompetente Menschen eine Tendenz zeigen, das eigene Können zu überschätzen und die Leistungen kompetenterer Menschen zu unterschätzen.

»Der eher ironisch gemeinte und populärwissenschaftliche denn psychologische Fachbegriff geht auf eine Publikation von David Dunning und Justin Kruger aus dem Jahr 1999 zurück. (…) Sie hatten in Studien entdeckt, dass beim Erfassen von Texten, beim Schachspielen oder Autofahren Unwissenheit häufig zu mehr Selbstvertrauen führt als Kompetenz. Wenig kompetente Personen neigen aber nicht nur dazu, ihre eigenen Fähigkeiten zu überschätzen, sondern sind häufig auch nicht in der Lage, überlegene Fähigkeiten bei anderen zu erkennen.«[319]

---

316 Vgl. Spreer 2018, S. 144.
317 Vgl. hierzu auch den Currency Sign Effect, in: Husemann-Kopetzky 2018, S. 55.
318 Vgl. Kaiser 2020, S. 52.
319 Stangl 2020. Stichwort: ›Dunning-Kruger-Effekt‹. Online Lexikon für Psychologie und Pädagogik. https://lexikon.stangl.eu/1500/dunning-kruger-effekt/ (16.09.21).

Ein Hotelier sollte ein Universalgenie sein. Gastgeber, Baumeister, Dekorateur, Betriebswirt, Anwalt, Wanderführer, Personalmanager, Psychologe, Verkäufer u. v. m. Die hohen Anforderungen in jedem Bereich erfordern, insbesondere wenn Neuland betreten wird, manchmal externen, punktuellen Input durch Spezialisten. Wenn Spezialprobleme gelöst werden, holt man sich in der Regel Spezialisten, die solche Probleme professionell lösen. Dieses Eingeständnis ist nichts Ehrenrühriges, sondern bestätigt die Professionalität und das Streben nach Qualität.

Einsatzbereich: Preisfestsetzung und Preisumsetzung

(17) Endowment Effekt

Der Endowment Effekt (Besitztumseffekt) besagt, dass der wahrgenommene Wert eines Gutes höher ist, wenn man es besitzt, als wenn man es weggibt.[320] Beim Endowment Effect werden Verluste höher bewertet als Gewinne. Die Verlustaversion führt dazu, etwas zu behalten, was man schon hat.

Dieser Effekt kann auf eine Zimmerreservierung übertragen werden. Das reservierte Lieblingszimmer hat für einen Stammgast einen Wert. Er ist in der Regel nicht bereit, sein Lieblingszimmer gegen ein anderes, gleichwertiges zu tauschen. Bei einer fixen Reservierung »besitzt« der Gast das Zimmer zu einem bestimmten Zeitpunkt. Über diesen Effekt kann man den Gast dazu animieren, gleich den nächsten Urlaub zu buchen, da sein Zimmer gerne gebucht wird. So können Frühbucherrabatte vermieden werden. Wenn ein Gast nach einem Frühbucherrabatt fragt, kann ihm geantwortet werden, dass sie leider keine Frühbucherrabatte haben, jedoch dem Gast sein Lieblingszimmer reservieren können.

Einsatzbereich: Preisumsetzung

(18) External Reference

Die Adaptionsleveltheorie besagt, dass Menschen bei der Bewertung von Preisen nicht nur den Preis des jeweils relevanten Produktes betrachten, sondern unbewusst auch die Preise im Umfeld einfließen lassen. Diese wirken als externe Referenz wie ein Urteilsanker. Das bedeutet, der Preis wird mit den umliegenden Preisen ins Verhältnis gesetzt und in Abhängigkeit davon verarbeitet.[321]

Die Darstellung von höherpreisigen Angeboten (Top-Suite) ist ein verwandter Effekt (Kontrasteffekt), der dazu führt, dass das gewünschte Zimmer eher preiswert erscheint. Auch die Angebote für Wellness-Anwendungen, die Speisekarte, die Weinkarte oder die Barkarte sollte diesen Effekt ebenso nutzen. Wenn Sie einen Hotel-Shop haben sollte dieser Effekt durch die Auswahl von Marken ebenso berücksichtigt werden.

Einsatzbereich: Preisfestsetzung und Preisumsetzung

---

320 Vgl. Spreer, 2021, S. 271 f.
321 Vgl. Spreer 2018, S. 146.

5.1 Psychologische Effekte

(19) Flatrate Bias

Bei einer Flatrate bezahlt man einen festen Preis und kann das Angebot in beliebigem Umfang nutzen.[322] Kunden ziehen eine Flatrate vor, obwohl ein nutzungsabhängiger Preis für sie günstiger wäre. All-inclusive-Angebote, Dreiviertelpension etc. kommen dem Wunsch der Kunden entgegen, die Leistungen mehr genießen zu können, da kein Taximeter läuft.

Ein Hotel mit einem umfangreichen Leistungsangebot hat sehr viele Möglichkeiten der Nutzenkommunikation. Verbunden mit einem All-inclusive-Angebot kann der Kunde sein maximales Urlaubsbudget halten und den Urlaub dennoch in vollen Zügen genießen. Hotels mit einem solchem Angebot können die Argumentation durch den Flatrate Bias voll ausreizen.

Einsatzbereich: Preisfestsetzung und Preisumsetzung

(20) Fluch des Wissens

»Der Fluch des Wissens, auch Curse of Knowledge[323], beschreibt eine kognitive Verzerrung, die auftritt, wenn eine Person mit anderen Personen kommuniziert und unwissentlich annimmt, dass die anderen denselben Hintergrund haben, um alles bis ins Detail nachzuvollziehen und zu verstehen. Dies hängt sehr häufig mit Rückschau-Verzerrungen zusammen, das heißt, es ist einem gar nicht bewusst, wie stark die eigene Erfahrung und das Wissen die eigene Position verfälschen und wie es jemandem ohne dieses Wissen geht. Sobald man etwas weiß, ist es schwierig oder gar unmöglich, sich vorzustellen, wie es ist/ war, es nicht zu wissen.«[324] Vielleicht werden die geschätzten Leser und Leserinnen nach der Lektüre dieses Buches den Effekt bei sich selbst feststellen.

Bei der Erarbeitung einer Preis-Strategie sollten alle Betroffenen eingebunden werden. Nur dann verfügen sie über das Wissen der Zusammenhänge, das erforderlich ist, um die Strategie auch umzusetzen. Gehen Sie nie davon aus, dass die Mitarbeiter, die bei der Erarbeitung der Preis-Strategie nicht dabei waren, immer verstehen, was sie wie umsetzen sollen. Gespräche, Präsentationen, Workshops und Schulungen sind Möglichkeiten, das Wissen weiterzugeben.

Einsatzbereich: Preisfestsetzung und Preisumsetzung

(21) Focusing Effekt

Wir können uns nur auf eine begrenzte Anzahl von Dingen konzentrieren. Der Focusing Effekt beschreibt daher, dass das menschliche Gehirn bei Entscheidungen

---
322 Vgl. Simon, Fassnacht 2016, S. 573.
323 Vgl. Spreer 2021, S. 122.
324 https://www.springerprofessional.de/fluch-des-wissens/16704048 (07.07.20).

nur auf einige wenige Aspekte ein überproportional hohes Gewicht legt und andere vernachlässigt.

Wenn Kunden Hotels auswählen, suchen sie nach Angeboten, die ihr Leben auf irgendeine Art und Weise besser machen. Bei der Vermarktung der Buchungsgründe eines Hotels sollte man im ersten Anlauf nur auf die wichtigsten eingehen. Empirisch bewährt haben sich drei bis vier Faktoren, in denen das Hotel besondere Stärken hat und die gezielt kommuniziert werden sollten. Auch auf den Websites sollte dieser Effekt berücksichtigt werden.

Einsatzbereich: Preisumsetzung

(22) Glucose Effekt

Zucker ist ein effektives Mittel, den Serotoninspiegel anzuheben. Das Glückshormon Serotonin erhöht die Wahrscheinlichkeit, höhere Preise zu akzeptieren. In Experimenten wurde festgestellt, dass an Kunden verabreichte Zuckergetränke dazu führten, höhere Preise zu akzeptieren. Allerdings muss berücksichtigt werden, dass dieser Effekt nur zwischen 10 und 40 Minuten wirksam ist. Davor und danach verblasst der Effekt signifikant.[325]

Ein Hotel hat viele Möglichkeiten, den Kunden leckere Süßigkeiten zu verabreichen. Ein optimaler Zeitpunkt kann bei der Verabschiedung der Gäste sein, kurz bevor die Hotelrechnung bezahlt wird oder am Ende eines Menüs.

Einsatzbereich: Preisumsetzung

(23) Halo Effekt

Der Halo Effekt beschreibt, wie ein dominierendes Merkmal die Wahrnehmung aller anderen Merkmale überstrahlen kann. Schöne Menschen werden auch als kompetent eingeschätzt, obwohl dieses Attribut überhaupt nicht zutreffen muss.[326]

Ein Hotel hat sehr viele Kundenkontaktpunkte. Daher sollten alle Mitarbeiter eine professionelle Erscheinung haben. Der emphatische und zuvorkommende Umgang mit Gästen sowie die Bekleidung spielen dabei eine besonders wichtige Rolle bei der Einschätzung des Gästeservices und somit dem Preis-Leistungs-Verhältnis.

Einsatzbereich: Preisumsetzung

(24) House Money Effekt

Die Art und Weise wie man zu Geld oder einem äquivalenten Geldmittel, wie beispielsweise einem Gutschein, gekommen ist, beeinflusst den Umgang mit diesem

---

325 Vgl. Linzmajer et al. 2014.
326 Vgl. Spreer 2018, S. 196.

Vermögen. Wer zunächst Geld gewinnt oder geschenkt bekommt, geht anschließend leichtfertiger damit um. Das gewonnene oder geschenkte Geld wird als Geld des Hauses betrachtet.[327]

Ein Hotel kann denjenigen Gästen einen Wellness-Gutschein schenken, die bisher noch keine Anwendung gebucht haben. Dieser Gutschein wird ohne große Vorbehalte ausgegeben und dient als Einstieg in eine Kundenbeziehung, beziehungsweise senkt die Hemmschwelle für einen werthaltigen Kauf.

Einsatzbereich: Preisumsetzung

(25) Hedonistische Tretmühle

Der Mensch ist aus Evolutionsgründen nicht dafür bestimmt, dauerhafte Hochs und Tiefs zu erleben. Unser Gehirn ist darauf getrimmt, eher Unangenehmes als Angenehmes wahrzunehmen. Um zu überleben, mussten unsere Vorfahren vor allem das Negative einprägen, um Risiken zu erkennen. Demnach eine sinnvolle Überlebensstrategie. Der Begriff wurde durch den britischen Psychologen Michael Eysenck zur Theorie der hedonistischen Tretmühlen modifiziert, die das Streben nach Glück mit einer Tretmühle vergleicht, das heißt, der Betroffene arbeitet am Vorankommen und bleibt doch am selben Platz.[328]

Angenommen, die Preis-Strategie passt hervorragend und wird gut angenommen, und das operative Ergebnis steigt spürbar. Relativ schnell kehren wir wieder zu einem normalen Level an Glücksempfinden zurück und laufen Gefahr, die weitere Arbeit an der Preis-Strategie zu vernachlässigen. Dieser Effekt soll uns sensibilisieren, dass die Arbeit an den Preisen uns stets fordert und ein Nachlassen an der fortdauernden Optimierung verhindert werden muss.

Einsatzbereich: Preisfestsetzung

(26) Höchststands-Ende-Regel

Menschen beurteilen eine Erfahrung weitgehend danach, wie sie sich am Höhepunkt und am Ende gefühlt haben (Höchststands-Ende-Regel) und nicht anhand der Gesamtsumme oder des Durchschnitts jedes Augenblicks der Erfahrung.[329]

Hotelgäste verbringen in der Regel viel Zeit im Hotel. Ob sie vom Aufenthalt begeistert waren, hängt von den Höhepunkten ihres Aufenthaltes und von dem ab, wie sie die letzten Tage oder Stunden empfunden haben. Es ist daher nicht erforderlich, die Gäste andauernd zu begeistern. Aber achten Sie darauf, dass der Abschied herzlich und angenehm für die Gäste ist.

Einsatzbereich: Preisumsetzung

---

327 Vgl. Spreer 2018, S. 148.
328 Vgl. Grossert 2019.
329 Vgl. Kahnemann 2011, S. 477 ff.

(27) Inequity Aversion

Die Inequity Aversion ist die Präferenz für Fairness und Gleichheit innerhalb einer sozialen Struktur. Dieser Effekt wurde im Rahmen des Diktator- und des Ultimatum-Spiels nachgewiesen. Beim Diktator Spiel entscheidet ein einziger Teilnehmer, wie die Belohnung zwischen ihm und den anderen Teilnehmern aufgeteilt wird. Über 50 Prozent der Diktatoren entschieden sich dafür, zumindest einen Teil des Betrages abzugeben. Beim Ultimatum-Spiel kann der andere Teilnehmer ein Veto einlegen, das dazu führt, dass beide Spieler leer ausgehen. Die Teilnehmer bevorzugen es, nichts, statt wenig zu erhalten, wenn der andere dafür einen Verlust erleidet. Dieser Effekt wurde auch mit Kapuzineraffen nachgewiesen, was darauf hindeutet, dass es einen evolutionsbiologischen Sinn für Fairness gibt und sie nicht nur ein soziales Konstrukt ist.[330]

In der Hotellerie kann dieser Effekt auf die Preisbereitschaft übertragen werden, indem argumentiert wird, dass man in allen Prozessen besonders ökologisch und verantwortungsbewusst handelt. Der Mehraufwand muss irgendwie in den Preisen berücksichtigt werden, das kann jeder verstehen. Dafür verhalten wir uns fair gegenüber der Umwelt und stärken die Region. Dieser Effekt spielt auch bei statischem versus dynamischem Pricing eine Rolle. Bei einem statischen Pricing zahlen alle Kunden im Normalfall für dieselbe Leistung den gleichen und somit einen fairen Preis. Beim dynamischen Pricing zahlen Kunden je nach Buchungszeitpunkt und anderen Faktoren durchaus unterschiedliche Preise für dieselbe Leistung, was diesem psychologischen Effekt entgegenwirkt.

Einsatzbereich: Preisumsetzung

(28) Kleber-Effekt

Der Kleber-Effekt ist ein Beurteilungsfehler. Diesem Effekt zufolge bleiben einmal über eine Person getroffene Urteile an ihr »kleben«. Es fällt den Menschen sehr schwer, eine einmal getroffene Meinung über eine Person zu ändern.[331]

Dieser Effekt betrifft auch das Image eines Hotels. Auch wenn die Leistung abnimmt, bleibt immer noch der Glanz der besseren Tage. Allerdings nimmt dieser Effekt stets ab, bis das Image des Hotels völlig heruntergekommen ist. Umgekehrt haben Verbesserungen ebenfalls den Kleber-Effekt zu bewältigen, diesmal in die andere Richtung hin zu einem besseren Image. Voraussetzung ist, dass die Gäste von den Verbesserungen erfahren. Daher ist die intensive Kommunikation bei Investitionen in den Gäste-Nutzen so essenziell.

Einsatzbereich: Preisumsetzung

---

330 Vgl. Spreer 2018, S. 241.
331 Vgl. Kaiser 2020, S. 57.

(29) Knappheitsirrtum

Menschen neigen dazu, eine Vorliebe für knappe Produkte aller Art zu haben. Glauben wir, dass nur noch wenige Exemplare erhältlich sind, wollen wir es haben. Knappheit erzeugt den Eindruck von Exklusivität.[332] Die Automarke Ferrari zum Beispiel beherrscht das Prinzip der Knappheit hervorragend, was auch zum Mythos der Exklusivität beiträgt.[333]

Mit dem Knappheitsirrtum arbeitet die Hotellerie recht erfolgreich. »Nur noch 2 Zimmer frei« oder andere Formulierungen sind auf Buchungsportalen stets zu lesen. Der Gast kann so animiert werden, bereits den nächsten Urlaub zu buchen, »da dieses Zimmer im August sehr gefragt ist«. Dieses Argument kann vor allem bei Akquisitionsgesprächen genutzt werden, oder auch um Frühbucherrabatte zu vermeiden.

Einsatzbereich: Preisumsetzung

(30) Kohorten-Effekt

»Eine Kohorte bezeichnet in der psychologischen Statistik eine Population, deren Mitglieder im selben Zeitraum geboren wurden. In der Entwicklungspsychologie ist die Kohorte die Bezeichnung von Personen, die zum gleichen Zeitpunkt bzw. im gleichen Zeitraum geboren wurden und daher vergleichbaren epochalen Einflüssen ausgesetzt waren oder sind. Unterschiede zwischen Personen verschiedener Generationen, die sich auf unterschiedliche soziale und umweltbezogene Einflüsse zurückführen lassen, werden als Kohorten-Effekt bezeichnet.«[334] Früher wurde dieser Effekt auch Generationen-Effekt bezeichnet.

Sobald mehrere Generationen im Hotel arbeiten, empfehlen wir bei strategischen Entscheidungen die neue Generation einzubinden. Sie bringen in der Regel Aspekte in die Diskussion, die die Qualität einer Preis-Strategie erhöhen können.

Einsatzbereich: Preisfestsetzung

(31) Kontrollillusion

Die Kontrollillusion beschreibt die menschliche Tendenz zu glauben, dass wir Ereignisse beeinflussen können, auch wenn wir tatsächlich keinen Einfluss auf sie haben.[335] Gehirne haben sich im Laufe der Evolution so entwickelt, dass sie Sinn in der Welt entdecken möchten, indem sie ständig nach Kausalitäten fahnden, das

---

332 Vgl. Kaiser 2020, S. 58.
333 Vgl. Henz 2018, S. 129.
334 Stangl 2020. Stichwort: ›Kohorte – Kohorteneffekt‹. Online Lexikon für Psychologie und Pädagogik. https://lexikon.stangl.eu/3930/kohorte-kohorteneffekt/ (16.09.21).
335 Vgl. Kaiser 2020, S. 60.

heißt, Menschen neigen von Natur aus dazu, alles so zu interpretieren, als sei es vorherbestimmt und alle Dinge müssen stets aus einem Grund passieren.[336]

Die Kontrollillusion kann vor allem bei der Preisdurchsetzung gefährlich sein. Angenommen, das Wetter ist nicht so wie gewünscht, der Schnee vor Weihnachten fehlt, und die Buchungen sind verhalten. Der Glaube durch Preismanipulationen die Auslastung kurzfristig zu beeinflussen kann dieser Illusion zugeschrieben werden. Der Gast bucht aber nicht deswegen nicht, weil die Preise zu hoch sind, sondern vielleicht weil das Wetter noch nicht entspricht. Oft ist es besser, abzuwarten und nichts zu unternehmen.

Einsatzbereich: Preisumsetzung

(32) Lake-Wobegon-Effekt

»Der Lake-Wobegon-Effekt bezeichnet in der Psychologie die Tatsache, dass die Mehrheit der Menschen bestimmte eigene Fähigkeiten für überdurchschnittlich hält, zum Beispiel als Manager, als Autofahrer, als Politiker, oder als Strategen. Es handelt sich dabei um eine selbstwertdienliche Verzerrung.«[337]

Preisstrategische Entscheidungen sind von hoher Komplexität und bergen ungeahnte Möglichkeiten, auch zu falschen Entscheidungen. Der Lake-Wobegon-Effekt kann auch auf die Situation des Risikomanagements übertragen werden. Positive Planabweichungen werden den eigenen Fähigkeiten und Fertigkeiten zugeschrieben, negative Planabweichungen hingegen externen Effekten, wie dem Markt, den Wettbewerbern, der Regierung etc. (»die anderen sind schuld«).[338] Ein Hotel zu führen ist eine vielseitige Aufgabe, wobei Spezial-Know-how in bestimmten Bereichen hilfreich sein kann, vor allem dort, wo der größte Gewinnhebel schlummert.

Einsatzbereich: Preisfestsetzung

(33) Magnitude Priming

Menschen werden bei ihrer Urteilsbildung durch Referenzwerte im Umfeld des Bewertungsobjekts beeinflusst. Sie können sich von physischen oder visuellen Einflüssen nicht freimachen und werden bei Entscheidungen geprägt.[339]

Dieser Psychoeffekt kann bei der Darstellung von Preisen genutzt werden. Sollen Preise als günstig wahrgenommen werden, empfiehlt sich kleinere Schriftgrößen und Linienstärken zu verwenden. Preise sollten am linken unteren Rand plat-

---

336 Vgl. Spreer 2021, S. 250.
337 Stangl, 2020. Stichwort: ›Lake-Wobegon-Effekt‹. Online Lexikon für Psychologie und Pädagogik. https://lexikon.stangl.eu/4587/lake-wobegon-effekt/ (16.09.21).
338 Vgl. Romeike 2014.
339 Vgl. Spreer 2018, S. 150 f.

ziert werden, da der untere linke Wert stets als unteres Ende einer fiktiven Skala wahrgenommen wird. Grundvoraussetzung für die Wirkung jedes Anchoring-Effekts ist, dass der Anker zeitlich vor dem Zahlenwert wahrgenommen wird, dessen Wahrnehmung beeinflusst werden soll. Daher empfiehlt es sich, die Preise der Zimmer absteigend zu präsentieren. Zuerst die Top-Suite, dann die preislich günstigeren Zimmer. Wenn der Kunde die Website nach unten scrollt sieht er stets den teureren Preis zuerst und setzt damit einen Anker, der als Referenzwert die weiter unten kommenden Zimmer günstiger erscheinen lässt.

Einsatzbereich: Preisfestsetzung und Preisumsetzung

(34) Mental Accounting

Menschen greifen auf gedankliche Konten zurück, auf denen Gewinne und Verluste verbucht werden. So gibt es Konten wie Essen, Urlaub, Gesundheit, Hobby, Auto, Geschenke, Haushalt etc. Solche Kategorien helfen dem Kunden, seine Ausgaben zu planen und den Überblick zu behalten, zum Beispiel, wenn für den Urlaub maximal X Euro ausgegeben werden sollen.[340]

Ein möglicher Ansatz eines Hoteliers zur Nutzung des Mental Accounting beim Kunden ist, neue Kategorien zu bilden, die nicht dem Konto Urlaubsbudget zugerechnet werden. Der Verkauf eines Buches, Lebensmittel aus dem Shop, ein Weinseminar, eine medizinische Analyse, oder ein Kurztrip mit einem Motorrad oder Cabriolet kann der Kunde auch als außerhalb des Urlaubsbudgets auffassen, wenn das Angebot entsprechend präsentiert wird.

Einsatzbereich: Preisumsetzung

(35) Mere-Exposure-Effekt

Ein früher schon einmal verarbeiteter Reiz wird lediglich aufgrund dieser früheren Darbietung positiver eingeschätzt. Diese vorherige Darbietung führt später zu einer vereinfachten Verarbeitung des Reizes, wobei das Individuum diese vereinfachte Reizverarbeitung fälschlicherweise den positiven Eigenschaften des Reizes zuschreibt. Die bloße Wiederholung von Botschaften erzeugt Vertrautheit und reduziert unter Unsicherheit das wahrgenommene Risiko einer Entscheidung[341]. Dabei handelt es sich aber offensichtlich um eine Fehlzuschreibung, denn die erleichterte Verarbeitung resultiert aus der früheren Verarbeitung des Reizes und nicht aus dessen positiven Eigenschaften.

In der Hotellerie kann dieser Effekt in vielen Bereichen eingesetzt werden, so zum Beispiel beim Verkauf von Zimmern, wenn ein Angebot telefonisch nachgefasst wird, oder indem die Mitarbeiter des Wellness-Bereiches Gästen bei der An-

---

340 Vgl. Simon, Fassnacht 2016, S. 173.
341 Vgl. Spreer 2018, S. 108.

kunft vorgestellt werden. Beim Verkaufsgespräch erscheint dieser Mitarbeiter positiv, da der Gast bereits mit ihm zu tun hatte. Bei Stammgästen ist dieser Effekt offensichtlich, wenn sie Ihre Masseurin wiedersehen, oder ihren von früheren Erlebnissen bekannten Wanderführer. Der Effekt funktioniert auch bei prominenten Testimonials durch die Vertrautheit mit dieser Person, was zu Spill-over-Effekten führen kann, die sich durch die Werbung auf die Marke überträgt. Denken sie an die Weißwurst Party im Hotel Stanglwirt bei Kitzbühel, wenn berühmte Persönlichkeiten mitfeiern. Je stärker der Effekt, desto unbedeutender ist der Preis.

Einsatzbereich: Preisumsetzung

(36) Naiver Realismus

»Der naive Realismus (auch: klassischer Realismus, direkter Realismus) ist eine erkenntnistheoretische Position der Theorie der Wahrnehmung, nach der subjektive Wahrnehmung und objektive Wirklichkeit im Wesentlichen deckungsgleich sind.«[342] Unser Wahrnehmungsapparat ist verzerrt, ignoriert und erschafft. Die Welt ist nicht so, wie sie scheint.

Wenn man als Hotelier fest überzeugt davon ist, dass die Preise schon am »oberen Plafond« sind, dann kann diese subjektive Realität in der Wirklichkeit ziemlich daneben liegen. Ein Beharren auf dieser Meinung kann dazu führen, jahrelang die falschen Preise zu verlangen.

Einsatzbereich: Preisfestsetzung

(37) Not-Invented-Here-Syndrom

Das Not-Invented-Here-Syndrom beschreibt abwertend die Nichtbeachtung von bereits existierendem Wissen durch Unternehmen aufgrund ihres Entstehungsortes.[343] Wer sich heute dagegen wehrt, vorhandenes Wissen zu nutzen, realisiert nie sein ganzes Potenzial und lädt sich einen massiven Wettbewerbsnachteil auf. Der Effekt kann evolutionär mit der Skepsis gegenüber allem Fremdem erklärt werden. Er ist ein Teil des Gruppendenkens. Bei diesem Effekt schwingt stets eine gehörige Portion Eitelkeit, Statusdenken, Ignoranz, Protektionismus, Selbstsucht und Entscheidungsschwäche mit.[344]

Jedes bestehende Hotel hat eine Preishistorie, eine Art und Weise wie Preise festgesetzt und umgesetzt werden. Vielleicht ist die seit vielen Jahren praktizierte Preisgestaltung alles andere als gut, und man verliert Jahr für Jahr gut fünf Prozent des Umsatzes, d. h. der Hotelier verzichtet jährlich auf hohe Cashflows. Warum soll-

---

342 https://www.philoclopedia.de/was-kann-ich-wissen/wahrnehmung-wirklichkeit/naiver-realismus/ (27.07.21).
343 Vgl. https://de.wikipedia.org/wiki/Not-invented-here-Syndrom (27.07.21).
344 Vgl. Spreer 2018, S. 130.

ten neue Erkenntnisse, neues Wissen nicht auch in der Hotellerie eingesetzt werden, wie zum Beispiel das hochkomplexe Wissen um die Optimierung einer Preis-Strategie. Ein professionelles Pricing hat spürbare Effekte auf die Performance.

Einsatzbereich: Preisfestsetzung

(38) Novel Discount Presentation

Bei der Novel Discount Presentation[345] geht es um alternative Preiskommunikation. Kunden gewöhnen sich an die Art und Weise wie Preise kommuniziert werden. Eine neue Art kann erfrischend und buchungsstimulierend sein, vor allem, wenn man der erste ist.

Wenn Kinderpreise als Abschlag in Prozent vom Erwachsenenpreis präsentiert werden, präsentiert man das Angebot in folgender Form: Preis für einen Erwachsenen: 200 Euro; Preis für ein Kind (bis 2 Jahre): -80 Prozent vom Erwachsenenpreis (40 Euro). Der Kunde spart 80 Prozent für das Kind. Umgekehrt könnte man auch sagen der Kunde zahlt 20 Prozent des Erwachsenenpreises für das Kind (40 Euro).

Einsatzbereich: Preisumsetzung

(39) Pain-of-Paying-Principle

Von unserem Geld trennen wir uns nur sehr ungern. Jedes Geldausgeben triggert das Hinterfragen der Sinnhaftigkeit der jeweiligen Kaufentscheidung, was auch die Gefahr von Stornierungen oder Nachkaufdissonanz oder Kaufabbrüchen birgt. Neurologisch aktiviert das Ausgeben von Geld die Hirnregionen, die auch mit Schmerzen und Abscheu assoziiert werden.[346]

Wir empfehlen bei einer Buchung eine Anzahlung von 30 Prozent zu verlangen. Dieser Effekt hat mehrere Vorteile. Einmal einen Liquiditätszuschuss, eine geringere Wahrscheinlichkeit einer Stornierung und eines geringeren Preisschmerzes, da der Kunde am Ende seines Urlaubes nur noch 70 Prozent des Preises zu bezahlen hat. Großzügige Stornierungsbedingungen können ebenfalls den Preisschmerz verringern. Auf den Preislisten sollte man die Währungszeichen weglassen.

Einsatzbereich: Preisumsetzung

(40) Placebo Effekt

Preise beeinflussen nicht nur die erwartete Qualität vor einem Kauf, sondern auch nach einem Kauf – der Placebo Effekt. In einer Studie wurde der Hälfte der Gruppe

---

345 Vgl. Husemann-Kopetzky 2018, S. 67.
346 Vgl. Spreer 2018, S. 245.

ein Energy Drink zum vollen Preis verabreicht. Der anderen Hälfte wurde mitgeteilt, dass der Energy Drink rabattiert ist. Die Teilnehmer wurden aufgefordert eine Serie von Rätseln zu lösen. Die Gruppe mit dem Energy Drink ohne Rabatte löste die Rätsel signifikant besser als die Gruppe mit dem rabattierten Energy Drink.[347]

Stehen Sie zu Ihrem Preis. Mit Rabatten sollte sehr vorsichtig umgegangen werden, vor allem im höherwertigen Segment. Im Luxussegment verbietet sich jede Art von Rabattierung. Rabatte können dazu führen, dass die Kunden den Aufenthalt im Hotel im Nachhinein als qualitativ nicht so hochwertig in Erinnerung haben. Kunden, die die regulären Preise bezahlt haben, sollen auch im Nachhinein von der Qualität des Aufenthalts im Hotel begeistert sein.

Einsatzbereich: Preisumsetzung

(41) Price Quality Illusion

Die Eigenschaften eines Zimmers wie Design, Funktion, Qualität, Größe, Ausstattung Ambiente etc. sind Nutzenattribute, die jedoch nicht allein entscheidend für einen Kauf sind. Der Nutzen hängt auch von den Erwartungen bezüglich der Qualität eines Produktes ab. Der Preis spielt dabei eine entscheidende Rolle. Er verändert die Codierung des Nutzens im Gehirn, beeinflusst jedoch nicht die Wahrnehmung der primären Eigenschaften. Einfach ausgedrückt: Der Preis täuscht das Gehirn, aber nicht die Sinne.[348]

Die Wirkung der Price Quality Illusion unterliegt starken Schwankungen. Wir empfehlen die Preise selbstbewusst zu setzen und Preisunterschiede bei Bedarf auch zu begründen. Besonders bei den Zimmerkategorien sollte eine nachvollziehbare Preislogik bestehen, die sich am Nutzen der Zielgruppe orientiert.

Einsatzbereich: Preisfestsetzung und Preisumsetzung

(42) Primacy-Effekt

»Beim Primacy-Effekt handelt es sich um ein psychologisches Gedächtnisphänomen, das besagt, dass Menschen sich an früher eingehende Information besser erinnern als später eingehende (...) Im Übrigen tritt der Primacy-Effekt in der Regel deutlicher und häufiger auf als der Recency-Effekt, bei dem die zuletzt erhaltenen Informationen besonders gewichtet werden.«[349]

Der erste Eindruck ist in einem Hotel besonders wichtig. Die Attraktivität außen und innen, das Raumerlebnis, wenn der Gast zum ersten Mal in die Lobby kommt, das Begrüßungsgetränk, der freundliche Empfang. All dies ist wichtig, um

---

347 Vgl. Husemann-Kopetzky 2018, S. 95.
348 Vgl. Spreer 2018, S. 134.
349 Vgl. Stangl 2020. Stichwort: ›primacy-effect‹. Online Lexikon für Psychologie und Pädagogik. https://lexikon.stangl.eu/4882/primacy-effect-effekt/ (25.06.20).

einen guten Eindruck zu hinterlassen, damit sich der Gast gleich wohlfühlt. Umgekehrt können Fehler beim ersten Eindruck den gesamten Urlaub vermiesen. Warteschlangen vor der Rezeption, ein schlechtes Raumklima, ein unattraktiver Eingangsbereich und ein unfreundlicher Empfang. Dieser Effekt bezieht sich auch auf die Website.[350] Der erste Eindruck sollte zum Preis passen und gleichzeitig das stärkste Argument für das Produkt liefern.

Einsatzbereich: Preisumsetzung

(43) Priming-Effekt

»Der Begriff Priming (Bahnung) bezeichnet eine Art Grundierung des Denkens, ein sanfter Druck in eine bestimmte Richtung zu denken und zu handeln, den Menschen in der Regel nicht bewusst wahrnehmen.«[351] Wird einem Konsumenten ein bestimmtes Konzept präsentiert, wie zum Beispiel das Wort Spaghetti, wird im Gehirn dasjenige neuronale Netzwerk aktiviert, welches dieses Konzept repräsentiert.[352]

Diejenigen Stärken, für die das Hotel steht, können in allen Phasen des Marketings eingesetzt werden. Priming bedeutet den Kunden mit gezielt gewählten Reizen zu beeinflussen, die bestimmte Assoziationen auslösen, zum Beispiel bei der italienischen Woche dabei zu sein. Mit Priming wird die Aufmerksamkeit vom Preis ab- und auf die Assoziation hingelenkt.

Einsatzbereich: Preisumsetzung

(44) Recency-Effekt

Der Recency-Effekt besagt, dass die letzten Eindrücke am besten im Gedächtnis haften und für die Beurteilung des Gesamteindrucks am meisten zählen.[353] Der Recency-Effekt entsteht bei der Speicherung von Informationen im Kurzzeitgedächtnis, während der Primacy-Effekt eher auf das Langzeitgedächtnis abzielt. Der erste Eindruck zählt, der letzte Eindruck bleibt.[354]

Der letzte Eindruck ist in einem Hotel in der Regel dann, wenn der Gast die Rechnung bezahlt und das Hotel verlässt. Dieser letzte Moment kann durch Aufmerksamkeiten gestaltet werden, durch kleine Geschenke, durch besondere Freundlichkeit oder eine positive Überraschung. Dieser letzte Eindruck ist wesentlich für die Bewertung des Gesamtaufenthaltes im Hotel. Der Recency-Effekt er-

---

350 Vgl. Spreer 2018, S. 75.
351 Stangl 2020. Stichwort: ›Priming‹. Online Lexikon für Psychologie und Pädagogik. https://lexikon.stangl.eu/1378/priming/ (16.09.21).
352 Vgl. Lingens, Mall 2020, S. 20.
353 Vgl. Kaiser 2020, S. 61.
354 Vgl. Spreer 2018, S. 77.

möglicht einen positiven Schlusspunkt mit der Zusammenfassung aller Vorteile, die Kunden mit dem Urlaub erlebt haben.

Einsatzbereich: Preisumsetzung

(45) Reverse Psychology

Manchmal laufen Aufforderungen zu buchen ins Leere, da sich Menschen dadurch bedrängt fühlen. Die Reverse Psychology nutzt dieses Reaktionsmuster, indem man einer Person sagt, sie solle das Gegenteil der gewünschten Handlung tun. Das Prinzip ist durchaus stark, allerdings nicht bei allen Personen gleichermaßen. Während tendenziell widerständige Personen dafür sehr empfänglich sind, kann Reverse Psychology sich bei eher entgegenkommenden Personen gegenteilig auswirken.[355]

So könnte man in der Marketingkommunikation in einem Newsletter mitteilen, dass die Monate Juli und August bereits stark vorreserviert sind und man besser im Juni oder September buchen solle. Diese Aufforderung kann dazu führen, dass bisher Unentschlossene aufgrund der offensichtlichen Knappheit nun doch die Buchung für Juli oder August vornehmen. Und die eher entgegenkommenden Kunden könnten tatsächlich im Juni oder September buchen, was auch kein Nachteil wäre.

Einsatzbereich: Preisumsetzung

(46) Reziprozität

Reziprozität ist das Prinzip der moralischen Verpflichtung. Wenn jemand uns etwas Gutes tut, fühlen wir uns verpflichtet, uns zu revanchieren.[356] Beispiele sind die Bonbons, die ein Kellner zur Rechnung dazulegt, oder der warme Pflaumenwein beim Chinesen, die beide das Trinkgeld nachweislich höher ausfallen lassen.[357]

Gratisproben und Geschenke können die Kaufbereitschaft erhöhen.[358] Manchmal wirkt die Reziprozität auch umgekehrt, wenn der Hotelier hinsichtlich der vermeintlich hohen Preise ein schlechtes Gewissen hat und den Kunden kostenlose Upgrades gibt. Aufmerksamkeiten, kleinere Einladungen und eine generelle Großzügigkeit führen zu einer höheren Zufriedenheit und damit zu einer vorteilhaften Einschätzung des Preis-Leistungsverhältnisses.

Einsatzbereich: Preisumsetzung

---

355 Vgl. Spreer 2021, S. 206.
356 Vgl. Spreer 2018, S. 186.
357 Vgl. Stangl 2020. Stichwort: ›Reziprozität‹. Online Lexikon für Psychologie und Pädagogik. https://lexikon.stangl.eu/507/reziprozitaet/ (19.08.20).
358 Vgl. Husemann-Kopetzky 2018, S. 154.

(47) Rule of Hundred

Diese Regel ist für all jene relevant, die unbedingt Rabatte zur Kaufstimulation einsetzen wollen. Wenn der Preis einer Massage von 60 Euro auf 45 Euro gesenkt wird und mit 15 Euro Rabatt beworben wird, ist der zusätzliche Nachfrageeffekt meist überschaubar und kann sogar den Umsatz negativ beeinflussen. Wenn allerdings 25 Prozent Rabatt gewährt werden, sehen wir in der Praxis oft stärkere Effekte.

Aus dieser Erkenntnis kann jedoch nicht abgeleitet werden, dass prozentuelle Rabatte wirksamer sind als absolute Beträge. Im Gegenteil, es gibt einen Schwellwert, an dem sich die Effekte umkehren. Bei Beträgen unter 100 Euro wirkt ein prozentueller Rabatt stärker, bei Beträgen über 100 Euro hingegen ein absoluter Betrag. Dies ist die Essenz der »Rule of Hundred«-Regel.[359]

Einsatzbereich: Preisfestsetzung

(48) Social Proof

Wenn wir nicht wissen, wie wir uns entscheiden sollen, orientieren wir uns an den Handlungen anderer Menschen. In Unsicherheitssituationen glauben wir, dass andere Personen mehr spezifisches Wissen über die Situation besitzen und deswegen fundiert entscheiden konnten. Wir versuchen nicht nur, uns selbst treu zu bleiben, sondern auch konform mit unserer Peergroup zu entscheiden.[360] Social Proof kann uns auch auf den Holzweg führen, denn auch wenn 50 Millionen Menschen eine Dummheit behaupten, wird sie deswegen nicht zu Wahrheit, wie es der Schriftsteller Somerset Maugham ausgedrückt hat.[361]

Die Darstellung individueller Kunden-Fürsprecher wie Experten, Stammgäste, die schon ewig kommen, Influencer, Testimonials und auch die Mitarbeiter helfen diesen Effekt zu aktivieren: »Diese Zimmerkategorie wird sehr gerne von unseren Stammgästen gebucht.« Auch die Anzahl an Likes, Subscribers von Social-Media-Kanälen etc., oder auch gewonnene Preise und Auszeichnungen helfen bei der Entscheidungsfindung der Gäste.

Einsatzbereich: Preisumsetzung

(49) Smart Syllabication

Die Anzahl der Silben eines Preises hat einen Einfluss auf die Wahrnehmung der Preishöhe. Je mehr Silben ein Preis besitzt, desto höher wird er wahrgenommen. Das Gehirn verarbeitet die Zahleninformation in einem auditiv-sprachlichen Format.[362]

---

359 Vgl. Spreer 2021, S. 166.
360 Vgl. Spreer 2018, S. 112.
361 Vgl. Dobelli 2015a, S. 19.
362 Vgl. Spreer 2018, S. 154.

Bei Pauschalen kann dieser Effekt genutzt werden. Ein Pauschalpreis von 779 Euro (acht Silben) klingt teurer als 812 (vier Silben), obwohl er tatsächlich günstiger ist. Ein weiterer Effekt ist das Entfernen des Währungszeichens und des Tausender-Trennzeichens bei allen Preisen.

Einsatzbereich: Preisfestsetzung und Preisumsetzung

(50) **Status quo Bias**

Menschen haben den Drang den aktuellen Zustand bewahren zu wollen. Gewohnheiten und Routinen werden ungern aufgegeben, sie stiften Sicherheit und reduzieren Komplexität.[363] Dies betrifft sowohl Hoteliers als auch die Kunden. Besonders bei Stammgästen ist dieser Effekt gut spürbar, zumal sie am liebsten alles so belassen wollen, wie es ist.

Bei strategischen Entscheidungen kann dieser Effekt dazu führen, dass nichts oder nur wenig verändert wird. Das haben wir immer so gemacht, und es hat ja funktioniert. Eine solche Einstellung kann die Implementierung einer guten Strategie oder die Optimierung der Preise und somit eine Steigerung des Cashflows verhindern.

Einsatzbereich: Preisfestsetzung

(51) **Story Bias**

Sachverhalte, die in Form von Geschichten präsentiert werden, verfangen sich besser beim Lesen und Hören. Zu gut erzählten Geschichten fühlen wir uns hingezogen, von nüchternen Tatsachen eher gelangweilt. Bei der Vermarktung ist der Story Bias eine scharfe Waffe im Kampf um die knappen Aufmerksamkeitsressourcen der Menschen.[364]

Nutzenargumente können dem interessierten Kunden in Form von authentischen Geschichten gut vermittelt werden. Die stärksten Wettbewerbsvorteile verkleidet in Form von Stories sind überzeugender als eine Aufzählung von Vorteilen. Auf die Frage »Wie lange braucht man mit den Skiern zum Lift?« kann geantwortet werden: »Sie kommen mit Ihren Skiern aus dem Skiraum, gleiten auf der präparierten Piste zur Bergbahn und sind in drei Minuten am Lift.« Storytelling ist ein exzellentes Instrument, sowohl auf interner als auch externer Ebene.[365]

Einsatzbereich: Preisumsetzung

---

363 Vgl. Spreer 2021, S. 69.
364 Vgl. Spreer 2018, S. 83.
365 Vgl. Fordon 2018, S. VII.

(52) Sunk Cost Fallacy

Die Sunk Cost Fallacy oder der Effekt der versunkenen Kosten bezeichnet die Tendenz, an einer Sache festzuhalten, weil wir schon viel in sie investiert haben. Je höher das finanzielle, zeitliche oder emotionale Investment in einer Sache, umso schwerer fällt es uns loszulassen.[366] Die Tendenz, sich gegenüber einer früher getroffenen Entscheidung verpflichtet zu fühlen, obwohl sich diese Entscheidung bisher als ineffektiv oder falsch erwiesen hat, bezeichnet man auch als eskalierendes Commitment.[367]

Das Geschäft mit einem Vertriebskanal oder einer Kooperation macht wenig Freude, die erzielten Preise – und somit die Marge – sind aufgrund der Provisionen und Rabatte viel zu niedrig. Man hält dennoch daran fest, weil man schon so viel Zeit, Energie und Geld investiert hat, anstatt eine Entscheidung zu treffen und neu zu starten. Das Gefährliche an diesem Effekt ist, dass man aus einem kleinen Verlust einen noch viel größeren machen kann.[368] Diese Strategie kann auch als Holzweg-Strategie bezeichnet werden und sollte dringend vermieden werden.

Einsatzbereich: Preisfestsetzung

(53) Time vs. Money Effekt

Menschen machen ihre Kaufentscheidung und die spätere Zufriedenheit davon abhängig, ob ein Produkt mit zeit- oder preisbezogenen Größen definiert wird. Zeit verstärkt die Gedanken an die positive Nutzung des Produktes und erzeugt eine emotionale Bindung zwischen dem Kunden und dem Produkt, während Geld eher den transaktionalen Teil der Bezahlung mit dem bekannten Preisschmerz hervorhebt.[369]

Der Effekt bietet die Chance, Präferenzen jenseits finanzieller Argumente zu simulieren, was für ein Hotel je nach Positionierung gut möglich ist. Die Zeit ist ein wertvolles Gut, und der Gast möchte während »der schönsten Zeit des Jahres« kein Risiko eingehen, sondern eine hohe Zeitqualität erleben. Vor allem beim Triggern der Urlaubsemotionen kann dieser Effekt in der Verkaufsphase hilfreich sein.

Einsatzbereich: Preisumsetzung

(54) Unity

Unity ist die Überschneidung identitätsstiftender Merkmale, die sowohl beim Beeinflussenden als auch beim Beeinflussten das Gefühl von Gruppenzugehörigkeit

---

366 Vgl. Kaiser 2020, S. 74.
367 Vgl. https://de.wikipedia.org/wiki/Eskalierendes_Commitment#: (auch%20Entrapment, obwohl%20sich%20diese%20Entscheidung%20bisher (11.07.20).
368 Vgl. Scheer 2019, S. 76.
369 Vgl. Spreer 2018, S. 136.

auslösen. Je mehr wir Menschen als Teil von uns wahrnehmen, umso eher lassen wir uns von ihnen beeinflussen und überzeugen.[370]

Stammgäste, die sich kennen, sind eine typische Unity. Je stärker die identitätsstiftenden Aktivitäten sind, desto stärker wirkt dieser Effekt. Wanderhotels, Golfhotels, Bike-Hotels, Hotels, die Urlaub mit dem Hund anbieten oder Theaterhotels haben gemeinsame geteilte Affinitäten, die die Entscheidungen der Gäste beeinflussen. Bei Gruppenthemen spielen die Preise eine untergeordnete Rolle. Die Affinity Group Marktsegmentierung ist auch für die Hotellerie ein interessanter Zielgruppenansatz.[371]

Einsatzbereich: Preisfestsetzung

(55) Unterlassungsirrtum

Besser nichts tun und Schaden nehmen als handeln und Schaden nehmen. Der Unterlassungsirrtum basiert auf der Sorge, etwas falsch zu machen. Doch auch Unterlassungen bereuen wir irgendwann, sofern genügend Zeit verstreicht.[372]

Bei strategisch erforderlichen Veränderungen kann es vorkommen, dass man keinen Schaden verursachen möchte und deshalb nichts tut. Die Erarbeitung und Umsetzung einer Preis-Strategie könnten durch die Angst, dadurch Stammgäste zu verlieren, verschoben oder gar nicht gemacht werden. Durch den Unterlassungsirrtum wird eine wahrscheinlich erfolgreiche Strategie nicht umgesetzt.

Einsatzbereich: Preisfestsetzung

(56) Veblen Effekt

Beim Veblen Effekt zeigt sich die paradoxe Erscheinung, dass ein höherer Preis zu einer größeren Nachfrage führt als ein niedriger Preis. Die Nachfragesteigerung tritt in Abhängigkeit von der Preissteigerung ein. Es wird mehr gekauft, nur weil der Preis höher ist. Mit dem hohen Prestige-Preis wird hohes Einkommen und damit ein hoher sozialer Status demonstriert.[373] Dieser Effekt wird auch Snob Effekt genannt.

Je teurer, desto besser. Es gibt Menschen, die grundsätzlich die teuerste Suite buchen. Sie wollen Luxus und vielleicht ihren Status zur Schau stellen. Als Hotelier haben Sie damit zwei Vorteile. Einerseits sprechen Sie eine neue Zielgruppe an, andererseits erzielen Sie mit der teuren Suite einen Kontrast-Effekt für die mittelpreisigen Zimmer. Auch bei Getränken wird dieser Effekt erfolgreich genutzt.

Einsatzbereich: Preisfestsetzung und Preisumsetzung

---

370 Vgl. Spreer 2018, S. 190.
371 Vgl. Schertler 2006, S. 45.
372 Vgl. Kaiser 2020, S. 79.
373 Vgl. http://www.wirtschaftslexikon24.com/d/veblen-effekt/veblen-effekt.htm (27.07. 21).

(57) Verlustaversion

Als Verlustaversion – loss aversion – bezeichnet man in der Psychologie die Tendenz von Menschen, Verluste höher zu gewichten als Gewinne. Die Verlustaversion ist ein Bestandteil der Prospect Theory, die behauptet, dass sich Individuen in Entscheidungssituationen irrational verhalten, wenn Unsicherheiten eine Rolle spielen.[374]

Die Verlustaversion kann auch auf die Angst vor dem Verlust von Stammgästen bezogen werden. Hoteliers lieben ihre Stammgäste und ihr Hotel, daher sollten sie ihr Angebot für die Gäste so präsentieren, dass es mehr Wert hat. Preisstrategische Entscheidungen bergen das Risiko, dass ein Teil der Stammgäste nicht mehr kommt, da ihnen der Preis als zu hoch erscheint. Um dieses Risiko zu vermeiden, tendieren Hoteliers dazu die Preise auch nach Investitionen in den Gäste-Nutzen zu niedrig anzusetzen, was nicht zu empfehlen ist (▶ Kap. 1.2).

Einsatzbereich: Preisfestsetzung

(58) Von Restorff-Effekt

Überraschende Informationen verankern sich stärker im Gehirn als uniform gestaltete. Das überraschende Moment kann witzig, verrückt, bizarr oder einfach anders sein als man das sonst gewohnt ist, wobei sich die Überraschung auf Texte, Bilder, Produkte oder Kommunikationsbotschaften beziehen kann. Ein bunt geschriebenes Wort inmitten von schwarzem Text fällt nicht nur stärker auf, sondern wird auch besser gemerkt. Der Von Restorff-Effekt wurde von der deutschen Psychologin Hedwig von Restorff nachgewiesen.

Dieser Effekt kann vielseitig eingesetzt werden, wie zum Beispiel bei der Sprache (Einsatz außergewöhnlicher Begriffe und Schriftbilder), bei Bildern, bei der Bezeichnung von Call-to-Actions, aber auch bei physischen Produkterfahrungen. Auch die Bounce-Rate, also der Anteil der Nutzer, die die Website sofort wieder verlassen, kann mit diesem Effekt gesenkt werden. Für ein Hotel kann dieser Effekt eine interessante Alternative sein, je nach Positionierung und anvisierter Zielgruppe. Ein interessantes Beispiel liefert das britische Unternehmen Lingscars.com.[375]

Einsatzbereich: Preisumsetzung

(59) Wahrheits-Effekt

»Der Wahrheits-Effekt beschreibt das Phänomen der kognitiven Psychologie, dass Aussagen, die zuvor bereits gehört oder gelesen wurden, ein größerer Wahrheits-

---

374 Vgl. Stangl 2020. Stichwort: ›Verlustaversion‹. Online Lexikon für Psychologie und Pädagogik. https://lexikon.stangl.eu/20247/verlustaversion/ (16.09.21).
375 Vgl. Spreer 2018, S. 86.

gehalt zugesprochen wird als solchen, die zum ersten Mal gehört werden. Übrigens ist dieser Effekt weitgehend unabhängig von Merkmalen der Person, etwa der Intelligenz oder Persönlichkeit.«[376]

Die Kommunikation der Marken-Identität in Zusammenhang mit der Nennung von Preisen ist hilfreich zur Verdrängung der Bedeutung von Preisen. Wenn immer wieder der Gäste-Nutzen kommuniziert wird und sich der Gast sogar daran erinnert, überstrahlt der Wahrheitsgehalt der Aussagen die Bedeutung von Preisen.

Einsatzbereich: Preisumsetzung

(60) Weber-Fechnersche Gesetz

Das Weber-Fechnersche Gesetz gehört zu den klassischen Gesetzen der Psychophysik, einem Teilgebiet der experimentellen Wahrnehmungspsychologie[377] und wird auch als das Gesetz von der abnehmenden Grenzwahrnehmung des Preises bezeichnet. Darüber hinaus lässt dieses Gesetz auch noch folgende Interpretation zu: Damit eine absolute Preisänderung überhaupt zu einer merklichen Wahrnehmungsänderung führt, muss sie im Verhältnis zum Ausgangsniveau einen bestimmten Wert überschreiten. Die absolute Preisänderung muss also umso höher sein, je höher das Ausgangspreisniveau ist, damit sie gefühlt wird.[378]

Diese Gesetzmäßigkeit begünstigt die jährliche Anpassung der Preise an die Inflation. In der Regel sind Preisanpassungen um drei bis fünf Prozent möglich, ohne dass dies als störend wahrgenommen wird. Darüber hinausgehende Preisanpassungen sollten jedoch durch einen höheren Nutzen begründet werden.

Einsatzbereich: Preisfestsetzung

(61) Zero Price Effekt

Wenn ein Produkt kostenlos ist, hat es eine deutlich höhere Attraktivität, als wenn es nur minimal teurer wäre.[379] Der Zero Price Effekt besagt ganz allgemein, dass die Nachfrage nach einem Gut überproportional steigt, wenn es zu einem Preis von Null angeboten wird.[380] Die Wörter »kostenlos« oder »gratis« lösen den Kaufreiz aus.

---

376 Stangl 2020. Stichwort: ›Wahrheitseffekt‹. Online Lexikon für Psychologie und Pädagogik. https://lexikon.stangl.eu/25934/wahrheitseffekt/ (16.09.21).
377 Vgl. Simon, Fassnacht 2016, S. 174.
378 Vgl. Stangl 2020. Stichwort: ›Weber-Fechnersche Gesetz‹. Online-Lexikon für Psychologie und Pädagogik. https://lexikon.stangl.eu/2818/weber-fechnersche-gesetz/ (16.09.21).
379 Vgl. Spreer 2021, S. 170 f.
380 Vgl. Stangl 2020. Stichwort: ›Zero-Price-Effekt‹. Online-Lexikon für Psychologie und Pädagogik. www.https://lexikon.stangl.eu/16323/zero-price-effekt/ (16.09.21).

In der Hotellerie begegnen einem oft sieben gleich fünf, vier gleich drei und ähnliche Angebote, die suggerieren sollen, dass man ein oder zwei Tage kostenlos Urlaub machen kann. In Wirklichkeit handelt es sich um versteckte, relativ hohe Rabatte, die man auch gleich in den Preisen darstellen könnte. Dieser Effekt sollte mit Vorsicht genutzt werden, damit er nicht zum Bumerang wird. Besonders bei hochpreisigen Hotelbetrieben sind solche Angebote eher kontraproduktiv. Was allerdings gemacht werden kann, ist den Gästen immer wieder kleinere Geschenke zum Nulltarif zu machen, kleine Aufmerksamkeiten, die wenig kosten und die Gäste überraschen. Die Großzügigkeit des Hoteliers hilft dem Gast, für sich selbst die Preise des Hotels zu rechtfertigen.

Einsatzbereich: Preisfestsetzung und Preisumsetzung

Fazit

Generell gilt bei der Nutzung dieser psychologischen Effekte die Auswahl wohlüberlegt zu treffen und lieber weniger als mehr einzusetzen. Im Rahmen einer professionell erarbeiteten Preis-Strategie werden die wichtigsten Effekte berücksichtigt. Viele der vorgestellten Effekte sind bisher nur im experimentellen Kontext eindeutig belegt worden. Einige Effekte können bei Preis-Strategien als sehr hilfreich genutzt werden.

Im Interesse einer nachhaltigen und profitablen Kundenbeziehung ist auch die ethisch-moralische Verantwortung zu berücksichtigen und zu würdigen. Jeder, der solche Effekte einsetzt, um seine Ziele zu erreichen, sollte sich mit den ethischen Implikationen auseinandersetzen, denn die Möglichkeit von Manipulation ist je nach Effekt in unterschiedlicher Wirkungsstärke gegeben. Eine Orientierungshilfe für den schmalen Grat zwischen vertretbaren und unredlichen Beeinflussungen können Beispiele von Unternehmen sein, die diese rote Linie überschritten haben, wie sie auf dem Portal darkpattern.org im »Hall of Shame« nachzulesen sind.

Sinn und Zweck des Einsatzes der Effekte ist, erwünschtes Verhalten bei den Kunden auszulösen. Um dies zu erreichen, hilft eine profunde Kenntnis der psychologischen Verhaltensmuster der Nutzer und die Fähigkeit, Trigger zu entwickeln, die die jeweiligen Muster aktivieren. Spreer[381] beschreibt ein Verhaltensmodell, mit dem geprüft werden kann, ob Menschen eine Handlung vollziehen:

1. Motivation (es muss einen Grund geben, etwas zu tun)
2. Ability (es muss die Fähigkeit vorhanden sein dies zu tun)
3. Trigger (es muss ein Impuls bzw. Reiz vorhanden sein, der Menschen dazu bringt, etwas zu tun)

Daraus lässt sich ableiten, dass mindestens einer der drei Faktoren fehlt, wenn ein gewünschtes Verhalten ausbleibt. Ich empfehle das Trial-and-Error-Verfahren,

---

381 Vgl. Spreer 2018, S. 259.

wobei nicht oft genug wiederholt werden kann, vorsichtig und durchdacht vorzugehen. Versuchen Sie es einfach und lernen Sie daraus.

5.2 Strukturelle Effekte

Als strukturelle Effekte bezeichnen wir all jene Stellschrauben der Preis-Politik, die direkte Auswirkungen auf Nettoumsatz und Gewinn haben und nicht den strategischen oder den psychologischen Effekten zuzuordnen sind. Zu den strukturellen Effekten zählen neben der Leistung, der Preisbasis und den Möglichkeiten der Preisdifferenzierung auch die Konditionenpolitik. Allein die Optimierung dieser Effekte ermöglichen auch ohne Investitionen in die Infrastruktur kurzfristig deutliche Verbesserungen im Ergebnis. Im Folgenden werden die strukturellen Effekte der Preis-Strategie vorgestellt. Jeder Effekt verfügt über eine große Palette an Optionen und Stellschrauben:

- Leistungen
- Preisbasis
- Preisdifferenzierung
- Konditionen

5.2.1 Leistungen

Die Leistung eines Hotelbetriebes kann von einer einfachen Übernachtung ohne alles hin zu einem komplexen Urlaubserlebnis reichen, bei dem keine Wünsche offenbleiben. Bei der Erarbeitung einer Preis-Strategie steht üblicherweise der Hauptumsatzbringer Logiserlös im Fokus. Je nach Hotelkategorie und Lage ist damit der Umsatz pro Zimmernächtigung oder pro Bettennächtigung inklusive Frühstück und Halb- oder Dreiviertelpension gemeint. Weitere Leistungen, die ein Hotel anbietet, sind zum Beispiel Speisen und Getränke, Wellness-Anwendungen, medizinische Leistungen, Shop-Produkte, externe Dienstleistungen (Schikarten, Leihräder oder Wanderführer), Tiefgarage etc. Für all diese Leistungen sind Preise zu definieren. Bei entsprechend positionierten Hotels können solche Leistungen die Umsätze aus der Logisleistung weit übertreffen und sind daher bei der Preis-Strategie zu berücksichtigen.

Speisen, Getränke, Handelswaren, Anwendungen, medizinische Leistungen, Skikarten, Theaterkarten etc. werden meistens durch eine kostenorientierte Preis-Politik festgelegt, in der mit Aufschlägen auf den Wareneinsatz kalkuliert wird. Je komplexer, spezifischer und emotionaler eine Leistung ist, desto eher bietet sich eine nachfrageorientierte Preis-Politik wie das Target-Pricing an. Grundsätzlich gilt, dass psychologische, strukturelle und strategische Effekte auch bei allen Zusatzleistungen angewendet werden können. In der weiteren Folge widmen wir uns dem Hauptumsatzbringer der Hotellerie-Branche, den Logisumsätzen.

5.2.2 Preisbasis

Die Preisbasis für Logisleistungen ist derjenige Preis, den ein Hotel für die Vermietung eines Zimmers verlangt. Wenn wir die Auswirkungen von Preis-Strategie-Alternativen simulieren möchten, benötigen wir eine Berechnungsbasis. Die Definition der Preisbasis spielt daher eine bedeutende Rolle. Je nach Positionierung und Lage eines Hotelbetriebes kann die Preisbasis eine einfache Zimmer- oder Bettennächtigung ohne alles sein oder ein Pauschalpreis für ein ganzes Bündel von Leistungen. In der Stadthotellerie werden in der Regel Zimmer mit oder ohne Frühstück angeboten. Bei der Buchung des Zimmers offerieren Stadthotels manchmal auch eine ganze Reihe von Zusatzleistungen wie ein reichhaltiges Frühstücksbuffet, einen Limousinen-Transfer vom Flughafen zum Hotel, ein Minibar-Paket, Reiseversicherung, Garagenplätze, Wäscheservice, Homeoffice usw.

In der Wellness-Hotellerie ist es branchenüblich, Leistungen gebündelt anzubieten. Die Preisbasis setzt sich zusammen aus Nächtigung pro Person, inklusive Frühstück, Nachmittagsjause und Abendessen sowie die Nutzung der gesamten Hotelinfrastruktur samt dazugehöriger Dienstleistungen. Die meisten Hotelbetriebe, die eine Komplettleistung als Preisbasis haben, geben den Kunden teilweise auch Möglichkeiten, Leistungselemente wegzulassen und zu vergüten. Die Preisbasis eines Kinder- oder Familienhotels kann ein Riesenpaket an Leistungen beinhalten: All-inclusive-Essen und -Trinken von 07:30 bis 22:00 Uhr, inklusive Softdrinks, Kaffee Spezialitäten, Bier, Wein und Sekt, die Wasserwelt, den Badeteich, die Saunalandschaft, den Fitnessraum, Kinderprogramme und Babybetreuung, Indoor Erlebniswelt, Kletter- und Boulderhalle, Fußballschule, Reithalle, Outdoor-Bereich, Wassersport-Schule, Verleih von Fahrrädern, Kinderwagen, Buggy, Rückentragen, kostenlose Stellplätze und eine E-Tankstelle. Eine solche Positionierung führt fast zwingend zu einer Preisbasis mit umfassendem Leistungspaket. Ein so positioniertes Hotel kann wenig Interesse daran haben Familien unterzubringen, die nur übernachten wollen, da die komplette Infrastruktur finanziert und auf die Preise umgelegt werden muss. Zudem wäre es fast unmöglich zu kontrollieren, wer welche Leistungen nutzen darf und wer nicht. Kunden, die ein Kinder- oder Familienhotel buchen, möchten im Normalfall das Gesamtpaket mit Rundumversorgung.

Welche Leistungen die Preisbasis enthält ist daher sorgfältig zu prüfen und hängt wesentlich von den Zielgruppen und von der intendierten Strategie des Hotelbetriebes ab. Ein als preiswert positioniertes Ferienhotel kann auch bewusst die Leistung Abendessen weglassen und den Kunden Restaurantmöglichkeiten in der Umgebung empfehlen. Noch vor ein paar Jahren war es kaum denkbar, dass ein Hotel in einer Skiregion kein Abendessen anbietet. Mitarbeitermangel, der massive Anstieg des Personalaufwandes, fehlende Mitarbeiterunterkünfte, das Aufkommen alternativer Restaurantangebote und natürlich auch eine Änderung der Konsumgewohnheiten haben dazu geführt, dass vor allem kleine Hotelbetriebe das Abendessen ganz weglassen und auf Garni umstellen, um Kosten zu sparen. Für welche Preisbasis sich ein Hotel entscheidet, ist daher eine wesentliche, preisstrategische Entscheidung. Folgende Preisbasis-Alternativen kommen in der Praxis überwiegend vor:

- Übernachtung pro Person ohne Verpflegung
- Übernachtung mit Frühstück pro Person
- Übernachtung mit Halb- oder Dreiviertelpension pro Person
- Zimmer ohne Verpflegung

Die Preisbasis ist somit die Eintrittskarte in das Hotel, mit der zumindest der Grundnutzen »Nächtigung« befriedigt werden kann. Manchmal ist die Ortstaxe in den Preisen enthalten. Wir empfehlen, die Ortstaxe stets explizit anzugeben und extra zu verrechnen, da Ortstaxen eine externe Gebühr darstellen, die nichts mit der Hotelleistung zu tun haben. Eine solche Trennung ist auch für Kunden nachvollziehbar.[382] Bei einer Ortstaxe von drei Euro und 30.000 Erwachsenen Übernachtungen beläuft sich der Gesamtbetrag der Ortstaxen auf 90.000 Euro pro Jahr, die extra verrechnet werden können. Wenn die Ortstaxe im Preis inkludiert ist, dann reduziert sich das Ergebnis des Betriebes um diesen Betrag. Die Preisbasis ist auch für die Preis-Simulationsrechnung maßgebend, mit der wir uns im Kapitel 6 befassen werden.

5.2.3 Preisdifferenzierung

Wenn ein Hotel für die gleiche Hotelleistung von unterschiedlichen Nachfragegruppen oder zu verschiedenen Zeiten unterschiedliche Preise verlangt, spricht man von Preisdifferenzierung.[383] Die Preisdifferenzierung ist einer der wichtigsten Profithebel einer Preis-Strategie.[384] Sie geht davon aus, dass sich Märkte und Kunden in Segmente mit unterschiedlichen Zahlungs- und Preisbereitschaften unterteilen lassen.[385] Fast jeder Urlaubsgast kennt die preislichen Unterschiede zwischen Hoch- und Nebensaison. Diese Form der zeitlichen Preisdifferenzierung ist jedoch nur eine von vielen, wie folgender Überblick über mögliche Formen der Preisdifferenzierung in der Hotellerie zeigt:

a) Zimmer-Kategorien
b) Zielgruppen
c) Zeit
d) Nutzung
e) Umsatz, Menge
f) Absatzraum
g) Sonderformen

---

382 Vgl. Husemann-Kopetzky 2018, S. 68 f.
383 Vgl. Hänssler 2004, S. 250.
384 Vgl. Frohmann 2018, S. 116. Simon, Fassnacht 2009, S. 427 ff.
385 Vgl. Gardini 2015, S. 476 ff.

5.2.3.1 Zimmer-Kategorien

Eine zentrale Stellschraube der Preis-Strategie ist die optimale Gestaltung der Zimmer-Kategorien. Für ein Hotel sind die Zimmer-Kategorien das, was für andere Unternehmen das Produktprogramm ist. Die Anzahl der Zimmer sowie die Zusammenfassung zu Zimmer-Kategorien sind strategische Entscheidungen, die bereits beim Bau des Hotels zu berücksichtigen sind. Zimmer-Kategorien sind die eigentlichen Superstars jedes Hotels und der entscheidende Umsatz- und Gewinnbringer. Die Unterschiede hinsichtlich der Anzahl der Zimmer-Kategorien sind je nach Hotel beachtlich. Von einer bis zu 52 Zimmer-Kategorien ist alles möglich[386].

Zimmer-Kategorien zeichnen sich durch Homogenität untereinander aus, wobei die Zimmergröße das ausschlaggebende Element zur Unterscheidung und Differenzierung darstellt. Zimmer, die zu einer Kategorie zusammengefasst werden, sollten austauschbar sein und gleich bepreist werden. Aber auch die Aussicht (Blick ins Tal oder Blick in den Garten), die Ausstattung, das Zimmerthema und der Zimmername[387] spielen eine wichtige Rolle bei der Preisdifferenzierung, wie wir im vorherigen Kapitel gesehen haben. Einmal getroffene bauliche Entscheidungen zu Zimmer-Kategorien lassen sich nur durch hohe Investitionen korrigieren. Hierin unterscheiden sich Hotelbetriebe maßgeblich von Unternehmen, die eine Änderung der Produktpalette – je nach Branche – einfacher bewerkstelligen können. Die optimale Gestaltung der Zimmer-Kategorien (Anzahl, Größe, Ausstattung etc.) ist daher eine Entscheidung, die bei der Erarbeitung oder Aktualisierung der Unternehmens-Strategie zu berücksichtigen ist.

Je nach Positionierung und Strategie des Hotels wird bei der Bestimmung der Preise je Kategorie ein Ankerpreis (die günstigste Kategorie) und ein Preisanker (die teuerste Kategorie) definiert. Der Unterschied zwischen den beiden Extremen ergibt die Preisspanne. Die Preisspanne sollte nicht zu klein, aber auch nicht zu groß sein. Die optimale Definition der Preisspanne hat eine erfolgsentscheidende Bedeutung. Bei vielen Preis-Strategie-Projekten stoßen wir eher auf zu kleine Preisspannen, weniger auf zu große. Wenn in einem 4-Sterne-Hotel die Preise für eine Übernachtung bei 78 Euro in der günstigsten Kategorie beginnen und bei 99 Euro in der teuersten Kategorie enden, dann haben wir einen konkreten Anhaltspunkt, wo wir ansetzen können.

Die 100 Euro Schwelle stellt in solchen Fällen wahrscheinlich eine psychologische Hürde dar, über die man sich nicht drüber traut. Der Unterschied zwischen dem niedrigsten und dem höchsten Preis ist im obigen Beispiel mit 21 Euro wahrscheinlich zu gering. Das kann auch an den baulichen Gegebenheiten liegen,

---

386 Diese Angaben beziehen sich auf die Hotellerie im Alpenraum. Das Paradeunternehmen Quellenhof Luxury Resort Passeier hatte 2021 insgesamt 52 Zimmerkategorien im Portfolio.
387 Ein Schweizer Hotel-Kunde nennt Zimmer unter anderem »Schoggi Zimmer« (Schokolade ist immer die richtige Antwort) und »M-Budget Zimmer« (Es ist Kult und erst noch günstig).

wenn die meisten Zimmer die gleiche Größe haben und kaum Potenzial zu einer Differenzierung besteht. Die Preisspanne ist zu groß, wenn die Zielgruppen nicht stimmig sind, oder wenn die Höchst- und/ oder Niedrigstpreise nicht zur Positionierung des Hotels passen. Das Problem zu hoher Preise kommt in der Praxis selten vor. Tendenziell werden eher zu niedrige Preise verlangt.

Wie kann es sein, dass eine Preisspanne trotz mehrerer Zimmer-Kategorien zu klein ist? Erstaunlicherweise werden wir immer wieder mit diesem Thema konfrontiert. Oft liegt es schlicht an der Preishistorie des Unternehmens, die nie hinterfragt worden ist. Wenn die Preise pro Übernachtung zum Beispiel Jahr für Jahr für alle Kategorien um durchschnittlich zwei Euro erhöht werden, dann nimmt die Preisspreizung[388] jedes Jahr ab. Angenommen, wir haben vier Zimmer-Kategorien mit den Preisen im ersten Jahr von 50, 60, 70 und 80. Die Preisspreizung auf Basis des günstigsten Preises beträgt im ersten Jahr 60 Prozent.[389] Nach einer jährlichen Preiserhöhung von zwei Euro für jedes Zimmer kostet das günstigste Zimmer nach zwanzig Jahren 90, das teuerste 120. Die Preisspreizung beträgt nach zwanzig Jahren nur mehr 33,33 Prozent[390] und damit liegen die relativen Preise noch näher zusammen. Wenn die Preis-Politik nie hinterfragt wird und die Preise aufgrund der Inflation pro Betten- oder Zimmernächtigung jedes Jahr mit einem absoluten Betrag angepasst werden, dann verengt sich die Preis-Struktur des gesamten Produktprogramms. Aus diesem Gesichtspunkt empfiehlt sich eine prozentuale Anpassung über alle Zimmer-Kategorien hinweg.

Die Preis-Positionierung der Zimmer-Kategorien ist eine der wichtigsten Aufgaben der Preis-Strategie. Die Zimmer-Kategorien sollten vom günstigsten bis zum teuersten Preis – bildlich gesprochen – wie eine Perlenkette aufgereiht sein, mit möglichst deutlichen Abständen zwischen den Kategorien. Das ist nur mit einer entsprechend hohen Preisspanne möglich. In der Abbildung 31 ist ein Beispiel einer Preis-Positionierung der 22 Zimmerkategorien eines großen 4-Sterne-Superior-Hotels dargestellt. Auf der y-Achse ist die durchschnittliche Zimmergröße je Kategorie in m² abgebildet. Die x-Achse bildet den durchschnittlichen Preis pro Nächtigung pro Person jeder Kategorie ab. Die Größe der Kreise bedeutet die Anzahl der Zimmer je Kategorie.

Die durchschnittliche Preisspanne liegt zwischen 165 und 327 Euro. Auffallend ist die Clusterbildung vieler Zimmer mit einem Durchschnittspreis von 200 Euro sowie die Clusterbildung bei 260 Euro. Die Diskussion dieser Analyseergebnisse ist meist mit Aha-Effekten verbunden, zumal schnell klar wird, wo Ansatzpunkte sind. Meistens sind die Abstände der Kategorien zu klein. In dem Fall könnten bestimmte Kategorien etwas teurer positioniert und die Abstände vergrößert werden. Im Grunde genommen handelt es sich bei dieser Arbeit um eine Optimierung der Produktprogramm-Preise. Natürlich kann auch eine Preis-Strategie die bauli-

---

388 Preisspreizung = prozentualer Unterschied zwischen dem günstigsten und dem teuersten Preis.
389 Preisspreizung in % = ([80-50] : 50) x 100 = 60.
390 Preisspreizung in % = ([120-90] : 90) x 100 = 33,3.

5.2 Strukturelle Effekte

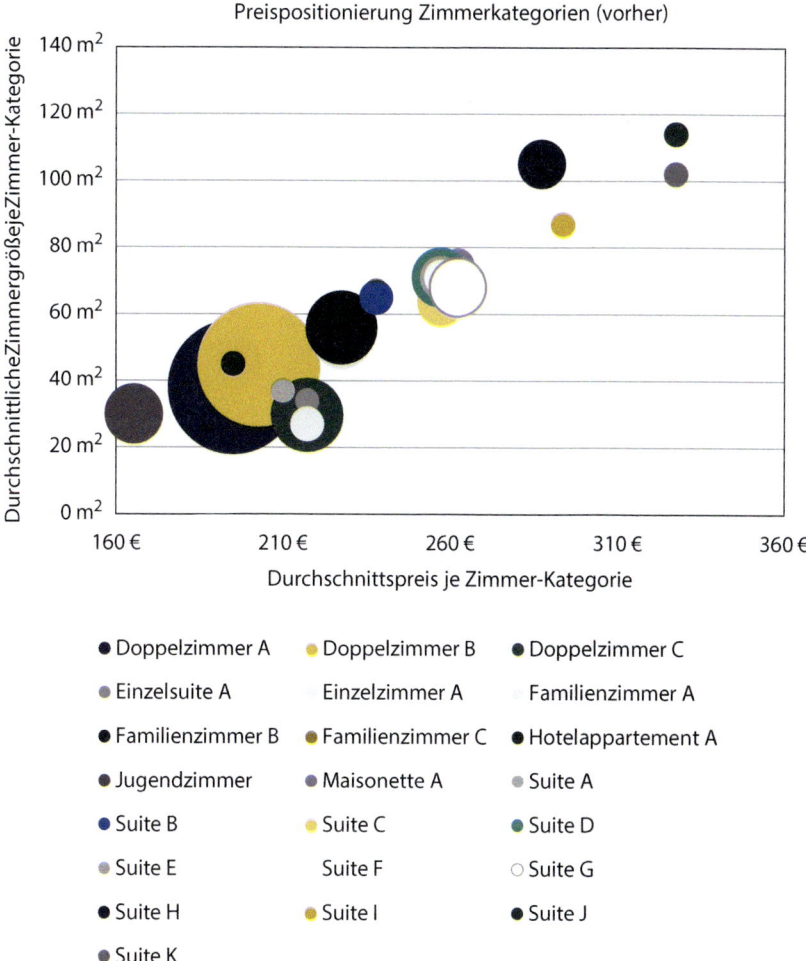

Abb. 31: Preis-Positionierung Zimmerkategorien (vorher)

chen Gegebenheiten nicht verändern. Bei Neubauten oder Kapazitätserweiterungen empfiehlt sich die Pläne für Zimmerrenovierungen durch die Preis-Strategie zu optimieren. Dabei werden Zimmer-Kategorien preislich in eine andere Region geschoben, womit die Perlenkette der Zimmer-Kategorien wieder einen Optimierungsschub erhält.

Im obigen Projekt haben wir die beiden Zimmerkategorien mit den meisten Zimmern (Doppelzimmer A und B), die preislich relativ nahe beisammen liegen, etwas entzerrt und preislich stärker unterschieden (▶ Abb. 32). Wir positionierten das Doppelzimmer B etwas teurer und veränderten den Preis für das Doppelzimmer A nicht. Der Preisunterschied der beiden Zimmer wurde dadurch von 7 Euro auf 17 Euro erhöht. Ebenso wurden die teureren Zimmer um die 260 Euro ebenfalls entzerrt und einige leicht teurer positioniert. In der Preis-Simulationsrechnung konnten wir allein durch diese Maßnahme den Durchschnittspreis aller Zimmer ohne Berücksichtigung der Inflation und anderer Effekte um über fünf Euro erhöhen.

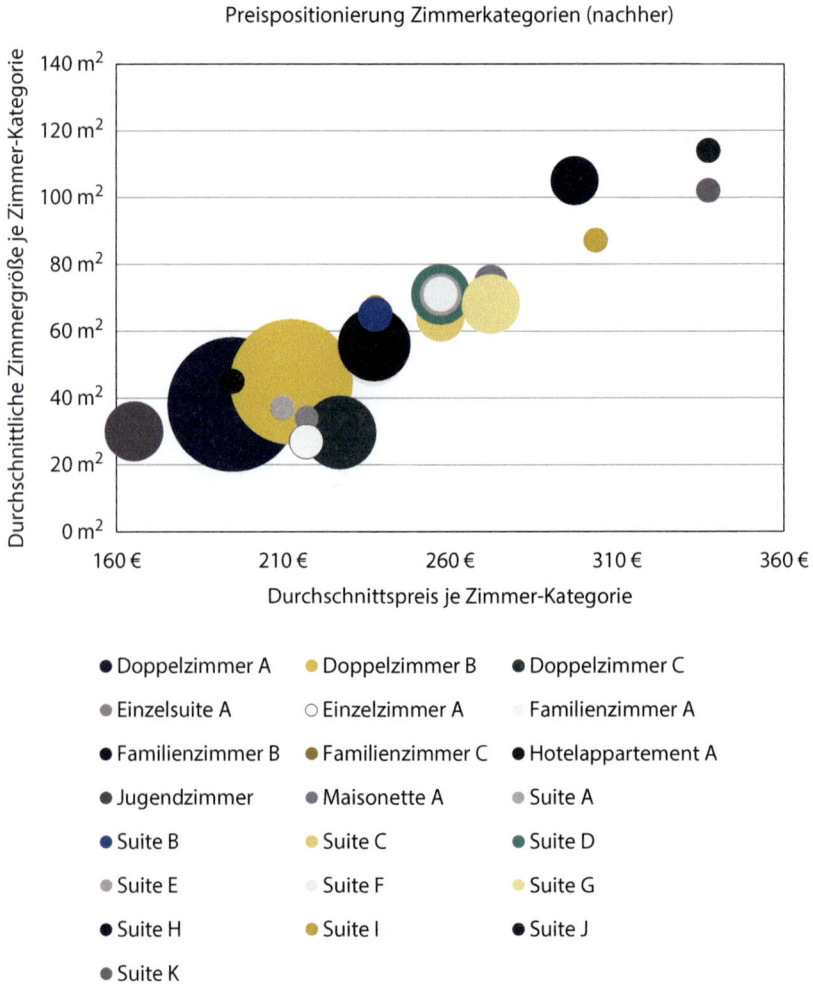

Abb. 32: Preis-Positionierung Zimmerkategorien (nachher)

Die beiden Kategorien lagen zu eng beieinander, der Respektabstand von einer zur anderen Kategorie fehlte. Durch den fehlenden Preisabstand war auch die Kommunikation hinsichtlich des Nutzenunterschiedes der Zimmer diffus. Als Ergebnis konnten die Zimmer-Kategorien stärker differenziert, die Perlenkette neu gegliedert und leicht verlängert werden. Mit Hilfe der Preis-Szenariorechnung wurden die Effekte simuliert. Der Netto-Durchschnittspreis pro Bettennächtigung für alle Zimmer stieg im Ergebnis insgesamt um über fünf Euro und der Nettoumsatz aller Logiserlöse um 2,38 Prozent, wohlgemerkt, allein durch diesen Effekt. Auch die Stammgäste haben sich gut daran gewöhnt, wie ein Jahr später festgestellt werden konnte. Eine weitere mögliche Abhilfe zur Optimierung der Preis-Positionierung der Zimmerkategorien kann die Zusammenlegung von Zimmern zu größeren Zimmereinheiten sein.

5.2.3.2 Zielgruppen

Eine Preisdifferenzierung nach Zielgruppen liegt dann vor, wenn für unterschiedliche Zielgruppen preislich verschiedene Angebote existieren.[391]

- Erwachsene
- Kinder
- Familien
- Senioren
- Mitglieder von Organisationen
- Stammgäste
- Inhaber von Hotelcards
- Bahn-Anreisende
- Touristiker
- Hotelkollegen

Die angeführten Zielgruppen sind hier exemplarisch dargestellt. Sie werden im Rahmen der Konditionenpolitik behandelt, da Preisdifferenzierungen nach Zielgruppen hauptsächlich über Rabatte oder Bonussysteme erfolgen. Tiere (Hunde) werden stets in Kombination mit Menschen berücksichtigt. Für einen Hotelbetrieb, der sich auf Urlaub mit Hund spezialisiert, ist die Preisgestaltung für Hunde jedenfalls ein wichtiges Thema, zumal auch hier interessante Preisdifferenzierungen möglich sind. So wurde bei einem strategischen Marktforschungs-Projekt für ein Hotel, das sich auf Urlaub mit dem Hund spezialisiert, festgestellt, dass Gäste, die ihren Urlaub mit mehr als einem Hund verbringen möchten, eine hohe Preisbereitschaft haben. Es gibt Kunden, die ihren Urlaub auch mit drei Hunden verbringen möchten, aber es gibt nicht viele Hotels, die drei Hunde in einem Zimmer erlauben. Das wissen die Gäste und sind daher bereit, für jeden weiteren Hund gutes Geld zu bezahlen.

Je nach Hotelpositionierung sind die Kinderpreise ein zentrales Thema. Bei Kinderhotels sind die Preise je nach Alter gestaffelt und oft in absoluten Beträgen angegeben. Dies deshalb, da dadurch die Vergleichbarkeit mit anderen Kinderhotels gegeben ist. Die Preise, die für Kinder verlangt werden, sind eine gute Möglich-

---

391 Vgl. Hänssler 2004, S. 251.

keit, sich vom Wettbewerb abzuheben. Bei Familienhotels werden die Preise für Kinder auch gerne als Prozentabschlag vom Erwachsenenpreis angeboten. Manchmal gibt es auch gemischte Preise. Jede Variante hat Vor- und Nachteile. Der Vorteil von Kinderpreisen mit einem Prozentabschlag vom Erwachsenenpreis ist, dass die Preise für Kinder von der Preisbasis der Erwachsenenpreise abhängen. Ein teures Zimmer hat zur Folge, dass die Kinderpreise höher sind und umgekehrt. Ein weiterer Vorteil ist, dass die Prozentabschläge nicht verändert werden müssen, wenn die jährliche Inflation berücksichtigt wird. Bei absoluten Kinderpreisen sollten auch diese jährlich entsprechend geändert werden, aber davor scheuen viele zurück.

5.2.3.3 Zeit

Hotels sind mit wenigen Ausnahmen Dienstleistungsunternehmen, in denen fixe Kapazitäten auf schwankende Nachfrage treffen. Nachfrageschwankungen sind die Herausforderungen, die Hoteliers zu Glücksmomenten, aber auch zur Verzweiflung führen können. Wegen der Nichtlagerbarkeit von Hotelbetten kann die Leistung Übernachtung nicht zu einem anderen Zeitpunkt angeboten werden. Ein nicht genutztes Hotelbett ist hinsichtlich des Umsatzentganges für immer verloren. Allerdings kann der Kunde seine Nachfrage verschieben, sodass der Preis eines Zeitraumes Einfluss auf die Nachfrage in einem anderen Zeitraum hat.[392]

Zeitbezogene Preisdifferenzierungen werden begründet durch die unterschiedlichen Preiselastizitäten der Kunden zu verschiedenen Zeitpunkten. Zu bestimmten Zeiten sind die Kunden bereit, mehr zu bezahlen. Die Hotellerie hat diesen Effekt schon lange durch die Gestaltung von Saisonzeiten genutzt, und die Kunden akzeptieren diese Art der Differenzierung. Neben den Saisonzeiten können auch Wochenenden oder Feiertage unterschiedlich bepreist werden. Das Management der Nachfrageschwankungen ist entscheidend zur Gewinnoptimierung eines Hotels.

Je nach Strategie, Positionierung und Zielsetzung des Hotelbetriebes hat jede Methode der zeitbezogenen Preisdifferenzierung Vor- und Nachteile, die sorgfältig analysiert werden sollten. Wichtig ist, dass diese Vor- und Nachteile aus der individuellen Situation eines Hotelbetriebes bewertet werden. Bei der zeitbezogenen Preisdifferenzierung unterscheiden wir folgende Methoden (▶ Abb. 33).

Grundsätzlich können bei der zeitbezogenen Preisdifferenzierung statische und dynamische Methoden unterschieden werden. Statisch sind Preise dann, wenn sie für eine Periode gültig sind, unabhängig davon, ob die Preise fest oder saisonal differenziert angeboten werden. Viele Ferienhotels verwenden statische, saisonal differenzierte Preise. Die Preise dieser Betriebe werden in der Regel auf der Website und mit Preislisten kommuniziert. Der Kunde kann sich aufgrund dieser Transparenz orientieren und sieht auf einen Blick, wann eine bestimmte Zimmer-

---

392 Vgl. Simon, Fassnacht 2009, S. 427.

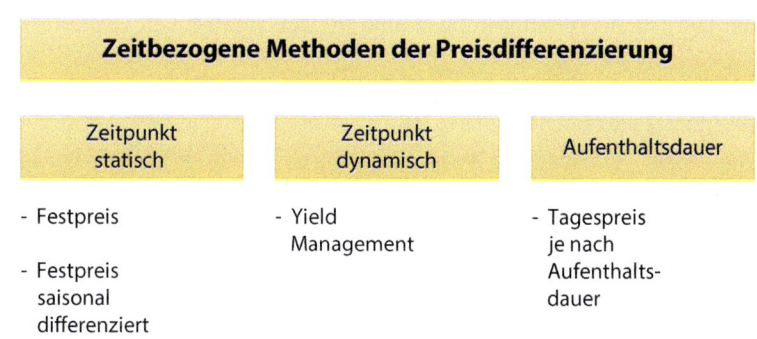

Abb. 33: Zeitbezogene Methoden der Preisdifferenzierung

Kategorie eines Hotels wieviel kostet. Typische Saisonbetriebe kennen die Nachfrage zu bestimmten Zeiten aufgrund ihrer Erfahrungen. Analysen über mehrere Jahre bestätigen die eher konstanten Nachfrageschwankungen je Saison und die möglichen Preisniveaus, die durchgesetzt werden können. Das Ziel, durch eine entsprechende Preissetzung unterschiedliche Preisbereitschaften der Kunden abzuschöpfen, kann mit dieser Methode sehr gut erreicht werden. Einmal festgesetzte Preise bedeuten in der Konsequenz stets diese Preise zu verlangen, auch wenn die Nachfrage die Kapazität weit übersteigt, wenn viele Buchungswünsche abgelehnt werden müssen. Dies kann dazu führen, eventuelle Preisbereitschaften nicht abschöpfen zu können. Mit einer dynamischen Methode wäre es gegebenenfalls möglich, auch diese Preisbereitschaften in Form von mehr Umsatz abzuschöpfen.

Feste Preise, die über das ganze Jahr konstant sind, sind aus Sicht der Kunden die fairste Form der Preisgestaltung. Bei festen Preisen wird bewusst auf die Möglichkeit einer zeitbezogenen Preisdifferenzierung verzichtet. Der Kunde nutzt eine Hotelleistung und bezahlt einen bestimmten vorher festgesetzten Preis, unabhängig davon, wie stark die Nachfrage ist. Das Hotel kann argumentieren, dass die Kosten zur Herstellung der Hotelleistung stets gleich sind, unabhängig vom Zeitpunkt der Nutzung und die Preise daher fair sind. Ein fester Preis ist für die Kommunikation des Preis-Leistungsverhältnisses vorteilhaft, da der Kunde sich fair behandelt fühlt und nicht das Gefühl hat bei einer höheren Nachfrage über den Tisch gezogen zu werden.

Einige unserer Kunden haben überwiegend feste Preise. Je nach Standort schwanken die durchschnittlichen Preise auch des Wettbewerbs im Laufe eines Jahres minimal, da die Nachfrage weitgehend konstant ist. Betriebe, die feste Preise haben, machen punktuell dennoch Ausnahmen in Form von Zuschlägen, zum Beispiel über die Weihnachtstage oder Feiertage, wenn die Nachfrage sehr stark ist. Hotels, die in der glücklichen Lage sind, eine nahezu konstante Auslastung zu haben, kommen mit festen Preisen gut zurecht. Es genügt, die Preise auf der Website transparent darzustellen und gut zu vermarkten. Kunden schätzen konstante Preise und eine hohe Transparenz. Ein weiterer Vorteil ist, dass auch die direkten Wettbewerber ihre Preise eher konstant halten, sodass Preiskämpfe selten sind.

Auch die jährlichen Preisanpassungen sind einfach und schnell zu bewerkstelligen.

Eine weitere Methode der zeitbezogenen Preisdifferenzierung ist das Yield- oder Revenue Management.[393] Yield Management ist ein Ansatz zur simultanen und dynamischen Preis- und Kapazitätssteuerung, um die vorgehaltene, zumeist fixe Kapazität auf gewinnmaximale Weise auszuschöpfen.[394] In der Praxis wird dieser Anspruch jedoch in den wenigsten Fällen erreicht, da Yield Management vor allem den Umsatz maximiert. In der Hotellerie wird unter Yield Management (Revenue Management, Umsatz- oder Ertragsmanagement) auch die gezielte Steuerung der Nachfrage nach Hotelleistungen über den Preis verstanden, mit der eine optimale (nicht maximale) Auslastung der Kapazitäten angestrebt wird.[395] Beim Yield Management in der Hotellerie geht es primär um die Erhöhung des RevPAR/Yield (= Netto-Logisumsatz : verfügbare Zimmer), durch tägliche Steuerung von Preisen und Kapazitäten.[396]

Das Revenue Management ist seit den 1970er Jahren durch die Deregulierung der amerikanischen Luftfahrtindustrie ein fester Bestandteil zahlreicher Dienstleistungsunternehmen, in denen fixe Kapazitäten auf schwankende Nachfrage treffen.[397] Yield Management ist meist bei internationalen Hotel-Konzernen und der Stadthotellerie etabliert. In der Praxis existieren sehr unterschiedliche Ausprägungen von Yield Managementsystemen[398]. Die Ferienhotellerie hat Yield Management unterschiedlich aufgenommen. Das Thema wird nicht nur in der Hotellerie heiß diskutiert[399], sondern auch bei Beratern.

Die Wahl der richtigen zeitbezogenen Preisdifferenzierung ist eine von sehr vielen Entscheidungen einer Preis-Strategie. Sinn und Zweck einer Preis-Strategie ist, alle Möglichkeiten des Preises zu nutzen, die Unternehmens-Strategie umzusetzen und die Ziele zu erreichen.[400] Die Ziele eines Hotelbetriebes sind in der Regel vielfältig. Einerseits soll ein Gewinnziel erreicht werden, andererseits sollen auch die Marke gestärkt, die Kunden und Mitarbeiterzufriedenheit erhöht, die Wettbewerbsposition gefestigt und Wachstumsziele erreicht werden. Diese übergeordneten Kriterien sind daher auch bei der Wahl der optimalen zeitbezogenen Preisdifferenzierung zu berücksichtigen. Wir werden in der weiteren Folge die Auswirkungen dynamischer und statischer Methoden der Preisdifferenzierung anhand folgender Kriterien diskutieren und abschließend ein Fazit ziehen. Eine detaillierte Behandlung würde den Rahmen dieses Buches bei weitem sprengen. Da-

---

393 Die Begriffe »Yield Management und Revenue Management« werden simultan, oder auch unterschiedlich behandelt. Vgl. hierzu Henschel et al. 2013; Hänssler 2004; Gardini, 2015; Goerlich, Spalteholz 2014, S. 23; Rauscher 2020, S. 35.
394 Vgl. Simon, Fassnacht 2009, S. 432.
395 Henschel et al. 2013, S. 245.
396 Vgl. Goerlich, Spalteholz 2014, S. 23.
397 Vgl. Heidig, Tomczak 2014, S. 1.
398 Vgl. Diller et al. 2021, S. 438.
399 Vgl. Kohl 2013, S. 148.
400 Vgl. Dolan, Simon 1996, S. IX.

her behandeln wir nur die wichtigsten Kriterien zur Methodenauswahl der zeitbezogenen Preisdifferenzierung:

- Gewinn
- Auslastung
- Kunden
- Wettbewerber
- Marke
- Infrastruktur

Gewinn

»Yield Management ist entwickelt worden, um die Kapazitäten umsatzmaximal auszuschöpfen. Die Grundidee von Yield Management ist, die richtige Kapazitätskategorie dem richtigen Gästetyp zum richtigen Zeitpunkt und zum richtigen Preis anzubieten, sodass letztlich [...] der Gesamtumsatz maximiert werden kann.«[401] Wenn wir bei einem Hotelbetrieb von fixer Kapazität, hohen Fixkosten und geringen variablen Kosten ausgehen, dann ist eine Gesamtumsatzmaximierung zumindest als Stoßrichtung nicht verkehrt. Dennoch muss an diesem Punkt angemerkt werden, dass eine Gesamtumsatzmaximierung nicht zwangsläufig eine Gesamtgewinnoptimierung bedeutet. In unserer Simulationsrechnung im Kapitel 2.2 (Gewinntreiber Preis) wurde bereits dargestellt, dass eine zehnprozentige Preiserhöhung bei gleichzeitiger Reduzierung der Übernachtungen um zehn Prozent (▶ Abb. 15) zu einer besseren Gewinnsituation führt als eine fünfzehnprozentige Erhöhung der Nächtigungen bei einer zehnprozentigen Preissenkung (▶ Abb. 14). Im ersten Fall unserer Simulationsrechnung beträgt der Gewinn 73.000 Euro, im zweiten 39.000 Euro. Ein Yield Managementsystem würde eher den zweiten Fall anstreben, da der Umsatz mit 1,242 Millionen Euro höher liegt als im ersten Fall mit 1,188 Millionen Euro.

In der Fachliteratur, bei Gesprächen mit Beratern und auch in der Praxis werden immer wieder Fälle genannt, bei denen durch die Einführung eines Yield Managementsystems die Durchschnittspreise und Gewinne deutlich erhöht werden konnten.[402] Erhebliche Durchschnittspreis- und Gewinnsteigerungen konnten auch in sehr vielen anderen Fällen mit Hilfe von optimierten Preis-Strategien erzielt werden, die als zeitbezogene Preisdifferenzierung eine statische, saisonal differenzierte Methode angewendet haben. Um deutliche Gewinnsteigerungen durch preisstrategische Maßnahmen zu erzielen, kann es hilfreich sein ein Yield Managementsystem einzusetzen, es ist aber nicht zwingend erforderlich.

Nach meiner Erfahrung spielt eher die Tatsache eine ausschlaggebende Rolle, dass man sich zum ersten Mal intensiv mit preisstrategischen Themen befasst

---

401 Betz, Betz-Werner 2019, S. 129.
402 Vgl. Rauscher 2020, S. 35; Kohl 2013, S. 147.

hat. Meines Wissens existieren keine wissenschaftlich belastbaren Erkenntnisse, die die Gewinnsituation unterschiedlicher zeitbezogener Preisdifferenzierungen in der Hotellerie hinreichend darstellen und eine bestimmte Methode favorisieren. Eine Analyse der Gewinnperformance von Hotelbetrieben mit unterschiedlichen zeitbezogenen Preisdifferenzierungen wäre ein attraktives Feld für die wissenschaftliche Forschung. Eines kann vorweg festgehalten werden. Wir kennen Hotelbetriebe, die dynamisches Pricing einsetzen und gute Gewinne erzielen. Wir kennen jedoch auch Hotelbetriebe, die statisches Pricing einsetzen und zu den Top-Performern zählen.

Auslastung

Wann ist die Auslastung optimal? Eine Vollauslastung bei einem gut positionierten Hotel mit statischen Preisen bedeutet eine Stärkung der Hotelmarke, vor allem wenn die Preise relativ hoch sind und die Marke in der obersten Kategorie positioniert ist. Hotels, die ausgebucht sind, haben den Nimbus, ein knappes Gut und gefragt zu sein, was die Begehrlichkeit aus Sicht der Kunden steigen lässt. Der Preis ist ein wichtiges Qualitätskriterium, besonders bei einer luxuriösen Marke.[403] Ein Hotel mit einer Auslastung von 70 bis 80 Prozent auf die Offenhaltungstage und gleichzeitig einem Ergebnis vor Steuern von über zehn Prozent zählt schon zu den guten Performern. Hotelbetriebe mit einer Auslastung von über 80 Prozent und einer Umsatzrendite von deutlich unter zehn Prozent haben wahrscheinlich ein Preisproblem in Form von zu niedrigen Preisen. Die Auslastung möglichst hochzutreiben, damit der Parkplatz schön voll ist, ist aus Sicht der Gewinnperformance eine eher schlechte Strategie. Allerdings ist eine durchschnittliche Betten-Auslastung von deutlich unter 50 Prozent sowohl für das Ambiente als auch für die Performance kontraproduktiv. Die Kunst besteht darin, den richtigen Preis durchzusetzen und dennoch eine gute Auslastung zu erzielen.

Preissenkungen, egal ob durch Rabatte oder dynamisches Pricing, suggerieren, dass sich die Zimmer nicht so gut verkaufen. Zudem sind volatile Preise für Luxusmarken eher ungeeignet.[404] In der Praxis stellen wir fest, dass besonders Ferienhotelbetriebe im Alpenraum der obersten Kategorien (5-Sterne und 5-Sterne-Superior) eher statische, saisonal differenzierte Preise offerieren. In der Stadthotellerie hingegen überwiegen dynamische Systeme. Beim Dynamic Pricing werden die Preise in Abhängigkeit vorher festgelegter Kontextparameter permanent gesteuert. Ändern sich die Kontextparameter, verändern sich auch die Preise.[405] Im Rahmen von Revenue Management wird, um die Auslastung möglichst auszureizen, auch ein gezieltes Overbooking betrieben, um No-Shows im Vorfeld abzudecken. Kunden könnten eine solche Situation als Serviceversagen interpretieren,

---

403 Vgl. König 2017, S. 64.
404 Vgl. Fassnacht et. al 2012, S. 131.
405 Vgl. Diller et al. 2021, S. 437.

da anzunehmen ist, dass das Unternehmen über die technischen Mittel verfügt, eine solche Situation nicht eintreten zu lassen.[406]

Dynamic Pricing wird aufgrund des Spiels mit den Kontextparametern – vor allem mit dem Preis – eher in der Lage sein, eine hohe Auslastung zu erzielen. Hierin besteht auch eine Gefahr. Die Möglichkeit, durch Preissenkungen die Auslastung zu steigern, kann dazu führen, dass die Gewinnperformance abnimmt. Je nach Standort kann eine dynamische, zeitpunktbezogene Preismethode vorteilig sein, insbesondere dann, wenn positive externe Effekte auftreten, die nicht prognostiziert werden können. Kongresse, Messen oder Veranstaltungen können zu einer plötzlich stark erhöhten Nachfrage führen, mit dem Effekt, dass die Kunden eine wesentlich höhere Preisbereitschaft zeigen.

Für Zimmer, die in der Nebensaison 100 Euro pro Nacht kosten, kann in Spitzentagen durchaus der vierfache Preis verlangt werden. Mit Dynamic Pricing können diese Spitzen gewinnbringend abgeschöpft werden. Der Gast, der im weiten Umkreis kein Zimmer mehr bekommt, ist dennoch froh ein Zimmer zu ergattern, auch wenn es unverschämt teuer ist und er sich ärgert. Umgekehrt können externe Effekte, die negativ auf die Nachfrage wirken, zu starken Preissenkungen führen, vor allem wenn viele Hotelbetriebe Dynamic-Pricing-Systeme verwenden, die die Wettbewerberpreise als Kontextparameter stark gewichten. So kann es vorkommen, dass Nachfragerückgänge zu Mitläufer-Effekten mit fallenden Preisen in vielen Hotels führen.

Angenommen, im Februar sind zehn Prozent weniger Gäste in der Stadt als im Januar, weil das Wetter nicht passt oder überraschend ein Kongress ausgefallen ist. Wenn überwiegend Dynamic Pricing-Methoden im Einsatz sind, dann werden einige Hotels ihre Preise im Februar senken und hoffen, damit die Auslastungsrückgänge zu kompensieren. Andere Hoteliers ziehen nach, da ihre Systeme die Wettbewerberpreise als Kontextparameter berücksichtigen. In diesem Fall sinkt das Preisniveau in der Stadt insgesamt aufgrund der technischen Einstellungen der Dynamic Pricing Systeme. Aus Sicht der Kunden, die im Februar in der Stadt nächtigen, ist das zwar erfreulich, es wäre jedoch nicht notwendig, da sie ohnehin kommen würden, auch wenn das Preisniveau nicht gesenkt wird.

Umgekehrt führt die Preisreduktion im Februar nicht dazu, dass die Nachfrage plötzlich steigt. Diejenigen Gäste, die im Februar nicht kommen, kommen in einem anderen Monat, unabhängig von der plötzlichen Preissenkung im Februar. Dynamic Pricing Systeme sind dann vorteilhaft, wenn die Nachfrage plötzlich steigt. Wenn sie fällt, kann sich ein Mitläufer-Effekt einschleichen, der zu Preis- und Gewinnerosionen führt. Ob dynamische oder statische zeitbezogene Preisdifferenzierungen eingesetzt werden sollten, hängt nicht nur von der Positionierung, sondern auch stark vom Standort ab.

---

406 Vgl. Pick 2014, S. 140.

Kunden

Der Aufbau und die Festigung langfristiger Kundenbeziehungen zu profitablen Kunden ist die primäre Zielsetzung des Kundenbeziehungsmanagements. Durch den steigenden Wettbewerbsdruck und der Bedeutung profitabler Kunden für den Unternehmenserfolg ist die Bedeutung des Customer-Relationship-Managements gestiegen.[407] Yield oder Revenue Management und Customer-Relationship-Management haben jedoch teils diametrale Zielstellungen. Einerseits die gewinnoptimale Kapazitätssteuerung, andererseits das Ziel einer möglichst hohen Kundenzufriedenheit, ja sogar einer ausgeprägten Kundenbegeisterung. Wie kann eine Kundenbegeisterung erzeugt werden, wenn verschiedenen Kunden ein und dieselbe Leistung zu unterschiedlichen Preisen angeboten werden?

Kunden, die sich im Urlaub kennen lernen und feststellen, dass sie für eine identische Leistung unterschiedliche Preise bezahlen, könnten zum Problem werden. Dies wird von Kunden häufig als unfair empfunden[408], wodurch ein Dilemma entsteht, da eine Ertrags- und Auslastungsoptimierung auf der einen Seite einer Kundenorientierung auf der anderen Seite zuwiderlaufen kann.[409] Die Problematik ist bei Yield Management-Ansätzen nicht zu unterschätzen. Sie sind in der Regel produkt- und nicht kundenorientiert.[410] Beim Revenue Management handelt es sich nicht um ein Kundenbegeisterungssystem, sondern um ein preisgesteuertes Kapazitätsmanagement von Dienstleistungsunternehmen, die ein Kapazitätspotenzial vorhalten.[411]

Der Grund, warum ein Kunde ein Hotel bucht, kann sehr unterschiedlich sein. Der Kunde, der bucht, möchte möglichst seine Bedürfnisse befriedigen. Das Hotel, das diese Bedürfnisse optimal befriedigen kann, nutzt in der Regel alle kommunikativen Stellhebel, um den Kunden von seinem Angebot zu überzeugen. Je hochwertiger, komplexer und ausdifferenzierter ein Hotelangebot ist, desto stärker werden emotionale Argumente hervorgehoben. Die Markenidentitäten führender Hotelbetriebe sind fast ausschließlich auf Emotionen gerichtet. Der Preis ist Nebensache.

Unabhängig davon, ob eine statische oder dynamische zeitbezogene Preisdifferenzierung angewandt wird, die Kundenbedürfnisse sollten stets Priorität haben. Um abzuschätzen, ob ein Angebot in der Lage ist, das Kundenbedürfnis zu befriedigen, ist die Transparenz ein wesentliches Kriterium. Dabei spielt nicht nur die Qualitätstransparenz eine große Rolle, sondern auch die Preistransparenz, da nur so eine Einschätzung des Preis-Leistungsverhältnisses durch den Kunden möglich ist.

---

407 Vgl. Hilbert, Mohaupt 2014, S. 155.
408 Vgl. Wirtz, Heidig 2014, S. 93.
409 Vgl. Michel, Zellweger 2014, S. 60.
410 Vgl. Wangenheim, Bayón 2014, S.124.
411 Vgl. Bruhn 2014, S. 20.

Bei der Qualitätstransparenz sind die meisten Hotelbetriebe recht gut aufgestellt. Über die Website findet der Interessent ausführliche Bebilderungen, Beschreibungen und Angaben über Infrastruktur und Service. Damit eine Buchung erfolgt, muss der Kunde nicht nur vom Angebot, sondern auch vom Preis-Leistungsverhältnis überzeugt sein. Ob ein Preis-Leistungsverhältnis eines Angebotes den Kundenvorstellungen entspricht, setzt voraus, dass der Kunde eine möglichst hohe Preistransparenz hat. Damit ist nicht nur eine punktuelle Preistransparenz gemeint, wieviel ein Zimmer zu einem bestimmten Zeitpunkt unter bestimmten Bedingungen kostet. Ein Kunde hat in der Regel das Bedürfnis, umfassender über die Preise eines Hotels informiert zu werden. Ein umfassender Überblick über die Preise eines Hotels ist dann gegeben, wenn die Preise aller Zimmer zu allen Saisonen überblickt werden können, wie es bei Preislisten normalerweise gewährleistet ist.

Viele Hotelbetriebe präsentieren ihre Preise auf ihrer Website oder auch in Form gedruckter Preislisten. Der Vorteil einer solchen Preistransparenz ist, dass der Kunde mit einem Blick das Preisniveau, die günstigsten und teuersten Saisonen sowie die Preisspanne erfassen kann. Durch diesen Überblick kann der Kunde das für ihn optimale Paket sowie den gewünschten Zeitpunkt wählen. Er hat gleichzeitig ein Gefühl der Fairness, da die Preise über einen Zeitraum konstant bleiben und er davon ausgehen kann, dass andere Kunden dieselben Preise bezahlen.

Bei Hotelbetrieben, die ein dynamisches Pricing anwenden, findet man in der Regel einen zeitpunktbezogenen Preisüberblick. Man gibt die Anzahl Personen, den Zeitpunkt sowie die gewünschte Aufenthaltsdauer in die Buchungsmaschine ein und erhält Preisangebote je Kategorie. Zumindest erkennt man bei solchen Darstellungen die günstigsten und teuersten Zimmer-Kategorien. Manche Hotelbetriebe verzichten hingegen auf jegliche Preisangabe und bieten stattdessen eine Anfragemöglichkeit, die zwar mehr oder weniger schnell beantwortet wird, jedoch keinerlei Hinweise auf Preisspanne, günstige und teure Saisonzeiten oder Differenzierungen nach Aufenthaltsdauer bietet.

Die zur Beurteilung des Preis-Leistungsverhältnisses erforderliche Preistransparenz ist in diesen Fällen kaum gegeben. Im Gegenteil, man hat als Kunde manchmal den Eindruck die Intransparenz sei beabsichtigt. Bei manchen Hotels hat man keine Chance, eine Preisübersicht zu bekommen. Zimmerpreise können bei solchen Häusern nur dann in Erfahrung gebracht werden, wenn man sich mühsam durch die Buchungsmaschine arbeitet. Diese Intransparenz führt dazu, dass weder Ankerpreise noch Preisanker ersichtlich sind. Auch günstige Saisonzeiten sind nicht zu erkennen. Die Frage sei gestellt, ob ein Hotel durch Preisverschleierung Preisvertrauen aufbauen kann. Im Zeitalter des Internets ist der Wettbewerb immer nur »einen Klick entfernt«, und die Preistransparenz des riesigen Marktangebotes im Web untergräbt die Kundenbindung ohnehin. Sollte da eine volle Preistransparenz eines Hotelbetriebes nicht gegeben sein? Warum sollten potenziellen Kunden Preisinformationen vorenthalten, oder nur tröpfchenweise verabreicht werden?

Wettbewerber

Es gibt Regionen, in denen Yield Management überwiegend eingesetzt wird. In einem Tourismusort mit mehreren internationalen Kettenhotels werden viele Hotelbetriebe auch Dynamic Pricing anwenden, da die Tagespreise stark variieren können, wie zum Beispiel in Garmisch-Partenkirchen oder in Zermatt. Wer bei diesem Spiel nicht mitmacht und konstante Preise anbietet, bekommt spätestens dann Auslastungsprobleme, wenn die Wettbewerber aufgrund von Nachfragerückgängen mit ihren Preisen in den Keller fahren. Dieser Effekt kann dann eintreten, wenn die Nachfrage stark schwankt und der Wettbewerbspreis im Yield Managementsystem als Kontextparameter stark gewichtet ist.

In saisonal geprägten Tourismusregionen im Alpenraum überwiegen Hotelbetriebe, die eine statische, zeitbezogene Preisdifferenzierung oder feste Preise verwenden. Je fester die Preise einer Tourismusregion sind, desto konstanter werden sich die Wettbewerber hinsichtlich ihrer Preise verhalten. Nicht ausgeschlossen werden können Preisaktionen von Wettbewerbern, die aufgrund einer geringen Auslastung zu Panikmaßnahmen greifen, auch wenn sie feste oder saisonal differenzierte Preise haben. Bei der Analyse der Wettbewerberpreise sind wir immer wieder überrascht, wie unterschiedlich einzelne Tourismusorte und Regionen hinsichtlich der eingesetzten Methoden zeitbezogener Preisdifferenzierungen ausgeprägt sind.

Marke

Das wichtigste Kriterium einer Hotelmarke ist ihre Differenzierungskraft. Das Markenangebot muss sich langfristig von dem der Konkurrenz unterscheiden. Nur wenn sich das Angebot eines Anbieters, von dem der Konkurrenz unterscheidet, also differenziert, spricht man von einer Marke, ansonsten spricht man von einem Label.[412]

Hierin ist auch der Vorteil einer starken Marke begründet, der darin besteht, dass sich ein Hotel langfristig gegen einen Preiskampf mit der Konkurrenz schützt. Hotelbetriebe, die eine sehr starke Marke aufgebaut haben, können ihre Preise durchsetzen, unabhängig davon, welche Preisaktionen die Wettbewerber fahren. Ein Hotel, das sehr ausgeprägte Wettbewerbsvorteile und eine starke Marke bietet, kann die gesetzten Preise auch durchsetzen, sofern die richtigen Preise definiert worden sind. Es ist geradezu ein konstituierendes Merkmal starker Hotelmarken, dass sie ihre Preise selbstbewusst durchsetzen und gleichzeitig eine gute Auslastung haben. Für solche Betriebe bieten sich statische, saisonal differenzierte Preise mit hoher Preistransparenz an.

Diese Betriebe könnten zwar auch dynamische Systeme einsetzen, die Frage ist jedoch, warum sie das tun sollten. Je stärker die Marke ist, desto eher sollten Betriebe mit dem Argument der Knappheit argumentieren. Diese Betriebe könnten

---

412 Vgl. König 2017, S. 4.

wahrscheinlich sogar noch höhere Preise durchsetzen, tun dies jedoch bewusst nicht, um damit die Begehrlichkeit zu stärken. Starke Marken zeichnen sich durch eine hohe Begehrlichkeit aus. Die Wahl der optimalen zeitbezogenen Preisdifferenzierung sollte daher eng mit der Marken-Strategie verknüpft sein.

Hotelbetriebe, die sich durch preiswerte Angebote positionieren, können sich hingegen über dynamische Pricing-Methoden recht gut differenzieren, indem sie stets im Verhältnis zum Wettbewerb sehr preiswerte Angebote lancieren. Diese Betriebe nutzen den Preisschirm der teureren Anbieter. Allerdings ist die Voraussetzung einer solchen Positionierung eine Kostenführerschaft mit entsprechend reduziertem Angebot. Die Kunst besteht in diesem Fall darin, mit niedrigen Preisen gute Gewinne zu erzielen.

Infrastruktur

Die Anforderungen an die Infrastruktur steigen, je intensiver dynamisches Pricing eingesetzt wird. Grundsätzlich ist die Erarbeitung einer Preis-Strategie zu empfehlen, unabhängig davon, welche Preismethode angewendet wird. Eine gut erarbeitete Preis-Strategie sollte auch die Frage nach der optimalen Preismethode beantworten. Ein statisches, saisonal differenziertes Pricing erfordert die Definition der Preise in Form einer Preisliste und die Implementierung in die Systeme. Da die Preise fest sind, sind die Anforderungen an die Systeme deutlich geringer als bei Revenue Managementsystemen.

Grundsätzlich können drei Revenue Management Ansätze unterschieden werden[413]:

- Manuell
- Semiautomatisiert mit Hilfe von Front Office-Systemen
- Vollautomatisiert mit Hilfe von Revenue Management Software

Beim manuellen Revenue Management erfolgen alle Schritte, von der Analyse, der Datenaufbereitung bis zur Preisfestsetzung manuell. Der Aufwand ist je nach Größe des Betriebes nicht zu unterschätzen, auch wenn Software zur Unterstützung hinzugezogen wird. Vor allem die zeitgleiche Bestückung aller Online-Reservierungssysteme ist ein zeitintensives Unterfangen. Semiautomatisiertes Revenue Management nutzt vorhandene Front-Office-Software. Die Strategien werden hinterlegt und durch den Revenue Manager umgesetzt. Ein vollautomatisiertes Revenue Management erfolgt durch Software mit integrierten Front-Office-Systemen, wobei die Hard- und Software entweder durch Kauf erworben oder durch internetbasierte Online-Lösungen eingesetzt werden. Am Markt wird eine Vielzahl von Systemen angeboten, auf die hier nicht näher eingegangen wird.

---

413 Vgl. Goerlich, Spalteholz 2014, S. 251 ff.

Fazit

Der Trend zu Dynamic Pricing wird vor allem durch drei Strömungen befeuert. Erstens steigt die Datenverfügbarkeit stetig an. Zweitens gibt es inzwischen eine Vielzahl von Softwarepaketen zur Preisanalyse, bedingt durch den zunehmenden Wettbewerb unter den Anbietern, wodurch die Software immer besser auf den Anwendungskontext der Unternehmen zugeschnitten und damit leichter zu bedienen ist. Drittens sind mit den Performanceverbesserungen der Internetkanäle auch die Preisänderungskosten drastisch gesunken und erlauben schneller Preisänderungen.[414]

Die genannten Gründe sind jedoch primär technisch bedingt und bestätigen die Kritik dahingehend, dass dem Kunden als wesentlichen Erfolgsfaktor bisher nur wenig Beachtung geschenkt wird.[415] Wir haben es bei Dynamic Pricing mit einer Technologie zu tun, die vor allem technologisch immer ausgereifter wird, andererseits Gefahr läuft, den Kundenfokus zu wenig zu berücksichtigen. Sowohl in der Praxis als auch in der wissenschaftlichen Forschung wurde das Revenue Management fast ausschließlich aus der Unternehmensperspektive betrachtet und die Kundensicht dabei weitgehend ausgeblendet.[416]

Von der zeitpunktbezogenen Preisdifferenzierung unterscheidet sich die aufenthaltsdauerbezogene Preisdifferenzierung. Diese Preisgestaltung erlaubt einerseits, Kunden einen Anreiz zu bieten, die eine längere Aufenthaltsdauer wählen, indem zum Beispiel der Preis ab sieben Nächten etwas günstiger angeboten wird. Für Kunden, die nur eine oder zwei Nächte bleiben, können Kurzaufenthaltspreise angeboten werden, die etwas höher liegen als die Tagespreise, wobei der Tagespreis die Preisbasis darstellt. Eine mögliche Staffelung könnte so aussehen: Tagespreis 100 Euro (drei bis sechs Nächte), Kurzaufenthaltspreis (ein bis zwei Nächte) 115 Euro, Langaufenthaltspreis (ab sieben Nächte) 95 Euro. Der Vorteil dieser aufenthaltsdauerbezogenen Preisdifferenzierung besteht darin, denjenigen Kunden einen Preisanreiz zu bieten, die länger bleiben. Durch den Kurzaufenthaltsaufschlag werden die zusätzlichen Logistik- und Verwaltungsaufwendungen abgegolten, die entstehen, wenn Gäste nur eine oder zwei Nächte bleiben. Bei einer solchen Preisgestaltung können daher auch sogenannte »ab-Preise« angeboten werden (ab 95 Euro, wenn der Kunde mindestens sieben Nächte bleibt). Gleichzeitig erhält mit dieser Preisdifferenzierung jedes einzelne Zimmer eine Preisspanne. In diesem Fall liegt der Preis zwischen 95 und 115 Euro. Der Gast hat die Wahl, und Gäste lieben es, wählen zu können.

---

414 Vgl. Diller et al. 2021, S. 437.
415 Vgl. Heidig, Tomczak 2014, S. 13.
416 Vgl. Pick 2014, S. 131.

5.2.3.4 Nutzung

Die Art der Nutzung kann ebenfalls zur Preisdifferenzierung genutzt werden. Manche Gäste, die allein reisen, wünschen sich statt eines Einzelzimmers ein großes Zimmer. Wenn der Hotelbetrieb Tagungen anbietet, dann werden vermehrt Zimmer zur Einzelnutzung nachgefragt. Ein recht großes Hotel hatte 26 Prozent aller Nächtigungen als Einzelnutzung. Bei der Analyse stellten wir fest, dass auch relativ große Zimmer sehr hohe Einzelbelegungen bis zu 36 Prozent hatten. Die Preise für die Einzelnutzung von Doppelzimmern und sogar Suiten waren für die Kategorie und die Zimmergrößen deutlich unter dem Marktpreis.

Wir einigten uns so, indem die bisherigen Preise für die Einzelnutzung von Doppelzimmern nur noch für eine Kategorie gelten und für alle anderen Kategorien wurden die Preise verdoppelt. In der Preis-Szenariorechnung errechnete sich diese Maßnahme realistisch zu einem hohen sechsstelligen Mehrbetrag zum Nettoumsatz. Eine tiefe Analyse kann hierzu interessante Einblicke und Ansatzpunkte zur Optimierung liefern.

5.2.3.5 Umsatz, Menge

Umsatzbezogene Preisdifferenzierungen sind vergleichbar mit einem Mengenrabatt, wie zum Beispiel für folgende Personen oder Unternehmen[417]:

- Gruppenpreise (Gruppen als Direktbucher, Reisebüros, Reiseveranstalter, Busunternehmer etc.), denen Preisermäßigungen eingeräumt werden
- Corporate Rates oder Company Rates (vor allem Hotelketten handeln mit Unternehmen Rahmenverträge ab einem bestimmten Umsatzvolumen aus, die 10 bis 20 Prozent unter dem Tagespreis liegen)
- Frequent Traveller-Programme (sind oft Bestandteile von Hotelclubs und Hotelcards)

5.2.3.6 Absatzraum

Eine absatzraumbezogene Preisdifferenzierung bezieht sich auf verschiedene in- und ausländische Absatzmärkte, die eine Hotelleistung zum Teil zu höchst unterschiedlichen Preisen anbieten. Diese Art der Preisdifferenzierung ist vor allem für Kettenhotels mit Dependancen in unterschiedlichen Ländern relevant.

---

417 Vgl. Hänssler 2004, S. 251 ff.

5.2.3.7 Sonderformen

Eine Sonderform der Preisdifferenzierung ist die Preisbündelung.[418] Preisbündelungen haben für die Hotellerie eine besondere Relevanz. Neben den ohnehin sehr umfangreichen Leistungen eines Hotels werden auch weitergehende Pakete mit einem Gesamtpreis als Pauschale angeboten. So können neben Übernachtung, Frühstück, Nachmittagsjause, die Benutzung der gesamten Hotel-Infrastruktur auch Skikarten, Unterhaltung, Weinverkostung und Wellness-Anwendungen etc. mit angeboten werden.

Problematisch werden solche Pakete, wenn sie nicht gut kalkuliert sind und mit großzügigen Dreingaben oder Rabatten versüßt werden, wie beispielsweise die beliebten Aktionen wie sieben = fünf (sieben Nächte bleiben und nur fünf zahlen) sowie Upgrades. Die Grundüberlegung solcher Angebote zielt auf die Abschöpfung der Preisbereitschaft potenzieller Hotelkunden. Das Angebot soll möglichst attraktiv erscheinen und zur Buchung animieren. Sofern die Preisbündelung zu einem günstigeren Preis führt als die Summe der Einzelpreise, handelt es sich um Rabatte, die im Unterkapitel Konditionen behandelt werden.

Innovationen im Preismanagement in der Hotellerie können vom Geschäftsmodell oder von Technologien getrieben werden.[419] Flatrates zum Beispiel werden sowohl in Hotels als auch in Restaurants angeboten. Bei einer Flatrate bezahlt man einen festen Preis pro Anlass oder Zeitraum und kann das Angebot in beliebigem Umfang nutzen. Buffets sind, wie der Slogan »All-you-can-eat« zum Ausdruck bringt, ebenfalls Flatratesysteme. Wer eine ganze Flasche Sekt, fünf Spiegeleier mit Speck, Pilzen und einen Laib Brot samt Käse, Aufschnitt, Lachs, Crevetten und eine Kanne Kaffee vom Frühstücksbuffet verputzt, zahlt nicht mehr als derjenige, der nur ein Müsli zu sich nimmt. Das Risiko hält sich für den Anbieter aber in Grenzen, da der Verbraucher im Durchschnitt nur eine begrenzte Menge essen und trinken kann. Wenn man ein Rugby-Team für ein zweiwöchiges Training beherbergt, sollte man den höheren Wareneinsatz im Angebot allerdings berücksichtigen. All-inclusive-Angebote zählen ebenfalls zu den Flatratesystemen und die gibt es in vielen Hotels.

Bei interaktiven Preismodellen wird der Preis in einem interaktiven Prozess zwischen Anbieter und Kunde ermittelt. Man kann sich das vorstellen wie das Feilschen in einem Basar. Historisch gesehen war dieses Modell durch das Tauschen Jahrtausende dominierend.[420] Name-your-own-Price, auch Customer-driven-Pricing oder Reverse-Pricing genannt, ist ein Verfahren, hinter dem die Erwartung des Anbieters steht, dass der Kunde seine wahre Preisbereitschaft offenlegt. Das Preisangebot des Kunden ist bindend. Der Kunde erhält den Zuschlag, sobald das Angebot oberhalb eines nur dem Anbieter bekannten Minimumpreises liegt.

---

418 Vgl. Gardini 2015, S. 483 ff.
419 Vgl. Simon, Fassnacht 2016, S. 571 f.
420 Jedes wirtschaftliche Handeln hat man in gewissem Sinne als Tauschen bezeichnet. Vgl. Mises 1924, S. 11.

In der Praxis hat sich jedoch herausgestellt, dass viele Kunden unrealistisch niedrige Preisangebote abgaben.[421] Name-your-own-Price kann als Marketing-Gag eingesetzt werden, um die Bekanntheit zu erhöhen. In der höherwertigen Hotellerie rate ich davon ab, da mit solchen Aktionen vor allem Schnäppchenjäger angelockt werden, die in keiner Weise bereit sind, irgendwann reguläre Preise zu bezahlen.[422]

Pay-what-you-want ist eine weitere Variante des kundenbestimmten Pricing, ähnlich wie Trinkgelder oder Spenden. Dabei zahlt der Kunde, was er will, ohne dass der Anbieter entscheiden kann, ob er zu diesem Preis verkauft oder nicht. In praktischen Versuchen zahlten die Kunden im Durchschnitt weit weniger als der reguläre Preis, allerdings stieg die Anzahl der Kunden – mit Ausnahmen – stark an.[423] Dieses Preismodell kann bei sehr niedrigen variablen Kosten punktuell als Marktdurchdringungsstrategie genutzt werden. Für Hotels ist das Preismodell aufgrund der stets vorhandenen variablen Kosten eher ungeeignet, da auch hier die Kunden im Durchschnitt deutlich weniger ausgeben und der Hotelier das Risiko trägt, sogar auf den variablen Kosten sitzen zu bleiben.[424]

5.2.4 Konditionen

Neben der Festsetzung der Preise sind die Konditionen ein Instrument der Feinsteuerung der Preis-Politik. Hierbei geht es um Entscheidungen über Rabatte und Zahlungsbedingungen.[425]

Rabatte sind Geldbeträge, die unter gewissen Voraussetzungen von einem Kaufpreis abgezogen werden. Der Begriff Rabatt stammt aus dem italienischen (rabattere = abschlagen). Je nach Branche können bis zu 70 verschiedene Rabatte vorkommen.[426] Auch in Hotels können sich im Laufe der Zeit regelrechte Rabattdschungel etablieren, die ein fröhliches Eigenleben fristen, wobei oftmals wenig Wissen darüber existiert, um welche Beträge es sich dabei jährlich handelt.

Stammgäste- oder Treuerabatte, Mengenrabatte (Anzahl Nächtigungen), Frühbucherrabatte, Kinderermäßigungen, Gruppenrabatte (Anzahl Personen), Firmenrabatte, Baustellenrabatte, Abschlag für Einzelnutzung von Doppelzimmern, Empfehlungsrabatte, Pauschalen-Rabatte, Barzahlungsrabatte, Zeitrabatte (je nach Zeitpunkt der Buchung), Rabatte für Mitarbeiter und Hotelkollegen, für Journalisten und Blogger sind Beispiele für Abschläge für Direktbucher. Eine spezielle Form der Rabattierung stellt das Couponing dar, eine zeitlich begrenzte Marke-

---

421 Vgl. Simon, Fassnacht 2016, S. 578.
422 Das amerikanische Unternehmen Priceline gilt als Erfinder des Name-your-own-Price-Modells. Heute ist Priceline mit booking.com Teil der Booking Holding. Vgl. Simon, Fassnacht 2016, S. 579.
423 Vgl. Husemann-Kopetzky 2018, S. 99.
424 Vgl. Simon, Fassnacht 2016, S. 580.
425 Vgl. Gardini 2015, S. 485.
426 Vgl. Simon, Fassnacht 2016, S. 398.

ting-Aktion, bei der Kunden durch Coupons (Gutscheine, Voucher, Bons) in den Genuss einer Vergünstigung oder einer Zusatzleistung kommen.[427]

Upgrades, Naturalrabatte oder andere Dreingaben sind ebenfalls Rabatte, die jedoch indirekt wirken, da von den Kunden ein bestimmter Preis bezahlt, jedoch die Leistung des Hotels höher ist als der verlangte Preis. Im Grunde genommen muss bei Dreingaben der reguläre Preis der Leistung herangezogen und der tatsächlich bezahlte Preis abgezogen werden, um die korrekte Höhe des Rabattes zu beziffern, der abgeschlagen wird. Das Argument »das Zimmer war eh frei« ist zwar richtig, aber der Kunde könnte auch das teurere Zimmer wählen und einen Rabatt eingeräumt bekommen. Wenn wir wissen wollen, wie hoch die insgesamt gewährten Rabatte pro Jahr sind, empfehle ich ehrlich zu sein. Nur so können wir das Thema Rabatte klar sehen und entsprechende Maßnahmen ergreifen.

Neben den Rabatten und Dreingaben für Direktbucher existieren noch Provisionen und Rabatte, die an Mittler (Reiseveranstalter) und Portale bezahlt werden. Bei der Durchsicht von Verträgen mit Reiseveranstalter sind wir immer wieder erstaunt, mit welchen Konditionen und Bedingungen gearbeitet wird. Allein die vereinbarten Rabatte sind zum Teil unglaublich. In einem Vertrag mit einem namhaften Reiseveranstalter haben wir folgende Rabattierungen gefunden, die additiv gewährt worden sind:

- Rabattaktion 14 = 10 (14 Tage Aufenthalt und 10 Tage zahlen)
- Seniorenrabatt ab 55 Jahren: fünf Prozent
- Frühbucherrabatt: fünf Prozent
- Kinder null bis zwölf Jahre: kostenlos

Die Kalkulation und die Simulationsrechnung dieses Geschäftes mit dem Reiseveranstalter auf Vollkostenbasis waren mehr als ernüchternd. Im besten Fall hätte der Hotelier 32 Euro pro Nacht pro Person draufgelegt, im schlechtesten Fall sogar 57 Euro. Solche »Geschäfte«, die offensichtlich ausschließlich dazu abgeschlossen werden, damit die Auslastung steigt, sollten tunlichst vermieden werden. Reiseveranstalter können eine sinnvolle Ergänzung als Akquisitionspartner eines Hotelbetriebes sein. Viele Betriebe sind zu einem großen Teil sogar von ihnen abhängig. Dennoch sollte man solche Kooperationen stets kritisch nach der strategischen Sinnhaftigkeit hinterfragen.

Die Lichtung des Rabattdschungels und die detaillierte Analyse der Rabatte ist daher eine Herausforderung, die nicht zu unterschätzen, aber lohnend ist. Die Erkenntnisse daraus können zu strategischen Entscheidungen führen, die die Performance des Hotelbetriebes erheblich verbessern. In einem Preis-Strategie-Projekt für ein Ferienhotel errechneten wir bei einem Nettoumsatz von ca. 3,5 Millionen Euro Gesamtrabatte in Höhe von ca. 1,5 Millionen Euro. Das bedeutet das Hotel hätte ohne Rabatte und ohne Reiseveranstalter einen Gesamtumsatz von fünf Millionen Euro erzielt, sofern alle Gäste auch den regulären Preis bezahlt hätten. Das

---

427 Vgl. Gardini 2015, S. 486.

entspricht einem Rabatt von insgesamt 30 Prozent. Natürlich kann argumentiert werden, dass die Reiseveranstalter, die etwa die Hälfte der Rabatte verursachten, erforderlich sind, die Buchungen zu generieren. Das ist richtig, nur das Thema ist tiefer verankert, da es die grundsätzliche Strategie des Hotels betrifft. Wollen wir von Reiseveranstalter abhängig sein, oder wollen wir die Wertschöpfung im Unternehmen erbringen und die Marge selbst behalten?

Die Erkenntnisse aus der Analyse führten zu einer umfassenden Strategieänderung, die nicht nur die Preis-Strategie betraf, sondern die Unternehmens-Strategie insgesamt und das Marketing. Innerhalb von drei Jahren konnte auf alle Reiseveranstalter verzichtet werden, die Kunden buchten direkt und die durchgesetzten Durchschnittspreise erhöhten sich massiv. Ebenso konnte der Gewinn des Unternehmens deutlich gesteigert werden, obwohl die Nächtigungen insgesamt geringer waren. Die Grundüberlegung der Strategieänderung war die Erkenntnis, dass eine erhebliche Umsatzsteigerung auch durch eine Reduktion der Rabatte erzielt werden kann. Natürlich hat sich auch die Zielgruppenansprache verändert. Rabatte werden nun maximal punktuell gewährt. Umsatz und Gewinn konnten massiv gesteigert werden.

Qualitativ sehr hochwertige Produkte sollten nicht rabattiert werden, da dies als Signal für minderwertige Qualität gedeutet werden kann.[428] Rabatte sollten nur gewährt werden, wenn konkrete Voraussetzungen gegeben sind, wie zum Beispiel Baustellenrabatte, oder punktuelle, klar definierte Marketing-Aktionen. Entscheidend ist, Konditionen und Rabatte an das Prinzip »Leistung für Gegenleistung« zu knüpfen. Die Optimierung der Preis-Strategie bedeutet insbesondere das Thema Rabatte zu durchleuchten und neu zu gestalten bzw. ganz wegzulassen.[429]

Eine Mischform von Mengen- und Treuerabatten stellen die in der Hotellerie üblichen Bonusprogramme dar, die bei Erreichen eines bestimmten Absatz- oder Umsatzvolumens Preisnachlässe gewähren. Im Vordergrund steht der Ausbau einer langfristigen Kundenbeziehung.[430] Für Kettenhotels oder im Firmen- und Geschäftskundenbereich können Bonusprogramme durchaus sinnvoll sein. Meines Erachtens sollten die Leistungen die Kunden so begeistern, dass sie gerne wiederkommen. Bonusprogramme sind Versuche, Kunden ans Unternehmen zu binden. Die grundlegende Frage ist doch, warum der Kunde bucht und was getan werden muss, dass er wieder bucht.

5.3 Strategische Effekte

Die strategischen Effekte der Preis-Strategie nehmen eine besondere Stellung ein, da sie nicht operativ, sondern eben strategisch ausgerichtet sind, weit über die üblichen Themen der Preis-Politik hinaus reichen und gleichzeitig einen erhebli-

---

428 Vgl. Husemann-Kopetzky, 2018, S. 94; McKee 2014, S. 198.
429 Für Simon Sinek sind Rabatte Versuche Kunden zu manipulieren. Vgl. Sinek 2019, S. 24.
430 Vgl. Gardini 2015, S. 487.

chen Effekt auf die Preise ausüben. Hier geht es um die grundsätzliche, strategische Ausrichtung des Hotelbetriebes, wie Preise aus der übergeordneten Perspektive festgelegt werden. Folgende Elemente sind zu berücksichtigen:

- Kundennutzen
- Preis-Positionierung
- Nutzenkommunikation
- Zimmerrenovierung
- Kapazitätsveränderung
- Veränderung des allgemeinen Kundennutzen
- Inflation

5.3.1 Kundennutzen

Jede Nachfrage nach einem Gut hat ihren Ursprung im Bedürfnis mindestens eines Kunden, und jedes Angebot eines diesbezüglichen Gutes ist eine Option für die Kunden, ihre Bedürfnisse zu befriedigen. Angebote sind daher auf die Bedürfnisse der Kunden zu richten, nicht auf das Wohlgefallen des Anbieters. Je besser das Angebot aus Sicht des Kunden, desto eher kommt ein Tausch zustande.

Wettbewerb sorgt für Optionen der Bedürfnisbefriedigung und ist daher aus Sicht der Kunden höchst willkommen. Je mehr Angebote ein Kunde hat, seine Bedürfnisse zu befriedigen, desto eher ist das angebotene Preis-Leistungsverhältnis im Sinne des Kunden ausgereizt. Der Kunde hat nun ein Entscheidungsproblem und wird den Angeboten, die in der Regel unterschiedliche Preise haben, einen Wert beimessen, um zu entscheiden, welches der Angebote am besten in der Lage ist, sein Bedürfnis unter Berücksichtigung seiner Möglichkeiten zu befriedigen. Dreh- und Angelpunkt der Entscheidung ist der Kundennutzen, der direkt mit der Bedürfnisbefriedigung verknüpft ist.

Nun ist es so, dass kein objektiver Kundennutzen existiert. Es gibt keinen allgemein gültigen Kundennutzen, dem ein bestimmter Preis zugeordnet werden kann, da es keinen objektiven Wert gibt. Kundennutzen sind höchst subjektiv[431] und daher für jeden Kunden unterschiedlich wertvoll. Jeder Kunde schätzt seinen Nutzen individuell, und daher hat jeder Kunde eine eigene Wahrnehmung des Preis-Leistungsverhältnisses.

Der große Ökonom und Begründer der österreichischen Grenznutzenschule Carl Menger hat diese Erkenntnis in seinem Grundlagenwerk Grundsätze der Volkswirtschaft bereits vor 150 Jahren präzisiert. Menger revolutionierte mit der Grenznutzenschule die Wert- und Preistheorie. Nach Menger existiert kein objektiver Güterwert, da der Wert eines Gutes diesem nicht anhaftet, sondern stets aus Sicht des Kunden zu bewerten ist: »Der Werth ist demnach nichts den Gütern An-

---

431 Vgl. Rothbard 2013, S. 205.

haftendes, keine Eigenschaft derselben, eben so wenig aber auch ein selbstständiges, für sich stehendes Ding.«[432]

Seine Erkenntnisse können anhand eines Hotelbeispiels erläutert werden. Ob ein Zimmer 100 Euro oder 400 Euro wert ist, hängt von der subjektiven Betrachtung des Kunden ab. Kein Mensch würde ein Zimmer für 400 Euro buchen, wenn vergleichbare Wettbewerbsangebote um 100 Euro vorhanden sind. Wenn allerdings kein einziges Zimmer im Umkreis von 100 km zu bekommen ist, dann ist der Wert des Zimmers aus Sicht des verzweifelten Kunden vielleicht doch 400 Euro, oder sogar noch höher.

Ein Kundennutzen kann daher nur aus Sicht des Kunden und seines Bedürfnisses bewertet werden. Je wichtiger und drängender das Kundenbedürfnis ist und je weniger Angebote zur Befriedigung dieses Bedürfnisses vorhanden sind, desto eher steigt der Wert des Kundennutzens, und somit auch die Preisbereitschaft des Kunden. Der zentrale Anknüpfungspunkt der strategischen Effekte der Preis-Strategie ist daher das Kundenbedürfnis und der aus diesem Bedürfnis resultierende Kundennutzen eines Angebotes, dem der Kunde einen individuellen Wert beimisst. Ist dieser Wert höher als der Preis, dann steigt die Wahrscheinlichkeit eines Tausches. Es liegt daher auf der Hand, den Nutzen eines Angebotes stets auf das Kundenbedürfnis zu fokussieren und möglichst in gutem Lichte erscheinen zu lassen und den Wert professionell zu kommunizieren. Damit wird auch der Kunde in seiner Entscheidungsfindung unterstützt.

Der gesamte Power Pricing-Ansatz ist auf dem Phänomen des Kundennutzens, der Bedürfnisbefriedigung und des subjektiven Wertes aus Sicht des Kunden aufgebaut. Veränderungen des Kundennutzens führen daher stets zu einer Neubewertung des Preises. Investitionen in die Steigerung des Kundennutzens sollten nicht nur aus ökonomischer Sicht zu einer Preisanpassung führen, sondern auch aus der Sicht des Gleichgewichts aus Angebot und Nachfrage. Wenn der Kundennutzen verändert wird, ändert sich auch die subjektive Einschätzung des Wertes der Bedürfnisbefriedigung. Diese Aspekte sind die Quelle des Value Pricing, das weniger einen quantitativen Kalkulationsansatz beinhaltet, sondern vielmehr ein qualitatives Paradigma einer nachfrageorientierten Preis-Politik. Es geht um die Identifikation der Wertkomponenten und des Wertgewinns eines Angebotes.[433]

5.3.2 Preis-Positionierung

Die erste Frage bei der Gestaltung der strategischen Effekte eines Hotels ist, ob die bisherige Preis-Positionierung passt. Nach Diller beinhaltet die Preis-Positionierung die Platzierung der Marktleistungen einer Unternehmung im Preis-Qualitäts-Feld eines Marktes auf Basis eines Kundennutzen- und wettbewerbsstrategischen

---

432 Menger 1871, S. 86.
433 Vgl. Pechtl 2014, S. 155.

Konzepts.[434] Wie im Kapitel 4 (Das Spielfeld) beschrieben, wird eine erfolgreiche Preis-Positionierung eines Hotelbetriebes durch vier Akteure determiniert, den Kunden, den Wettbewerbern, dem Markt und dem betreffenden Hotelbetrieb. Innerhalb dieses Spielfeldes gilt es, den richtigen Preis zu finden. Das ist ein recht komplexes Unterfangen und unterstreicht die Bedeutung einer professionellen Preis-Strategie. Informationen über die Preisperformance des Hotelbetriebes und die der relevanten Wettbewerber liegen normalerweise vor, ebenso vom Markt. Aus den Ergebnissen der Preishistorie kann geschlossen werden, wie die bestehenden Preise bisher angenommen worden sind. Diese Analysen erlauben eine erste Einschätzung, inwieweit die Preise die richtigen sind und welche generische Position das Hotel im Entgelt-Nutzen-Feld des Marktes einnimmt. Grundsätzlich kann jeder Markt in drei Preis-Positionierungs-Optionen unterteilt werden.[435]

Bei der Niedrigpreisstrategie optiert das Hotel mit unterdurchschnittlichen Produktqualitäten und entsprechend niedrigen Entgelten. Der Kundennutzen ist auf den Basisnutzen reduziert, auf die strategisch wesentlichen Leistungselemente. Typische Beispiele sind Budget-Hotels, die vor allem mit dem Preis argumentieren und eine klar definierte Mindestleistung anbieten, wobei durchaus auch eine ansprechende Qualität geliefert werden kann.

Bei der Mittelfeldstrategie sucht der Hotelbetrieb den Erfolg durch Angebote mittlerer Qualität im mittleren Entgeltbereich. In diesem Feld tummeln sich die meisten Hotelbetriebe. Allerdings wird die Mittelfeldstrategie von zwei Seiten angegriffen, da die Kunden auch günstigere Varianten oder höherpreisige Markenprodukte wählen. In Kombination mit bestimmten Stärken (Standort, Kulinarik, Aussicht, Thema etc.) kann auch eine Mittelfeldstrategie erfolgreich sein, wenn das Kunden-Nutzen-Profil über eine stark ausgeprägte USP (Unique Selling Proposition bzw. Alleinstellungsmerkmal) im mittleren Preissegment verfügt.

Bei der Hochpreisstrategie sucht das Hotel mit weit überdurchschnittlichen Produktqualitäten und entsprechend hohen Entgelten seinen Markterfolg. Eine Kategorisierung ab 4-Sterne-Superior aufwärts unterstützt die Vermarktung des Hotelangebots, wobei damit eine externe Qualitätsgarantie gegeben ist. Einige Betriebe mit Hochpreisstrategie verzichten sogar auf jedwede Kategorisierung, da sie eine starke Marke entwickelt haben und erfolgreich und selbstbewusst kommunizieren.

Zur detaillierten Beurteilung der bestehenden Preis-Positionierung eignet sich die Ermittlung der Preiselastizität eines Hotelbetriebes, wie im Kapitel 3.2 Ökonomie dargestellt. Die Kenntnis der Preiselastizität ermöglicht das generelle Preispotenzial des Betriebes zuverlässig zu bewerten. Konkret kann die Frage beantwortet werden, wie sich Preisveränderungen auf die Nachfrage auswirken würden. So konnten wir von 33 empirisch erforschten Preiselastizitäten von Hotelbetrieben 15 identifizieren, die ein generisches Potenzial haben, ihre Preise anzuheben, ohne dass sich die Nachfrage gewinnschmälernd ändern würde. Ob generelle

---

434 Vgl. Diller et al. 2021 S. 250.
435 Vgl. hierzu Diller et al. 2021, S. 251 ff.

Preiserhöhungen zu mehr oder weniger Gewinn führen, hängt von der Preiselastizität ab.

Im Durchschnitt aller untersuchten Hotelbetriebe kann davon ausgegangen werden, dass eine Preiserhöhung von zehn Prozent zu einem Nachfragerückgang von 20,8 Prozent führen würde. Bei vier Betrieben würde die Nachfrage um 15 bis 20 Prozent zurückgehen, bei sieben Betrieben würde sie um 10 bis 15 Prozent abnehmen, und bei zwei Betrieben würde die Nachfrage nur um fünf bis zehn Prozent sinken. Bei einem Betrieb würde eine zehnprozentige Preissteigerung zu einem Nachfragerückgang von nur fünf Prozent führen. Wie wir in der Preis-Simulation im Kapitel 2.2 Gewinntreiber Preis ausgeführt haben, wissen wir, dass eine zehnprozentige Preiserhöhung bei einem zehnprozentigen Auslastungsrückgang zu einer Gewinnsteigerung von 46 Prozent führt. Wir können also davon ausgehen, dass bei den 15 Betrieben mit Preiserhöhungspotenzial ein Gewinnsteigerungspotenzial vorhanden ist.

Allerdings sollte man hierbei vorsichtig und sehr differenziert vorgehen. Ein Rückgang der Übernachtungszahlen von etwa 13 Prozent bei einer Preiserhöhung von zehn Prozent führt zu einer Gewinnreduzierung. All die angeführten Berechnungen gehen stets davon aus, dass sich nur der Preis entsprechend verändert und alle anderen Faktoren unverändert bleiben. In der Realität können durch preisstrategische Maßnahmen mögliche Auslastungsrückgänge aufgefangen werden. Insgesamt kann das Fazit gezogen werden, dass mindestens ein Drittel aller untersuchten Hotelbetriebe ein generisches Preiserhöhungspotenzial haben, ihre Preis-Positionierung ist zu niedrig.[436] Die Preis-Positionierung ist die Basis für weitere preisstrategische Maßnahmen.

5.3.3 Nutzenkommunikation

Eine Analyse der Preiselastizität basiert auf einem konkreten Hotelbetrieb. Dabei werden sowohl aktuelle Kunden, die den Betrieb aus eigener Erfahrung kennen und potenzielle Kunden, die den Betrieb nicht direkt kennen, befragt. Die Kommunikation des Betriebes hat daher eine starke Bedeutung, nicht nur für diejenigen Kunden, die noch nie dort waren. Die Nutzenkommunikation ist dasjenige Instrument, um die Auslastung zu steigern. Der Preis sollte nicht genutzt werden, um die Auslastung zu steigern. Daher ist es so wichtig den richtigen Preis zu finden und konsequent durchzusetzen. Ist der richtige Preis gefunden, wird nur noch der Nutzen für die Kunden kommuniziert und der Preis durchgesetzt. Aber wie wird der Kundennutzen der Zielgruppe kommuniziert? Wird das, was geleistet wird, auch gut verkauft?

---

436 Unter einem generischen Preiserhöhungspotenzial eines Hotels verstehe ich die Möglichkeit, den Durchschnittspreis anzuheben und einen höheren Gewinn zu erzielen, trotz Rückgang der Nächtigungen.

Einige sehr erfolgreiche Betriebe verstehen es, ihre Leistung durch eine starke Markenidentität und ein hervorragendes Marketing gut zu vermarkten. Andere, mit einer schwächer ausgeprägten Markenidentität und einem schwachen oder diffusen Marketing[437], stellen ihr Licht vielleicht unter den Scheffel und treten (zu) bescheiden auf. Wie kommuniziert wird, ist daher auch ein Thema der strategischen Effekte der Preis-Strategie. Im Rahmen der Preis-Strategie wird natürlich kein Marketing-Konzept erstellt. Vielmehr bieten die analysierten Kritikpunkte aus Sicht des Pricings Ansatzpunkte zur Professionalisierung des Marketings und der Nutzenkommunikation.

Eine wesentliche Quelle für eine professionelle Nutzenkommunikation ist das Preis-Leitbild, mit dem wir uns im nächsten Kapitel befassen. Die Nutzenkommunikation ist nicht nur für das Marketing und die Öffentlichkeitsarbeit relevant, sondern auch für den operativen Verkauf in der Reservierung, an der Rezeption und in allen Abteilungen mit Kundenkontakt. Schließlich ist der Grund der Anwesenheit eines Kunden im Hotel der, dass der Kunde ein Bedürfnis hat, das befriedigt werden soll. Diese Tatsache kann nicht oft genug betont werden. Ein Hotel ist dazu da, die Bedürfnisse der Kunden zu befriedigen und dies dem Kunden auch immer wieder zu bestätigen. Für eine kundenbedürfnisfokussierte Organisation ist diese banale Erkenntnis der Schlüssel zum Erfolg. Eine professionelle Nutzenkommunikation hilft auch Preiseinwände zu kontern, was gekonnt sein muss, wenn die Preise durchgesetzt werden sollen.[438]

5.3.4 Zimmerrenovierung

Zimmerrenovierungen sind praktikable Möglichkeiten, relativ schnell das Preisniveau anzuheben und die Performance zu steigern. Die Intensität kann von einfachen punktuellen und preisgünstigen Verbesserungen bis zu Komplettrenovierungen oder Zusammenlegungen von Zimmern reichen. Im Rahmen der Preis-Strategie analysieren wir regelmäßig jedes Zimmer auch hinsichtlich des Jahres der letzten Renovierung. Wir empfehlen eine Zimmer-Fact-Box zu kreieren, in der sämtliche Informationen über das Zimmer angeführt sind. Bei Zimmerrenovierungen werden in der Regel ganze Kategorien verändert. Es handelt sich um Produktprogramm-Strategien, integrale Bestandteile der Unternehmens-Strategie und in der Wirkung auch der Preis-Strategie. Über die Preis-Strategie können wir den Impuls ableiten, den Zimmerrenovierungen auf die Gewinn-Kennzahlen auszuüben imstande sind. Auch aus diesem Grund ist die Preis-Strategie eng mit der Unternehmens-Strategie verknüpft.

Renovierungsintervalle können je nach Positionierung stark variieren. Es gibt Hotelbetriebe, die ihre Zimmer alle 20 bis 25 Jahre oder nach noch längerer Zeit renovieren, andere haben ein viel kürzeres Intervall von nur sieben Jahren. Die

---

437 Vgl. Bonoma 1985, S. 103.
438 Vgl. hierzu Kmenta 2020, 2019, 2017.

Renovierung der Zimmer sollte daher im Rahmen der Unternehmens-Strategie langfristig geplant sein. Aus Sicht der Preis-Strategie bietet dieser strategische Effekt ein großes Potenzial einer Performanceverbesserung.

Angenommen, ein Zimmer für zwei Personen hat eine Auslastung von 250 Tagen pro Jahr zu einem Durchschnittspreis von 100 Euro pro Person pro Übernachtung. Bei einem Doppelbelegungsfaktor von zwei beträgt der Umsatz je Zimmer 50.000 Euro pro Jahr (100 x 2 x 250). Nun renovieren Sie das Zimmer und bieten den Gästen einen deutlichen Mehrnutzen, da sowohl Bad als auch Bett, Möbel, Boden und Wände neugestaltet sind. Der Wert des Zimmers erhöht sich, da nun statt 100 Euro zum Beispiel 125 Euro pro Person und Nacht bezahlt werden. Angenommen die Auslastung bleibt konstant, dann beträgt der Jahresumsatz pro Zimmer 62.500 Euro (125 x 2 x 250). Bei 10 Zimmern erhöht sich der Jahresumsatz durch die Renovierung somit um 125.000 Euro ((62.500 - 50.000) x 10). Bei einem angenommenen Renovierungsaufwand von 25.000 Euro pro Zimmer würden sich die Gesamtkosten auf 250.000 Euro belaufen, was einer Amortisationsdauer von zwei Jahren entspricht.

Wenn sich die Gäste ändern, da einige einen höheren Preis bezahlen, können weitere Effekte entstehen, wie zum Beispiel durch Mehrkonsum an der Bar, im Wellness-Bereich oder an anderen POS (Points of Sale). Das betriebswirtschaftlich Interessante ist, dass sich die Hauptaufwandsarten relativ zum Umsatz ändern. Renovierte und höherpreisige Zimmer benötigen kein zusätzliches Personal. Auch der Wareneinsatz und der sonstige betriebliche Aufwand reduzieren sich relativ zum Umsatz. Der Mehraufwand entsteht lediglich durch eine höhere Abschreibung (oder Leasing), Zinsen und eventuell durch Provisionen, wenn kein Direktvertrieb erfolgt.

Die derzeit sehr niedrigen Zinsen und die Inflation begünstigen zusätzlich eine Zimmerrenovierung, da die Preise jedes Jahr aufgrund der Inflation angehoben werden. So hat die Inflation – zumindest aus dieser Sicht – einen positiven Effekt auf die Amortisationsdauer der Investition.

5.3.5 Kapazitätsveränderung

Kapazitätsveränderungen in einem Hotel beziehen sich hauptsächlich auf die Veränderung der Anzahl der Zimmer oder Betten. Die optimale Betriebsgröße ist ein Thema der Unternehmens-Strategie und vor der Preis-Strategie zu klären. Für die Preis-Strategie sind Kapazitätsveränderungen relevant, wenn neue Kategorien hinzukommen oder wenn zum Beispiel Zimmer zusammengelegt werden. Ältere Hotelbetriebe verfügen oft über relativ kleine Zimmer, die nicht mehr zur Positionierung passen. Eine Kapazitätsverringerung kann eine interessante Strategie sein. Angenommen, wir legen drei kleine Einzelzimmer zu je 18 m² zusammen, dann kann daraus eine attraktive Suite entstehen. Aus drei preislich günstigen Einzelzimmern entsteht eine hochwertige Suite, die den Gästen mehr zusagt, für die die Gäste deutlich mehr bezahlen. Auch wenn der Umsatz konstant bleiben würde, würden sich die relativen Kosten verändern. Neu renovierte Suiten führen erfahrungsgemäß zu einer höheren Auslastung und zu höherer Zufriedenheit der Kunden, was sich in den Bewertungsportalen niederschlägt. Wir haben die Erfahrung gemacht, dass Zimmerrenovierungen zu erheblichen Verbesserungen bei der Kundenzufriedenheit führen können.

Die Herausforderung aus Sicht der Preis-Strategie ist, die neue Kategorie klug zu positionieren und in die bestehenden Kategorien einzubinden. Hierbei sind vor allem die Wertbeimessungen der niedrigeren und höheren Kategorien von großer Bedeutung. Welcher Nutzen hat eine bestimmte Kategorie im Vergleich zu den anderen? Wie kann der optimale Preis gefunden und wie können gute Gründe dafür angeführt werden? Wenn der Kunde sich für eine bestimmte Kategorie entscheidet, dann schätzt er den Nutzen dieser Kategorie für ihn als optimal ein. Er ist bereit, einen bestimmten Preis zu bezahlen, und er verzichtet darauf, eine niedrigere Kategorie zu wählen, obwohl er dafür weniger bezahlen müsste, da der Nutzen sein Bedürfnis nicht vollständig befriedigen würde. Auf eine höhere Kategorie verzichtet der Kunde ebenfalls bewusst, da der Mehrnutzen nicht den Mehrpreis aus seiner subjektiven Sicht rechtfertigt. Kapazitätsveränderungen eignen sich daher, die Kategorien insgesamt neu zu positionieren, gegebenenfalls mit neuen Namen zu versehen oder Themen zuzuordnen.

5.3.6 Veränderung des allgemeinen Kundennutzens

Eine Veränderung des allgemeinen Kundennutzens bedeutet auch eine Änderung der subjektiven Wertbeimessung jedes einzelnen Kunden zum Gesamtangebot. Ein allgemeiner Kundennutzen ist grundsätzlich für alle Kunden nutzbar. Das bedeutet, jeder Kunde kann die Angebote nutzen und damit seine Bedürfnisse befriedigen. Eine Verbesserung der Wellness-Infrastruktur, die Etablierung einer Bibliothek, der Bau eines Fitnessbereiches in schwindelerregender Höhe mit toller Aussicht, die Verbesserung des Buffets, eine Erweiterung des Speisen- und Getränkeangebotes, die Attraktivierung der Zufahrt, eine Tiefgarage, eine neue und erweiterte Gartenanlage etc. sind alles Nutzenelemente, die dem Kunden erlauben, Bedürfnisse zu befriedigen, die er vorher nicht befriedigen konnte. Auch eine Auszeichnung kann zu einem höheren Nutzen führen, wenn das Hotelrestaurant einen weiteren Michelin-Stern oder das Hotel eine Gault-Millau-Auszeichnung erhalten hat.

Eine höhere Kategorisierung ist ebenfalls mit einem Nutzenzuwachs verbunden, zumindest für Kunden, die aus Prestigegründen darauf Wert legen. Der Delta-Nutzen[439] einer Änderung der Sterne-Kategorie von 4-Sterne-Superior auf 5-Sterne kann durchaus einem Wert pro Übernachtung von 10 bis 20 Euro oder mehr entsprechen, zumindest für den Durchschnitt der Gäste[440]. Interessant in

---

439 Der Delta-Nutzen entspricht der Nutzenveränderung aus Sicht der Kunden
440 Der Delta-Nutzen kann durch eine Conjoint-Analyse im Rahmen eines strategischen Marktforschungs-Projektes ermittelt werden.

diesem Zusammenhang ist die Feststellung, dass eine Nutzenverringerung, zum Bespiel eine niedrigere Kategorisierung von 4-Sterne-Superior auf 4-Sterne, einem deutlich geringeren Nutzen entspricht. Bei einem 4-Sterne-Superior Hotelbetrieb wäre die Verringerung des Delta-Nutzens durch den Wegfall der Bezeichnung »Superior« mit einer Nutzenverschlechterung verbunden, die doppelt so stark ist, wie eine Nutzenverbesserung von 4-Sterne-Superior auf 5-Sterne.[441]

Eine Höherkategorisierung bedeutet eine Bestätigung durch eine externe Prüfungsinstanz, die die offizielle Auszeichnung einer bestimmten Kategorie als gerechtfertigt erachtet. Jeder Hotelier sollte darauf achten, dass die Sterne-Kategorie der tatsächlichen Leistung entspricht. Wenn das »Superior« eines 4. Sterns nur mit Ach und Krach und Interventionen über persönliche Beziehungen erreicht werden kann, dann sollte man lieber darauf verzichten.

Eine Reduzierung des allgemeinen Kundennutzens hat ebenso eine direkte Auswirkung auf die subjektive Preis-Leistungsbetrachtung. Wenn ein ehemals 5-Sterne-Betrieb plötzlich nur noch 4-Sterne-Superior führen darf, werden einige Gäste dies mit einer geringeren subjektiven Wertbeimessung quittieren. Auch der Wegfall einer Leistungskomponente, wie ein üppiges Mittagsbuffet für Skifahrer und Wanderer, kann für die Kunden einen niedrigeren Nutzen als vorher bedeuten. Relevant für die Preis-Strategie ist daher die Veränderung des Kundennutzens zum Status quo, dem Delta-Nutzen (Delta-Nutzen = bestehender Kundennutzen + neuer Kundennutzen – weggefallener Kundennutzen). Ob die allgemeine Preis-Positionierung passt, ob generell der richtige Preis verlangt wird, ist ein grundlegendes Thema, das in einem vorigen Kapitel behandelt worden ist.

Beim Delta-Nutzen geht es darum, dem veränderten Nutzen einen konkreten Wert beizumessen. Wir empfehlen dies mit äußerster Aufmerksamkeit vorzunehmen, denn hier entscheidet sich die neue Preis-Positionierung nach der Investition, mit der man für die nächsten Jahre zu leben hat. Wenn es gelingt, unmittelbar nach der Nutzensteigerung den richtigen Preis zu treffen, dann profitiert das Unternehmen jahrelang von dieser Entscheidung. Für die Ermittlung des Delta-Nutzens und den entsprechenden Werten empfehlen wir ebenso das Target-Pricing, also der Ermittlung des Wertes aus Sicht des Kunden und nicht auf Basis der Kalkulation. So kann es sein, dass Investitionen, die direkt dem Kundennutzen zuzuordnen sind, einen wesentlich höheren Preishebel haben als Investitionen in die Infrastruktur, die dem Kunden nicht unmittelbar nutzen. Eine neue Küche ist eine teure Angelegenheit, die die Kunden vielleicht nur peripher interessiert. Ebenso sind Investitionen in die Logistik oder in die Isolierung oder die Heizungs- und Lüftungsanlage aus Sicht der Kunden eine Selbstverständlichkeit, die ein Hotel zu leisten hat, ohne dass dies zu höheren Preisen führen darf. Daher sind die Investitionen zu unterscheiden, ob der Kundennutzen direkt oder nur indirekt betroffen ist. Ein Hotel ist gezwungen, die allgemeine Infrastruktur stets auf dem neuesten Stand zu halten, ohne deswegen die Preise zu erhöhen. Allerdings kön-

---

441 Hierbei ist zu berücksichtigen, dass die Befragung aus Sicht der 4-Sterne-Superior-Kunden durchgeführt worden ist.

nen Investitionen, die direkt den Kundennutzen erhöhen, dafür überproportional in den Preisen berücksichtigt werden.

Bei Finanzierungsgesprächen mit Banken werden wir oft gefragt, wie wir einen deutlich höheren Preis begründen. Warum sollten die Kunden bereit sein, einen Preis zu bezahlen, der erheblich höher liegt als vor der Investition? Mit dem Konzept des Delta-Nutzens kann dies im Detail begründet werden. Diese Begründung kann auch später gegenüber dem Kunden angewendet werden. Die Umwandlung des Delta-Nutzens in einen Delta-Preis ist mit entsprechenden Erfahrungswerten und empirischen Analysen gut zu bewerkstelligen.

Wir gehen in unseren Projekten so vor, indem wir für jede Nutzen-Veränderung eine Preisbandbreite vorschlagen, die unserer Meinung nach durchgesetzt werden kann. Die Preisbandbreite orientiert sich auch an der Höhe der Investition. So ist es ein Unterschied, ob ein Schwimmbecken 5, 10, 20 oder 50 Meter lang wird, oder ob die Erweiterung des Wellnessbereiches 500.000 Euro oder das Zehnfache an Investitionen veranschlagt. Die Preisbandbreiten sind daher mit der Höhe der jeweiligen Investitionen zu bilden, jedoch stets aus Sicht des Kunden und des damit verbundenen Nutzens. Eine Aufstellung zur Herleitung des Delta-Preises kann zum Beispiel wie folgt gestaltet sein (▶ Abb. 34).

Kundennutzen	Investition	Delta-Preis
Saunaanlage	1 Mio. €	4 bis 7 €
Sportbecken 25 Meter	1,5 Mio. €	8 bis 12 €
Parkanlage	0,25 Mio. €	2 bis 3 €
4. Haube (Umbau der Küche und des Restaurants)	1,2 Mio. €	7 bis 10 €
Summe	3,95 Mio. €	21 bis 32 €

Abb. 34: Ermittlung des Delta-Preises

Der Delta-Preis kann anhand dieses Beispiels zwischen 21 und 32 Euro veranschlagt werden, die auf den Durchschnittspreis aufgeschlagen werden können. Die Definition von Delta-Preisen hängt natürlich stark vom bisherigen Preisniveau des Hotels und auch von der Wettbewerbskonstellation ab. Auch hier gilt die Preise festzusetzen, die dem möglichen Kundennutzen entsprechen. Je nachdem, wie sich die Preis-Positionierung im Vergleich zu den relevanten Kernwettbewerber darstellt, kann man sich zwischen den beiden Extremwerten orientieren. Die Entscheidung hängt auch von der bisherigen Performance, der erreichten Auslastung und der mit den Investitionen intendierten Positionierung ab. Wenn empirische Analysen zur Preiselastizität oder Ergebnisse direkter Nutzenabfragen vorliegen, kann die Entscheidung auf eine solide Basis gestellt und begründet werden. Angenommen, der Hotelier ist eher vorsichtig und die Simulationsrechnung ergibt bei einer konstanten Auslastung einen ausreichenden GOP, dann empfehlen wir, sich an der unteren Preisbandbreite zu orientieren.

Dieser Teilprozess der Preis-Strategie-Erarbeitung ist regelmäßig mit Diskussionen verbunden, die auch recht emotional geführt werden. Was sagen die Stammgäste, wenn wir den Preis derart erhöhen? Jedem Unternehmer und jeder Unternehmerin sollte klar sein, dass Nutzensteigerungen zu einem höheren Preis führen (müssen)[442]. Höhere Preise und höherer Nutzen führen fast zwangsläufig zu einem Phänomen, dass gewisse Zielgruppen, die bisher zu den Stammgästen zählen, nicht mehr buchen werden. Nach unseren Erfahrungen führen solche Nutzenänderungen zu einer mehr oder weniger veränderten Zielgruppe. Man muss daher mit dem Gedanken klarkommen, einige Stammgäste zu verlieren. Andererseits kann man sich auf neue Zielgruppen freuen, die ohne die durchgeführte Investition wahrscheinlich niemals kommen würden.

Bei größeren Veränderungen kann davon ausgegangen werden, dass etwa ein Drittel der Kunden kein Problem mit höheren Preisen hat, sofern auch der Nutzen gestiegen ist und ihnen dieser Delta-Nutzen zusagt. Ein weiteres Drittel wird die Preise nicht so ohne weiteres akzeptieren. Hier ist eine stärkere Nutzenargumentation erforderlich. Manchmal ist es auch sinnvoll, den Stammgästen im ersten Jahr der Änderung in gewisser Weise entgegenzukommen und einen Übergangspreis zu bieten. Man darf sich jedoch keine Illusionen darüber machen, dass etwa ein Drittel der bisherigen Stammgäste nicht bereit sein werden trotz Nutzensteigerungen einen deutlich höheren Preis zu bezahlen.

Der Fokus sollte deshalb auf der Nutzenargumentation und -kommunikation und der neuen Positionierung liegen. Durch den Mehrnutzen werden neue Zielgruppen angesprochen, die gerne bereit sind, den höheren Preis zu bezahlen. Diese neuen Gäste würde man nicht gewinnen, wenn man die Investition nicht getätigt hätte. Es wäre aus unserer Sicht nicht nur betriebswirtschaftlich ein großer Fehler, Mehrnutzen nicht zu bepreisen, in der Hoffnung, möglichst alle Stammgäste behalten zu können. Die höheren Preise sind notwendig, wenn neue Zielgruppen, die höhere Preise gewohnt sind, gewonnen werden sollen.

5.3.7 Inflation

Inflation ist abgeleitet vom lateinischen Wort *inflare*, was so viel bedeutet wie aufblasen oder aufblähen. Deflation hingegen hat die gegenteilige Bedeutung und kommt vom lateinischen *deflare*, wegblasen. Auf die Geldmenge bezogen, bedeutet Inflation eine Ausweitung und Deflation eine Schrumpfung der Geldmenge.[443] Inflation kann daher als Wachstum der Geldmenge verstanden werden, welche das

---
442 Natürlich kann auch auf eine Preisanpassung verzichtet werden, in der kargen Hoffnung, dafür die Auslastung zu steigern. Diese Problematik wurde bereits in den vorherigen Kapiteln behandelt.
443 Vgl. Marquart 2019, S. 37.

Wachstum des Güterangebotes übersteigt.[444] Der Wert des Geldes sinkt vor allem dann, wenn die Geldmenge relativ zur Gütermenge wächst, wie dies nicht erst seit dem ersten Weltkrieg in den meisten Ländern der Fall ist. Nicolas von Oresme schrieb bereits im 14. Jahrhundert ein Traktat über die Geldentwertung. Jenes Jahrhundert ist auch als das Zeitalter der Falschmünzerkönige bekannt.[445] Somit war Oresme einer der ersten, der sich mit dem Problem der Inflation auseinandersetzte.

Die Geldproduktion wurde in den meisten Ländern dauerhaft so stark angehoben, dass sie die Güterproduktion und auch alle anderen Faktoren, die in Richtung fallender Güterpreise wirkten, überkompensierte.[446] Nun kann man sich die Frage stellen, wer die Geldmenge anhebt und welcher Zweck damit verfolgt wird. Ohne zu tief in die Geldtheorie einzusteigen, sei hier erwähnt, dass die meisten Staaten das Geldmonopol innehaben. Über die Zentralbanken werden sowohl die Geldmenge als auch der Zins gesteuert.

Das vorrangige Ziel der Geldpolitik des Eurosystems ist die Gewährleistung von Preisstabilität, die aus Sicht des Eurosystems dann erreicht ist, wenn die Inflationsrate des Harmonisierten Verbraucherpreisindex (HVPI) im Euroraum mittelfristig unter, aber nahe zwei Prozent liegt.[447] Die Geldpolitiker »verkaufen« also eine Inflation von zwei Prozent als Preisstabilität.[448] Unser Geldsystem ist alles andere als frei, es ist ein Zwangsgeld, das staatlich gesteuert wird und so gut wie nichts mit einem freien Markt zu tun hat. Die Geldmenge wird bewusst elastisch gehalten und diese je nach Bedarf gesteuert, um das Inflationsziel von etwa zwei Prozent zu erreichen.[449] Die Regierungen schaffen quasi per Knopfdruck Geld, indem sie die Kreditmenge erhöht.[450] Wir sprechen in diesem Zusammenhang von weichem Geld, eine Art von Geld, dessen Angebot sich leicht vergrößern lässt, während hartes Geld sich nur schwer erhöhen lässt, wie beispielsweise die Kryptowährung Bitcoin.[451] Warum sich die Staaten eine Inflation wünschen, hat mehrere Gründe. Einer davon ist die verborgene Form der Besteuerung oder Umverteilung vom Geld der Sparer hin zum Staat.[452] Hülsmann spricht in diesem Zusammenhang von einer Zwangsinflation, die offen und legal stattfindet.[453]

---

444 Vgl. Hazlitt 2017, S. 138. Mises spricht bei Inflation vom Sinken des inneren objektiven Tauschwertes des Geldes. Vgl. Mises 1924, S. 224.
445 Vgl. Oresme 1999, S. V.
446 Vgl. Hülsmann 2014, S. 153.
447 Vgl. https://www.oenb.at/Geldpolitik/Ziele-der-Geldpolitik.html (27.07.21).
448 Bei einem Habenzins von null Prozent kann bei einer Inflation von zwei Prozent nicht von Preisstabilität gesprochen werden. Fakt ist, dass die Sparer, die ihr Geld auf einem Sparbuch mit einer Habenverzinsung von 0,1 Prozent liegen haben, bei einer zweiprozentigen Inflation jährlich einen Realverlust von 1,9 Prozent erleiden.
449 Vgl. Stöferle et al. 2019, S. 25.
450 Vgl. Mises 2018, S. 89.
451 Vgl. Ammous 2019, S. 6.
452 Vgl. Baader 2007, S. 57.
453 Vgl. Hülsmann 2007, S. 128.

Obwohl der Eindruck überwiegt, dass alles teurer wird, gibt es auch deflationäre Entwicklungen, die positive Wirkungen auf die Kunden haben. Computer, Drucker, Fotoapparate, Flugreisen u. v. m. sind aufgrund von Innovationen deutlich preiswerter geworden. Entweder sind die Preise gefallen, oder die Leistung der Produkte ist gestiegen, oder beides hat stattgefunden, wie zum Beispiel beim Autotelefon, das in den 1960er Jahren ein Vermögen im Gegenwert eines Mittelklassewagens kostete, schwer einzubauen war und nur in einem sehr begrenzten Netzbereich verwendet werden konnte. Auch die Tarife kosteten ein Vermögen. Ein einfaches Mobilfunkgerät leistet heute ein Vielfaches zu einem Bruchteil des Preises von damals. Dass eine Deflation auch negative Auswirkungen haben könnte, kann natürlich nicht ausgeschlossen werden[454], ist jedoch angesichts der derzeitigen weltweit inflationären Geldsysteme eher unwahrscheinlich.

Die meisten Ökonomen stimmen darin überein, dass eine übermäßige Produktion von Geld langfristig zu Inflation führen wird, worunter sie einen fortgesetzten Anstieg des allgemeinen Preisniveaus verstehen.[455] In Deutschland und Österreich wird die Inflationsrate über den Verbraucherpreisindex gemessen, in der Schweiz über den Landesindex der Konsumentenpreise. Der Verbraucherpreisindex misst die Preisentwicklung der für die privaten Haushalte bedeutsamen Waren und Dienstleistungen anhand eines Warenkorbs, wobei dieser sich im Zeitablauf ändern kann. Ein anderes, nicht zu unterschätzendes Thema ist, wie die Inflation gemessen wird, denn die Art und Weise wie die sich verändernden Preise gemessen werden, ist nicht immer korrekt.[456]

Für einen Hotelbetrieb ist dieser Warenkorb jedoch nur zum Teil relevant, da vor allem der Personalaufwand der Preistreiber für ein Hotel ist. In den letzten Jahren lag die Inflation für Hotel- und Restaurants deutlich über dem Verbraucherpreisindex. Wir empfahlen in den letzten Jahren unseren Hotelkunden eine durchschnittliche Preisanpassung aufgrund der Inflation von zweieinhalb bis drei Prozent in den Preisen zu berücksichtigen. Diese Preisanpassung konnte in der Regel auch durchgesetzt werden. Wer sich für die Hintergründe zum Thema Inflation interessiert, sei auf die Fachliteratur verwiesen.[457]

Für die Preis-Strategie der Hotellerie ist die Inflation sehr relevant, da sie einen unmittelbaren Effekt auf die Marge auszuüben imstande ist, der meist unterschätzt wird. Umso unverständlicher ist die Tatsache, dass das Thema Inflation in den meisten Fachbüchern über Management in der Hotellerie nicht einmal erwähnt wird. Vielleicht liegt das am Phänomen der Geldwertillusion, die im Kapitel 5.1 (Psychologische Effekte) beschrieben ist. Es beschreibt die Nichtwahrnehmung von Inflation durch die Wirtschaftssubjekte, welche also der Illusion unterliegen, das Geld habe nach wie vor den gleichen Wert.[458]

---

454 Vgl. Bootle 1997.
455 Vgl. Mayer 2015, S. 81.
456 Vgl. hierzu: Böhme 2020, S. 20-24.
457 Vgl. Stöferle et al. 2019; Hülsmann 2007, 2014; Baader 2010; Polleit 2020a; Polleit 2020b.
458 Vgl. Drucker 1980, S. 14; Drucker 1982, S. 16.

Diese Nichtwahrnehmung kann dazu führen, dass die Marge Jahr für Jahr sinkt, während man die Preise konstant lässt. Das Unterlassen einer notwendigen Preisanpassung aufgrund der Inflation ist auch das größte Risiko bei inflationärer Entwicklung, die wir in der Realität seit vielen Jahren haben.[459] Wir wissen heute auch nicht, wie sich die Inflation entwickeln wird. Bleibt sie bei ca. zwei Prozent, sinkt sie, oder steigt sie noch mehr?

Der Ökonom Hans-Werner Sinn, ehemaliger Chef des ifo-Instituts, sieht aufgrund der Corona-Pandemie und des massiv angestiegenen Staatsanteils ein Potenzial einer sehr hohen Inflation als durchaus vorhanden.[460] Auch Jens Weidmann, der amtierende Bundesbankpräsident, hält eine Inflation von über drei Prozent für möglich.[461] Kurioserweise stellt sich eine höhere Inflation zumindest derzeit noch nicht ein, obwohl die EZB alles unternimmt, die Preisstabilität zu erreichen.[462] Die Inflation sollte nicht unterschätzt und laufend beobachtet, vor allem in den Preisen stets berücksichtigt werden.[463]

Ein einfaches Rechenbeispiel soll die Geldwertillusion und deren Auswirkung transparent machen (▶ Abb. 35). Wir vergleichen vier Hotelbetriebe mit einem Nettoumsatz im ersten Jahr von einer Million Euro in einem Zehnjahreszeitraum. Hotel A hat eine Umsatzrendite von zehn Prozent (100.000 Euro) und passt die Preise jedes Jahr um ein Prozent an, Hotel B um zwei, Hotel C um zweieinhalb und Hotel D um drei Prozent. Durch den Zinseszinseffekt liegt der kumulierte Nettoumsatz des Hotels B nach zehn Jahren um 487.508 Euro höher als der des Hotels A. Der Unterschied zwischen Hotel A und Hotel C beträgt kumuliert sogar 741.169

---

459 Vgl. Simon, Fassnacht 2016, S. 341.
460 Vgl. Sinn 2020.
461 Vgl. Weidmann 2021.
462 Vgl. Stelter 2014, S. 123.
463 Die Inflation sollte jedoch auch aus einem anderen Grund laufend beobachtet werden, insbesondere dann, wenn sie den Eindruck hinterlässt, dass sie von den Zentralbanken nicht mehr gesteuert werden kann. Das Hotel Adlon in Berlin war um die Jahrhundertwende mit einem Investitionsaufwand von damals unvorstellbaren 20 Millionen Mark eine der teuersten Investitionen in ein Hotel weltweit und gleichzeitig aufgrund der luxuriösen Ausstattung eine Weltsensation (Vgl. Dietsch 2006, S. 15.). Die Familie Adlon wusste nicht, wie sie diese Schulden jemals zurückzahlen sollten. Doch in den 1920er Jahren kam die Hyperinflation und die Banken gingen dazu über, Werte zu streichen, die keinen Wert mehr besaßen. Für eine Million Mark konnte man 1923 im Hotel Adlon maximal eine Süßspeise erwerben. Erst strich man die Tausende, dann die Zehntausende, dann die Hunderttausende und plötzlich die Millionen. Louis Adlon kam eines Tages freudvoll mit einer Mitteilung des Postscheckamtes, dass sein Konto von 9,5 Millionen Mark gestrichen sei (vgl. Adlon 2013). Der Schriftsteller Stefan Zweig schrieb in seinem epochalen Werk »Die Welt von Gestern« über die Hyperinflation der Österreichischen Krone, die etwas früher als die Deutsche Mark inflationierte und zur kuriosen Situation führte, dass sich englische Arbeitslose im berühmten Salzburger Luxushotel de l'Europe für eine längere Zeit einquartierten, da sie dort mit der englischen Arbeitslosenunterstützung billiger leben konnten als in ihren Slums zu Hause (vgl. Zweig 1942, S. 389).

Euro, über 70 Prozent eines Jahresumsatzes. Der Vergleich des Hotels A mit dem Hotel D beträgt sogar 1.001.666 Euro, entspricht also fast einem Jahresumsatz.

Die Auswirkungen auf den Gewinn sind aufgrund der Hebelwirkung der Preise noch gravierender. Angenommen, alle vier Hotelbetriebe haben denselben Aufwand und dieselbe Auslastung, dann wäre der kumulierte Gewinn des Hotels C um 70,84 Prozent und der des Hotels D um 95,74 Prozent höher als der des Hotels A. Die Umsatzrendite des Hotels D wäre insgesamt um fast acht Prozent höher als die des Hotels A. Der kumulierte Mehrgewinn des Hotels D entspräche fast einem Jahresumsatz des Hotels A, und das in nur zehn Jahren.

Hotel	Jährliche Preisanpassung	Nettoumsatz kumuliert nach 10 Jahren	Gewinn kumuliert nach 10 Jahren	Umsatzrendite im Durchschnitt
Hotel A	1,0 %	10.462.213	1.046.221	10,00 %
Hotel B	2,0 %	10.949.721	1.533.730	14,01 %
Hotel C	2,5 %	11.203.382	1.787.390	15,95 %
Hotel D	3,0 %	11.463.879	2.047.888	17,86 %

Abb. 35: Umsatzrenditevergleich

Als Fazit kann festgehalten werden, dass eine jährliche Preisanpassung aufgrund der Inflation eine strategisch relevante Aufgabe ist.

Wir haben nun die strategischen Effekte der Preis-Strategie behandelt. Jeder einzelne Effekt hat das Potenzial, die Preisperformance zu verbessern. Das Interessante ist, dass jeder dieser Effekte additiv wirkt. Eine Zimmerrenovierung, verbunden mit einer Verbesserung des allgemeinen Kundennutzens sowie die beherzte Berücksichtigung der Inflation kann zu erheblichen Steigerungen des Durchschnittspreises führen und die Ergebnisse der Unternehmensplanrechnung spürbar verbessern.

In den vorherigen Kapiteln wurden die psychologischen, strukturellen und strategischen Effekte vorgestellt. In Abbildung 36 sind die Effekte im Überblick dargestellt. Um die Übersichtlichkeit zu bewahren sind bei den psychologischen Effekten fünf besonders herausragende Effekte dargestellt. Aber auch die anderen vorgestellten Effekte können durchaus spürbare Auswirkungen erzeugen.

Durch das Hinterfragen dieser Effekte der Preis-Strategie können erhebliche Potenziale gehoben werden. Immer wieder sind wir bei Kundenprojekten überrascht, welche Potenziale in den Hotelbetrieben regelrecht schlummern, Potenziale, die seit Jahren nicht genutzt worden sind. Es ist offensichtlich, dass eine Optimierung der Preis-Strategie nicht zwangsweise mit Investitionen verbunden sein muss. Wir empfehlen generell, die Preis-Strategie zu optimieren und Investitionen erst dann durchzuführen, wenn die strategische Basis hinreichend geklärt und die

	Power Pricing	
Psychologische Effekte	**Strukturelle Effekte**	**Strategische Effekte**
- Anker-Effekt	- Leistung	- Kundennutzen
- Framing-Effekt	- Preisbasis	- Preispositionierung
- Bandwagon-Effekt	- Preisdifferenzierung	- Nutzenkommunikation
- Kontrasteffekt	- Konditionen	- Zimmerrenovierung
- Geldwertillusion		- Kapazitätsveränderung
		- Veränderung des allgemeinen Kundennutzens
		- Inflation

Abb. 36: Power Pricing

Zukunft klar definiert ist. Im Zusammenhang mit Investitionen können die Durchschnittspreise zum Teil erheblich von den vorherigen abweichen. In der Praxis zeigt sich, dass dieser pragmatische Ansatz funktioniert und die gewünschten Effekte auch realisiert werden.

Wir haben nun die Basis für die Erarbeitung der Preis-Strategie geschaffen. Im nächsten Kapitel behandeln wir den Prozess der Preis-Strategie-Entwicklung, Umsetzung und Steuerung.

6 Preis-Strategie-Prozess

»Die Preisgestaltung ist keine enge Disziplin. Sie profitiert von einem tiefen philosophischen Denken und Verstehen.« (Hermann Simon)[464]

In den vorherigen Kapiteln haben wir die wesentlichen Elemente zur Erarbeitung einer Preis-Strategie vorgestellt. In diesem Kapitel befassen wir uns mit dem Prozess der Preis-Strategie-Erarbeitung, -Implementierung und -Steuerung. Dieser Preis-Strategie-Prozess hat sich in der Praxis bewährt, ist schnell umsetzbar und erzielt sofort spürbare Ergebnisse. Eine Preis-Strategie ist eine funktionale Strategie mit dem Ziel, die Unternehmens-Strategie bei der Realisierung ihrer Ziele zu unterstützen. Aus unserer Erfahrung hat eine Preis-Strategie einen wesentlichen Anteil am Erfolg oder auch Misserfolg der Unternehmens-Strategie.

In der Tat kann eine suboptimale Preis-Strategie eine Unternehmens-Strategie torpedieren, indem die Möglichkeiten der Wettbewerbsvorteile nicht genügend ausgeschöpft werden. Ein typisches, in der Praxis leider manchmal vorkommendes Beispiel, sind ungenutzte Preispotenziale, wenn zwar Investitionen in den Kundennutzen erfolgen, aber nicht in den Preisen adäquat abgebildet werden. Strategisch zu denken und zu handeln bedeutet, gestiegene Wettbewerbsvorteile auch preislich auszureizen. Wir alle wollen gewinnen, und wenn wir viel investieren, um ein Rennen zu gewinnen, müssen wir auch den Mut aufbringen, die Power zu nutzen. Nichts ist einfacher als mit Preiszugeständnissen Zimmer zu verkaufen, doch die Konsequenzen können verheerend sein. Die Erarbeitung der Preis-Strategie hilft uns, die übergeordneten Ziele, vor allem Umsatz, Durchschnittspreis und Gewinn, zu erreichen.

Die Erarbeitung der Preis-Strategie sehen wir als dreistufigen Prozess (▶ Abb. 37):

- Ausgangssituation
- Preis-Positionierung
- Preis-Szenariorechnung

Die Bestimmung der Ausgangssituation ist auf die Elemente des Spielfeldes gerichtet: Hotel, Kunden, Wettbewerb und Markt. Hier geht es darum, eine solide Einschätzung über die vier Elemente des Preis-Spielfeldes zu gewinnen und ein Fazit

---

464 Vgl. Simon 2019, S.21.

zu ziehen. An diesem Punkt wird klar, wieviel Wissen im Hotel zu den einzelnen Elementen des Preis-Spielfeldes vorhanden ist.

Abb. 37: Preis-Strategie-Prozess

Die Preis-Positionierung ist der kreative Teil der Strategiearbeit, der Blick in die Zukunft, wie wir mit dem Thema Preis umgehen wollen, was der Preis für uns als Hotel bedeutet, welche Möglichkeiten vorhanden sind und welche Stoßrichtung die Erfolg versprechende ist. Die Preis-Szenariorechnung unterstützt uns bei der Bewertung strategischer Alternativen. Hier gehen wir den Fragen auf den Grund, wie sich die Kennzahlen bei alternativen Preis-Strategien optimieren lassen. Bei der Preis-Szenariorechnung werden quantitative Simulationen unterschiedlicher Preis-Strategien durchgeführt. Das Geschäftsmodell wird hinsichtlich der Preise quasi auf Herz und Nieren getestet. Die Preisliste samt den Zusatzinformationen ist das Ergebnis des Preis-Strategie-Prozesses.

In der weiteren Folge werden wir die drei Stufen des Preis-Strategie-Prozesses vertiefen. Im Kapitel 6.4 wird die Umsetzung der Preis-Strategie thematisiert und aufgezeigt, wie mögliche interne und externe Hindernisse überwunden werden können. Im Kapitel 6.5 werden wir die Instrumente der Preis-Strategie-Steuerung thematisieren. Durch die Einbindung der Preis-Strategie-Ziele in das laufende Controlling, haben wir die Instrumente an der Hand, bei Bedarf schnell und zielorientiert einzugreifen und gegenzusteuern.

Bevor wir in den Prozess einsteigen, möchte ich ein zentrales Thema ansprechen, das erfolgsentscheidend für jede Preis-Strategie ist. Die Verantwortung zur Erarbeitung und Umsetzung der Preis-Strategie hat das Top-Management. Der Preis ist der stärkste Gewinnhebel, den ein Hotel hat. Natürlich kann die interne Projektleitung der Preis-Strategie delegiert werden. Ich empfehle das jedoch nur dann zu tun, wenn das Top-Management in allen Phasen involviert ist. Kaum etwas ist frustrierender für Mitarbeiterinnen und Mitarbeiter, wenn eine Strategie mit viel Mühe und großem Enthusiasmus erarbeitet wird und die Geschäftsleitung nur wenige oder gar keine Vorschläge umsetzt. Besser ist, wenn die Geschäftsführung die Projektleitung übernimmt, Arbeiten delegiert und bei der Preis-Strategie-Erarbeitung direkt mitwirkt.

Bei Preis-Strategie-Projekten, die wir begleiten, legen wir großen Wert darauf, dass die Geschäftsführung und die für die Umsetzung verantwortlichen Mitarbeiter und Mitarbeiterinnen beim Preis-Strategie-Prozess voll involviert sind. So ist auch sichergestellt, dass die Veränderungen gewollt und die Geschäftsführung voll dahintersteht.[465] Halbherzige Preis-Strategien, denen die performancerelevanten Zähne gezogen sind, können nicht die Wirkung entfalten, die sie sollten.[466]

Wir empfehlen, die Preis-Strategie mit all jenen Mitarbeitern und Mitarbeiterinnen zu erarbeiten, die mit Preisen zu tun haben und die im Verkauf tätig sind. Wenn die Zusammenhänge erkannt und die Argumente für bestimmte Preise verinnerlicht sind, können die erarbeiteten Preise auch erfolgreich umgesetzt werden. Mit der Involvierung der Mitarbeiter kommen auch Aspekte ans Licht, die bisher vielleicht keine gebührende Berücksichtigung erfahren haben. Als Führungskraft sollte man den Mitarbeitern und Mitarbeiterinnen jedoch Raum lassen, sich einzubringen und auch Gegenpositionen einzunehmen. Ziel der Preis-Strategie ist die richtigen Preise zu finden. Unterschiedliche Meinungen sind die natürlichste Sache der Welt. Guten Führungskräften ist schneller Konsens unheimlich, wenn die Teilnehmerinnen und Teilnehmer Vorhaben einfach abnicken. Die Kunst der Führung besteht darin, das Potenzial der Teilnehmer zu fördern und zu fordern, sich im Sinne des Gesamtziels einzubringen. Gute Führungskräfte produzieren idealerweise systematisch Dissens, um zu jenem Konsens zu kommen, der auch in der Umsetzung einer Entscheidung noch trägt.[467]

Bei den Workshops stellen wir immer wieder fest, dass sehr gute Ideen von den Mitarbeiterinnen und Mitarbeitern kommen. Ein weiterer Vorteil bei der Erarbeitung der Preis-Strategie ist, dass die bisherige Art und Weise der Preisfestsetzung hinterfragt wird. Die emotionale Wirkung im Rahmen des Preis-Strategie-Workshops ist nicht zu unterschätzen. Wenn der Chef oder die Chefin seit Jahren die Preise festgelegt hat und im Workshop Fehlentscheidungen in der Vergangenheit thematisiert werden, dann ist eine professionelle Moderation sehr hilfreich.

---

465 Vgl. Vester 2001, S. 45.
466 Bei einem Preis-Strategie-Projekt für ein Hotel klinkte sich die Inhaberin beim Workshop kurzfristig aus und überließ uns mit einem kleinen Team die Preis-Strategie zu erarbeiten. Wir erarbeiteten eine aus Sicht des Teams sehr erfolgversprechende Preis-Strategie. Erst gegen Ende des Tages kam die Inhaberin dazu und hörte sich die Ergebnisse an. Nachdem sie ca. 30 Prozent der Vorschläge für gut erachtete aber 70 Prozent nicht umsetzen wollte, war der Workshop beendet. Sie befürchtete einen Auslastungsrückgang, wenn alle Vorschläge umgesetzt werden. Ein Jahr später analysierten wir die Effekte durch die Preis-Strategie und stellten fest, dass der Umsatz zwar angestiegen ist, jedoch nur ein Teil der Möglichkeiten ausgeschöpft worden sind, bei einer unveränderten Betten-Auslastung von über 95 Prozent. Die Inhaberin hätte, wenn sie die Preis-Strategie voll umgesetzt hätte, ihren Gewinn verdoppeln können.
467 Vgl. Malik 2000, S. 211.

Primäres Ziel der Preis-Strategie ist, optimale Preise fest- und durchzusetzen. Die Vergangenheit wird thematisiert, um Veränderungen zu initiieren, damit in Zukunft die Ziele erreicht werden. Wir erleben oft, dass sich am Ende eines Preis-Strategie Workshops eine große Erleichterung sowie eine sehr positive Aufbruchstimmung einstellt.

6.1 Ausgangssituation

Die Bestimmung der Ausgangssituation ist für jede Strategie ein wesentliches Fundament, um eine klare Sicht auf Möglichkeiten und Probleme zu gewinnen. Erst dann, wenn die Themen fundiert und mit Zahlen, Daten und Fakten belegt sind, lassen sich auch Maßnahmen umsetzen, die vorher kaum möglich gewesen wären. Doch bevor wir zu konkreten Maßnahmen kommen, gilt es, aus der Ausgangssituation heraus mögliche Strategien zu identifizieren, zu formulieren und zu bewerten.

Jede Stellschraube, die zu besseren Preisen führen kann, wird hinterfragt und optimiert. Wir werden nun die wichtigsten Analysefelder behandeln und starten mit dem Preis-Spielfeld:

a) Hotel
b) Kunden
c) Wettbewerb
d) Markt

6.1.1 Hotel

Die Produkte, die ein Hotel primär verkauft, ist die zeitweise Nutzung von Zimmern und der Infrastruktur. So einfach und logisch diese Tatsache ist, so verwundert sind wir manchmal, wie dürftig die Wissensbasis im Hotel darüber ist. Oft wird darüber diskutiert, wie viele Betten tatsächlich vorhanden sind und welche Zimmer welchen Zimmer-Kategorien zuzuordnen sind. Eine der ersten Aufgaben, die wir an die Hotelleitung delegieren ist eine Aufstellung über die Zimmer-Struktur zu liefern, die folgende Informationen enthält:

- Zimmer-Nummer
- Zimmer-Kategorie
- Anzahl Betten für Erwachsene (Vollbetten)
- Anzahl Betten für Kinder (Zusatzbetten)
- Anmerkungen zur Ausstattung
- Zimmergröße
- Badezimmer-Ausstattung
- Zeitpunkt der letzten Renovierung

- Ausrichtung des Zimmers
- Bewertung des Zimmers (Noten von sehr gut bis nicht genügend)
- Balkon oder Terrasse

Ein weiterer Analysepunkt sind die Preislisten der vergangenen Jahre. Hier werden die Historie und die Preis-Logik hinterfragt. Wie wurden die Preise in den letzten Jahren festgelegt? Stimmen die Preis-Abstände der Zimmer-Kategorien? Oft ist die Preis-Logik nicht nachvollziehbar. Auch die Unterschiede nach Saisonen oder Kinderpreisen können Preis-Logik-Fehler beinhalten, die im Laufe der Jahre immer größer geworden sind.

Die Entwicklung des Durchschnittspreises in den vergangenen Jahren unter Berücksichtigung der Inflation ist auch eine interessante Erkenntnisquelle. Manche Hotelbetriebe passen ihre Preise konsequent entsprechend der Inflation an, andere Betriebe tun das nicht oder nur sporadisch, was zu einer flacheren Preissteigerungsrate führt, die im Laufe der Jahre unter der Inflation liegen kann. Dieser Aspekt ist nicht zu unterschätzen, wie bereits in einem früheren Kapitel mit Zahlen dargelegt worden ist.

Die meisten Hotelbetriebe nutzen Hotelprogramme, die relativ viele Daten hinsichtlich der Auslastung, den Umsätzen je Zimmer, je Saison etc. gespeichert haben. Wir nutzen grundsätzlich viele Informationen, die in diesen Programmen vorhanden sind. Oft können recht detaillierte Auswertungen je Zimmer-Kategorie, je Zimmer und je Saison analysiert werden. Beispielsweise analysieren wir unter anderem folgende Punkte (jeweils je Zimmer-Kategorie und je Saison):

- Umsätze
- Anzahl Zimmer-Nächtigungen (Erwachsene, Kinder, Gesamt)
- Doppelbelegungsfaktoren
- Kurzaufenthalte
- Langaufenthalte
- Doppelzimmer-Nutzung durch Einzelpersonen
- Wochenenden
- Gruppen
- Reisebüros

Diese Erkenntnisse sind sehr wertvoll und geben erste Hinweise auf mögliche Optimierungen. Auch intern gesammelte Statistikdaten können wertvolle Informationen enthalten. Jedes einzelne Analyseergebnis kann Ansatzpunkte liefern.[468]

---

468 Bei einem Hotelkunden haben wir festgestellt, dass relativ viele Doppelzimmer von Einzelpersonen genutzt werden. Die Preise, die diese Einzelpersonen zahlten, waren jedoch sehr gering. Als strategische Stoßrichtung haben wir den Aufschlag je Einzelnutzung eines Doppelzimmers deutlich erhöht, mit erheblichen Umsatzpotenzialen, wie sich später herausstellte.

Um das Management der Zimmer-Kategorien zu professionalisieren, empfehlen wir, je Zimmer-Kategorie eine Fact-Box zu erarbeiten und laufend zu pflegen. Diese Fact-Box enthält eine detaillierte Beschreibung jeder Zimmer-Kategorie:

- Zimmer-Name (Identität der Zimmer-Kategorie)
- Anzahl Zimmer
- Anzahl Betten
- Durchschnittliche Zimmergröße
- Letzte Renovierung
- Ausrichtung des Zimmers
- Balkon/ Terrasse
- Zimmer-Auslastung
- Betten-Auslastung
- Doppelbelegungsfaktor
- Anteil Kinder
- Durchschnittlicher Umsatz pro Zimmer-Nächtigung
- Durchschnittlicher Umsatz pro Betten-Nächtigung
- Anmerkungen (Ausstattung, Zimmer-Thema etc.)

Eine grafische Zusammenfassung je Zimmer-Kategorie ermöglicht eventuelle Stärken, oder auch Schwachpunkte zu identifizieren, wenn beispielsweise die Auslastung oder der Umsatz eines bestimmten Zimmers deutlich unter oder über dem Durchschnitt liegt. Diese Analysen geben auch Hinweise, ob die Zuordnung bestimmter Zimmer zu einer bestimmten Zimmer-Kategorie sinnvoll ist, oder ob bestimmte Zimmer anderen Kategorien zugeordnet werden sollten. Manchmal ist auch die Kreierung einer neuen Zimmer-Kategorie erforderlich.

Ein interessanter und wichtiger Aspekt ist auch die Analyse der Preis-Kommunikation. Wie werden die Preise kommuniziert, und wie kommt diese Kommunikation bei den Zielgruppen an? Hier können wir manchmal auf Themen hinweisen, die widersprüchlich sind, oder die aus Sicht der Psychoeffekte Optimierungspotenziale haben. Zur Preiskommunikation zählen auch die Informationen auf den Buchungsplattformen und die Stimmigkeit mit anderen Kommunikationskanälen.

Ein spezielles Thema sind die Rabatte. Manche Hoteliers sind hinsichtlich der Rabatte sehr restriktiv, bei anderen existieren historisch gewachsene Rabatt-Biotope mit erstaunlichem Wildwuchs. Es ist manchmal recht kompliziert, die tatsächlichen Rabatte zu analysieren und statistisch aufzubereiten, aber es rentiert sich. Je nach Rabattkultur können im Laufe eines Jahres erhebliche Beträge zusammenkommen, die in der Summe manchmal zu großem Staunen beim Hotelmanagement führen. Die Stoßrichtung läuft in solchen Fällen darauf hinaus, den Rabattdschungel zu lichten, mit der Folge, den tatsächlich erzielten Nettoumsatz erheblich zu steigern.

Die Erkenntnisse aus der Detailanalyse der Daten und Fakten des Hotels können auch zu Überlegungen führen, die die Unternehmens-Strategie betrifft. Wenn ein Hotelbetrieb einen Gästeanteil von 35 Prozent hat, die über Reisebüros buchen, mit beachtlichen Provisionszahlungen an Reiseveranstalter, dann sollte diese Erkenntnis aus strategischer Sicht behandelt werden. Welche Voraussetzungen müssen gegeben sein, damit der Anteil der Reisebürogäste verringert und die Margen, die an die Reisebüros bezahlt werden, im Hotel gehalten werden können?

Die Analyseergebnisse aus den Daten und Fakten des Hotels ergeben bereits einen guten Einblick in die Stärken und Schwächen der bisherigen Preis-Strategie und konkrete Ansatzpunkte für Verbesserungen. Doch bevor wir Maßnahmen ableiten, wollen wir weitere Elemente des Preis-Spielfeldes untersuchen

6.1.2 Kunden

Während die statistischen Auswertungen des Hotelprogramms und anderer Quellen relativ problemlos zu bewerkstelligen sind, ist eine Analyse der Kunden zu preisrelevanten Themen gar nicht so einfach. Welche Informationen über die Kunden liegen in einem Hotel in der Regel vor? Wir kennen das Buchungsverhalten unserer Stammgäste, sofern wir wissen, was ein Stammgast überhaupt ist. Auch über die Kundenzufriedenheit können wir anhand verschiedener Plattformen oder sogar durch eigene Zufriedenheitsmessungen, relativ gut Auskunft geben. Doch was nützt uns diese Art von Informationen, wenn es um die Preis-Strategie geht?

Eine hohe Kundenzufriedenheit signalisiert auch ein gutes Preis-Leistungsverhältnis. Doch was bedeutet das für uns? Ein gutes Preis-Leistungsverhältnis sagt uns, dass der Kunde zufrieden ist mit dem, was er bekommen hat für das, was er gegeben hat. Ein gutes Preis-Leistungsverhältnis sagt uns jedoch nichts darüber, ob der Kunde auch bereit ist, für die Leistung auch einen etwas höheren Preis zu bezahlen. Eine wesentliche Intention des Power Pricing ist, die Preisbereitschaft der Kunden auszuloten und konsequent zu nutzen.

Eine Preis-Strategie ist dann erfolgreich, wenn der maximal mögliche Preis durchgesetzt wird und der Kunde mit dem Preis-Leistungsverhältnis dennoch zufrieden ist. Wir dürfen uns an diesem Punkt nichts vormachen. Der Kunde beantwortet den Befragungspunkt Preis-Leistungsverhältnis auch taktisch. Auch ein aus Sicht des Kunden hervorragendes Preis-Leistungsverhältnis wird er voraussichtlich mit »gut« bewerten und nicht mit »sehr gut«, da er zurecht befürchtet, dass der Hotelier diese Information nutzt, um die Preise anzuheben.

Ein in der Praxis bewährtes Instrument, um herauszufinden, ob der Kunde für die Leistung auch etwas mehr bezahlen würde, ist die Conjoint-Analyse, die wir im Rahmen der strategischen Marktforschung anwenden. Mit einem Spezialmodul der strategischen Marktforschung für Hotelbetriebe können wir Preiselastizitäten sogar nach Zimmerkategorien gewinnen, was eine noch differenziertere Optimierung der Preis-Strategie erlaubt. So haben wir festgestellt, dass die Preiselastizitäten sich je nach Zimmerkategorie zum Teil erheblich unterscheiden. Durch die Kenntnis der Preiselastizität haben wir empirisch fundierte Informationen, ob wir bei der Preis-Strategie weitere Potenziale zur Preisanpassung haben oder nicht.

Oft werden wir für Preis-Strategie-Projekte eingesetzt, die mit Investitionen in den Kundennutzen verbunden sind. Sobald hohe Investitionen durchgeführt werden, ist den meisten Hoteliers klar, dass die Preise angepasst werden müssen. Diejenigen Hoteliers, die größere Investitionen durchführen und ihre Preise nicht anpassen, um den Gästen etwas vermeintlich Gutes zu tun, machen einen großen Fehler, wie wir in einem vorangegangenen Kapitel beschrieben haben. Meistens sind wir uns einig darüber, dass die Preise entsprechend der Investition bzw. entsprechend dem neu hinzugefügten Kundennutzen angepasst werden. Über die Höhe der Anpassung besteht allerdings in den meisten Fällen Verunsicherung.

Sehr hilfreich ist, wenn Investitionen im Rahmen eines strategischen Marktforschungs-Projektes vorab hinterfragt worden sind (▶ Kap. 4.3). Aus dem Antwortverhalten können wir mit relativ hoher Sicherheit abschätzen, was die Kunden zu bezahlen bereit wären, wenn bestimmte Nutzenelemente hinzugefügt werden. Bei manchen Finanzierungsverhandlungen waren diese Informationen ausschlaggebend für die Finanzierungszusage. Falls diese Informationen nicht vorliegen, kann der Zusatznutzen auch geschätzt werden, wie in der Abbildung 34 (Ermittlung des Delta-Preises) dargestellt ist.

Je mehr wir über unsere aktuellen und potenziellen Kunden wissen, desto fundierter können preisstrategische Entscheidungen getroffen werden und desto einfacher ist die Durchsetzung des Preises. Fundierte Kenntnisse helfen auch, die Angst zu überwinden, Stammgäste zu verlieren. Dieser Punkt kommt bei Preis-Strategie-Workshops immer wieder zur Sprache. Das systematische Vorgehen, die fundierten Analysen und die Erfahrung der Moderatoren helfen, diesen kritischen Punkt zu überwinden und Entscheidungen zu treffen, die vorher undenkbar gewesen wären.

Ich kann mich noch gut an ein Preis-Strategie-Projekt vor einigen Jahren erinnern, als ein Hotel erhebliche Investitionen getätigt hat (mehr als den dreifachen Jahresumsatz) und wir mit der Tatsache konfrontiert waren, die Preise massiv anzuheben. Ein Mitglied der Familie konnte sich nicht vorstellen, dass Stammgäste diese Preise bezahlen würden. Die Diskussion war hochemotional, schließlich war allen Beteiligten klar, dass wir diese Preise durchsetzen mussten und damit zum Preisführer der ganzen Region werden.

Wir haben die Preisführerschaft im Sinne des teuersten Anbieters proaktiv als Teil der Strategie fixiert und umgesetzt. Drei Monate nach der Wiedereröffnung des Hotels fragte ich, wie die Preise angenommen werden. Die Antwort war, dass noch kein einziger Gast die Preise thematisiert hat. Alle wollten ein Zimmer haben und die neuen Angebote nutzen. Das Hotel hat seither eine hervorragende Auslastung bei hohen Preisen. Es wäre einfach gewesen, geringere Preise zu fixieren und die Zimmer billiger zu verkaufen. Das Hotel wäre vielleicht noch besser ausgelastet, aber zu einem niedrigeren Preis. Das neue Preisniveau hat sich gut bewährt und konnte jedes Jahr weiter optimiert werden.

6.1.3 Wettbewerb

Der Wettbewerb ist in der Hotellerie ein sehr wichtiger Faktor. Die Kunden, die buchen, können jederzeit auch bei Konkurrenten buchen. Aus Sicht der Preis-Strategie sind vor allem die Preise interessant, die diese Wettbewerber verlangen. Denn der Vergleich der Angebote führt zu einem Vergleich der Preise und der Preis-Leistungsverhältnisse. Ob ein Angebot für einen Kunden attraktiv ist oder nicht, entscheidet sich im Vergleich mit Alternativen.

Wir können uns mit Sicherheit darauf verlassen, dass der überwiegende Teil der Kunden vor einer Buchung Wettbewerbsangebote einholt und Vergleiche anstellt. Natürlich gibt es auch Stammkunden, die immer wiederkommen, ohne auf die Wettbewerbsangebote zu achten. Doch spätestens nach größeren Veränderungen im eigenen Hotel, die auch veränderte Preise mit sich bringen, wird das Angebot neu justiert und verglichen.

Die zentrale Aufgabe der Wettbewerbsanalyse ist in drei Bereiche zu unterteilen:

- Identifikation der relevanten Wettbewerber
- Analyse der aktuellen Preise der Wettbewerber
- Antizipation des möglichen zukünftigen Preisverhaltens der Wettbewerber

Normalerweise können in der Hotellerie die relevanten Wettbewerber einfach identifiziert werden. Es handelt sich um jene Hotelbetriebe, die auch von den eigenen Kunden gebucht werden, die ein ähnliches Angebot haben, ähnlich positioniert sind und eine vergleichbare Wettbewerbsposition einnehmen. Meistens handelt es sich auch um dieselbe Hotelkategorie. Zu beachten ist der Zeitrahmen, für den die neuen Preise gelten sollen. Wenn zwischen dem Stand heute und der Zeit, für die die neuen Preise gebildet werden, eine größere Veränderung des Kundennutzens etabliert wird, dann hat dies Auswirkungen auf die Auswahl des relevanten Wettbewerbs. Die Relevanz des Wettbewerbs ergibt sich stets zu dem Zeitpunkt, ab dem die neuen Preise gelten. Es kann daher erforderlich sein, Wettbewerber als relevant zu definieren, die bisher kaum oder gar nicht als Wettbewerber gesehen worden sind.

Die identifizierten relevanten Wettbewerber zählen zur engen Wettbewerbssphäre. Die mittlere Wettbewerbssphäre umfasst jene Hotelbetriebe, die andere Schwerpunkte bieten, die niedriger oder höher positioniert sind und die sich auch preislich unterscheiden. Solche Hotelbetriebe sind aus Sicht des betreffenden Kunden nicht die erste Wahl, decken jedoch seine Grundbedürfnisse, oder sind höher positioniert.

In früheren Zeiten bestimmte primär die Kaufkraft, wer teure und wer billige Produkte kaufte. Der Trend zur Individualisierung von Bedürfnissen und Präferenzen führt zu selektivem Konsum. Der Kunde, der während der Woche in einem Budget-Hotel übernachtet und bei Aldi einkauft, bucht am Wochenende mit seiner Freundin auch einmal ein Luxus-Hotel und leiht sich einen Sportwagen aus. In diesem Zusammenhang spricht man von der weiten Wettbewerbssphäre. Als Benchmark sollte daher auch der eine oder andere Hotelbetrieb des weiten Wettbewerbsumfelds berücksichtigt werden. Diese Wettbewerber können als Benchmarks dienen, die durchaus das Potenzial haben, von den Kunden gebucht zu werden.

Wir empfehlen, maximal fünf bis sechs Betriebe auszuwählen und die dafür umso genauer zu analysieren. Sind die Hotels identifiziert, geht es darum, die Wettbewerber hinsichtlich folgender Kriterien zu analysieren:

- Lage, Standort
- Kategorie
- Preissystem
- Preisdifferenzierung
- Zimmerkategorien
- Saisonzeiten
- Basispreis
- Ortstaxe
- Anzahlung
- Stornierungsbedingungen
- Preise für Kinder
- Kurz-/ Langaufenthalt
- Einzelnutzung von Doppelzimmer
- Frühbucherrabatt
- Abschlag für ÜF
- Zuschlag für HP
- Hunde
- Parkplatz
- Tiefgarage
- Saisonpreise je Nächtigung je Zimmerkategorie
- Preisniveau
- Durchschnittspreis pro m²
- Durchschnittliche Zimmergröße
- Preisniveau je Wettbewerber nach Saisonzeiten

Aus den gefundenen Informationen erarbeiten wir Grafiken und Tabellen, die helfen, die unterschiedlichen Preis-Strategien zu verstehen und zu vergleichen (der eigene Betrieb sollte stets verglichen werden, um Abweichungen zu identifizieren und zu hinterfragen):

- Wettbewerbervergleich Preisspanne
- Wettbewerbervergleich Preisniveau (durchschnittlicher Preis pro Übernächtigung)
- Wettbewerbervergleich Preis pro m² (durchschnittlicher Preis pro m² Zimmerfläche)

- Wettbewerbervergleich Zimmergröße (durchschnittliche Zimmerfläche)
- Preisniveau der Wettbewerber nach Saisonen

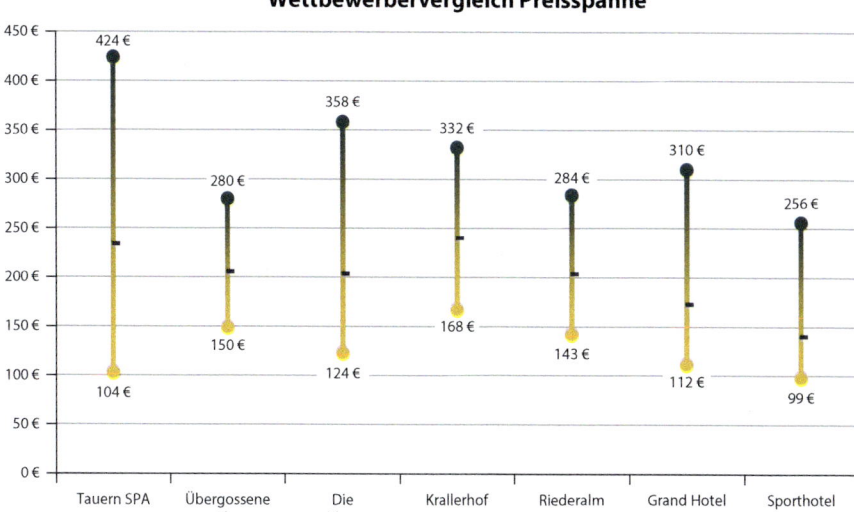

Abb. 38: Wettbewerbervergleich Preisspanne[469]

In der Abbildung 38 erkennt man die Preisspanne pro Betten-Nächtigung eines relevanten Marktsegmentes mit mehreren Wettbewerbern im Umkreis der Tourismusregion Zell am See in Salzburg, die von 99 bis 424 Euro reicht. Die Einordnung des eigenen Betriebes und der direkte Vergleich hilft zur Orientierung und gibt Ansatzpunkte zur Optimierung. Berücksichtigt werden sollte die Änderungsdynamik. Hotels ändern ihre Preise, je nachdem, welche Investitionen durchgeführt worden sind oder welchen Mut man bei der jährlichen Preisanpassung hat. Konkrete Investitionen eines Wettbewerbers führen meistens zu Preiserhöhungen, womit eine gewisse Antizipation des zukünftigen Preisverhaltens abgeleitet werden kann. Die dargestellten Hotelbetriebe im österreichischen Bundesland Salzburg haben ihre Preise relativ transparent dargestellt, zumindest ist es möglich, gewisse Anhaltspunkte zu analysieren.[470] Manche Betriebe geben sogenannte »ab-Preise« an, nur die Preise einer Saison, oder auch »von-bis-Preise«. Manchmal werden die Preise der teuersten Saison (Silvester) gar nicht angegeben, da diese Zeiten ausschließlich für Stammgäste reserviert sind.

---

469 Quelle: Website-Analysen vom August 2020.
470 Die Erhebung stammt aus dem Jahr 2020.

6.1.4 Markt

Wie im Kapitel 4.1 (Markt) beschrieben, ist die Marktsegmentierung nach den Kriterien Kategorie, Buchungsgrund und Ort/ Region eine praktikable Möglichkeit, preisrelevante Informationen zu gewinnen (▶ Abb. 28). Die Kategorie und den Buchungsgrund haben wir in vorhergehenden Kapiteln behandelt. Die Region und der Ort, wo sich das Hotel befindet, ist ebenfalls ein wichtiger Ansatzpunkt zur Orientierung des eigenen Preisniveaus eines Marktsegmentes. Je nach Tourismusort oder -region sind die Preisspannen sehr unterschiedlich. Je höher das Preisniveau, desto höher sind in der Regel die Preisspannen. Das bedeutet für die Festsetzung der Preis-Strategie, dass neben den relevanten Kernwettbewerbern auch weitere Betriebe Teil der Analyse sein sollten.

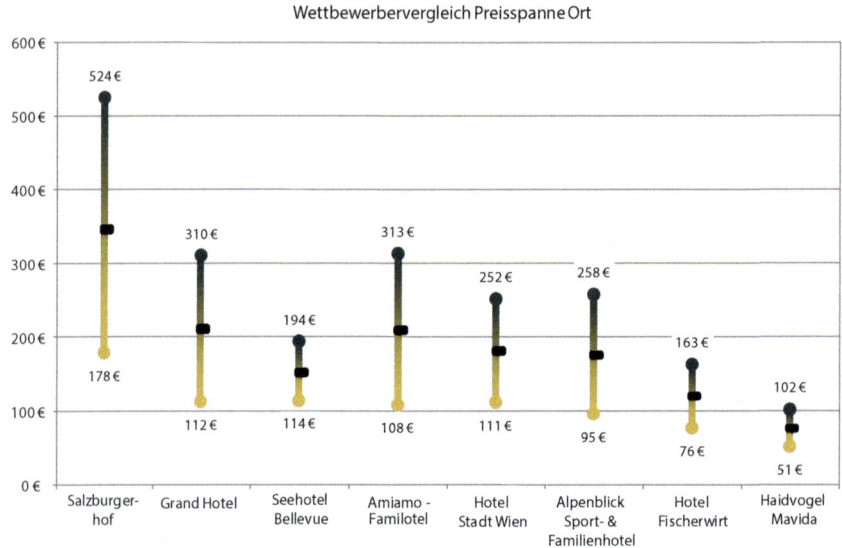

Abb. 39: Wettbewerbervergleich Preisspanne Zell am See

Der Kunde nutzt die Preisinformationen solcher Betriebe auch als Referenz, um zu erfahren, ob die Preisgestaltung des favorisierten Hotels nachvollziehbar ist. Zudem gibt es Kunden, die ein Hotel ausschließlich deshalb wählen, weil es sich in einem bestimmten Tourismusort befindet. Schon aus diesem Grund sollte man sich mit diesen Betrieben befassen. In der Abbildung 39 ist der Tourismusort Zell am See mit einer kleinen Auswahl an Hotelangeboten abgebildet, die im August 2020 erhoben worden sind. Die Abbildung der Preisspanne des eigenen Hotelbetriebes im Vergleich zu allen anderen ist eine interessante Analyse, die regelmäßig durchgeführt werden sollte.

Eine weitere, sehr interessante Analyse ist die Verbreitung zeitbezogener Methoden der Preisdifferenzierung (dynamisch oder statisch). Auch hierin unterscheiden sich Tourismusorte zum Teil erheblich. Während einige Tourismusorte fast ausschließlich statische Methoden nutzen, also Festpreise oder saisonal differenzierte Festpreise anbieten (wie zum Beispiel die meisten Tourismusorte in Schiregionen), gibt es Tourismusorte, die fast ausschließlich Yield Management betreiben, wie zum Beispiel Zermatt in der Schweiz oder Garmisch-Partenkirchen in Deutschland. Wir sind immer wieder überrascht, wie unterschiedlich die Hotelbetriebe zeitbezogene Methoden der Preisdifferenzierung nutzen.

Zell am See nutzt zum Beispiel alle Methoden der Preisdifferenzierung recht ausgewogen, wie eine empirische Analyse von 38 Hotelbetrieben aus unterschiedlichen Hotel-Kategorien vom August 2020 zeigt (▶ Abb. 40).

Preisdifferenzierung	statisch saisonal	dynamisch saisonal	dynamisch
3 Sterne	5	4	5
4-Sterne	6	7	7
4-Sterne-S	1	1	1
5-Sterne		1	
Summe	12	13	13

Abb. 40: Methoden der Preisdifferenzierung in Zell am See

Die Antwort auf die Frage, welche Methode der zeitbezogenen Preisdifferenzierung angewendet werden sollte, kann durch eine Analyse des Tourismusortes leichter gefunden werden. Wenn in einem Ort überwiegend Yield Managementsysteme zur Anwendung kommen, dann muss man sich die Frage stellen, ob ein solches System auch für das eigene Hotel verwendet werden sollte. Umgekehrt kann es kontraproduktiv sein in einem Ort, in dem fast ausschließlich saisonal differenzierte Festpreise zum Einsatz kommen, ein Yield Managementsystem einzusetzen.

Der Vorteil einer detaillierten Analyse ist, fundierte Daten und Fakten zur Hand zu haben, wenn verschiedene Preis-Strategie-Alternativen diskutiert werden. Zudem geben die sehr unterschiedlichen Preis-Strategien der Betriebe immer wieder Stoff zum Nachdenken. Die Ausgangssituation beenden wir mit einem Fazit zur eigenen bisherigen Preis-Politik, zu Stärken und Schwächen, sowie zur Preis-Politik der Wettbewerber. Aus der Analyse lassen sich eine Reihe von möglichen Stoßrichtungen definieren, die im Rahmen der Preis-Positionierung behandelt werden.

6.2 Preis-Positionierung

Die Preis-Positionierung ist der strategische, kreative Teil des Preis-Strategie-Prozesses. In diesem Teil geht es darum, Antworten auf die Elemente der Preis-Positionierung zu finden:

a) Preis-Leitbild
b) Preis-Strategie

6.2.1 Preis-Leitbild

Das Preis-Leitbild ist eine schriftliche Fixierung der Unternehmensführung, was die Preise für das Unternehmen bedeuten und wie sich die Mitarbeiter im Umgang mit den Preisen verhalten sollen. Ein Preis-Leitbild soll einen Orientierungsrahmen für all jene Mitarbeiter bilden, die mit Preisen zu tun haben. Im Gegensatz zum Unternehmens-Leitbild ist ein Preis-Leitbild eine konkrete Hilfestellung bei Problemen, auf die sich die Mitarbeiter berufen können. Das Preis-Leitbild hilft der Unternehmensführung, ihre Vorstellungen hinsichtlich des Umgangs mit Preisen, den Mitarbeitern verbindlich zu vermitteln. Um die fixierten Preise selbstbewusst durchzusetzen, benötigen die Mitarbeiterinnen und Mitarbeiter die volle Unterstützung seitens der Unternehmensführung.

Ein Preis-Leitbild unterstützt daher nicht nur die Durchsetzung der Preis-Strategie, sondern auch die Etablierung einer gewünschten Preis-Kultur. Das Preis-Leitbild ist vor allem ein internes Instrument und nicht für die Kommunikation mit Kunden geeignet. Aus dem Preis-Leitbild lassen sich jedoch Argumentationsketten ableiten, die für die externe Kommunikation eingesetzt werden sollten.

Das folgende adaptierte Beispiel eines Preis-Leitbildes haben wir im Rahmen eines Preis-Strategie-Projektes entwickelt. Dieses Preis-Leitbild ist eine Zusammenfassung der wichtigsten Verhaltensregeln für die Bereiche Marketing und Rezeption:

- Der Preis ist die Basis der Unternehmensexistenz und ein wesentlicher Erfolgsfaktor für das Unternehmen.
- Die Unternehmensführung und die Mitarbeiter im Marketing und der Rezeption sind sich der großen Bedeutung der Preise bewusst und haben ein identisches Preisverständnis.
- Wir bieten unseren Kunden einen außerordentlich hohen Nutzen und verlangen dafür einen angemessenen Preis. Der festgelegte Preis dient als Qualitätsindikator unserer Leistungen. Er spiegelt die Wertigkeit unseres gesamten Leistungsangebots, von der Infrastruktur bis zum persönlichen Service, wider.
- Alle Mitarbeiterinnen und Mitarbeiter im Marketing und der Rezeption haben ein einheitliches Vorgehen bei der Preisdurchsetzung in Form klar definierter Argumentationsketten.

- Wir setzen unsere Preise konsequent durch und verhandeln nicht über Preisnachlässe.
- Unsere Preis-Grundphilosophie lautet: Preisdurchsetzung vor Auslastung.
- Die Preise werden mindestens ein Jahr im Voraus festgelegt, entsprechend der Inflation angepasst und laufend optimiert.

Ich bin überzeugt, dass die meisten Hoteliers diese Leitlinien vorbehaltlos unterschreiben würden. Die konsequente Umsetzung ist eine andere Sache. Wichtig ist, dass die Unternehmensführung auch bei kritischen Situationen voll hinter diesen Leitlinien steht. Dieses Beispiel kann dazu dienen, ein eigenes Preis-Leitbild zu erarbeiten. Allein die Beschäftigung mit diesem Orientierungsrahmen hilft, einige Missverständnisse im Umgang mit Preisen auszuräumen. Entsprechende Preis-Schulungen und klar definierte Argumentationsketten helfen, eine positive und starke Preis-Kultur zu etablieren und umzusetzen. Zur regelmäßigen Arbeit am Unternehmen gehört auch eine regelmäßige Arbeit am Preis.

6.2.2 Preis-Strategie

Preisstrategische Ansatzpunkte werden in der Regel aus dem Preis-Leitbild und den Ergebnissen der Ausgangssituation abgeleitet. Die Preishistorie spielt ebenfalls eine Rolle. Hier stellt sich die Frage, wie die einzelnen Details der bisherigen Preis-Politik gehandhabt worden sind, ob sie beibehalten oder geändert werden sollen. Der systematische Ansatz hilft, auch strittige Fragen zu beantworten und in der Diskussion einer Lösung zuzuführen.

Im Kapitel 5 (Power Pricing) haben wir einen Denkrahmen entwickelt, den wir nun für das jeweilige Hotel konkretisieren und Maßnahmen ableiten:

- Strategische Effekte
- Strukturelle Effekte
- Psychologische Effekte

6.2.2.1 Strategische Effekte

Bei den strategischen Effekten geht es um die grundsätzliche Ausrichtung des Hotelbetriebes und darum, wie Preise aus der übergeordneten Perspektive festgelegt werden. Hier geht es vor allem um den Kundennutzen und die Übersetzung dieses Nutzens in Preise, die das Hotel von den Kunden verlangt. Diese Betrachtung geht weit über die Sicht des Marketings hinaus und betrifft die strategische Ausrichtung des gesamten Unternehmens.

Angenommen, ein Hotel hat Investitionen durchgeführt, dann stellt sich die Frage, wie der Nutzenzugewinn für die Kunden bepreist werden soll. Bei der Preis-Strategie geht es nicht darum, zu hinterfragen, ob eine Investition in den Kundennutzen sinnvoll ist oder nicht. Diese Frage sollte im Rahmen der Unternehmens-

Strategie beantwortet werden. In diesem Zusammenhang sollte auch geklärt sein, welche Auswirkungen diese Investitionen auf die Zielgruppen haben wird und ob diese Zielgruppen die mit der Investition verbundenen Nutzensteigerungen überhaupt wollen und bereit sind, einen Mehrpreis zu bezahlen. Bei der Preis-Strategie gehen wir davon aus, dass diese Fragen hinreichend beantwortet sind. Ein Mehrnutzen führt normalerweise zu einem höheren Preis, vor allem, wenn die Erstellung des Mehrnutzens mit hohen Investitionen verbunden ist.

Wir werden nun ein Beispiel diskutieren, wie eine Preisanpassung aufgrund einer Nutzensteigerung aus Sicht der strategischen Effekte erfolgen kann. Die bisherigen Preise stellen die Ausgangsbasis dar. Ziel ist es, den Delta-Nutzen zu bestimmen und diesen in konkrete Delta-Preise zu übersetzen. In der Praxis haben sich Preiskorridore bewährt, die von einem Mindestpreis bis zu einem Höchstpreis reichen, der für einen konkreten Nutzen verlangt werden kann. Es gibt allerdings auch Investitionen, die nicht direkt in einen Delta-Nutzen für die Kunden übersetzt werden können, wie zum Beispiel Investitionen in die Infrastruktur, zu der die Kunden keinen Zugang haben. Eine neue Kühlanlage oder eine neue Küche kommt den Kunden in Form von qualitativ höherwertigen Speisen zugute. Allerdings kann dies gegenüber den Kunden kaum als Argument angeführt werden. Auch eine Verbesserung der Heizungsanlage oder der Stromversorgung interessiert die Kunden eher wenig. Daher fokussieren wir uns ausschließlich auf diejenigen Nutzeneffekte, die die Kunden direkt betreffen. Eine möglichst vollständige Auflistung hilft, einen Gesamtüberblick über den zusätzlichen Delta-Nutzen zu gewinnen, der in Delta-Preise übersetzt wird:

- Inflation: drei Prozent
- Investitionen in den Kundennutzen:
  - Außenbereich: neuer Garten, Bergsee-Terrasse, Abschottung zur Straße (10 bis 15 Euro)
  - Innenbereich: neuer Eingangsbereich, Rezeption, Lobby, Bar, Restaurant (10 bis 15 Euro)
  - Fitness/ Wellness: neues Schwimmbiotop, neuer Fitnessraum, neue Wellnessrezeption (10 bis 15 Euro)
  - Zimmer: Balkonerweiterungen
- Erweiterter Gästenutzen:
  - Sportwissenschaftler
  - Aktualisiertes Kinder-Angebot
  - Aktualisiertes Jugend-Angebot
- Positionierung Sport & Aktiv
- Klassifizierung: 4-Sterne-Superior (bisher 4-Sterne)

Der summierte Delta-Nutzen der Investitionen in die Infrastruktur wird in diesem Beispiel zwischen 30 und 45 Euro bepreist. Der Mehrnutzen steht allen Kunden zur Verfügung und sollte daher auch an alle Kunden in Form von höheren Preisen weitergegeben werden. Diese grundlegende Erkenntnis führt zwangsweise zu höheren Preisen. Nun kann man darüber diskutieren, ob die Preiserhöhung aufgrund der strategischen Effekte für alle gleichmäßig erfolgt, oder ob eine stärkere Preisdifferenzierung nach oben und unten durchgeführt werden soll. Eine Möglichkeit ist, die erforderliche Preisanpassung für die durchschnittlichen Zimmer-Kategorien zu nutzen und die Preise für die günstigsten Zimmer-Kategorien mit 20 Euro zu erhöhen und die hochpreisigen Zimmer-Kategorien mit 45 Euro zu belegen. Mit dieser Maßnahme würde die Preisspanne nach oben hin stärker steigen. Ein solches Vorgehen wird auch aus der empirischen Marktforschung unterstützt.

Bei dieser Entscheidung spielen die psychologischen Effekte eine maßgebende Rolle. Eine geringere Anpassung der günstigen Zimmer führt zu einem attraktiveren Ankerpreis und eine stärkere Anpassung der teuren Zimmer zu einem höheren Preisanker. Zudem wird der Kontrasteffekt ausgespielt, da durch den Preisanker die mittelpreisigen Zimmer-Kategorien deutlich günstiger erscheinen. Tendenziell buchen die meisten Kunden die mittelpreisigen Zimmer, was wiederum durch den Bandwagon-Effekt unterstützt wird.

Wir haben nun einen Preisrahmen geschaffen, den wir aufgrund von Nutzenveränderungen gesetzt haben. Die Entscheidung, diese Investitionen durchzuführen, sollten einen strategischen Grund haben und aus der Unternehmens-Strategie abgeleitet sein. So gesehen ist die Anpassung der Preise eine logische Folge strategischer Veränderungen, die im Vorfeld entschieden worden ist. Die Basis dieser Entscheidung sollte ein Unternehmens-Strategie-Konzept sein, das nicht nur die qualitativen, sondern auch die quantitativen Veränderungen zu begründen in der Lage ist.

Größere Investitionen bedürfen in der Regel einer Fremdfinanzierung. Banken finanzieren eine Investition dann, wenn hinreichend begründet wird, dass die Investitionen die Performance des Hotelbetriebes verbessern und höhere Cashflows erzeugt werden. In der Szenariorechnung sollte daher klar ersichtlich sein, dass die Investitionen auch dem Unternehmen einen Nutzen bringen und einen höheren Cashflow generieren werden. Investitionen in den allgemeinen Gästenutzen gehen daher mit Preisanpassungen Hand in Hand. Wir können aufgrund dieser Berechnungen überprüfen, ob die in der Szenariorechnung abgebildeten höheren Durchschnittspreise, mit denen aus der Analyse des Delta-Nutzens übereinstimmen und ob man sich eher an der oberen oder an der unteren Kante der Nutzenschätzung bewegen sollte.[471] Die Aufgabe der Preis-Strategie sehen wir auch darin, den im Unternehmens-Strategie-Konzept ermittelten Durchschnittspreis mindestens zu erreichen.

Wenn Investitionen durchgeführt werden, sind Preisanpassungen leichter zu begründen. Wie kann jedoch eine erforderliche Preisanpassung begründet werden, die nicht oder kaum mit Nutzensteigerungen für die Kunden verbunden ist? Das Fazit der Analyse der bisherigen Preise kann ergeben, dass zum Beispiel der Durchschnittspreis aller Zimmer spürbar unter dem des Wettbewerbs liegt. In diesem

---

471 Im obigen Beispiel ist der Preiskorridor zwischen 20 und 45 Euro gemeint.

Fall sollten die Preise adaptiert werden, denn es ist nicht einzusehen, warum eine Leistung unter ihrem Wert verkauft werden soll. Kommt man zu dieser Erkenntnis, sollte man sich ehrlich eingestehen, dass die betreffenden Zimmer bisher zu günstig bepreist worden sind. Wir empfehlen in der Regel die Preisanpassung so vorzunehmen, indem die Ankerpreise (die günstigsten Zimmer) aufgrund der eher elastischen Preiselastizität moderat angepasst werden. Die teuersten Zimmerkategorien hingegen können aufgrund der eher unelastischen Preiselastizität etwas stärker angehoben werden, was in den meisten Fällen der Preisspanne guttut.[472]

Besonders wenn die Preisspanne zu gering ist, was in der Praxis in vielen Projekten beobachtet werden kann, dann sollte auch der Mut aufgebracht werden dieses Manko zu korrigieren. Ich gebe zu, dass dies nicht einfach ist, zumal stets der berühmte Stammgast ins Feld geführt wird, dem kaum erklärt werden kann, warum sein Zimmer nun statt 185 Euro plötzlich 225 Euro kostet, ohne dass irgendetwas am Nutzen für den Gast geändert worden ist. Schauen wir uns dieses Beispiel näher an. Angenommen wir haben aufgrund der Analyse festgestellt, dass die Preisspanne zu klein ist und dass Wettbewerbsangebote der teuersten Zimmer teurer sind als die eigenen Zimmer, dann können wir festhalten, dass diese Zimmer bisher wahrscheinlich mit einem zu niedrigen Preis verkauft worden sind. Eine Anpassung der Preise in der teuersten Saison von 185 auf 225 Euro ist natürlich ein großer Sprung. Wie werden die Kunden auf diesen Preissprung reagieren? Zunächst kann festgehalten werden, dass neue Kunden, die noch nie im Hotel waren, den früheren – zu geringen Preis – gar nicht kennen. Für Kunden, die bereits im Hotel, aber nicht in den betreffenden Zimmern genächtigt haben ist diese Preisänderung im ersten Moment auch unbedeutend, da sie dieses Zimmer ohnehin nie buchen würden. Aber dennoch hat die Anhebung des Preises der teuersten Zimmerkategorie eine Auswirkung auf das Buchungsverhalten aller anderen Kunden. Durch den Kontrasteffekt erkennen diese Kunden, dass im Hotel Zimmer angeboten werden, die wesentlich teurer sind als jene, die sie bevorzugen. Der Kontrasteffekt führt dazu, dass die Preiswahrnehmung all jener Kunden, die günstigere Zimmer buchen, die Preise dieser Zimmer noch günstiger erscheinen lassen.

Eine Herausforderung sind wahrscheinlich jene Kunden, die früher bereits die betreffenden Zimmer gebucht haben und wieder buchen wollen. Für einen Teil dieser Kunden kann auch eine größere Preisveränderung irrelevant sein, da sie sich entweder nicht an den früheren Preis erinnern oder sie sind schmerzfrei bei veränderten Preisen, was sich in einer eher unelastischen Preiselastizität widerspiegelt. Es kann aber auch sein, dass einige dieser Kunden immer schon gedacht haben, dass diese Zimmer bisher zu günstig waren. Für diesen Teil der Stammgäste dürfte eine Anpassung der Preise daher problemlos sein. Andere könnten der Auffassung sein, dass die bisherigen Preise ohnehin schon recht hoch waren und

---

472 In strategischen Marktforschungsprojekten konnten wir feststellen, dass die Preiselastizitäten innerhalb eines Hotelbetriebes je nach Zimmerkategorie unterschiedlich sind. Die günstigsten Zimmer sind tendenziell preiselastischer, die teuersten preisunelastischer.

noch höhere Preise für sie nicht infrage kommen. Ein anderer Teil der Kunden könnte auf die Idee kommen mit dem Hotelier eine Diskussion zu führen um ihrem Ärger freien Lauf zu lassen und Rabatte zu fordern. Im Grunde fokussiert sich das Argumentationsproblem auf den kleinen Teil der bisherigen Kunden, die das gleiche Zimmer wieder buchen wollen und nicht einsehen, dass die Preise so gestiegen sind. Man kann nun versuchen diesen kleinen Teil durch Argumente dennoch vom Wert der Leistung zu überzeugen. Ein Teil dieser kleinen Gruppe wird sich vermutlich auch überzeugen lassen, ein anderer Teil vielleicht nur durch Zugeständnisse, in dem ihnen angeboten wird die nächste Buchung mit einem Kompromisspreis, zum Beispiel in der Mitte des Preisunterschiedes, zu bestätigen. Oder man wendet eine List an, die den Zweck erfüllen soll, den Kunden zu behalten und dennoch den geforderten Preis zu bekommen.[473] Wenden Sie zum Beispiel das Strategem Nummer sechs an (Im Osten lärmen und im Westen angreifen) und laden Sie diesen Gast auf eine Skitour, ein Sieben-Gänge-Gourmetmenü oder einen Hubschrauberflug ein. Oder, wenn Sie es preiswerter haben wollen, weisen Sie den Gast darauf hin, dass er die letzten Male dieses wunderbare Zimmer zu einem viel zu günstigen Preis bekommen hat.

Es wird wahrscheinlich immer den einen oder anderen Kunden geben, den man durch diese Preisveränderung verlieren wird und der sich weder überzeugen noch überreden lässt. Diesem Verlust sollte man gelassen gegenübertreten, denn mit der Erhöhung der Preisspanne ergibt sich ein anderer, positiver Effekt, den man meist gar nicht berücksichtigt, da er aufgrund des Tunnelblicks auf den womöglich verlorenen Gast, nicht offensichtlich ist. Die Erhöhung der Preisspanne führt zu höheren Preisen und damit zu Angeboten, die für Kunden interessant sind, die bisher aufgrund der zu niedrigen Preise gar nicht auf die Idee gekommen wären, dieses Hotel zu buchen. Es gibt Zielgruppen, die sich gewisse Preiskorridore für ihren Urlaub vorstellen. Wenn nun die angebotenen Zimmerpreise unter diesem Korridor liegen, dann fällt das Hotel durch den »zu günstig-Rost« und spielt bei der Buchungsentscheidung keine Rolle mehr. Die Erhöhung der Preisspanne bringt uns daher neue Zielgruppen, die bisher – aufgrund der aus deren Sicht zu niedrigen Preise – kein Interesse an einer Buchung hatten. Natürlich sollte die Leistung dem Preis entsprechen, denn die Erwartungshaltung dieser Zielgruppe ist naturgemäß höher.

6.2.2.2 Strukturelle Effekte

Als strukturelle Effekte bezeichnen wir all jene Stellschrauben der Preis-Politik, die direkte Auswirkungen auf Nettoumsatz und Gewinn haben und nicht den strategischen oder den psychologischen Effekten zuzuordnen sind. Die strukturellen Effekte beinhalten die meisten Stellschrauben der Preis-Politik:

---

473 Die Kunst der List ist für Europäer ein Buch mit sieben Siegeln. Die 36 Strategeme sind die wichtigste Sammlung von in China gebräuchlichen List-Techniken. Vgl. Senger, 2009, 2008b, 2007; Kotzschmar, Pöllath, 2010; Magi, 2009.

- Zeitbezogene Preisdifferenzierung (statisch, dynamisch)
- Zimmer-Kategorien (weniger, wie bisher, mehr)
- Zimmer-Struktur (Zuordnung der Zimmer zu den Kategorien)
- Saisonen (weniger, wie bisher, mehr)
- Saisonzeiten (wie bisher, Änderungen)
- Basispreis (Personen, Zimmer)
- Inklusivleistungen (nur Übernachtung, mit Frühstück, mit Halbpension, Wellness etc.)
- Ortstaxe (inklusive, exklusive)
- Anzahlungen
- Stornierungsbedingungen
- Preise Erwachsene
- Preise Kinder (absolut, relativ, Mischform)
- Kurzaufenthaltszuschlag
- Langaufenthaltsabschlag
- Doppelzimmer zur Einzelnutzung
- Wochenende (mit, ohne Zuschlag)
- Feiertage (mit, ohne Zuschlag)
- Gruppenrabatte
- Reisebürorabatte
- Stammgastrabatte
- Complimentary (gratis, ohne Berechnung)
- Frühbucherrabatte
- Pauschalen
- Tiere
- Parklätze
- Tiefgarage

Über jede dieser Stellschrauben kann lange und emotional diskutiert werden. Durch die intensive Beschäftigung mit den Auswirkungen im Analyseteil, den Benchmarks und der Erfahrungen der Moderatoren können diese Punkte recht zügig abgearbeitet werden. Bei Unschlüssigkeit nutzen wir die Preis-Szenariorechnung, die die Auswirkungen unterschiedlicher Lösungen quantitativ aufzeigt. Mit dieser Hilfe können strittige Punkte leicht geklärt werden.

Für die Behandlung der strukturellen Effekte hat sich die morphologische Analyse bewährt, die in Form eines morphologischen Kastens dargestellt wird, mit dem Entscheidungsprobleme in einfach zu lösende Teile zerlegt werden.[474] Wir werden nun anhand eines fiktiven Beispiels eine Auswahl an strukturellen Effekten eines Hotelbetriebes behandeln.

---

[474] Der morphologische Kasten ist eine systematisch heuristische Kreativitätstechnik nach dem Schweizer Astrophysiker Fritz Zwicky. Vgl. auch https://www.business-wissen.de/hb/morphologischer-kasten/ (27.07.21).

Kategorie	Ausprägungen		
Zeitbezogene Preisdifferenzierung	Statisch, saisonal differenziert	Saisonal, dynamisch	
Zimmer-Kategorien	Wie bisher	Mehr Kategorien	weniger: DZ Rose entfernen
Zimmer-Struktur	wie bisher	Zuordnung ändern	
Saisonen	weniger	wie bisher	mehr
Saisonzeiten	wie bisher	ändern	
Basispreis	Personenpreis	Zimmerpreis	
Inklusivleistungen	nur Übernachtung	Übernachtung mit Frühstück	Übernachtung mit Halbpension
Ortstaxe	inklusive	exklusive	
Anzahlungen	30 % des gebuchten Arrangements	nein	
Stornierungsbedingungen	Ja, wie bisher	keine	
Preise Erwachsene	wie bisher	Preise erhöhen (Delta-Nutzen und Inflation)	
Preise Kinder	absolut in Euro	relativ in % der Erwachsenenpreise	
Kurzaufenthaltszuschlag	mit Zuschlag	ohne Zuschlag	
Langaufenthaltsabschlag	mit Abschlag	ohne Abschlag	
Doppelzimmer zur Einzelnutzung	mit Zuschlag: A + 25 %; B + 50 %	ohne Zuschlag	
Wochenende	mit Zuschlag	ohne Zuschlag	
Feiertage	mit Zuschlag	ohne Zuschlag	
Gruppenrabatte	ja, Busgruppen reduzieren	nein	
Reisebürorabatte	ja, Reisebüros in 3 Jahren abgebaut	nein	

Kategorie	Ausprägungen		
Stammgästerabatte	ja	nein: bestehende laufen aus	
Complimentary	ja, jedoch sehr limitiert	nein	
Frühbucherrabatte	ja	nein	
Pauschalen	ja, max. 5 % Rabatt	nein	
Tiere	gratis	Verrechnung: 20 Euro pro Tag	
Parkplätze	Gratis	Verrechnung	
Tiefgarage	gratis	Verrechnung: 10 Euro; Suiten im Preis inbegriffen	

Abb. 41: Ausprägung Strukturelle Effekte

Die in der Abbildung 41 dargestellten Ausprägungen geben einen Eindruck über die vielfältigen Möglichkeiten zur Beeinflussung des Durchschnittspreises und somit des Nettoumsatzes. Die Optimierung der Preis-Strategie gelingt aus der Vogelperspektive, indem zuerst die strategischen Effekte definiert werden. Die strukturellen Effekte sind eher taktischer Art und können somit leichter definiert werden, wenn die übergeordnete strategische Stoßrichtung gegeben ist.

6.2.2.3 Psychologische Effekte

Wie wir bereits in den vorherigen Kapiteln gesehen haben, spielen psychologische Effekte bei vielen Themen zum Preis eine gewichtige Rolle. Sie können buchungsentscheidend sein und sie entscheiden auch, wie die Preise von den Kunden wahrgenommen werden. Daher sollten alle Entscheidungen hinsichtlich der psychologischen Effekte hinterfragt werden. Bei der Behandlung der strategischen Effekte schwingen sie genauso mit, wie bei der Optimierung der strukturellen Effekte. Im Kapitel 5.1 (Psychologische Effekte) habe ich erwähnt, dass Forscher bisher 187 Psychoeffekte identifiziert und strukturiert haben. Für die Hotellerie konnte ich 66 psychologische Effekte identifizieren, die mit unterschiedlicher Intensität für die Preisfestsetzung und Preisdurchsetzung relevant sind. Aus diesen 66 Effekten konnte ich fünf identifizieren, die so bedeutend sind, dass sie bei jeder Preis-Strategie berücksichtigt werden sollten.

Bei Preis-Strategie-Projekten nutzen wir die Kenntnis der psychologischen Effekte, um jeden Effekt zu hinterfragen und aus psychologischer Sicht zu optimieren. Das Wissen um die Wirkmacht dieser Effekte hilft, Entscheidungen zu treffen, die aufgrund der bisherigen Erfahrungen mit hoher Wahrscheinlichkeit funktionieren. Gegen Ende eines Projektes hinterfragen wir daher regelmäßig, inwieweit zumindest die wichtigsten fünf psychologischen Effekte (▶ Kap. 5.1) hinreichend berücksichtigt worden sind:

- Anker-Effekt
- Framing-Effekt
- Bandwagon-Effekt
- Kontrast-Effekt
- Geldwertillusion

	Fragen zu den psychologischen Effekten der Preis-Strategie
Anker-Effekt	Passt der Anker-Preis (niedrigster Preis) zum Angebot und zur Positionierung? Passt der Preisanker (höchster Preis) zum Angebot und zur Positionierung? Liegen wir mit diesen Preisen vergleichbar mit den relevanten Kernwettbewerbern und können wir dies begründen?
Framing-Effekt	Passen die Zimmernamen zur Positionierung? Passt die Kommunikation der Zimmerthemen? Werden die Leistungen der Zimmer angemessen präsentiert? Wird das Instrument des Storytellings genutzt? Werden die Zimmer emotional angeboten und verkauft?
Bandwagon-Effekt	Ist die Preisspanne (Preisabstand zwischen dem günstigsten und dem teuersten Zimmer) groß genug? Ist die Preisspanne zu groß? Sind genügend Angebote im Mittelpreisbereich vorhanden? Sind die mittelpreisigen Angebote mit den Angeboten der Wettbewerber vergleichbar, und wenn nein, warum nicht?
Kontrasteffekt	Gibt es ein Top-Zimmer, das sowohl von der Ausstattung als auch vom Preis gegenüber den anderen Zimmern herausragt? Wird dieses Zimmer bei der Vermarktung als Preisanker genutzt um den Unterschied – und damit die Preiswürdigkeit – der anderen Zimmer zu unterstreichen? Wird das Top-Zimmer auf der Website als herausstechendes Angebot präsentiert?
Geldwertillusion	Werden die Zimmerpreise regelmäßig (jährlich) entsprechend der Inflation angepasst? Wird die Inflation speziell für die Hotellerie berechnet?

Abb. 42: Fragen zu den psychologischen Effekten

Wir empfehlen, die Ergebnisse der Veränderungen grafisch darzustellen, damit die Unterschiede zur bisherigen Preis-Politik deutlich erkennbar sind. Ein Vergleich der Zimmer-Verteilung nach Durchschnittspreis und Zimmergröße vor und nach der Veränderung der Preis-Strategie hilft, einen Überblick zu gewinnen und die Auswirkungen zu verstehen. Ebenso interessant ist der Vergleich der Preisspannen der Wettbewerber vor und nach der Veränderung der Preis-Strategie.

6.3 Preis-Szenariorechnung

Die Preis-Szenariorechnung ist ein Instrument, mit dem unterschiedliche Preis-Strategien simuliert und miteinander verglichen werden. Die bisherigen Erörterungen haben gezeigt, dass die Komplexität von preisstrategischen Veränderungen sehr hoch ist. Das Ergebnis der Preis-Szenariorechnung ist die Preisliste, je nach Preis-Strategie differenziert nach folgenden Kriterien:

- Zimmer-Kategorien
- Saisonzeiten
- Aufenthaltsdauern
- Preise brutto

Je nach zeitbezogener Preisdifferenzierung wird eine statische, saisonal differenzierte Preisliste erstellt oder die Preisliste besteht aus Preis-Levels je Zimmer-Kategorie, wenn sich ein Hotel für ein dynamisches Pricing entschieden hat.

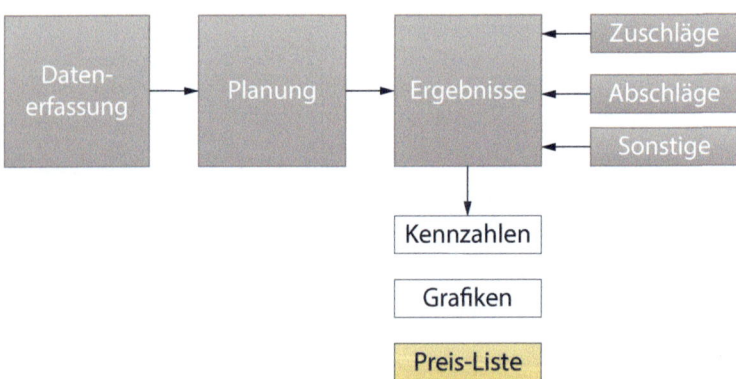

Abb. 43: Preis-Szenariorechnung

In der obigen Abbildung ist ein grober Überblick einer Preis-Szenariorechnung skizziert. Im Folgenden werden die Überschriften der Detailpläne dargestellt, die jeweils weitere Unterkategorien beinhalten:

- Datenerfassung
  - Zimmer-Kategorien
  - Zimmer-Struktur
  - Saisonen/ Offenhaltungstage
- Planung
  - Preise
  - Zimmer-Auslastung
  - Betten-Auslastung
  - Doppelbelegungsfaktor
  - Anteil Kinder je Altersstufe
- Ergebnisse
  - Brutto-Umsatz
  - Zimmer-Nächtigungen
  - Betten-Nächtigungen Erwachsene
  - Betten-Nächtigungen Kinder
  - Betten-Nächtigungen gesamt
- Zuschläge
  - Kurzaufenthalt
  - Zuschlag Doppelzimmer zur Einzelnutzung
  - Zuschlag Wochenende
  - Zuschlag Feiertag
- Abschläge
  - Langaufenthalte
  - Gruppen
  - Reisebüros
  - Stammgäste
  - Frühbucher
  - Verpflegung
  - Pauschalen
- Sonstige
  - Tiefgarage
  - Parkplätze
  - Tiere

Das finale Ergebnis jeder Preis-Szenario-Simulation sind die Kennzahlen, die Grafiken und die Preis-Liste. Werden mehrere Preis-Szenariorechnungen erarbeitet erfolgt ein Preis-Szenariovergleich. So können die Auswirkungen unterschiedlicher Preis-Strategien im Detail verglichen und die optimale ausgewählt werden. Zur Prüfung der Plausibilität werden die Ergebnisse miteinander und mit den Vorjahreswerten verglichen. Die entscheidenden Kennzahlen, die zur Auswahl der optimalen Preis-Strategie führen, sind folgende:

- Netto-Umsatz nach Zu- und Abschlägen
- Netto-Pensionserlös je Zimmer-Nächtigung

- Netto-Pensionserlös je Betten-Nächtigung

Im Vergleich wird ersichtlich, wie sich der Durchschnittspreis aufgrund der neuen Preis-Strategie entwickeln wird unter der Voraussetzung, dass die angenommenen Prämissen realisiert werden. Ergänzend können unter Berücksichtigung zusätzlicher Informationen auch Break-Even-Analysen durchgeführt werden, die Auskunft darüber geben, wie sich der Netto-Umsatz bei unterschiedlicher Auslastung entwickeln würde.

Ziel der Preis-Strategie ist den in der Unternehmens-Strategie angenommenen Durchschnittspreis mindestens zu erreichen. Damit ist die Verknüpfung zur Unternehmens-Strategie gegeben. Im positiven Fall liegt der simulierte Netto-Durchschnittspreis pro Betten-Nächtigung über dem anvisierten Preis aus der Unternehmens-Strategie. Sollte der simulierte Durchschnittspreis unter dem anvisierten Durchschnittspreis liegen, so empfiehlt sich nochmals, in die Details einzusteigen und die Stellschrauben aus strategischer, struktureller und psychologischer Sicht zu optimieren.

Durch das Hinterfragen und die Optimierung aller Effekte des Power Pricing (▶ Abb. 36) können Ergebnisse erzielt werden, die im ersten Blick als kaum möglich gehalten werden. Die kumulierte Wirkung aller Effekte wird in der Summe meistens unterschätzt. Umso wichtiger ist nun, die erarbeitete Preis-Strategie umzusetzen. Mit der Umsetzung befassen wir uns im folgenden Kapitel.

6.4 Preis-Strategie umsetzen

Im vorherigen Kapitel habe ich auf die Bedeutung der Verantwortung bei der Erarbeitung der Preis-Strategie hingewiesen. Das Top-Management sollte in jeder Phase der Erarbeitung involviert sein. Erfolgsentscheidend ist auch, die betreffenden Mitarbeiterinnen und Mitarbeiter schon bei den ersten Schritten einzubinden.[475] Wenn das Team bei der Erarbeitung von der Analyse bis zur Formulierung der Preis-Strategie mitwirkt, ist eine wesentliche Voraussetzung erfüllt.

Im Grunde geht es bei der Umsetzung darum, jedes Detail der Preis-Strategie zu implementieren und zu steuern. Begleitend empfehle ich, die Mitarbeiter zu schulen, insbesondere zu den Themen Nutzenargumentation und Preiseinwände. Die Margen verdienen Sie mit Ihrem Hotel nicht mit Preisverhandlungen, sondern mit der Produktpositionierung. Dennoch sollten die Mitarbeiter hinreichend geschult sein. Der Mitarbeiter muss davon überzeugt sein, dass das Produkt seinen Preis wert ist. Wenn der Mitarbeiter vom Produkt nicht wirklich überzeugt ist, kann es sein, dass er dies dem Kunden auch zu verstehen gibt, was manchmal auch in Form einer körpersprachlichen Unsicherheit vorkommen kann.[476]

---

475 Vgl. Vester 2001, S. 45.
476 Vgl. Kmenta 2020, S. 21.

Es geht bei der Umsetzung daher um die Schulung und die Kommunikation der Preise und um mögliche Einwände. In diesem Kapitel wollen wir uns mit Preiseinwänden und möglichen Antworten befassen. Sehen sie die Antworten als Beispiel. Manche Antworten können auch als frech empfunden werden.

Ich empfehle, gemeinsam mit Ihren Mitarbeitern diese Preiseinwände zu besprechen und gegebenenfalls zu überarbeiten und zu ergänzen. Auch Preiseinwände sollten zur Kultur und zur Positionierung Ihres Hauses passen. Der Umgang mit Preiseinwänden kann geübt werden. Wenn der Kunde sagt »zu teuer« sollten Sie die passenden Antworten parat haben, damit Sie bei Preisgesprächen nie mehr sprachlos sind.[477] Die Preiseinwände sind in folgende Kategorien geordnet:

Ablehnung und Rückzug

Falls kein Verhandlungsspielraum besteht können Sie gleich zu Beginn signalisieren, dass hier Schluss ist. Besser kein Geschäft als eines, bei dem Sie Geld verlieren:

- »Das ist schade. Ich habe mich schon über Ihre Buchung gefreut.«
- »Nein, ein Preisnachlass ist leider nicht möglich, tut mir leid.«

Ausweichen

Wenn Sie merken, der Kunde fragt nur mal, aber fordert nicht, oder der Kunde fragt wie viel Rabatt können Sie mir da noch geben:

- »Verstehe, Sie finden also, dass der Preis höher ist als erwartet?«
- »Wenn Sie alle Hotelleistungen zu einem günstigeren Preis möchten, kann ich Ihnen eine etwas preiswertere Kategorie anbieten.«

Reframing oder Umdeutung

Der Kundenwunsch nach einer Preisreduktion kann negativ umgedeutet werden, indem das Wort »billiger« betont wird. Alternativ kann auch das Wort »wertvoll« anstatt das Wort »teuer« verwendet werden:

- »Sie meinten also, der Preis entspricht noch nicht ganz Ihren Vorstellungen.«
- »Wollten Sie etwas Billigeres?«
- »Die Tatsache, dass Sie mich nach einem niedrigeren Preis fragen, bedeutet, dass Sie das Zimmer haben möchten. Sehe ich das richtig?«
- »Stimmt, es handelt sich um eine hochwertige Zimmerkategorie.«

---

477 Vgl. Kmenta 2017, 2019, 2020.

- »Danke für Ihr Feedback. Das heißt also, Sie benötigen noch mehr Informationen, um den Wert für Sie richtig einschätzen zu können.«

Zustimmen

Wenn der Kunde anmerkt, dass der Preis sehr hoch ist, er aber nicht »zu teuer« sagt:

- »Stimmt, Qualität hat ihren Preis.«
- »Stimmt, das ist unsere Top-Suite.«
- »Das kann ich gut verstehen, dass Sie das so sehen.«

Klarheit schaffen

In vielen Fällen sind Preiseinwände diffus und unklar. Hier gilt es Klarheit zu schaffen, bevor Sie im Preisgespräch weitermachen:

- »Was genau meinen Sie mit zu teuer?«
- »Wie viel zu teuer?«
- »Und wo genau liegt Ihre oberste Schmerzgrenze, was den Preis betrifft?«
- »Zu teuer, verglichen womit?«
- »Gibt es außer dem Preis noch irgendeinen Punkt, den wir klären müssen?«

Konkurrenzvergleich

Oft kommen Preiseinwände als Konkurrenzvergleich. »Ihr Nachbarhotel ist um zwanzig Prozent günstiger«. Hier gilt es sicherzustellen, dass Äpfel nicht mit Birnen verglichen werden:

- »Können Sie mir dieses Angebot bitte zusenden?«
- »Sind Sie so nett und senden Sie mir das Angebot per Mail, damit ich die beiden für Sie gegenüberstellen kann?«
- »Wo sind die Unterschiede zu unserem Angebot?«
- »Was halten sie davon, wenn wir gemeinsam die Angebote vergleichen, nur um zu sehen, wo die Unterschiede liegen und wie ich noch mehr Nutzen für Sie rausholen kann?«

Zug um Zug

Wenn Sie den Kunden nicht verlieren möchten, können Sie den Kunden fragen, was er Ihnen im Gegenzug geben möchte. Wenn Sie zum Beispiel vor oder nach dem geplanten Urlaub noch Zimmer frei haben, könnten Sie eine gewisse Flexibilität zeigen. Alternativ können Sie eine günstigere Saison anbieten. Oder Sie bieten eine nicht stornierbare Buchung mit 100 Prozent Anzahlung an. Zug um Zug Angebote sollten stets im Rahmen der Preis-Strategie bleiben:

- »Ja gerne, wenn Sie dafür ...«

Emotionen

Menschen haben eine ganze Reihe von Bedürfnissen, wenn sie ihren Urlaub buchen, die über die Basisleistungen eines Hotelbetriebes hinausgehen:

- »Haben Sie es sich nicht verdient, sich mal etwas wirklich Gutes zu gönnen?«
- »Auf diesen Urlaub wird sich Ihre Familie richtig freuen.«
- »Sie sind einer der allerersten Gäste, die den neuen Wellnessbereich nutzen können.«
- »Ihr Urlaub bei uns hat seinen Preis, stimmt. Aber Ihr Urlaubserlebnis mit Ihrer Familie ist dafür unbezahlbar.«

Anerkennung, Ehre und Ego

Das Bedürfnis nach Anerkennung ist weit verbreitet. Je nach Situation können harte Fragen auch durch ein Augenzwinkern abgeschwächt werden:

- »Tut mir leid! Ich dachte, Sie legen Wert auf Qualität?«
- »Sie wollen also nicht, dass Sie und Ihre Familie das Beste erhalten?«

Umgekehrte Logik

Verwirrung zu stiften kann eine gute Taktik sein, indem Ihr Gegenüber aus der Fassung gebracht wird:

- »Genau deshalb sollten Sie buchen.«
- »Das habe ich extra für Sie so angeboten.«

Abschlussorientierung

Preiseinwände sind ein Abschlusssignal. Der Kunde deutet an, dass er interessiert ist. Mit diesen Einwandbehandlungen erhöhen Sie das Tempo in Richtung Geschäftsabschluss:

- »Verstehe! Das heißt, Sie wollen lieber das günstigere Zimmer haben?«

Argumentation

Argumente können helfen, sollten jedoch nur mit viel Fingerspitzengefühl eingesetzt werden:

- »Ich habe die Erfahrung gemacht, je mehr ich in Dinge investiere, die ich wirklich großartig finde, desto zufriedener bin ich mit meiner Entscheidung.«

Loben

Lob kann ein sehr effektives Instrument in der Einwandbehandlung sein:

- »Zum Glück sind Sie jemand, der zwischen »nicht günstig« und »teuer« sehr gut unterscheiden kann.«
- »Daher schätzen wir Menschen wie Sie, die auch bereit sind, etwas mehr Geld für die beste Qualität auszugeben.«
- »Deshalb bin ich sehr froh, dass es Menschen gibt wie Sie, die sich so einen Urlaub auch leisten können.«

Selbstbewusst, frech und unverschämt

Diese Antworten auf das »zu teuer« Ihres Kunden erfordern eine sehr gute Beziehungsebene zum Kunden, um ihn nicht zu verärgern. Solche Antworten können auch auf unverschämte Fragen gegeben werden:

- »Wenn Sie ein deutlich günstigeres Hotel möchten, kann ich Ihnen gerne eines empfehlen.«

Zitate und Sprüche

Sprüche begleiten uns in vielen Lebenslagen und geben praktikable Handlungsanweisungen:

- »Es wird immer einen geben, der billiger ist.«
- »Wilhelm Busch hat schon gesagt: Bei genauerer Betrachtung, steigt mit dem Preis auch oft die Achtung.«
- »Sie wissen ja, wie das ist: Was nichts kostet, ist nichts wert.«
- »Rabat – ja, das kenne ich. Das ist eine Stadt in Marokko.«
- »Wer billig kauft, kauft teuer. Aber das wissen Sie ja.«

6.5 Preis-Strategie steuern

Auch bei funktionalen Strategien, wie der Preis-Strategie, geht es bei der Steuerung nicht nur um Kontrolle, sondern um die Einbettung des strategischen Denkens in das Controlling-System. Wenn ein Controlling-System implementiert ist und funktioniert, dann sollten auch die Ziele der Preis-Strategie integriert werden. Die drei zentralen Steuerungs- und Kontrollaufgaben sind Durchführungskontrolle, Prämissenkontrolle und Strategische Überwachung (▶ Kap. 3.5).

6.5.1 Durchführungskontrolle

Aus der Preis-Szenariorechnung sind neben vielen weiteren Kennzahlen vor allem der Nettoumsatz, die Anzahl Nächtigungen und der Durchschnittspreis je Nächtigung wesentlich. Sollen die Ziele der Preis-Strategie monatlich gesteuert werden, was wir sehr empfehlen, dann müssen die Ziele auf die einzelnen Monate heruntergebrochen und mit dem Jahresbudget verknüpft werden. Die Herausforderung besteht darin, die saisonalen Kennzahlen in Budgetzahlen zu transformieren, was einigen Rechenaufwand verursachen kann, vor allem wenn das Geschäftsjahr von den Saisonen abweicht.

Veränderungen der Preis-Strategie führen auch zu veränderten Ergebnissen. Besonders zu Beginn einer neuen Preis-Strategie sollte darauf geachtet werden, wie sich das Gesamtbild entwickelt. Dabei ist nicht nur der erzielte Durchschnittspreis relevant, sondern auch die Anzahl Nächtigungen, der Nettoumsatz, die Umsätze von Nebenleistungen und die Entwicklung des Gross Operating Profit (GOP) und des Ergebnisses vor Steuern von Interesse.

Wir werden manchmal zu Beginn der Umsetzung einer neuen Preis-Strategie mit rückläufigen Auslastungen konfrontiert, was den Hoteliers verständlicherweise Sorgen bereiten kann. In solchen Situationen ist es hilfreich, die Vogelperspektive einzunehmen und mehrere Kennzahlen und die Gesamtstrategie zu betrachten. Die Monatswerte können aus unterschiedlichen Gründen recht hohe Schwankungen aufweisen. Die kumulierten Werte, die mehrere Monate umfassen, sind daher aussagekräftiger. Wenn die Auslastung niedriger ist als im Vorjahr, dann sollte dieser Effekt in Zusammenhang mit dem veränderten Durchschnittspreis gesehen werden. Wenn sich dann trotz eines Auslastungsrückgangs das Ergebnis vor Steuern verbessert, dann weiß man, dass das Unternehmen auf dem richtigen Weg ist.[478] Die Durchführungskontrolle ist daher ein wichtiges Instrument der Steuerung. Sie hilft Schnellschüsse und Fehlentscheidungen zu vermeiden.

---

478 Eine unserer Kundinnen war wegen dem Auslastungsrückgang zu Beginn der Umsetzung der neuen Preis-Strategie sehr nervös und überlegte schon mit Rabatten zu arbeiten. Die Gesamtbetrachtung und die deutliche Verbesserung des Ergebnisses überzeugte die Kundin, die eingeschlagene Strategie weiter umzusetzen und mehr auf die Preisdurchsetzung zu achten als auf die Auslastung.

6.5.2 Prämissenkontrolle

Wie alle Strategien basieren auch Preis-Strategien auf Annahmen, auf Prämissen, wie die Wirklichkeit ist, wie die Zukunft wahrscheinlich sein wird und wie aktuell die Annahmen noch sind. Die Prämissenkontrolle ist deshalb wichtig, da grundsätzlich davon ausgegangen werden muss, dass Annahmen sich als falsch erweisen können.

Die Prämissenkontrolle betrifft vor allem die Daten der Ausgangssituation. Zu hinterfragen ist, ob die analysierten Daten und Fakten nach wie vor relevant und adäquat sind und ob nicht Informationen fehlen, die für eine Entscheidung bedeutend sein könnten. Im Rahmen der Prämissenkontrolle können u. a. folgende Fragen gestellt werden:

- Sind die analysierten Wettbewerber relevant oder gibt es neue Anbieter in unserem Marktsegment?
- Wie reagieren die Kunden auf die neuen Preise?
- Haben sich die Buchungsgründe oder deren Gewichtung aus Sicht der Kunden geändert?
- Hat sich aufgrund der Veränderung der Zielgruppe die Preiselastizität geändert?
- Hat sich die Kundenzufriedenheit wie prognostiziert verändert?
- Haben sich Durchschnittspreis und Auslastung so verändert wie prognostiziert?

Preis-Strategien basieren auch auf subjektiven Einschätzungen, auf Annahmen, wie Kunden reagieren, wenn Preise verändert werden. Hierbei stellt sich die Frage, ob die Inhalte angemessen eingeschätzt worden sind.

6.5.3 Strategische Überwachung

Durchführungskontrolle (monatlich) und Prämissenkontrolle (jährlich) sind gerichtete Aktivitäten, da sie auf bestimmte Ziele gerichtet sind. Die Themen, die zu analysieren und zu hinterfragen sind, sind bekannt. Man kann sie regelmäßig behandeln und laufend verbessern, was in der Regel auch hilft, die Ziele zu erreichen. In der Realität gibt es jedoch Ereignisse, die sich diesen gerichteten Aktivitäten entziehen.[479] Solche Ereignisse können jedoch für ein Unternehmen von strategischer Relevanz sein. Eine strategische Überwachung soll »scheuklappenbedingten Entwicklungen« dadurch entgegenwirken, indem laufend geprüft wird, ob die grundsätzliche Ausrichtung noch angemessen ist.

Im Grunde handelt es sich bei dieser ungerichteten strategischen Überwachung auch um eine strategische Frühaufklärung, die die Aufgabe hat, möglichst frühzei-

---

479 Vgl. Taleb 2008a, 2008b, 2010.

tig bedrohende oder Chancen eröffnende Entwicklungen im Unternehmensumfeld oder im Unternehmen selbst zu antizipieren, damit das Unternehmen seine strategische Planung darauf abstellen kann.[480] Manchmal gibt es auch erfreuliche Entwicklungen, die so nicht erwartet worden sind. Wenn beispielsweise die gesetzten Preise durchgesetzt werden, die Auslastung jedoch deutlich über der prognostizierten ist, ergeben sich neue Möglichkeiten, auf deren Basis neue Strategien – auch hinsichtlich der Preise – erfolgversprechend sind.

Durch die strategische Überwachung werden neue Erkenntnisse bei der Aktualisierung der Unternehmens- und der Preis-Strategie systematisch eingearbeitet. Die laufenden Arbeiten am Unternehmen durch die jährliche Aktualisierung der Strategien helfen das Niveau der strategischen Steuerung stets weiter zu verbessern. Als Anhaltspunkte zur Gestaltung der strategischen Überwachung können folgende Hinweise dienen:

- Informationen sind grundsätzlich aus allen Quellen und von allen Personen oder Organisationen zu beziehen.
- Die gewonnenen Informationen aus der strategischen Überwachung sollten selektiert, strukturiert und dokumentiert werden, damit sie bei der folgenden Aktualisierung genutzt werden können. Die schriftliche Dokumentation der Preis-Strategie ist auch aus dieser Sicht eine wesentliche Grundlage einer professionellen Steuerung.
- Die Aufgabe der strategischen Überwachung kann nicht an bestimmte Personen delegiert werden, sondern muss als Aufgabe aller Führungskräfte und Mitarbeiter gesehen werden.

Nach unserer Erfahrung genügt es die Prämissen einmal jährlich im Rahmen der Strategie-Aktualisierung zu hinterfragen, sofern die monatlichen Ergebnisse im Rahmen sind. Sollten die Ergebnisse während des Jahres stark abweichen, dann können diese Abweichungen, sollten sie positiv sein, dazu verwendet werden die Cashflow-Position zu verbessern. In diesem Fall ist offensichtlich, dass die Annahmen hinsichtlich der Richtung der Ergebnisse richtig waren, dass jedoch die Ausprägung der Ergebnisse zu vorsichtig geschätzt worden sind.

Bei positiven Planabweichungen handelt es sich auch um Planabweichungen, auch wenn sie erfreulich sind und keine größeren Probleme verursachen. Falls die Abweichungen negativer Art sind, dann sollten die Erkenntnisse gut analysiert und Schnellschüsse vermieden werden. Jede Art von Gegensteuerung aufgrund monatlicher Ergebnisse sind stets im Rahmen der Gesamtstrategie zu behandeln. Bei der Durchsetzung der Preis-Strategie ist daher nicht nur Selbstbewusstsein gefragt, sondern auch eine Portion Coolness.

Die Preis-Strategie sollte jährlich aktualisiert werden. Die im Laufe des Jahres gewonnenen internen und externen Erkenntnisse können zu Neueinschätzungen und Optimierungen der Preis-Strategie führen. Auch ein um ein halbes Prozent

---

480 Vgl. Baum et al. 2004, S. 11.

höherer Durchschnittspreis kann – wie wir gezeigt haben – in kurzer Zeit zu erfreulichen Ergebnisverbesserungen führen. Eine regelmäßige Preis-Strategie-Optimierung führt, unter Berücksichtigung des Zinseszinseffektes nicht nur zu einer überproportionalen Verbesserung des Ergebnisses des Folgejahres, sondern aller Folgejahre. Schließlich ist der Preis der mit großem Abstand stärkste Gewinnhebel für jedes Hotel.

Literatur

Adlon, Hedda. Hotel Adlon. Das Berliner Hotel, in dem die große Welt zu Gast war. Wilhelm Heyne Verlag, Berlin 2013.
Amann, Erwin. Entscheidungstheorie. Individuelle, strategische und kollektive Entscheidungen. Springer Spektrum, Wiesbaden 2019.
Ammous, Saifedean. Der Bitcoin-Standard. Die dezentrale Alternative zum Zentralbankgeld. Aprycot Verlag. Rheinfelden 2019.
Angerbauer, Klaus. Hört auf zu verkaufen. Mit der Neuro Associative Selling Strategie zum Verkaufserfolg. Haufe-Lexware GmbH & Co KG. Freiburg 2013.
Baader, Dieter. Marketing und Wettbewerb, in: Belz, 1986.
Baader, Roland. Geld, Gold und Gottesspieler. Unveränderter Nachdruck der 2. Auflage. Gräfeling 2007.
Baader, Roland. Geldsozialismus. Die wirklichen Ursachen der neuen globalen Depression. 1. Auflage. Verlag Dr. Ingo Resch GmbH, Gräfeling 2010.
Baetzgen, Andreas. Marken brauchen mehr Was und weniger Warum, in: Harvard Business Manager, Februar 2021, S. 64-65.
Barry, Thomas E. Marketing. An Integrated Approach. CBS International Editions, New York 1986.
Baum, Heinz-Georg, Coenenberg, Adolf G., Günther, Thomas. Strategisches Controlling. 3. Auflage, Schäffer-Poeschel Verlag für Wirtschaft. Ulm 2004.
Belz, Christian (Hrsg.). Realisierung des Marketing, Band 1. Verlag Auditorium, Sankt Gallen 1986.
Berg, Jens-Rainer. Die Macht des Profits, in: Der Kapitalismus. Wie ein Wirtschaftssystem die Welt eroberte. Geo Epoche, Nr. 69. Gruner + Jahr AG. Hamburg 2014.
Betz, Michael, Betz-Werner, Philine. Strategisches Marketing in der Hotellerie. Institut für Marketing der Universität St. Gallen 2019.
Bilanzbranchenbild Hotels. Stand Juli 2021. KMU Forschung Austria, Wien 2021.
Bilanzbranchenbild Hotels. Stand September 2020. KMU Forschung Austria, Wien 2020.
Bilanzbranchenbild Hotels. Stand Juli 2019. KMU Forschung Austria, Wien 2019.
Bilanzbranchenbild Hotels. Stand Juli 2018. KMU Forschung Austria, Wien 2018.
Bilanzbranchenbild Hotels. Stand Juli 2017. KMU Forschung Austria, Wien 2017.
Bilanzbranchenbild Hotels. Stand Juli 2016. KMU Forschung Austria, Wien 2016.
Bilanzbranchenbild Hotels. Stand Juli 2015. KMU Forschung Austria, Wien 2015.
Bilanzbranchenbild Hotels. Stand Oktober 2014. KMU Forschung Austria, Wien 2014.
Bilanzbranchenbild Hotels. Stand September 2013. KMU Forschung Austria, Wien 2013.
Bilanzbranchenbild Hotels. Stand November 2012. KMU Forschung Austria, Wien 2012.
Bilanzbranchenbild Hotels. Stand Dezember 2011. KMU Forschung Austria, Wien 2011.
Bilanzbranchenbild Hotels (inkl. Motels). Stand Januar 2011. KMU Forschung Austria, Wien 2011.
Bilanzbranchenbild Hotels (inkl. Motels). Stand Januar 2010. KMU Forschung Austria, Wien 2010.

Böcker, Franz und Thomas, Lutz. Marketing. Stuttgart, New York. Gustav Fischer Verlag 1981.

Böhme, Johannes. Die Preisfrage, in: brandeins, 22. Jahrgang, Heft 07, Juli 2020, S. 20-24.

Böventer von, Edwin. Einführung in die Mikroökonomie. R. Oldenbourg Verlag GmbH. München 1980.

Bonoma, Thomas V. Der Marketing-Vorsprung. Marketingstrategien sofort erfolgreich in die Praxis umsetzen. Verlag Moderne Industrie, Landsberg am Lech 1985.

Bootle, Roger. Das Ende der Inflation. Worauf sich Unternehmen und Anleger in der Ära stabiler Preise einrichten müssen. Campus Verlag. Frankfurt am Main New York 1997.

Boutellier, Roman; Völker, Rainer. Erfolg durch innovative Produkte. Bausteine des Innovationsmanagements. Carl Hanser Verlag, München, Wien 1997.

Brandenburger, Adam. Strategie braucht Kreativität, in: Harvard Business Manager, Oktober 2019, S. 70-77.

Briesemeister, Benny, Trebbe, Johanna. Welcome to the Real World – Neuromarketing für den stationären Point of Sale zur Quantifizierung der Customer Experience, in: Briesemeister, Selmer, 2020.

Briesemeister, Benny; Selmer, Werner Klaus (Hrsg.). Neuromarketing in der Praxis. Den Emotionen auf der Spur – implizite Kauftreiber erkennen und als Verkaufstreiber nutzen. Springer Gabler. Wiesbaden 2020.

Bruhn, Manfred. Determinanten des Kaufverhaltens im Dienstleistungsbereich, in: Tomczak, Heidig (Hrsg.), 2014, S. 19-42.

Brugger, Elisabeth. Wahrnehmung und Trugschlüsse: Lernen auf ungesichertem Boden, in: Die Österreichische Volkshochschule 02-2019, Nr. 268, S. 13-16.

Bultman, Daniel. Kambodscha unter den Roten Khmer. Die Erschaffung des perfekten Sozialisten. Ferdinand Schöningh, Paderborn 2017.

Büttner, Jürgen. Warren Buffett: Worauf der Starinvestor jetzt setzt. https://www.handelszeitung.ch/invest/stocksDIGITAL/warren-buffett-worauf-der-starinvestor-jetzt-setzt-1080127, 12.05.2016.

Burmann, Christoph; König, Verena; Meurer, Jörg (Hrsg.). Identitätsbasierte Luxusmarkenführung. Springer Fachmedien Wiesbaden 2012.

Clausewitz, Carl von. Vom Kriege (1832). Herausgegeben von Ulrich Marwedel, Reclam Verlag. Stuttgart 1980.

Dehaene, Stanislas; Le Cun, Yann; Girardon, Jacques. La plus belle histoire de l'intelligence. Robert Laffont. Paris 2018.

Di Lorenzo, Thomas J. How Capitalism Saved America. Random House. New York 2004.

Diamond, Jared. Arm und Reich. Die Schicksale menschlicher Gesellschaften. 6. Auflage. Fischer Verlag. Frankfurt am Main 2005.

Dietsch, Stefanie. Die Geschichte des deutschen Hotels – von den Anfängen bis zur Gegenwart. Studienarbeit. Grin Verlag. Norderstedt 2006.

Diller, Hermann; Beinert, Markus; Ivens, Björn; Müller, Steffen. Pricing. Prinzipien und Prozesse der betrieblichen Preis-Politik. 5. Auflage. Verlag W. Kohlhammer. Stuttgart 2021.

Dobelli, Rolf. Die Kunst des klaren Denkens. 52 Denkfehler, die Sie besser anderen überlassen. 10. Auflage. München 2015a.

Dobelli, Rolf. Die Kunst des klugen Handelns. 52 Irrwege, die Sie besser anderen überlassen. 5. Auflage. München 2015b.

Dolan, Robert J.; Simon, Hermann. Power Pricing: how managing price transforms the bottom line. New York 1996.

Dörner, Dietrich; Kreuzig, Heinz W.; Reither, Franz; Stäudel, Thea (Hrsg.). Lohhausen. Vom Umgang mit Unbestimmtheit und Komplexität. Verlag Hans Huber. Bern u. a. 1983.

Dörner, Dietrich. Die Logik des Misslingens. Strategisches Denken in komplexen Situationen. Rowohlt Verlag. Reinbeck bei Hamburg 1990.

Dörsam, Peter. Grundlagen der Entscheidungstheorie. 6. Überarbeitete Auflage. PD-Verlag. Heidenau 2013.
Drucker, Peter F. Managing in Turbulent Times. Pan Books. London 1980.
Drucker, Peter F. Erfolgreiches Management in Krisenzeiten. Wilhelm Heyne Verlag. München 1982.
Dubois, Pierre-Louis; Jolibert, Alain; Mühlbacher, Hans. Marketing Management. A value creation process. Palgrave Macmillan. New York 2007.
Elsser, Christoph. Ansprache von Emotionen und Gefühlen im Neuromarketing. Bachelor + Master Publishing. Hamburg 2014.
Everett, Daniel. Das glücklichste Volk. Sieben Jahre bei den Piraha-Indianern am Amazonas. 2. Auflage. Deutsche Verlags-Anstalt. München 2010.
Fassmacht, Martin; Kluge, Philipp Nikolaus; Mohr, Henning. Do Luxury Pricing Decisions Create Price Continuity? in: Burmann et al. (Hrsg.), 2012, S. 121 – 137.
Felix, Ilse. Neuromarketing: Was passiert im Kopf des Konsumenten? Ein Einblick in die Neuroökonomie und deren Nutzen für die Marktforschung. Diplomica Verlag GmbH. Hamburg 2013.
Fenby, Jonathan. Das chinesische Kaiserreich. G + J. Hamburg 2010
Fordon, Anja. Die Storytelling-Methode. Springer Fachmedien. Wiesbaden 2018.
Frankl, E. Viktor. ...trotzdem Ja zum Leben sagen. 7. Auflage. München. Kösel Verlag 2015.
Frankl, E. Viktor. Der Mensch vor der Frage nach dem Sinn, Piper Verlag 1979. 13. Auflage. München 2001.
Freyberg, Burkhard von; Sabrina Zeugfang. Strategisches Hotelmanagement. De Gruyter Oldenbourg. München 2014.
Friedman, Benjamin M. The Moral Consequences of Economic Growth. Vintage Books. New York 2005.
Frick, Wolfgang. Patient Marke – Kunstfehler im Marketing, Bucher Verlag. Hohenems 2013.
Frohmann, Frank. Digitales Pricing. Strategische Preisbildung in der digitalen Wirtschaft mit dem 3-Level-Modell. Springer Gabler. Wiesbaden 2018.
Gablers Wirtschaftslexikon (hier: Band L-P), 10. Auflage, Wiesbaden 1979.
Gardini, Marco A. Marketing-Management in der Hotellerie. 3. Auflage. De Gruyter Oldenbourg. Berlin u. a. 2015.
Gassmann, Oliver; Reepmeyer, Gerrit. Wachstumsmarkt Alter. Innovationen für die Zielgruppe 50 +. Carl Hanser Verlag. München Wien 2006.
Gigerenzer, Gerd. Bauchentscheidungen. Die Intelligenz des Unbewussten und die Macht der Intuition. 15. Auflage. Wilhelm Goldmann Verlag. München 2008.
Goerlich, Barbara und Spalteholz, Bianca. Das Revenue Management Buch 3.0: Fit for Profit im Hotel. DEHOGA. Berlin 2014.
Graeber, David. Schulden. Die ersten 5.000 Jahre. 6. Auflage. Wilhelm Goldmann Verlag. München 2014.
Grossert, Eva. Hedonistische Tretmühle: Wenn Glück nicht glücklich macht, https://web.de/magazine/wissen/psychologie/hedonistische-tretmuehle-glueck-gluecklich-33735274 (27.07.21).
Hänssler, Karl Heinz. Management in der Hotellerie und Gastronomie. 6. Auflage. Oldenbourg Wissenschaftsverlag GmbH. München 2004.
Hayek, Friedrich A. von. Recht, Gesetzgebung und Freiheit. Band 3: Die Verfassung einer Gesellschaft freier Menschen. Verlag Moderne Industrie, Landsberg am Lech 1981.
Hazlitt, Henry Was Sie über Inflation wissen sollten. FinanzBuch Verlag, München 2017.
Heidig, Wibke; Tomczak, Torsten. Revenue Management aus Kundensicht, in: Tomczak, Heidig (Hrsg.), 2014, S. 1 – 17.
Heinsohn, Gunnar. Muß die abendländische Zivilisation auf immer unerklärbar bleiben? Patriarchat und Geldwirtschaft, in: Schelke, Nitsch (Hrsg.), 1998, S. 209-270.

Henschel, U. Karla; Gruner, Axel; von Freyberg, Burkhard. Hotelmanagement. 4. Auflage. R. Oldenbourg Verlag GmbH. München 2013.

Henz, Patrick. Business Philosophy according to Enzo Ferrari. Sixth Edition, Printed in Germany by Amazon 2018

Herr, Stefan; Beducker, Thomas; Frahm, Matthias. Power Pricing für Industriegüter. 2. Auflage. VDMA Verlag. Frankfurt am Main 2013.

Hilbert, Andreas; Mohaupt, Michael. Kundenwertorientiertes Revenue Management: Ein Plädoyer, in: Tomczak, Heidig (Hrsg.), 2014, S. 153-177.

Hilbig, Heino. Marketing ist eine Wissenschaft... und die Erde eine Scheibe? Springer Gabler. Wiesbaden 2013.

Hinterhuber, H. H. Die sieben Komponenten der strategischen Unternehmensführung. Skriptum o. J.

Hinterhuber, H. H. Strategische Unternehmungsführung. I Strategisches Denken, Walter de Gruyter. Berlin, New York 1989.

Hinterhuber, Hans H. Ganzheitliches Risikomanagement. Ein strategischer Ansatz, in: Hinterhuber, Sauerwein, Fohler-Norek (Hrsg.), 1998, S. 11 – 16.

Hinterhuber, Hans H. Strategische Unternehmensführung. Das Gesamtmodell für nachhaltige Wertsteigerung. 9. Auflage. Erich Schmidt Verlag, Berlin 2015.

Hinterhuber, Hans H., Sauerwein, Elmar, Fohler-Norek, Christine (Hrsg.). Betriebliches Risikomanagement. Österreichische Staatsdruckerei. Brunn 1998.

Hinterhuber, H. H. und Holleis, W. Gewinner im Verdrängungswettbewerb – Wie man durch Verbindung von Unternehmenskultur und Strategie zu einem führenden Wettbewerber werden kann, in: Journal für Betriebswirtschaft, Band 38, 1988, S. 2-18.

Homburg, Christian und Krohmer, Harley. Marketingmanagement. 3., überarbeitete und erweiterte Auflage. Gabler Fachverlage. Wiesbaden 2009.

Hoppe, Hans-Hermann. Eine kurze Geschichte der Menschheit. Fortschritt und Niedergang. Lichtschlag Nr. 26. Grevenbroich 2015.

Huber, Markus. Markt-Konkurrenz-Angebotskombinationen. Dissertation der Hochschule St. Gallen für Wirtschafts- und Sozialwissenschaften. Dissertation Nr. 895. Thal 1984.

Hülsmann, Jörg Guido. Die Ethik der Geldproduktion. Manuscriptum. Waltrop und Leipzig 2007.

Hülsmann, Jörg Guido. Krise der Inflationskultur. Geld, Finanzen und Staat in Zeiten der kollektiven Korruption. 2. Auflage. Finanzbuch Verlag, München, 2014.

Hunke, Reinhard; Gerstner, Guido. 55plus Marketing. Zukunftsmarkt Senioren. Gabler Verlag. Stuttgart 2006.

Husemann-Kopetzky, Markus. Handbook on the Psychology of Pricing. Pricing School Press, 2018.

Jäger, Maren. Psychologische Aspekte des Pricing für die Praxis nutzen, in: Marketing Review St. Gallen, Heft 2009/5, S. 38-43.

Jung, C. G.; von Franz, Marie-Louise; Henderson, Joseph L.; Jacobi, Jolande; Jaffé, Aniela. Der Mensch und seine Symbole. 20. Auflage. Patmos Verlag. Ostfildern 2018.

Kahneman, Daniel. Schnelles Denken, langsames Denken. Übersetzt von Thorsten Schmidt. 24. Auflage. München. Siedler Verlag, 2012.

Kaiser, William. Psychologie für Anfänger. 3. Auflage. Verlag Wolf Digital GmbH. München 2020.

Kenning, Peter; Linzmajer, Marc. Consumer neuroscience: an overview of an emerging discipline with implications for consumer policy, in: Journal of Consumer Protection and Food Safety 2011, 6(1), S. 111-125.

Kenning, Peter. Consumer Neuroscience. Ein transdisziplinäres Lehrbuch. Verlag W. Kohlhammer. Stuttgart 2014.

Kim, Chan W. und Mauborgne, Renée. Der Blaue Ozean als Strategie. Carl Hanser Verlag. München, Wien 2005.
Klossowski, Pierre. Die lebende Münze. Kulturverlag Kadmos. Berlin 1998.
Kmenta, Roman. Nicht um jeden Preis: mehr Gewinn, mehr Wert, mehr Freude im Business. Goldegg Verlag GmbH. Berlin 2017.
Kmenta, Roman. Zu teuer! 118 Strategien, zum Preise verhandeln. VoV media. Bad Vöslau 2019.
Kmenta, Roman. Smart Preise verhandeln. Gewinnbringende Strategien für erfolgreiche Preisverhandlungen. VoV media. Bad Vöslau 2020.
Kobi, Jean-Marcel und Wüthrich, Hans A. Unternehmenskultur verstehen, erfassen und gestalten. Verlag Moderne Industrie. Landsberg am Lech 1986.
Köhler, Hans-Uwe L. Musashi für Manager. Econ Verlag. Düsseldorf und Wien 1986.
König, Verena. Grundlagen der Luxus- und Premiummarkenführung. Springer Fachmedien. Wiesbaden 2017.
Kohl, Manfred. Richtiger Preis, satter Gewinn: Preis-Strategien für die Hotellerie. Stuttgart: Matthaes Verlag GmbH, 2013.
Kopetzky, Markus. Preispsychologie: in vier Schritten zur optimierten Preisgestaltung. Essentials. Wiesbaden: Springer Gabler, 2016.
Kotler, Philip. Marketing-Management. 4. Auflage. C.E. Poeschel Verlag. Stuttgart 1982.
Kotzschmar, Julia und Pölath, Josef K. Strategeme. Etwas aus dem Nichts erzeugen. Marixverlag. Wiesbaden 2010.
Kreilkamp, Edgar. Strategisches Management und Marketing. Walter de Gruyter. Berlin, New York 1987.
Krishna, Aradhna. Customer Sense. How the 5 Senses Influence Buying Behaviour. Palgrave Macmillan. New York 2013.
Kroeber-Riel, Werner. Konsumentenverhalten. Verlag Franz Vahlen. München 1990.
Kühl, Stefan. Leitbilder erarbeiten. Springer Fachmedien. Wiesbaden 2017.
Kuhn, Larissa. Neuropricing. Optimale Preisgestaltung mithilfe neurowissenschaftlicher Erkenntnisse. GRIN Verlag. Norderstedt 2015.
Kurzweil, Ray. Homo S@piens. Leben im 21. Jahrhundert – Was bleibt vom Menschen? Verlag Kiepenheuer & Witsch. Köln 1999.
Ladwig, Michael. Ludwig von Mises – ein Lexikon – Von A wie Anarchismus bis Z wie Zwang. FinanzBuch Verlag. München 2016.
Lambin, Jean-Jacques, Grundlagen und Methoden strategischen Marketings. McGraw-Hill. Paris 1986.
Levitt, Theodore, in: Enis, Ben M, Cox, Keith K. Marketing Classics. A Selection of Influential Articles. Fifth Edition, Allyn and Bacon. Boston, London, Sydney, Toronto 1985.
Lingens, Solveigh P., Mall Jonathan T. Ein guter Produktname im semantischen Netzwerk: Implizite Methoden zur Namensfindung, in: Briesemeister, Selmer (Hrsg.), 2020
Linzmajer, Marc. Neuropricing. Ein Beitrag zur Integration der Consumer Neuroscience in die verhaltenswissenschaftlich orientierte Preisforschung und das betriebliche Preismanagement. Diss. Zeppelin Universität Friedrichshafen 2013.
Linzmajer, Marc; Hubert, Mirja; Eberhardt, Tim; Fojcik, Thomas M.; Kenning, Peter. The Effect of Glucose Consumption on Customer'Price Fairness Perception. Sbr Special Issue. 5 (14) , S. 7-49.
Lotter, Wolf. Verschwendung – Wirtschaft braucht Überfluss. Carl Hanser Verlag, München Wien, 2006.
Lotter, Wolf. Innovationen. Streitschrift für barrierefreies Denken. Edition Körber, Hamburg 2018.
Lotter, Wolf. Zusammenhänge. Wie wir lernen, die Welt wieder zu verstehen. Edition Körber, Hamburg 2020.

MacGregor, Neil. Eine Geschichte der Welt in 100 Objekten. 5. Auflage der Jubiläumsausgabe. Verlag C. H. Beck, München 2017.
Machiavelli, Niccolo. Der Fürst. Insel Verlag. Frankfurt am Main 2001.
Magi, Gianluca. 36 Strategeme für Erfolg und Wohlstand. München. Kailash Verlag 2009.
Malik, Fredmund. Führen Leisten Leben. Wirksames Management für eine neue Zeit. Deutsche Verlags-Anstalt. Stuttgart, München 2000.
Manoogian, John III. Cognitive Bias Codex 2016. Categorization by Buster Benson – Visualisation by ACVCC-SA BY 4.0. https://www.sog.unc.edu/sites/www.sog.unc.edu/files/course_materials/Cognitive%20Biases%20Codex.pdf
Marquart, Andreas. Crashkurs Geld. Wie Sie vermeintlichen Experten und Besserwisser aus dem Konzept bringen und die Hintergründe verstehen. Finanzbuch-Verlag. München 2019.
Martin, Roger L. und Riel, Jennifer. Abteilungen brauchen eine Strategie, in: Harvard Business Manager. März 2020, S. 60-69.
Marx, Karl; Engels, Friedrich. Das kommunistische Manifest, London 1893. Pretorian Books. Varna 2019.
Matje, Andreas. Unternehmensleitbilder als Führungsinstrument. Gabler Verlag. Wiesbaden 1996.
Matteoli, Francisca. Hotel stories. Legendäre Hotels und ihre Gäste. Christian Verlag. München 2003.
Mayer, Thomas. Die neue Ordnung des Geldes. Warum wir eine Geld-reform brauchen. 2. Auflage. FinanzBuch Verlag. München 2015.
McKee, Steve. Power Branding. Leveraging the success of the world's best brands. Palgrave Macmillan, New York 2014.
Meissner, Hans-Otto. Im Alleingang zum Mississippi. Bertelsmann. Gütersloh 1966.
Menger, Carl. Grundsätze der Volkswirtschaftslehre. Wilhelm Braumüller, Wien 1871. Classic Reprint Series. Forgotten Books, London 2018.
Michel, Stefan; Zellweger, Corina. Pricing bei Dienstleistungen und Yield Management, in: Tomczak, Heidig (Hrsg.), 2014, S. 43-62.
Mintzberg, Henry. Strategy Safari: eine Reise durch die Wildnis des strategischen Managements. Ueberreuter. Wien 1999.
Mintzberg, Henry. Managen. 2. Auflage. Gabal Verlag. Offenbach 2011.
Mirabeau, Marquis de; Quesnay, Francoise. Traité de la monarchie (1757 – 1759). Collection Les Cahiers d'Économie Politique, L'Harmattan, Paris 1999.
Mises, Ludwig. Theorie des Geldes und der Umlaufsmittel. Unveränderter Nachdruck der zweiten, neubearbeiteten Auflage von 1924. Dunker & Humblot. Berlin 2005.
Mises, Ludwig von. Die Gemeinwirtschaft. Gustav Fischer Verlag. Jena 1932.
Mises, Ludwig von. Human Action. A Treatise on Economics. Copyright by Yale University Press, New York 1949. Martino Publishing, Mansfield Centre, CT. USA 2012.
Mises, Ludwig von. Der freie Markt und seine Feinde. Pseudowissenschaft, Sozialismus und Inflation. Dieses Buch beinhaltet neun Vorlesungen, die Ludwig von Mises im Sommer 1951 hielt. Printed in Poland by Amazon Fulfillment, 2016.
Mises, Ludwig von. Vom Wert der besseren Ideen. Sechs Vorlesungen über Wirtschaft und Politik. Lau-Verlag & Handel. Reinbeck/München 2018.
Moltke, Helmuth von. Über Strategie (1871), in: Kriegstheorie und Kriegsgeschichte. Herausgegeben von Reinhard Stumpf. Deutscher Klassiker Verlag. Frankfurt am Main 1993.
Müller, Kai-Markus. NeuroPricing. Wie Kunden über Preise denken. Haufe-Lexware GmbH & Co. KG. Freiburg 2012.
Mumford, Lewis. Mythos der Maschine. Kultur, Technik und Macht. Fischer Verlag. Frankfurt am Main 1984.

Münkler, Herfried. Machiavelli. Die Begründung des politischen Denkens der Neuzeit aus der Krise der Republik Florenz. Fischer Verlag. Frankfurt am Main 1984.

Musashi, Miyamoto. Das Buch der fünf Ringe. 3. Auflage. Econ Verlag. Düsseldorf und Wien 1985.

Nierhaus, Pierre und Ploner, Jean-Georges. Reich in der Gastronomie. Strategien für die Zukunft. 2. Auflage. Matthaes Verlag. Stuttgart 2008.

Niemietz, Kristian. Sozialismus. Die Gescheiterte Idee, die niemals stirbt. FinanzBuch Verlag. München 2021.

Nieschlag, Robert; Dichtl, Erwin und Hörschgen, Hans. Marketing. 16. Auflage. Duncker & Humblot. Berlin. 1991.

Nussbaumer, Christoph. Strategische Marketing-Konzeption. Diss. Leopold-Franzens-Universität Innsbruck 1989.

Nussbaumer, Christoph. Strategie und Vision – verzichtbar für den Mittelstand? IKB-Information, IKB Consult GmbH. Düsseldorf, November 1995.

Nussbaumer, Christoph. Preiselastizität in der Hotellerie, in: HGV Praxis, 4/2018, S. 28-29.

Nussbaumer, Christoph. Positionierung: Wissen, wer man ist und wo man steht, in: HGZ, Nr. 9/10. 2020a, S. 7.

Nussbaumer, Laslo. Preis-Politik und Inwertsetzung von Angeboten bäuerlicher Tourismusbetriebe. Unveröff. Bachelorarbeit an der Fachhochschule Vorarlberg, Dornbirn 2020b.

Oresme, Nicolas von. Traktat über Geldabwertungen. Kulturverlag Kadmos. Berlin 1999.

Otten, Dieter. Die 50+ Studie. Wie die jungen Alten die Gesellschaft revolutionieren. 2. Auflage. Rowohlt Verlag. Hamburg 2008.

Pazos, Luis. Gold-Revision. Vom kosmischen Fall zum irdischen Aufstieg der Edelmetalle. Lichtschlag Nr. 29. Grevenbroich 2016.

Pechtl, Hans. Preis-Politik. Behavioral Pricing und Preissysteme. 2. Auflage. UVK Verlag. Konstanz 2014.

Pfohl, Hans-Christian und Braun, Günther E. Entscheidungstheorie. Normative und deskriptive Grundlagen des Entscheidens. Verlag Moderne Industrie. Landsberg am Lech 1981.

Pick, Doreén. Kundenattributionen am Service Counter – Arten, Wirkung und Konsequenzen für das Revenue Management, in: Tomczak, Heidig (Hrsg.), 2014, S. 129-152.

Piercy, Nigel. Marketing organisation: an analysis of information processing, power and politics. London 1985.

Plassmann, Hilke, Kenning, Peter, Ahlert, Dieter. Why Companies Should Make Their Customers Happy: the Neural Correlates of Customer Loyalty. NA – Advances in Consumer Research Volume 34, 2007. https://www.acrwebsite.org/volumes/12910/volumes/v34/NA-34

Polleit, Thorsten. Mit Geld zur Weltherrschaft. FinanzBuch Verlag. München 2020.

Polleit, Thorsten. Der Antikapitalist. Ein Weltverbesserer, der keiner ist. FinanzBuch Verlag. München 2020.

Poth, Ludwig G. und Gudrun S. Marketing: Grundlagen und Fallstudien, Verlag Franz Vahlen. München 1986.

Poundstone, William. Priceless. The Myth of Fair Value (and How to Take Advantage of It). Hill and Wang. New York 2010.

Raffée, Hans; Wiedemann, Klaus-Peter. Strategisches Marketing. 2. Auflage, Schaeffer Poeschel. Stuttgart 1989.

Rath, Carsten K. Sex bitte nur in der Suite. Aus dem Leben eines Grand Hoteliers. Herder. Freiburg im Breisgau 2015.

Rauscher, Florian. Preis-Politik von Klein- und Mittelbetrieben der österreichischen Ferienhotellerie. Bedeutung und Verwendung eines Revenue Management. Masterthesis an der KMU Akademie & Management AG. Linz 2020.

Reich, David. Who we are and how we got here. Oxford University Press. Oxford 2018.

Renger, Johannes. Subsistenzproduktion und redistributive Palastwirtschaft: Wo bleibt die Nische für das Geld? In: Schelke, Nitsch (Hrsg.), 1998, S. 271-324.

Ricardo, David. David Ricardo's Grundgesetze der Volkswirtschaft und Besteuerung. Leipzig 1837.

Rickards, James. Gold – Wie Sie sich vor Inflation, Zentralbanken und finanzieller Repression schützen. 3. Auflage. Finanzbuch Verlag. München 2020.

Ridley, Matt. Wenn Ideen Sex haben. Wie Fortschritt entsteht und Wohlstand vermehrt wird. Deutsche Verlagsanstalt. München 2011.

Ries, Al und Trout, Jack. Positioning. Wie Marken und Unternehmen in übersättigten Märkten überleben. Verlag Franz Vahlen. München 2012.

Riese, Hajo. Geld: Das letzte Rätsel der Nationalökonomie, in: Schelkle, Nitsch (Hrsg.), 1998, S. 45-62.

Romeike, Frank. Lake-Wobegon-Effekt im Risikomanagement, in: The Risk Management Network, Risk Net, 2014. www.risknet.de (14.07.20).

Rothbard, Murray N. Die Ethik der Freiheit. 4. Auflage, Academia Verlag. Sankt Augustin 2013.

Rothbard, Murray. America's Great Depression. Martino Fine Books. Eastford, CT. 2019.

Sandgruber, Roman. Traumzeit für Millionäre. Die 929 reichsten Wienerinnen und Wiener im Jahr 1910. Styria Verlag. Wien 2013.

Sauer, Frank H. Das große Buch der Werte. Enzyklopädie der Wertvorstellungen. 3. Auflage. Intuistik Verlag. Köln und Hürth 2019.

Schaetzing, Edgar E. Management in Hotellerie und Gastronomie. 6. Auflage. Deutscher Fachverlag. Frankfurt am Main 2004.

Schafarewitsch, Igor R. Der Todestrieb in der Geschichte. Erscheinungsformen des Sozialismus. 2. Auflage. Lichtschlag. Grevenbroich 2016.

Scharl, Silviane. Jungsteinzeit. Wie die Menschen sesshaft wurden. Verlag W. Kohlhammer. Stuttgart 2021.

Scheer, Milan, Positive Psychologie. Leipzig 2019.

Schelkle, Waltraud, Nitsch, Manfred (Hrsg.). Rätsel Geld: Annäherungen aus ökonomischer, soziologischer und historischer Sicht. Metropolis Verlag, Marburg 1998.

Schertler, Walter. Unternehmungsorganisation. R. Oldenbourg Verlag. München 1982.

Schertler, Walter. Strategisches Affinity-Group-Management. Wettbewerbsvorteile durch ein neues Zielgruppenverständnis. Wiesbaden 2006.

Schimmel, Axel. Preise verursachen Schmerzen, in: hgv praxis, 5-2018, S. 16-17.

Schmalholz, Claus G. Wenn Emotionen bares Geld bringen, in: impulse, Nr. 6, 2014, S. 62.

Scholz, Christian. Strategisches Management. Walter de Gruyter. Berlin, New York 1987.

Schreyögg, G., Steinmann, H. Strategische Kontrolle, in: Zeitschrift für betriebswirtschaftliche Forschung (ZfbF). 5/1985, S. 401.

Schulze, Horst. Luxus ist, Wünsche zu erfüllen, in: Harvard Business Manager. April 2020, S. 80-84.

Schumacher, Franziska. Der clevere Gastronom. 3. Auflage. Matthaes Verlag. Stuttgart 2007.

Schumacher, Oliver. Preise durchsetzen. 30 Minuten. GABAL Verlag. Offenbach 2015.

Schumpeter, Joseph A. Kapitalismus, Sozialismus und Demokratie. 8. Auflage. A. Francke Verlag Tübingen und Basel 2008.

Seicht, G. (Hrsg.). Jahrbuch für Controlling und Rechnungswesen, Wien 1988.

Senger, Harro von. 36 Strategeme für Manager. 3. Auflage. Piper Verlag. München 2006.

Senger, Harro von. Die Kunst der List. Strategeme durchschauen und anwenden. 5. Auflage. Verlag C. H. Beck. München 2007.

Senger, Harro von. Moulüe – Supraplanung. Unerkannte Denkhorizonte aus dem Reich der Mitte. Carl Hanser Verlag. München 2008a.

Senger, Harro von. Strategeme. Band I. Frankfurt am Main 2008b.

Simon, Hermann. Am Gewinn ist noch keine Firma kaputt gegangen. Frankfurt. Campus Verlag 2020.
Simon, Hermann. Philosophie des Preises, in: Marketing Review St. Gallen, Nr. 5, 2019, S. 12–21.
Simon, Hermann. Zwei Welten, ein Leben. Vom Eifelkind zum Global Player. Campus Verlag. Frankfurt am Main 2018.
Simon, Hermann. Preisheiten: Alles, was Sie über Preise wissen müssen. 2. Auflage. Campus Verlag. Frankfurt am Main 2015.
Simon, Hermann und Dolan, Robert J. Profit durch Power Pricing: Strategien aktiver Preis-Politik. Campus Verlag. Frankfurt am Main 1997.
Simon, Hermann und Fassnacht, Martin. Preismanagement: Strategie, Analyse, Entscheidung, Umsetzung. 3. Auflage. Gabler Verlag. Wiesbaden 2009.
Simon, Hermann und Fassnacht, Martin. Preismanagement. Strategie, Analyse, Entscheidung, Umsetzung. 4. Auflage. Springer Gabler. Wiesbaden 2016.
Simon, Hermann und Fassnacht, Martin. Price Management. Strategy, Analysis, Decision, Implementation. Springer Nature Switzerland. Cham 2019.
Sinek, Simon. Frag immer erst: Warum. Wie Führungskräfte zum Erfolg inspirieren. 6. Auflage. Redline Verlag. München 2019.
Sinn, Hans-Werner. Top-Ökonom hofft, dass Inflation »nicht so schlimm wie nach dem Weltkrieg« wird, in: Fokus Online am 04.12.2020, https://www.focus.de/finanzen/boerse/geldanlage/notenbanken-bleibt-kein-ausweg-top-oekonom-sinn-hofft-dass-inflation-nicht-so-schlimm-wie-nach-dem-weltkrieg-wird_id_12732332.html (27.07.21).
Smith, Adam. Wohlstand der Nationen. Titel der Originalausgabe: An Inquiry into the Nature and Causes of the Wealth of Nations. London, Strahan and Cadell 1776. Anaconda Verlag, München 2020.
Sperry, Roger. Naturwissenschaft und Wertentscheidung. Piper Verlag, München 1985.
Spreer, Philipp. PsyConversion. 101 Behavior Patterns für eine bessere User Experience und höhere Conversion-Rate im E-Commerce. Springer Fachmedien. Wiesbaden 2018.
Spreer, Philipp. PsyConversion. 117 Behavior Patterns für eine noch bessere User Experience und höhere Conversion-Rate im E-Commerce. Springer Fachmedien. 2. Auflage. Wiesbaden 2021.
Sprick, Alexander. Sanierungskonzepte nach IDW Standard 6: Eine kritische Betrachtung der Neufassung des IDW S 6 aus Praxissicht. Tredition. Hamburg 2013.
Steffenhagen, Hartwig. Marketing: Eine Einführung. Verlag Kohlhammer. Stuttgart 1988.
Stelter, Daniel. Die Schulden im 21. Jahrhundert. Frankfurter Allgemeine Buch, Frankfurt am Main 2014.
Stöferle, Roland; Taghizadegan, Rahim; Hochreiter, Gregor. Die Nullzinsfalle. Wie die Wirtschaft zombifiziert und die Gesellschaft gespalten wird. 2. Auflage. Finanzbuch Verlag. München 2019.
Strelow, Enrique. Die Entstehung der Shopper NeuroScience – der duplo case, in: Briesemeister, Selmer (Hrsg.), 2020, S. 51–71.
Sun Tsu. Die Kunst des Krieges. Herausgegeben von James Clavell, Nikol Verlagsgesellschaft. Hamburg 2008.
Taghizadegan, Rahim. Alles, was Sie über die Österreichische Schule der Nationalökonomie wissen müssen. Finanzbuch Verlag. München 2017.
Taleb, Nassim Nicholas. Der Schwarze Schwan. Die Macht höchst unwahrscheinlicher Ereignisse. Carl Hanser Verlag. München 2008a.
Taleb, Nassim Nicholas. Narren des Zufalls. Die verborgene Rolle des Glücks an den Finanzmärkten und im Rest des Lebens. Wiley-VCH-Verlag. Weinheim 2008b.
Taleb, Nassim Nicholas. Der Schwarze Schwan. Konsequenzen aus der Krise. Carl Hanser Verlag. München 2010.

Thaler, Richard H.; Sunstein, Cass R. Nudge. Wie man kluge Entscheidungen anstößt. 5. Auflage. Ullstein Verlag. Berlin 2015.
Tomczak, Thorsten; Heidig, Wibke (Hrsg.). Revenue Management aus der Kundenperspektive. Springer Fachmedien. Wiesbaden 2014.
Tsunetomo, Yamamoto. Hagakure. Der Weg des Samurai. Angkor Verlag. Frankfurt am Main 2012.
Tuleja, Tad. Ethik und Unternehmensführung. Verlag Moderne Industrie. Landsberg am Lech 1987.
Turrini, Leonildo. Ferrari Best of. Die Modelle – Die Fahrer – Die Siege. Panini Books. Modena 2017.
Valdez, André Calero, Ziefle, Martina, Sedlmair, Michael. A Framework for Studying Biases in Visualization Research. eprint.cs.univie.ac.at. Universität Wien, 2017.
Vester, Frederic. Die Kunst vernetzt zu denken. Ideen und Werkzeuge für einen neuen Umgang mit Komplexität. 7. Auflage. Deutsche Verlags-Anstalt, Stuttgart 2001
Wangenheim, von Florian; Bayón, Tomás. Verhaltenseffekte bei Überbuchung von Servicekapazitäten, in: Tomczak, Wiebke (Hrsg.), 2014, S. 105-126.
Webb, Amy. Planen wie eine Zukunftsforscherin, in: Harvard Business Manager, April 2020, S. 38-41.
Weidmann, Jens. Bundesbankpräsident erwartet deutlichen Anstieg der Inflation, in: Frankfurter Allgemeine vom 12.02.2021. www.faz.net/-iki-a8izy (27.07.21).
Weinberg, Florian. Psychologie für Anfänger. 50 psychologische Effekte leicht erklärt. Wroclaw 2020.
Weinreich, André. Liebe auf den ersten Klick: warum Emotionsmessung den wirtschaftlichen Erfolg von Onlinediensten sichert, in: Briesemeister, Selmer (Hrsg.), 2020, S. 35-50.
Wieselhuber, Norbert; Töpfer, Armin (Hrsg.). Strategisches Marketing. Verlag Moderne Industrie. Landsberg am Lech 1984.
Winkler, Vitus. Kräuterreich. Geheimnisse der alpinen Küche. Matthaes Verlag. Stuttgart 2020.
Wirtz, Jochen; Heidig, Wibke. Wahrgenommene Preisfairness und Ansätze zur Konfliktlösung im Revenue Management, in: Tomczak, Heidig (Hrsg.), 2014, S. 83-103.
Wöhe, Günter. Einführung in die Allgemeine Betriebswirtschaftslehre. 17. Auflage. Verlag Franz Vahlen. München 1990.
Zweig, Stefan. Die Welt von Gestern. Erinnerungen eines Europäers. Erstausgabe 1942. Anaconda Verlag. Köln 2013.

Stichwortverzeichnis

A

Abnehmergruppen 120
Absatzkrise 65
Absatzniveau 65
Abschreibungen 16, 33
Abschreibungseffekt 100
Action Bias 147
Adaptionseffekt 100
Adaptionsleveltheorie 154
Aesthetics Heuristic 147
After-Sales-Marketing 102
All-inklusive-Angebote 194
Alternativenbewusstsein 98
Altersstatistik 18
Ambiente 147
Amos Tversky 139
Amygdala 147
Angebotsbündel 127
Angebotskombination 127
Angebotsperspektive 119
Angleichungseffekt 148
Ankereffekt 99
Anker-Effekt 138, 235
Ankerpreise 138
Anzahlungen 100
Appell an die Neuheit 148
Arbeit am Unternehmen 27
Arbeitsteilung 44
Architekt 63
Argumentationsketten 102, 226
Argumentationsleitfaden 67
Assimilations-Effekt 148
Association Bias 149
Assoziationen 50, 106
Assoziatives Gedächtnis 106
Attributives Framing 143
Aufbruchstimmung 216
Aufenthaltsdauer 13
Ausgangssituation 216

Auslastungsrückgang 65
Austauschpartner 128
Austauschprozesse 58
Auswahl-Paradoxon 149
Auszeichnung 204

B

Bandwagon-Effekt 140, 235
Barzahlungsrabatte 195
Bauchentscheidungen 20
Baustellenrabatte 195
Bedürfnis 115
Bedürfnisbefriedigung 115, 198
Begehrlichkeit 52, 191
Begründungs-Effekt 149
Behavior Pattern 137
Behavioral Pricing 93
Beherbergungsleistung 100
Beispielhotel 34
Belohnungssystem 104
Beruhigungseffekt 111
Besitztumseffekt 110, 154
Betriebsleistung 17
Bettenauslastung 32
Bildüberlegenheits-Effekt 150
Billigprodukte 28
Bitcoin 208
Bonus 66
Bonusprogramme 197
Bracketing 111
Branchenanalyse 119
Break-Even-Analysen 83
Break-Even-Point 126
Buchungsgrund 122
Buchungsgründe 106, 128
Buchungssystem 125
Budget-Hotels 133, 200
Bundling 111

C

Chancen und Risiken 69
Charm-Price-Effekt 150
Choice Supportive Bias 151
Choice-Support Bias 151
Cognitive Bias 92
Cognitive Illusions 92
Confirmation Bias 151
Conjoint Measurement 132
Conjoint-Analyse 50
Conjoint-Measurement 108
Consumer Neuroscience 103
Controlling 17, 36
Controlling-System 84, 243
Corporate Rates 193
Couponing 195
Cueing-Effekt 146
Customer-driven-Pricing 194

D

Daniel Kahnemann 139
Decoy-Effekt 151
Decoy-Strategie 111
Deflation 207
Delmore Effekt 152
Delta-Gäste-Nutzen 127
Delta-Nutzen 127, 204
Delta-Preise 127
Demografie 50
Differenzierungschance 123
Differenzierungskraft 190
Distinction Bias 152
Dollar Eyes Effekt 153
Dreingaben 194, 196
Dunning-Kruger-Effekt 153
Durchführungskontrolle 85, 243
Durchschnittspreis 125
Dynamic Pricing 98
Dynamisches Pricing 186

E

Ebbinghaus-Illusion 144
Eckpreis 109
Eigentümer 131
Einstiegspreis 109
Eintrittswahrscheinlichkeit 90
Elektroenzophalografie 103
Emotionaler Nutzen 105

Emotionales System 104
Empfehlungen 22
Empfehlungsrabatte 195
Endowment Effekt 154
Entscheidungsparameter 50
Entscheidungsproblem 232
Entscheidungsqualität 88
Entscheidungssituation 88
Entscheidungssystem 104
Entscheidungstheorie 87
Erfolgsfaktoren 31
Erfolgswahrscheinlichkeit 131
Ergebnis vor Steuern 13
Erinnerungseffekt 100
Erwartungsparameter 50
Experimentalpsychologie 107
External Reference 154

F

Fact-Box 218
Fairness 189
Fallbeispiel 27
Familienhotels 182
Fehlinvestition 123
Feiertagspreise 110
Ferienhotellerie 116
Ferrari 53
Finanzergebnis 14
Finanzierung 127
Finanzierungspartner 131
Finanzierungszusage 220
Finkenberg 121
Fixkostenanteil 33
Flatrate 155
Flatrates 194
Fluch des Wissens 155
fMRT 103
fNIRS 103
Focusing Effekt 155
Framing 94
Framing-Effekt 142
Fremdkapitalquote 13
Fremdkapitalzinsen 33
Frequency Validity Effect 170
Frequent Traveller 193
Frühaufklärung 244
Frühbucherrabatt 195, 222, 232

G

Ganzjahresauslastung 32
Garni 175
Gast 128
Gästebegeisterung 22
Gästedurchmischung 19
Gästeerwartung 18
Gäste-Nutzen-Profil 20, 62
Gästeverhalten 48
Gästezufriedenheit 33
Gastfreundschaft 17
Gault-Millau-Auszeichnung 204
Gedächtnissystem 104
Gegenleistungen 113
Gegensteuerung 85
Gehirnscans 108
Geldwertillusion 143
Generationen-Effekt 159
Gesamtmarkt 119
Geschäftsmodell 25
Geschenke 113
Gewinn 13
Gewinnperformance 40
Gewinntreiber 13
Gewissen 29
Globalisierung 46
Glucose Effekt 156
Going am Wilden Kaiser 121
GOP Gross Operating Profit 15
Großzügigkeit 113
Grundbedürfnisse 221
Gruppenpreise 193
Gruppenrabatte 232
Gutscheine 66

H

Hall of Shame 173
Halo Effekt 156
Handlungs-Framing 143
Hauptbuchungsgrund 129
Hauptleistungen 100
Hebeleffekt 30
Hebelwirkung Preis 30
Hedonistische Tretmühlen 157
Herdentriebeffekt 140
Herkunft des Preises 43
Hilfsleistungen 100
Hinweisreiz 146
Hirnforschung 103

Hochpreisstrategie 200
Höchststands-Ende-Regel 157
Holzweg-Strategie 169
Homo oeconomicus 87
Hotelleistung 25
Hotelmanagement 33
Hotelmarke 50, 190
Hotelmarkt 119
Hotelneubauten 25
Hotelprogramme 217
House Money Effekt 157
Hunde 222
Hybride Kunden 133
Hybrider Kunde 101

I

Implementierung 84
Individualisierung 221
Inequity Aversion 158
Inertia 151
Infinity-Pool 127
Inflation 64, 124, 143, 207
Informationsökonomik 98
Inhouse-Marketing 102
Innovationen 123
Instandhaltungen 33
Insula 104
Intransparenz 189
Investitionen 19
Investitionsentscheidung 127
Ist-Ist-Vergleich 85

J

Jahresbudget 85, 243
Jungbrunn 121

K

Kannibalisierung 132
Kapazitätserweiterung 26
Kapazitätsveränderungen 203
Kapitaleinsatz 13
Kategorie 50, 122
Kaufentscheidung 50, 98
Käufermarkt 58
Käufersicht 119
Kaufkraft 221
Kaufmotive 50
Kaufreiz 172

Key Account 66
Kinderermäßigungen 195
Kinderpreise 26, 181
Klassischer Realismus 162
Kleber-Effekt 158
Knappheit 19, 110, 190
Knappheitsirrtum 159
Köder 112
kognitive Dissonanz 98
Kognitive Prozesse 90
Kognitive Verzerrung 92
Kohorten-Effekt 159
Kommunikationspolitik 59
Komplementärleistungen 100
Konditionen 195
Konkurrenten 132
Konkurrenzvergleich 240
Konsumeffekt 100
Konsumpräferenz 22
Kontrast-Effekt 144, 170, 235
Kontrollillusion 159
Kostenführerschaft 191
Kostenmanagement 33
Kostenorientierung 126
Kostenrechnung 47
Kostensenkungen 33
Kriegsführung 68
Krise 65
Kryptowährung 208
Kulinarik 130
Kultur 74
Kunde 128
Kunden 219
Kundenbegeisterung 188
Kundenbeziehung 188
Kundenfokus 192
Kundenkontakt 13
Kundennutzen 114, 127, 198
Kundenorientierung 123
Kundensicht 127
Kundentreue 102
Kurzaufenthaltspreise 192
Kurzaufenthaltszuschlag 232
Kurzaufenthaltszuschläge 110
Kurzzeitgedächtnis 90

L

Label 190
Lake-Wobegon-Effekt 160
Langaufenthaltsabschlag 232

Langzeitgedächtnis 90
Leistung 174
Leistung-Gegenleistung 128
Leistungskombination 50
Leitbetrieb 47
Leitbild 69, 74
Leitbildansätze 76
Lieblingshotel 22
Limbisches Systems 104
List 69
Lockvogel 112
Lockvogeleffekt 151
loss aversion 171
Luftschloss 81
Lustzentren 104
Luxusgüter 52
Luxusmarken 186
Luxusmarkt 52
Luxusprodukte 28
Luxussegment 110

M

Macht des Preises 31
Magisches Dreieck 118
Magnetresonanz 103
Magnitude Priming 160
Mangelerscheinungen 122
Marken 109
Markenidentität 188, 202
Marken-Identität 172
Marken-Kern 50
Markenstärkung 52
Marken-Strategie 191
Marketing 58
Marketingaktivitäten 58
Marketingforschung 103
Marketing-Mix 59
Markt 119, 224
Marktaktivität 46
Marktdurchdringung 195
Marktforschung 24
Marktposition 28
Marktprognosen 108
Marktsegmentierung 119, 122
Marktwirtschaft 45
Marmeladen-Paradoxon 149
Massenware 53
Materialaufwand 17
Mehrpreis 20
Menger, Carl 198

Mental Accounting 161
Mentales Konto 100
Mere-Exposure-Effekt 161
Mieming 121
Mieten und Pachten 33
Militärstrategie 68
Minimalauslastung 126
Mission 75
Mitarbeiter 25
Mitarbeitermangel 175
Mitläufer-Effekt 140, 187
Mittelfeldstrategie 200
Moderation 215
Money Illusion 143
Morphologische Analyse 232
Morphologischer Kasten 232
Multiplikatoreffekt 33

N

Nachfrageschwankungen 182
Nachfragesog 123
Nachhaltigkeit 116
Naiver Realismus 162
Namensgebung 112
Name-your-own-Price 194
Naturalrabatte 66, 196
Neue Hotelprojekte 125
Neuroästhetik 147
Neuroökonomie 103
Niedrigpreisstrategie 200
Niedrigzinspolitik der EZB 15
Normatives Management 74
Not-Invented-Here-Syndrom 162
Novel Discount Presentation 163
Nucleus accumbens 104
Nudge 146
Nutzen 67
Nutzenargument 115
Nutzenargumentation 102
Nutzenkalkül 114
Nutzenkommunikation 202
Nutzenverläufe 127
Nutzenversprechen 81

O

Objektiver Nutzen 114
Operatives Denken 68
Overbooking 186

P

Pain of paying 104
Pain-of-Paying-Principle 163
Parkplatz 222
Paternalismus 137
Pauschalen-Rabatte 195
Pay-what-you-want 195
Performanceverbesserung 29
Personalaufwand 13
Personalkosten 17, 33
Personalmangel 17
Philosophie 75
Placebo Effekt 23, 163
Positionierung 20, 81, 120
Power Pricing 30, 135
Präferenzen 50
Präferenzskala 114
Präfrontaler Cortex 107
Prämiensystem 67
Prämissen 70, 86, 244
Prämissenkontrolle 85, 243
Prä-mortem-Methode 89
Preis 13
Preis als Qualitätsindikator 23
Preis-Absatz-Funktion 47, 50, 97
Preisanalyse 29
Preisanker 62, 138 f.
Preisanpassung 19, 21, 49
Preisärger 97
Preisargumentation 102
Preisbasis 175
Preisbeachtung 98
Preisbegründung 102
Preisbereitschaft 23, 64, 127
Preisbestimmung 136
Preisbewertung 109
Preisbogen 96
Preisbündelung 64, 194
Preis-Controlling 48
Preisdifferenzierung 63, 222
Preisdurchsetzung 14, 102
Preiseinwand 102
Preiseinwände 238
Preiselastizität 39, 97, 182
Preiselastizitätskurve 52
Preisemotionen 97
Preisentscheidungen 30
Preiserfahrung 101
Preiserinnerungsfehler 106
Preiserlebnis 97

Preiserwartung 101
Preisfairness 101
Preisfärbungseffekt 110
Preisfindung 25
Preisforschung 107
Preisfreude 97
Preisführer 123
Preisgestaltung 50
Preisgewichtung 98
Preisgünstigkeit 101
Preishistorie 25, 162, 200
Preis-Historie 62, 136
Preisimage 109
Preisindikator 120
Preisinformationen 224
Preisinteresse 97
Preiskalkulation 117
Preiskämpfe 183
Preis-Kommunikation 218
Preiskontinuität 52
Preiskorridor 228
Preis-Kosmos 43
Preis-Kultur 28, 226
Preis-Leistungsverhältnis 18
Preis-Leitbild 67, 202, 226
Preisliste 214
Preislisten 182
Preis-Logik 217
Preis-Logik-Fehler 217
Preismacht 135
Preisnachlass 102
Preisnachlässe 65, 227
Preisnebel 97
Preisniveau 130
Preis-Politik 59, 62, 135
Preis-Positionierung 62, 102, 121, 200, 214, 226
Preispotenzial 17
Preis-Potenzial 26
Preispräferenz 101
Preisproblem 186
Preispsychologie 93 f.
Preisrabatte 66
Preisreduktion 239
Preisschilder 107
Preisschirm 123, 191
Preisschmerz 97
Preis-Schulung 227
Preisschwankungen 110
Preissenkung 51, 66
Preissenkungen 186

Preissicherheit 101
Preisspanne 25, 140
Preisspielraum 47
Preisspreizung 178
Preissteigerung 51
Preissteigerungen 110
Preisstolz 97
Preis-Strategie 25 f., 41
Preis-Strategie-Prozess 213
Preissystem 222
Preis-Szenariorechnung 214, 236
Preis-Szenariovergleich 237
Preistheorie 49
Preistransparenz 101, 188
Preisumsetzung 136
Preisunzufriedenheit 101
Preisverhalten 100
Preisverschleierung 189
Preisvertrauen 101, 189
Preiswahrnehmung 49, 96
Preiswissen 99, 106
Preiswürdigkeit 101
Preis-Ziele 59
Preiszufriedenheit 101
Preiszugeständnis 60, 213
Preiszugeständnisse 25, 53
Preiszuverlässigkeit 101
Pre-Sales-Marketing 102
Pretium 116, 127
Price-Quality-Illusion 164
Pricing 135
Primacy-Effekt 164
Priming-Effekt 100, 165
Privateigentum 44
Probleme 122
Produktpersönlichkeit 141
Produktpolitik 59
Produktprogramm 177
Prognosen 89
Prohibitivpreis 97
Prospect Theory 171
Provisionen 196
Psycho-Logik 90
Psychologische Effekte 136 f., 234

Q

Qualitätskriterium Preis 186
Qualitätstransparenz 188
Qualitätsversprechen 109
Quantitative Simulation 83

Quersubventionierung   64

R

Rabatt   28, 38
Rabatt-Biotop   218
Rabattdschungel   195, 218
Rabatte   65, 195
Rabattitis   29
Rabattkultur   28, 218
Rabattsignale   107
Rabattwildwuchs   65
Recency-Effekt   165
Referenzpreis   99
Regionalität   116
Relevanter Markt   119
Renovierung   20, 202
Revenue Management   184
Reverse Psychology   166
Reverse-Pricing   194
RevPAR/Yield   41
Reziprozität   166
Risiko   131
Risikokompetenz   88
Rücklaufquote   51
Rule of Hundred   167

S

Scharnier der Ökonomie   122
Schleuderpreise   28
Schmerzzentrum   104
Schnäppchenjäger   23, 195
Schwarz   120
Schwarzer Schwan   89
Segmentierungskriterium   123
Selbstbewusstsein   28
Selektive Wahrnehmung   151
selektiver Konsum   221
Servicequalität   17, 19
Serviceverbesserungen   20
Sicherheit   29
Signalpreise   139
Simulationsrechnung   83
Simulationsvergleich   83
Sinnfrage   70
Smart Syllabication   168
Snob Effekt   170
Social Proof   140, 167
Soll-Ist-Vergleich   85
Soll-Wird-Vergleich   85

Sonderkonditionen   19
Sonderrabatte   65
Soziale Erwünschtheit   108
Soziodemografie   120
Spielball des Marktes   119
Spielfeld   118
Spieltheorie   71
Spitzen-Kulinarik   130
Stammgast   18, 219
Stammgastanteil   18
Stammgastboni   66
Stammgastfixierung   18
Stammgastkritik   19
Stammgastrabatte   232
Stanglwirt   121
Stärken und Schwächen   69
Statisches Pricing   186
Status quo Bias   168
Stellschraube   216
Steuerung   84
Stock   121
Stornierungsbedingungen   222
Story Bias   168
Storytelling   143
Stratege   69
Strategem   231
Strategie   17, 68, 74
Strategiebegriff   69
Strategie-Prozess   72
Strategische Effekte   136, 227
Strategische Kunden-Analyse   50
strategische Marktforschung   50
Strategische Überwachung   243 f.
Strategisches Denken   68
Strategisches Hotel-Management   72
Struktur   74
Strukturelle Effekte   136, 174
Sunk Cost Fallacy   169
SWOT-Analyse   79
System von Aushilfen   69

T

Taktik   29
Tannheim   121
Target-Pricing   118, 174, 205
Tausch   44
Tauschhandel   45
Themenzimmer   63
Tiefgarage   222
Time vs. Money Effekt   169

Top-Suite 26
Treuerabatte 195
Trial-and-Error 173

U

Übergabe 26
Überwachung 85
Umsatzmaximierung 42
Umweltschutz 116
Unity 169
Unsicherheit 88
Untergangsszenario 90
Unterlassungsirrtum 170
Unternehmensexistenz 73
Unternehmenskultur 20, 59
Unternehmensplanrechnung 60
Unternehmenssimulation 126
Unternehmens-Strategie 26, 60, 69, 127, 177
Unternehmenswert 31
Unternehmensziele 126
Unternehmerlohn 17
Unterschiedsverzerrung 152
Upgrades 29, 196
Urlaub mit Hund 123, 181
USP 129, 200

V

Value Pricing 199
Veblen Effekt 170
Verhandlungsspielraum 239
Verkaufen 58
Verkäufermarkt 58
Verlustaversion 22, 154, 171
Verschuldung 13
Vertriebspolitik 59
Vision 75
Von Restorff-Effekt 171

W

Wahrheits-Effekt 171

Wahrscheinlichkeit 88
Warren Buffett 135
Weber-Fechnersche Gesetz 172
Wellnessboom 116
Wellnesshotel 129
Wellness-Hotellerie 123
Werbe-Strategie 69
Werbung 59
Werturteil 46
Wettbewerb 132 f., 221
Wettbewerberanalyse 133
Wettbewerbsdruck 132
Wettbewerbsposition 124
Wettbewerbssphäre 221
Wettbewerbsvorteil 73, 117
Wettbewerbsvorteile 124
Wirtschaftswachstum 132
Wohlstand 132

Y

Yield Management 41, 184, 225
Yield Managementsystem 42

Z

Zahlensinn 108
Zahlungsbedingungen 195
Zahlungsbereitschaft 99, 131
Zeitrabatte 195
Zero Based 25
Zero Price Effekt 172
Zielgruppen 23
Zimmerauslastung 32
Zimmergröße 26
Zimmerkategorie 25, 63
Zimmerrenovierung 20
Zimmerstruktur 125
Zinsen 14
Zinseszinseffekt 48